Acordos de não Persecução Penal e Cível

Acordos de não Persecução Penal e Cível

Coordenação

Rogério Sanches Cunha
Francisco Dirceu Barros
Renee do Ó Souza
Rodrigo Leite Ferreira Cabral

Autores

Alexandre Rocha Almeida de Moraes
Américo Bedê Freire Junior
Andrey Borges de Mendonça
Antonio Henrique Graciano Suxberger
Daniele Machado Toledo
Flávio Eduardo Turessi
Francisco Dirceu Barros
Jamil Chaim Alves
Letícia Lemgruber
Patrícia Eleutério Campos Dower
Renee do Ó Souza
Rodrigo Leite Ferreira Cabral
Rogério Sanches Cunha
Vladimir Aras
Wallace Paiva Martins Junior

2026

EDITORA JusPODIVM
www.editorajuspodivm.com.br

5ª Edição
revista
atualizada
ampliada

EDITORA *Jus*PODIVM
www.editorajuspodivm.com.br

Rua Canuto Saraiva, 131 – Mooca – CEP: 03113-010 – São Paulo – São Paulo
Tel: (11) 3582.5757
• Contato: https://www.editorajuspodivm.com.br/central-de-atendimento

Copyright: Edições *Jus*PODIVM

Diagramação: Equipe *Jus*PODIVM

Capa: Ana Caquetti

C972a Cunha, Rogério Sanches
Acordos de Não Persecução Penal e Cível / Rogério Sanches Cunha... [et. al.] – 5ª ed., rev., atual. e ampl. - São Paulo: Editora JusPodivm, 2025.

444 p.

ISBN: 978-85-442-6455-3

1. Direito Processual Penal. 2. Persecução Penal. I. Cunha, Rogério Sanches. II. Barros, Francisco Dirceu. III. Souza, Renee do Ó. IV. Rodrigo Cabral, Leite Ferreira. V. Título.

CDD 341.43

Bibliotecária responsável:
Ana Carolina Ribeiro Mois – CRB7 – RJ 007348/0

SOBRE OS AUTORES

ALEXANDRE ROCHA ALMEIDA DE MORAES

Doutor e Mestre em Direito Penal pela PUC-SP. Professor de Direito Penal na PUC-SP. Promotor de Justiça do Ministério Público do Estado de São Paulo.

AMÉRICO BEDÊ FREIRE JUNIOR

Professor do Programa de Pós-graduação *stricto sensu* – doutorado e mestrado – da Faculdade de Direito de Vitória (FDV/ES). Doutor em Direitos Fundamentais (FDV/ES). Mestre em Direitos Fundamentais (FDV/ES). Professor de Processo Penal da FDV/ES. Juiz Federal Titular da 2ª Vara Criminal em Vitória/ES. Professor coordenador do Grupo de Pesquisa "Hermenêutica jurídica e jurisdição constitucional" da FDV/ES. *E-mail:* bede@jfes.jus.br.

ANDREY BORGES DE MENDONÇA

Procurador da república, mestre e doutorando em Processo Penal pela USP.

ANTONIO HENRIQUE GRACIANO SUXBERGER

Doutor e Mestre em Direito. Pós-Doutor pelo *Ius Gentium Conimbrigae* (IGC) da Universidade de Coimbra. Professor Titular do Programa de Mestrado e Doutorado do Centro Universitário de Brasília (UniCEUB) e dos cursos de especialização da Fundação Escola Superior do Ministério Público do Distrito Federal e Territórios (FESMPDFT). Promotor de Justiça no Distrito Federal.

DANIELE MACHADO TOLEDO

Juíza de Direito do Estado de São Paulo, ex-Promotora de Justiça do Ministério Público do Estado de São Paulo, Mestranda em Direito Penal pela Universidade de São Paulo (USP).

FLÁVIO EDUARDO TURESSI

Doutor em Direito Político e Econômico pela Universidade Presbiteriana Mackenzie (UPM). Mestre em Direito Penal pela PUC-SP. Especialista em Direito Penal pela Escola Paulista da Magistratura. Promotor de Justiça do Ministério Público do Estado de São Paulo.

FRANCISCO DIRCEU BARROS

Procurador-Geral de Justiça por dois mandatos (2017/2018 e 2019/2020). Subprocurador-Geral Jurídico (2021/2022). Promotor de Justiça Criminal e Eleitoral. Mestre em Direito. Escritor com vários livros lançados.

JAMIL CHAIM ALVES

Juiz de Direito no Estado de São Paulo. Coordenador do Departamento Estadual das Execuções Criminais da 7ª Região Administrativa Judiciária do Estado de São Paulo. Doutor e Mestre em Direito Penal pela Pontifícia Universidade Católica de São Paulo (PUC-SP). Professor de Direito Penal e de Direito Processual Penal do Complexo de Ensino Renato Saraiva (CERS).

LETÍCIA LEMGRUBER

Doutoranda em Direitos Fundamentais (FDV/ES). Mestre em Direito Processual (UFES/ES). Promotora de Justiça no Ministério Público do Estado do Espírito Santo. E-mail: leticialemgruber@hotmail.com.

PATRÍCIA ELEUTÉRIO CAMPOS DOWER

Pós-graduada em Direito Processual Civil, em Direito Civil, Difusos e Coletivos pela Escola Superior do MP de Mato Grosso. Promotora de Justiça em Mato Grosso. E-mail: patcampos79@hotmail.com.

RENEE DO Ó SOUZA

Doutorando em Direito pela Faculdade Autônoma de Direito (FADISP). Mestre em Direito. Pós-graduado em Direito Constitucional, Direito Processual Civil, em Direito Civil, Difusos e Coletivos. Promotor de Justiça em Mato Grosso. Professor e autor de obras. E-mail: reneesouza@hotmail.com.

RODRIGO LEITE FERREIRA CABRAL

Doutor em Ciências Jurídicas e Políticas pela Universidad Pablo de Olavide/Espanha. Foi pesquisador-visitante do Max-Planck-Institut para Direito Penal Estrangeiro e Internacional em Freiburg/Alemanha. É Promotor de Justiça do Ministério Público do Estado do Paraná (Promotor do Júri de Curitiba). É professor do Mestrado da Universidade Estadual de Ponta Grossa. Professor do Doutorado em Ciências Penais da Universidad San Carlos de Guatemala e da Universidad Mayor de San Andrés, na Bolívia. É Professor Substituto da UFPR, Professor da Fundação Escola do Ministério Público do Estado do Paraná (FEMPAR) e da Escola da Magistratura do Paraná.

ROGÉRIO SANCHES CUNHA

Membro do Ministério Público do Estado de São Paulo. Mestre em Direitos Humanos e Desenvolvimento Social (PUCCampinas). Professor da Escola Superior do Ministério Público dos Estados de São Paulo, Mato Grosso e Santa Catarina. Professor de Penal e Processo Penal do Curso RSConline. Fundador do site www.meusitejuridico.com.br. Cofundador e coordenador pedagógico do JUSPLAY. Autor de obras jurídicas.

VLADIMIR ARAS

Professor Assistente de Processo Penal (UFBA). Professor de especializações em ciências penais (anticorrupção, cooperação internacional, crime organizado, técnicas de investigação e negociação, lavagem de dinheiro e competência). Doutorando em Direito (UniCEUB). Mestre em Direito Público (UFPE). MBA em Gestão Pública (FGV). Procurador regional da República (MPF). Ex-promotor de Justiça. Ex-Secretário de Cooperação Internacional da PGR (2013-2017). Editor do Blog jurídico vladimiraras.blog.

WALLACE PAIVA MARTINS JUNIOR

25º Procurador de Justiça da Procuradoria de Justiça de Interesses Difusos e Coletivos e Subprocurador-Geral de Justiça Jurídico (MPSP). Bacharel em Direito. Mestre e Doutor em Direito do Estado (USP). Professor nos cursos de graduação (Direito Administrativo) e pós-graduação *stricto sensu* (Direito Ambiental) da Faculdade de Direito da Universidade Católica de Santos (Unisantos).

APRESENTAÇÃO

Com imensa satisfação, chegamos à 5ª edição da obra "Acordos de Não Persecução Penal e Cível".

Os artigos aqui reunidos oferecem ao leitor uma análise teórica consistente e problematizadora desses institutos, sem perder de vista as questões práticas e os desafios cotidianos que emergem de sua aplicação concreta.

Mantendo a proposta de tratar conjuntamente os dois "institutos irmãos" de solução consensual de casos – um no âmbito criminal e o outro no da improbidade administrativa –, nesta edição foram atualizados os textos, naquilo que foi necessário.

A edição traz outra novidade. Foi incluído o artigo de Rodrigo Leite Ferreira Cabral, intitulado "A Reparação do Dano no Acordo de Não Persecução Penal". Nesse estudo, o autor examina criticamente a função reparatória no contexto da justiça penal consensual, destacando suas potencialidades, limitações e impactos práticos para a efetivação da justiça.

Esperamos, mais uma vez, contar com a acolhida generosa de nossos leitores. Agradecemos à Editora Juspodivm pela confiança renovada e desejamos que esta nova edição contribua para o fortalecimento da compreensão crítica e para o aperfeiçoamento da justiça negocial em nosso país.

Boa leitura!

Os Coordenadores

SUMÁRIO

PRIMEIRA PARTE – ACORDO DE NÃO PERSECUÇÃO PENAL

CAPÍTULO 1

UM PANORAMA SOBRE O ACORDO DE NÃO PERSECUÇÃO PENAL (ART. 28-A, CPP) – VERSÃO MODIFICADA E ADAPTADA À LEI ANTICRIME

Rodrigo Leite Ferreira Cabral[1]

Sumário • 1. Introdução – 2. Influências para a criação do acordo de não persecução penal – 3. Razões político-criminais para o acordo de não persecução penal – 4. Sobre os requisitos para a celebração do acordo de não persecução – 5. Conclusão – 6. Referências bibliográficas.

1. INTRODUÇÃO

A avaliação geral de quem trabalha no sistema de justiça criminal brasileiro é de que as coisas não vão nada bem. Sente-se que, cada vez mais, aumentam os números da cifra oculta. Assim, um grande percentual de delitos que são cometidos, jamais chegam às agências estatais de persecução penal. A investigação criminal no Brasil é, em termos gerais, um grande fracasso. Em regra, a autoria e participação em delitos somente é identificada quando existe prisão em flagrante dos envolvidos. Ademais, verifica-se que os casos que efetivamente chegam às Varas Criminais têm, normalmente, tramitação morosa e sofrem com um

[1] Doutor em Ciências Jurídicas e Políticas pela Universidad Pablo de Olavide/Espanha. Mestre em Criminología y Ciencias Forenses pela mesma Instituição. Foi pesquisador-visitante do *Max-Planck-Institut* para Direito Penal Estrangeiro e Internacional em Freiburg/Alemanha. É Professor do mestrado da Universidade Estadual de Ponta Grossa e Professor Substituto da Universidade Federal do Paraná. É Promotor de Justiça do Ministério Público do Estado do Paraná.

infindável número de incidentes e dificuldades burocráticas. Obter uma sentença penal com trânsito em julgado, parece algo quase inalcançável para os delitos graves.

O problema está posto e as alternativas para a sua solução devem ser buscadas, de forma obstinada, por aqueles que, de algum modo, têm compromisso com a aprimoramento do nosso sistema penal, sob pena de o quadro acima delineado deteriorar-se, ainda mais, e, quem sabe, chegarmos a um patamar praticamente intolerável.

Uma das alternativas mais promissoras para tornar o sistema mais eficiente, eficaz e adequado repousa na implementação de um modelo de acordo no âmbito criminal. Com isso, seria estabelecido um sistema com a eleição inteligente de prioridades, levando para julgamento plenário (é dizer, processo penal com instrução e julgamento perante o Juiz) somente aqueles casos mais graves. Para os demais casos, de pequena e média gravidade, restaria a possibilidade da celebração de acordos que evitariam o *full trial*, economizando-se tempo e recursos públicos e lançando mão de uma intervenção menos traumática para esses tipos de delitos.

É evidente que essa não é uma solução perfeita. Num mundo ideal, a melhor opção seria levar todos os casos a um juízo plenário. No entanto, temos que lidar com os problemas reais, de pessoas de carne e osso. Nosso país longe está desse mundo ideal, os recursos são escassos e as práticas ilícitas são elevadas. Existe uma carga desumana de processos que se acumulam nas Varas Criminais do país, que causam sérios prejuízos e atrasos no oferecimento de Justiça às pessoas, de alguma forma, envolvidas em fatos criminais.

O diagnóstico da imprescindibilidade de soluções alternativas à persecução em juízo de todos os casos penais não é exclusivo do Brasil. Por exemplo, em países como a Alemanha, a conclusão acerca da necessidade da implantação do princípio da oportunidade é apresentada como inexorável, inclusive por penalistas que são abertamente contrários ao instituto do acordo, como é o caso de Bernd SCHÜNEMANN. Referido professor reconhece que:

> *"O ideário do século XIX, de submeter cada caso concreto a um juízo oral completo (audiência de instrução e julgamento), reconhecendo os princípios da publicidade, oralidade e imediação somente é realizável em uma sociedade sumamente integrada, burguesa, na qual o comportamento desviado*

> *cumpre quantitativamente somente um papel secundário. Nas sociedades pós-modernas desintegradas, fragmentadas, multiculturais, com sua propagação quantitativamente enorme de comportamentos desviados, não resta outra alternativa que a de chegar-se a uma condenação sem um juízo oral detalhado, nos casos em que o suposto fato se apresente como tão profundamente esclarecido já na etapa da investigação, que nem sequer ao imputado interessa uma repetição da produção da prova em audiência de instrução e julgamento.*"[2]

A conclusão pela imprescindibilidade da implementação de um sistema penal de acordo é tão amplamente aceita, que há autores, como ROSA e LOPES JUNIOR, que chegam a afirmar que somente: "*Os juristas desatualizados insistem em excluir os institutos da Justiça Negociada do ambiente processual brasileiro, lutando por manter a ilha moderna do processo penal e o fetiche pela decisão penal de mérito como o único mecanismo de descoberta e de produção de sanções estatais.*"[3]

De tal maneira, é possível concluir que a realização de acordos penais no Brasil – apesar de não ser a única e suficiente alternativa para a resolução dos graves problemas de nosso sistema – afigura-se como uma medida imprescindível e urgente para deflagrar um sério processo de aprimoramento e reforma do modo com que é realizada a nossa persecução penal.

Foi precisamente essa necessidade de buscar-se soluções céleres e efetivas, que inspirou a edição do art. 18 da Resolução n. 181/17, do Conselho Nacional do Ministério Público (posteriormente, reformado pela Resolução n. 183/18 e, agora, novamente alterada pela Resolução n. 289/24, para adequar a regulamentação à Lei Anticrime), que criou a possibilidade da celebração de acordo de não persecução penal e que, também, levou o legislador a inserir o art. 28-A em nosso Código de

---

2 SCHÜNEMANN, Bernd. *Cuestiones Básicas de la Estructura y Reforma del Procedimiento Penal bajo una Perspectiva Global*, in Obras. Tomo II, Rubinzal-Culzoni: Buenos Aires, 2009, p. 423. Tradução minha.

3 MORAIS DA ROSA, Alexandre; LOPES JUNIOR, Aury. Saldão penal e a popularização da lógica da colaboração premiada pelo CNMP, in: http://www.conjur.com.br/2017-set-22/limite-penal-saldao-penal-popularizacao-logica-colaboracao-premiada-cnmp, consultado no dia 09.10.2017.

Processo Penal, que estabeleceu, formalmente em lei, o aludido acordo de não persecução penal, que será objeto de estudo nesta parte do trabalho.

A criação do acordo por meio de Resolução do CNMP causou bastante controvérsia, especialmente com relação à sua constitucionalidade[4], sem embargo, desde a sua edição, o instituto encontrava-se em pleno vigor e já vinha sendo aplicado em um considerável número de casos[5].

Nada obstante essa inclusão do instituto no Código de Processo Penal, é importante fazer aqui uma breve retrospectiva de sua criação, inclusive, para contextualizar o conteúdo normativo da nova Lei.

---

4 No sentido da constitucionalidade dessa criação via Resolução, cf.: CABRAL, Rodrigo Leite Ferreira. Um panorama sobre o acordo de não persecução penal (art. 18 da Resolução n. 181/17-CNMP, com as alterações da Resolução n. 183/18-CNMP), versão ampliada e revisada, in Acordo de Não Persecução: Resolução n. 181/2017 do CNMP. Rogério Sanches Cunha, Francisco Dirceu de Barros, Renee do Ó de Souza e Rodrigo Leite Ferreira Cabral (orgs.). Salvador: Juspodivm, 2020, pp. 30 e ss. No sentido da inconstitucionalidade dessa criação, confira-se, por todos, cf.: ANDRADE, Mauro Fonseca; BRANDALISE, Rodrigo da Silva. Resolução n. 181 do CNMP – artigo 18º, in Investigação Criminal pelo Ministério Público: Comentários à Resolução n. 181 do Conselho Nacional do Ministério Público. FISCHER, Douglas; ANDRADE, Mauro Fonseca. Porto Alegre: Livraria do Advogado, 2017, pp. 212 e seguintes. É importante registrar que foram ajuizadas, ainda no ano de 2017, duas Ações Diretas de Inconstitucionalidade perante o Supremo Tribunal Federal sustentando a inconstitucionalidade do instituto, as ADIs n. 5.790 e 5.793, respectivamente, pela Associação dos Magistrados do Brasil (AMB) e pela Ordem dos Advogados do Brasil (OAB), que foram distribuídas ao Min. Ricardo Lewandowski, que, aparentemente, não chegou a vislumbrar inconstitucionalidade patente, já que não decidiu ouvir o CNMP, a Câmara dos Deputados e o Senado, sem apreciar, de plano, o pedido de concessão de medida cautelar. Com a edição da Lei n. 13.964/19, que inseriu o art. 28-A, CPP, ao que tudo indica, a alegação de inconstitucionalidade formal restará prejudicada.

5 Ainda não foi realizada uma estatística nacional sobre o número de acordos de não persecução penal celebrados. No entanto, a título de exemplo, só no Ministério Público Federal foram realizados, até 04/11/2019, mais de mil acordos de não persecução (nesse sentido, vide: https://www.conjur.com.br/2019-nov-27/mpf-firmou-mil-acordos-nao-persecucao-penal). Além disso, o próprio MPF elaborou, por meio de orientação conjunta n. 03/2018, das 2ª, 4ª e 5ª Câmaras de Coordenação e Revisão, elaborou recomendação aos Membros do Ministério Público Federal a respeito da celebração de ANPPs. Interessante notar, também, que a Corregedoria Regional da Justiça Federal, expediu ofício o Circular n. 8721150, em que, implicitamente, recomenda a aplicação do instituto no âmbito do TRF 1ª Região.

2. INFLUÊNCIAS PARA A CRIAÇÃO DO ACORDO DE NÃO PERSECUÇÃO PENAL

Quando o Conselho Nacional do Ministério Público criou, por meio de resolução, o acordo de não persecução, me parece, que se tinha bastante claro que a melhor forma de ampliar o emprego do consenso em nossa persecução penal seria a aprovação de lei nesse sentido, pelo Congresso Nacional[6].

Infelizmente, a vida quotidiana nem sempre oferece soluções ideais e, esperar por elas, muitas vezes, pode custar muito caro ou pode nos oferecer respostas demoradas demais.

A situação do Sistema Penal brasileiro vinha se deteriorando. A impunidade e a falta de credibilidade vinham (e vêm) acarretando uma série de movimentos em nosso tecido social, que são altamente nocivos e que, uma vez instalados, acarretam extrema dificuldade para a recuperação da normalidade.

Nesse sentido, basta observar os preocupantes movimentos de milícias, de grupos de extermínio e de justiceiros que vêm se espalhando, com uma força cada vez maior, em nossa sociedade. Na própria polícia, tem-se notado um grande sentimento de revolta contra a impunidade. No meio de certas facções policialescas e no seio de muitas comunidades e agrupamentos menos esclarecidos, a revolta contra a impunidade tem se transformado em um aberto ataque aos direitos humanos. Como se não fosse possível punir, respeitando-se os direitos fundamentais. Esse movimento de rebelião contra o sistema normativo posto, ainda que muitas vezes camufle tentativas de legitimar a violência policial, não pode ser ignorado ou menosprezado, já que representa um sério sintoma de uma situação pré-falimentar do sistema penal[7].

---

6 O que veio acontecer, posteriormente, pela Lei n. 13.964/19, com a inclusão do art. 28-A, CPP, a exemplo do que ocorreu, como se verá, no caso francês e alemão.

7 Sobre esse movimento de resistência e rebelião contra o sistema normativo e que é decorrente da ausência de reconhecimento, derivada da impunidade e falta de credibilidade do sistema de justiça criminal, pode ser compreendido com a seguinte explicação de HONNETH: *"(...) os motivos de resistência social e da rebelião se forma no quadro de experiências morais que procedem da infração de expectativas de reconhecimento profundamente arraigadas. Tais expectativas estão ligadas na psique às condições da formação da identidade pessoal, de modo que elas retêm os padrões sociais de reconhecimento sob os quais um sujeito pode se saber respeitado em seu entorno sociocultural como um ser ao mesmo tempo autô-*

Tal contexto exigia (e exige) - não um Direito penal de emergência - mas o desenvolvimento de um movimento sério de solução institucional dos nossos problemas.

Por essas razões - apesar da constatação de que a solução legislativa seria a ideal - é que o Conselho Nacional do Ministério Público acabou optando por prever, por meio de Resolução, a possibilidade da celebração do acordo de não persecução penal.

Como se verá, essa solução, sem autorização legal, foi adotada, também, em outros países de tradição claramente democrática. Não é a primeira vez que a implementação do consenso na persecução penal derivou de iniciativas institucionais, mesmo sem respaldo legal.

A Assembleia Geral das Nações Unidas, já em 14 de dezembro de 1990, por meio da Resolução n. 45/110, conhecida como Regras de Tóquio, já havia chamado a atenção sobre a necessidade da implementação de medidas alternativas ao processo penal, a serem tomadas antes do início da persecução em juízo.

Nesse sentido, o item 5.1. da referida Resolução, recomendava que:

> *"Sempre que adequado e compatível com o sistema jurídico, a polícia, o Ministério Público ou outros serviços encarregados da justiça criminal podem retirar os procedimentos contra o infrator se considerarem que não é necessário recorrer a um processo judicial com vistas à proteção da sociedade, à prevenção do crime ou à promoção do respeito pela lei ou pelos direitos das vítimas. Para a decisão sobre a adequação da retirada ou determinação dos procedimentos deve-se desenvolver um conjunto de critérios estabelecidos dentro de cada sistema legal. Para infrações menores, o promotor pode impor medidas não privativas de liberdade, se apropriado."*

No sistema brasileiro, em que o Ministério Público é o titular da ação penal, a única solução viável para o acolhimento da referida Resolução

---

nomo e individualizado; se essas expectativas normativas são desapontadas pela sociedade, isso desencadeia exatamente o tipo de experiência moral que se expressa no sentimento de desrespeito. Sentimentos de lesão dessa espécie só podem tornar-se a base motivacional de resistência coletiva quando o sujeito é capaz de articulá-los num quadro de interpretação intersubjetivo que os comprova como típicos de um grupo inteiro." HONNETH, Axel. Luta por Reconhecimento: a gramática moral dos conflitos sociais. Trad. Luiz Repa. São Paulo: Ed. 34, 2003, p. 258.

da ONU, era (e é) a adoção de critérios oportunidade pelo MP, com a possibilidade de abrir-se mão da ação penal, mediante cumprimento de obrigação de natureza não privativa de liberdade, exatamente nos termos propostos pelo CNMP e agora acolhidos pelo art. 28-A do Código de Processo Penal.

Assim, ainda que a Resolução da ONU não consubstanciasse norma vinculante, é certo que essa recomendação tem força de *soft law*, no sentido de impor um constrangimento ao Brasil, para a implementação de tais medidas, o que somente reforça o acerto do legislador na ampliação do nosso sistema de acordo, relativamente aos delitos de pequena e média gravidade.

Essa, também, foi uma fortíssima fonte de apoio para que o Conselho Nacional do Ministério Público buscasse implementar o acordo de não persecução penal, por meio de uma Resolução, não aguardando, pois, a edição de uma Lei Federal, o que somente veio a ocorrer, como se sabe, mais de dois anos depois da Resolução n. 181/17 e possivelmente catalisada pela própria normativa do CNMP.

a) Da experiência estrangeira da implementação do acordo.

Afora a recomendação da ONU, verifica-se que, em outros países, a solução para os problemas de excesso de carga de trabalho, que dificultam a plena efetivação de uma Justiça Criminal, foram enfrentados por meio da adoção de um sistema de acordos penais.

Tal solução, porém, nem sempre decorreu de uma decisão do legislador, como se verá a seguir, ao se discorrer sobre a experiência francesa e alemã (que foram, também, importantes fontes de inspiração para a criação do acordo de não persecução penal).

i) A experiência francesa:

Na França, as primeiras experiências de soluções alternativas para os casos penais surgem não da lei, mas sim da iniciativa pessoal de juízes e promotores de justiça, que se conscientizaram da incapacidade da Justiça Penal de lidar com a grande carga de trabalho decorrente da persecução penal da delinquência de menor importância[8].

---

8 ETXEBERRIA GURIDI, José Francisco. *El modelo francés de mediación penal*, in: La mediación penal para adultos. Una realidad en los ordenamientos jurídicos. Valencia: Tirant lo Blanch, 2009, p. 181.

De tal maneira, o surgimento do acordo penal na França:

> *"(...) é resultado de um processo ideológico protagonizado, por um lado, pela contestação em relação às instituições repressivas, consideradas estigmatizantes, ineficazes e lentas, que passam a ser dinamizadas pela busca de soluções de 'diversificação', e, por outro lado, do enaltecimento da figura da vítima, não apenas no âmbito penal, como também no âmbito social em geral. (...) Nesse contexto, surgem as primeiras experiências de mediação penal, que não tinham fundamento normativo, com exceção do princípio da oportunidade, previsto no CPP. Não é de estranhar, pois, que essas primeiras manifestações de regulação de conflitos, de forma extrajudicial, tenham surgido de modo desordenado e sem grande uniformidade."*[9]

Assim, como se vê, a realização dos acordos na França iniciou-se sem prévia autorização legislativa, o que levou a uma profusão desordenada desses negócios jurídicos.

Em virtude dessa prática, inicialmente, heterogênea é que surgiu, pela primeira vez, um processo de institucionalização dos acordos penais na França, por meio da Nota de Orientação do Ministério da Justiça, de 03 de junho de 1992.

Referida regulamentação, em um segundo momento, fundamentou a aprovação da Lei n. 92-2, de 04 de janeiro de 1993, que promoveu uma importante reforma no procedimento penal francês, incorporando a mediação penal em seu sistema legal[10].

Essa intervenção do legislador serviu precipuamente para suprir as dificuldades derivadas de uma prática forense não regulada, buscando, fundamentalmente, assegurar, também, o respeito à igualdade no trato dos delinquentes[11].

O acordo francês guarda muita semelhança com o modelo adotado pelo art. 18 da Resolução n. 181/17 do Conselho Nacional do Ministério Público (mesmo porque serviu de fonte de inspiração para o CNMP) e agora pelo art. 28-A do Código de Processo Penal, uma vez que na França:

> *"o Promotor pode oferecer ao defensor a opção diversionista para o seu caso, evitando o julgamento criminal padrão, em troca da admissão da culpa e*

---

9 *Ibidem.*, pp. 181-182.

10 *Ibidem.*, p. 183.

11 *Ibidem.*, p. 183.

> *do preenchimento de condições, como o pagamento de multa, a entrega dos objetos utilizados no delito (ou objetos obtidos em virtude dele), a perda da carteira de motorista ou da autorização de caça durante determinado período de tempo, a prestação de serviços à comunidade e/ou a reparação do dano causado à vítima."*[12]

Ademais, à semelhança do previsto do acordo de não persecução penal, no sistema francês, *"caso o investigado não aceite a oferta, ou não preencha os requisitos para o acordo, o Promotor simplesmente iniciará o procedimento formal"*, ou seja, oferecerá denúncia[13].

A grande vantagem que a Resolução do CNMP ostentava em relação às práticas iniciais francesas, é que ela já trazia detalhadamente as hipóteses em que era possível celebrar o acordo, evitando-se, assim, a profusão desordenada de acordos, com prejuízos ao princípio da igualdade.

ii) A experiência alemã:

Na Alemanha ocorreu situação semelhante a francesa. O acordo penal iniciou-se em virtude das práticas dos Promotores de Justiça e Juízes, apesar da ausência de lei prevendo tal possibilidade[14].

Sobre o fundamento da criação do acordo penal na Alemanha, TURNER consigna que:

> *"O acordo penal foi introduzido na Alemanha pela prática dos atores processuais, como resposta ao aumento do número de casos complexos no sistema de justiça criminal. Juízes e promotores queriam economizar tempo e recursos, a medida que a carga de trabalho crescia. Defensores buscavam uma segurança maior e penas menores para os réus, em troca de sua cooperação. Considerando que a legislação não autorizava esses acordos, essa prática se desenvolveu de forma lenta e, inicialmente, se limitava aos casos de delitos sem violência."*[15]

---

12 LANGER, Máximo. *From legal transplants to legal translations: The globalization of plea bargain and the Americanization thesis in criminal procedures*, in World Plea Bargain: consensual procedures and the avoidance of the full criminal trial. Durham: Carolina Academic Press, 2010, p. 75.

13 *Idem.*

14 TURNER, Jenia. Plea bargain across the borders. New York: Aspen Publisher, 2009, p. 74.

15 Idem, p. 74. Assim, também, consignam VASCONCELLOS e MOELLER: *"Na Alemanha os acordos consensuais surgiram na prática forense, sem qualquer autorização legal, desenvolvendo-se de modo informal até a consagração de sua importância na postura dos atores*

Ademais, como explica SCHÜNEMANN, *"esses acordos informais funcionam de forma similar ao plea bargaining dos Estados Unidos; sem embargo, com uma diferença: na Alemanha não contém acordos formais, mas sim apenas um acordo baseado na confiança e, por outro lado, neles o acusado não se declara culpado (guilty plea), mas apenas formaliza uma confissão que é valorada pelo Tribunal como meio de prova geral para a sua culpabilidade."*[16]

A legalidade desses acordos foi questionada perante o *Bundesgerichtshof* (BGH), tribunal semelhante ao nosso Superior Tribunal de Justiça, que reconheceu, no dia 28 de agosto de 1997, que *"os acordos (Absprachen), que tenham por objeto a confissão do acusado em troca de uma diminuição da pena, são fundamentalmente possíveis. Eles não violam os princípios constitucionais e processuais."*[17]

De tal maneira, conforme ensina ROXIN, para o referido Tribunal, *"é possível um arquivamento com imposição de condições, caso exista consenso entre o acusado e a Promotoria"*[18].

Posteriormente, o legislador alemão acabou prevendo expressamente a possibilidade do acordo[19]. Sobre essa possibilidade, o *Bundesverfassungsgericht*, o Tribunal Constitucional alemão, no dia 19 de março de 2013, consignou que: *"O legislador pretendeu fortalecer um procedimento*

---

processuais, o que incitou o judiciário e, posteriormente, o legislativo a atuarem para sua regulação." VASCONCELLOS, Vinicius Gomes de; MOELLER, Uriel. *Acordos no processo penal alemão: descrição do avanço da barganha da informalidade à regulamentação normativa, in* Boletín Mexicano de Derecho Comparado, núm. 147, p. 15. Nesse sentido, sustenta TURNER que: *"A adoção pela Alemanha do 'plea bargain' ilustra como as práticas dos atores da lei podem se espalhar para novos territórios, sem uma intenção deliberada de importar conceitos estrangeiros. O acordo penal na Alemanha se desenvolveu informalmente e não em virtude da introdução de uma norma legal."* TURNER, Jenia. Plea bargain across the borders. New York: Aspen Publisher, 2009, p. 73.

16 SCHÜNEMANN, Bernd. *Cuestiones básicas de la estructura y reforma del procedimiento penal bajo una perspectiva global, in* Revista de Derecho Penal y Criminología, vol. 25, núm. 76, 2004, pp. 179-180. Tradução minha.

17 BGH 4 StR 240/97 - Urteil vom 28. August 1997 (LG Dortmund). Corpo do voto. Tradução minha.

18 ROXIN, Claus. Derecho Procesal Penal. Buenos Aires: Editores del Puerto, 2003, p. 100.

19 É interessante consignar que a reforma legal operada na Alemanha, não chegou a inovar nas práticas legais, mas tão somente apresentou uma regulamentação mais detalhada.

comunicativo e aberto de negociação perante a Corte, mas não chegou a introduzir um novo modelo de processo consensual."[20]

E continua a Corte Constitucional alemã, no referido voto: *"com o objetivo de realizar essa tarefa, o legislador, não apenas pretendeu normatizar o conteúdo permitido para o acordo e seu procedimento, como também enfatizar, através de um conceito legal, que a sua celebração somente pode ocorrer por meio de um acordo transparente, público e com plena documentação, de modo a permitir um pleno e efetivo controle judicial, entendido por ele como necessário."*[21]

Como se pode verificar, a Suprema Corte alemã reconheceu a possibilidade da realização de acordos penais (mesmo sem previsão em lei – já que, como dito, o legislador não chegou a criar um processo consensual). O único reparo imposto pela Corte foi a necessidade da realização de um acordo público, transparente e formalizado, já que, anteriormente, os acordos realizados eram informais e baseados apenas na confiança.

Aqui, a exemplo do que ocorreu no modelo francês, o sistema apresentado pela Resolução n. 181/2017, do CNMP, apresentou uma grande vantagem em relação ao sistema alemão.

Isso porque – além de não ter surgido da simples prática, mas sim de um ato normativo autônomo do Conselho Nacional – a resolução impôs uma negociação transparente, com necessidade de filmagem em áudio e vídeo de todo procedimento negocial, devendo o acordo ser devidamente celebrado por escrito e assinado pelo Membro do Ministério Público, pelo investigado e por seu defensor.

Feita essa breve alusão às experiências estrangeiras que influenciaram a criação do acordo de não persecução penal, importante agora compreender suas razões político-criminais.

[20] BVerfG, Urteil des Zweiten Senats vom 19. März 2013 – 2 BvR 2628/10 – Rn. (1-132). Corpo do voto. Tradução minha.

[21] BVerfG, Urteil des Zweiten Senats vom 19. März 2013 – 2 BvR 2628/10 – Rn. (1-132). Corpo do voto. Tradução minha.

3. RAZÕES POLÍTICO-CRIMINAIS PARA O ACORDO DE NÃO PERSECUÇÃO PENAL

Existem soluções conhecidas para o problema do excesso de trabalho no Sistema de Justiça Criminal, que podem ser resumidas em três distintas medidas: **a)** o aumento proporcional do número de juízes e promotores para fazer frente ao excesso de serviço; **b)** a descriminalização de delitos, a ponto de diminuir drasticamente o número de processos; e **c)** a ampliação substancial da possibilidade de celebração de acordos em matéria penal, fundamentalmente para os crimes de média e baixa lesividade.

A primeira solução – ampliação substancial dos quadros do Judiciário e Ministério Público – pode ser aparentemente a ideal. No entanto, na prática, inclusive em países ricos, essa alternativa é inviável em virtude dos altíssimos custos que ela demanda. Um país, com as dificuldades econômicas e sociais que o Brasil tem, não pode se dar ao luxo de possuir um Sistema de Justiça tão grande a ponto de poder fazer frente ao extraordinário número de processos criminais existentes, máxime em sociedades contemporâneas e violentas como a brasileira. Seria investir um dinheiro que o país não tem para criar um Poder Judiciário e um Ministério Público demasiadamente grandes para as nossas possibilidades financeiras.

Além disso, essa solução, aparentemente, também, fragilizaria a qualidade das magistraturas, banalizando o acesso a esses cargos, com riscos à manutenção da qualidade técnica dos Membros, à atratividade das carreiras e à exigência do alto grau de integridade, que é imprescindível para funções dessa estatura.

A segunda opção – a descriminalização maciça de condutas – tem, em geral, pouco horizonte de efetividade, uma vez que é inadmissível a descriminalização de condutas intoleráveis em nossa sociedade, como furto, roubo, estelionato, porte de arma, estupro e outros delitos, que são os de incidência mais frequente nos juízos criminais do país.

É bem verdade que a descriminalização do uso e tráfico de drogas, pelo menos, de maconha, poderia gerar um relevante efeito de alívio ao sistema judicial e penitenciário.

No entanto, apesar de despontar uma tendência atual nesse sentido, em alguns países de relevo (como alguns Estados dos EUA, Uruguai e

Canadá), é certo que essa é uma decisão grave, que deve ser pensada com bastante cuidado.

O debate da descriminalização das drogas deve envolver uma discussão nacional e madura, em que se deverá levar em conta não só os aspectos positivos (como a economia em recursos com persecução penal, o alívio no sistema penitenciário, a diminuição da influência de organizações criminosas na vida da população e a aparente diminuição dos crimes contra a vida decorrentes de disputas entre facções criminosas), mas, também, os possíveis aspectos negativos (especialmente os vinculados aos problemas na criminalidade, na agricultura, na saúde pública e nas relações internacionais).

Nenhuma decisão político-criminal sobre as drogas é isenta de problemas. Caberá a nossa sociedade ponderar os prós e contras para tomar essa decisão. O certo é que a discussão de como enfrentar o problema das drogas é inadiável e extremamente complexa. Esse tema deve invariavelmente ser enfrentado de forma sóbria e responsável. Apesar dessa urgência, não se verifica, num horizonte próximo, movimentação relevante no país para realizar esse debate.

Ademais, para os fins que se pretende aqui discutir, é de se registrar que, mesmo com a descriminalização da posse e tráfico de drogas, o alívio na sobrecarga de trabalho, à primeira vista, ainda, não seria suficiente para diminuir o excesso de trabalho a níveis aceitáveis.

A última opção, consistente na ampliação substancial da possibilidade da celebração de acordos de natureza penal, fundamentalmente para os crimes de média e baixa lesividade, aparentemente, é a mais promissora, uma vez que a experiência prática dos outros países demonstrou que ela efetivamente acarreta uma diminuição sensível no tempo de tramitação processual[22].

---

[22] A respeito das vantagens que um sistema de acordo traz – apesar de apresentar críticas a tal sistema – SCHÜNEMANN registra que: "Existem vantagens objetivas que são indiscutíveis desde a perspectiva da econômica judicial e que, inclusive, são altamente plausíveis desde a perspectiva da realização dos fins de um Direito Penal moderno preventivo. Junto a essas vantagens, é possível constatar, no âmbito subjetivo dos interesses ligados aos papéis desempenhados por distintos participantes do processo e, em todo caso, para os profissionais, uma utilidade paralela, massiva, múltipla e evidente. Esta utilidade adicional se manifesta na forma de uma enorme diminuição das exigências técnicas e da complexidade do trabalho, no sentido de uma redução do stress decorrente dos conflitos e frustações.

Desde logo, cumpre ressaltar que essa foi a solução abraçada pelo Conselho Nacional do Ministério Público (e pelo legislador), ao estabelecer a possibilidade de Promotores de Justiça e Procuradores da República celebrarem o denominado acordo de não persecução, "*quando, cominada pena mínima inferior a 4 (quatro) anos e o crime não for cometido com violência ou grave ameaça a pessoa, o investigado tiver confessado formal e circunstanciadamente a sua prática*" (art. 18) e mediante o cumprimento de determinadas condições estabelecidas na aludida Resolução.

O acordo de não persecução é uma solução bastante interessante. Na sequência, porém, serão abordados os prós e contras dessa opção, agora, acolhida pelo legislador.

(i) os problemas de um Sistema de Justiça Criminal sem a possibilidade ampla da realização de acordos:

Antes de analisar se um amplo modelo de acordo é uma boa opção político-criminal para o Brasil, é importante assentar uma primeira e importante premissa: não há a menor dúvida que, em um mundo ideal, a melhor opção seria submeter todos os casos penais a um juízo plenário, em que o acusado é julgado por um juiz natural, com observância ao devido processo penal, com direito à ampla defesa, contraditório e duplo grau de jurisdição.

Essa premissa parece indiscutível. Por isso, é muito fácil defender que todos os casos deveriam virar processo penais e que a adoção de um modelo de acordo é inferior ao modelo tradicional de processo penal. Essa é uma tese politicamente correta e, dificilmente, alguém vai ser criticado por defendê-la.

No entanto, apesar de confortável para quem a defende, essa é uma posição descompromissada com os problemas práticos que devem ser enfrentados em nosso país. É uma posição conservadora, pois quem a

---

A utilidade também se manifesta no aumento das probabilidades de se ter êxito profissional, que para os juízes consiste em ter melhores possibilidades de ascensão pelo aumento da quantidade de sentenças e a diminuição da cota de processos suspensos e, para os advogados, consiste, dentre outras coisas, em poder acordar os honorários em caso de êxito." SCHÜNEMANN, Bernd. Cuestiones Básicas de la Estructura y Reforma del Procedimiento Penal bajo una Perspectiva Global, in Obras, vol. II. Rubinzal-Culzoni: Buenos Aires, 2009, pp. 402-403. Tradução minha.

adota propõe, na verdade, que as coisas permaneçam do jeito que estão. A mesma velha solução, para os mesmos velhos problemas.

Veja-se que, em nossa realidade, essa posição conservadora não é assim tão inofensiva. Isso porque, ao se escolher um modelo sem acordo, ao contrário do que normalmente se pretende fazer crer, se está optando por um sistema que gera inúmeras injustiças.

Num modelo sem acordo, a demora na tramitação processual, o excesso de serviço e a pressa para fazer frente a essa carga de trabalho, gera seríssimos efeitos colaterais. É dizer, num modelo tradicional, sem acordo, paga-se um alto preço com a proliferação de injustiças.

Essas injustiças são de duas ordens. De um lado, o Estado descumpre o seu dever de tutela jurídica, de outro, por mais surpreendente que possa parecer, se enfraquece substancialmente a capacidade do processo penal ser um processo materialmente justo.

(ii) Os problemas para a população em geral, decorrentes de um sistema sem acordo penal:

O descumprimento, pelo Estado, do dever de proteção aos bens jurídicos, acarreta sérios prejuízos ao tecido social, à própria ideia de liberdade e à credibilidade das Instituições.

A desproteção da população contra-ataques criminosos transforma o país em um Estado sem lei, em que a única que vale é a lei do mais forte, do mais violento, do mais astuto. Com isso, é corroída a ideia de Estado de Direito e as pessoas, em geral, ficam à mercê da vontade daqueles que cometem crimes.

Ademais, nesses contextos de insegurança cidadã surgem e são fortalecidas ideias e propostas autoritárias, de restrição excessiva de direitos e garantias individuais. A violação disseminada dos bens jurídicos penalmente protegidos passa a justificar restrições demasiadamente pesadas aos direitos fundamentais dos cidadãos. Com isso, a ideia de segurança pública é elevada à uma estatura de superioridade em relação aos demais princípios e regras constitucionais. E é perfeitamente compreensível que a população assinta com essas restrições desarrazoadas e essa prevalência da segurança pública em detrimento da liberdade, pois, sem a proteção jurídica do Estado, os direitos formalmente reconhecidos não podem ser usufruídos pelo povo.

Nesse sentido, HASSEMER comenta que, em contextos que tais, elevar a segurança pública à categoria de direito fundamental com superioridade hierárquica:

> *"(...) se baseia, com razão, na experiência de que, sem segurança a liberdade, também, não pode existir. Quem, numa ordem destruída, num Estado falido (failed states), não se pode nem sequer comprar pão, ante o sério risco de ser vítima de um atirador, terá a segurança como o valor mais elevado, e isso, em sua situação, seria uma opção racional."*[23]

Por isso, punir os crimes cometidos no país, proteger os bens jurídicos tutelados, constitui, claramente, uma forma de preservar o direito à liberdade, nos moldes que a conhecemos.

Em outras palavras, nesse contexto de incivilidade e desrespeito aos bens jurídicos alheios, estarão abertas as portas para que sejam destruídas as limitações atuais ao direito de punir; e isso, provavelmente, com o apoio da população.

Por essa razão, é certo afirmar que – por mais paradoxo que possa parecer para alguns – punir de forma proporcional, eficiente e justa é uma das formas mais seguras de garantir nossa liberdade atual e futura[24].

Além disso, numa sociedade em que não se punem as violações aos bens jurídicos penalmente protegidos, as instituições perdem a sua credibilidade.

Com isso, passam a surgir movimentos de poder paralelo, como são as milícias, as quadrilhas de justiceiros e os grupos de extermínio. Esses são seríssimos sintomas de uma descrença generalizada na Justiça e que, lamentavelmente, já vêm se manifestando de forma muito preocupante no Brasil.

Por outro lado, o acordo é muito bom para a realização dos objetivos político-criminais preventivos e de pretensão de justiça que devem informar a persecução penal.

---

23 HASSEMER, Winfrid. Warum Strafe sein muss: Ein Plädoyer. Ullstein: Berlin, 2009, p. 75.

24 Essa lição é que alguns abolicionistas e ultragarantistas não parecem entender. Se o processo penal deixa de ser uma forma de pretensão de justiça e de tutela jurídica e passa a ser uma barreira quase instransponível à possibilidade de punição, chegará a hora em que a represa irá se romper e com ela serão arrastados os direitos e garantias processuais que hoje nós conhecemos e defendemos como imprescindíveis.

A resposta célere e não privativa de liberdade, às vezes poucos dias depois dos fatos, pode significar o freio de arrumação necessário para colocar nos trilhos a vida de quem envolveu-se na prática dos crimes pela primeira vez.

Um acordo tempestivo e adequado reforça a ideia de credibilidade e efetividade do sistema, o que torna mais fácil o fortalecimento dos vínculos de confiança entre os cidadãos e o Estado, incentivando a busca de justiça, dentro da legalidade e do sistema penal. Não há incentivo maior para que as pessoas possam confiar no Estado e em suas normas do que uma atuação efetiva e proporcional.

E não é só. Um modelo de acordo torna efetiva e palpável a ideia de reparação à vítima. Isso porque, com o acordo, este somente é cumprido com a efetiva reparação do dano à vítima, não bastando o mero reconhecimento formal desse dever.

Se não há o pagamento ou reparação efetiva à vítima, o acordo não surte efeitos. Com isso, uma vez mais, realiza-se a pretensão de justiça e aumenta-se a confiança e credibilidade do sistema penal. Assim, passa a valer a pena buscar socorro às instâncias formais de repressão à criminalidade[25].

Como se pode ver, um modelo de acordo oferece uma série de vantagens sociais ao país, agilizando as respostas e dando credibilidade ao Sistema de Justiça Criminal.

(iii) Os problemas para os réus decorrentes de um sistema sem acordo penal:

Por outro lado, num modelo sem acordo, são causados também sérios prejuízos aos acusados em geral, quando respondem um processo penal que tramita perante um Sistema de Justiça colapsado pela carga desumana de serviço.

---

[25] Como explica PÉREZ RIVAS, "La protección de la víctima no se agota en la sanción penal impuesta a su agresor, sino que es necesario lograr la reparación, al menos económica, de todos los efectos que para ella se derivan del hecho delictivo sufrido. A la víctima se le reconoce, por ello, "como manifestación más concreta de su derecho a la tutela judicial efectiva", el derecho a la efectiva reparación por su ofensor" PÉREZ RIVAS, Natalia. Los derechos de la víctima en el sistema penal español. Valencia: Tirant lo Blanch, 2017, p. 157. Sobre o tema da vítima, confira-se, também, HASSEMER, Winfried; REEMTSMA, Jan Philipp. Verbrechenopfer: Gesetz und Gerechtigkeit. München: Beck, 2002.

Tirante a prescrição e o eventual esquecimento das testemunhas, o réu só tem a perder com o atraso causado pelo excesso de serviço de juízes e promotores na tramitação do seu processo penal.

O primeiro e principal prejuízo que o acusado tem, com um sistema abarrotado de trabalho, decorre da terceirização excessiva, pelos juízes e promotores, do seu trabalho para seus auxiliares.

Num sistema atolado de processos, passa-se a ter uma Justiça de estagiários e assessores. É dizer, estando os juízes e promotores assoberbados de trabalho, geralmente, o grosso dos processos acaba sendo feito por agentes auxiliares.

Claro, que os juízes e promotores que tenham responsabilidade revisam essas peças e decisões, mas não são eles, muitas vezes, os que têm primariamente contato com a prova dos autos.

Nessa perspectiva, é certo que dois dos principais princípios do processo penal, que são os da oralidade e da imediação, ficam gravemente prejudicados[26].

A realização efetiva desses princípios é que assegura aos réus duas garantias importantíssimas: ser julgado por um juiz que presenciou a produção probatória e a certeza de que o réu está sendo julgado por um juiz e não por seu assessor ou estagiário[27].

---

[26] A respeito desses princípios, ensina FIGUEIREDO DIAS que: "A oralidade e a imediação exigem (...) uma audiência unitária e continuada em que tenha lugar a apreciação conjunta e esgotante de toda a matéria do processo. Daqui a concentração espacial – a propósito da qual se fala também, por vezes, de um princípio da localização -, exigindo que a audiência se desenvolva por inteiro em um mesmo local, apropriado ao fim que com ela se pretende obter e aonde devem ser trazidos todos os participantes processuais (a sala de audiência); e concentração temporal, exigindo que, uma vez iniciada a audiência, ela decorra sem solução de continuidade até o final." FIGUEIREDO DIAS, Jorge. Direito Processual Penal, 1º vol. Coimbra: Coimbra Editora, 1984, p. 184. Desses princípios decorre, também, o denominado princípio da identidade física do juiz, consagrado pelo § 2º do artigo 399 do Código de Processo Penal.

[27] Veja-se que o princípio da oralidade e imediação foram criados, na Alemanha, após as reformas do Século XIX, com o objetivo de superar os graves problemas da separação entre o juiz inquisidor e o juiz que julgava, uma vez que a decisão, no processo inquisitivo escrito, era tomada com base no simples envio de atas (Aktenversendung). Com esses novos princípios, pretendia-se que o julgador fosse aquele que observasse pessoalmente a produção probatória (imediação formal). ROXIN, Claus; SCHÜNEMANN, Bernd. Strafverfahrensrecht, 27a ed. München: Beck, 2012, p. 397.

No entanto, o cumprimento a plenos pulmões da oralidade e da imediação somente pode ocorrer em um sistema em que os magistrados não estejam assoberbados de trabalho, em que não seja quase um imperativo de sobrevivência para esses profissionais a necessidade da realização de atos posteriores por escrito, com delegações de suas funções a seus colaboradores.

Num juízo com a pauta de processos atrasada e sobrecarregada de audiências, normalmente, não é possível que se realize uma efetiva audiência de instrução e julgamento, nos termos dos artigos 400 e seguintes do Código de Processo Penal, em que se colhem as provas, o Promotor e a defesa fazem as alegações orais e juiz sentencia, tudo isso em audiência.

Ademais, mesmo nos casos penais difíceis, em que a sentença, por dificuldades decorrentes da complexidade do acervo probatório, geralmente não poderia ser proferida durante a audiência (CPP, art. 403, § 3º), ainda assim, existe prejuízos aos réus.

Nesses casos, em que podem ser proferidas longas penas privativas de liberdade, é imprescindível para o acusado, que o juiz do seu caso tenha tempo para estudo e meditação, para julgar com calma, dando a devida atenção às provas e aos argumentos trazidos pelas partes, examinando os autos profundamente e compreendendo as vicissitudes e complexidades da prova produzida.

Além de tudo isso, o maior atraso na tramitação processual de um réu inocente prolonga desnecessariamente o tempo em que fica submetido a um processo penal ou mesmo à prisão cautelar.

Da mesma forma, uma sentença condenatória tardia, ainda que justa, pode alcançar o acusado em momento de sua vida em que, eventualmente, já superou as turbulências da época em que praticou o delito, podendo arrastá-lo para a prisão, por exemplo, muitos anos depois da prática do crime, quando já estava com a vida estabilizada e família constituída, inclusive com filhos. Essa demora toda normalmente não ocorre em um sistema em que é adotada amplamente a possibilidade de acordos penais.

A possibilidade de celebração de acordo como forma de evitar-se o processo penal, constitui, ademais, uma última chance para aqueles investigados, cuja prática delitiva é fato isolado na sua história de vida. O acordo viabiliza uma resposta adequada ao delito, mas não inviabiliza que o investigado, por fato isolado, retome a sua vida, agora com o devido respeito aos bens jurídicos alheios.

Como se pode ver, os investigados, também, têm muito a ganhar em um sistema de acordo, em que as respostas consensuadas ou impostas por sentença são mais céleres.

(iv) Evitando problemas e minorando riscos: a configuração do acordo de não persecução penal no Brasil:

Existem diversas formas de implementar-se um sistema de acordo penal, sendo certo que o desenho normativo de um sistema que tal é importantíssimo para minorar os riscos de injustiça, que inegavelmente podem derivar da adoção dessas práticas.

Por essa razão que a configuração do acordo, realizada pelo art. 18 da Resolução n. 181/17 do Conselho Nacional do Ministério Público e agora pelo art. 28-A do Código de Processo Penal, tentou evitar os problemas ou minorar os riscos apontados pela doutrina que é crítica à possibilidade de soluções consensuais no âmbito penal.

Nesse sentido, é possível constatar as seguintes cautelas, adotadas pela Resolução n. 181/17-CNMP, com o objetivo de que o acordo de não persecução seja realizado da forma mais justa e adequada possível:

a) o acordo não importa em uma condenação e não pode impor, como uma de suas condições, a prisão do investigado. Na verdade, as prestações que são objeto de acordo inserem-se plenamente no âmbito de disponibilidade do acusado, inclusive são frequentemente objeto de contratos de natureza civil (v.g. prestação de serviços – contrato de trabalho; prestação pecuniária – doação ou pagamento);

b) o acordo de não persecução penal deve ser cumprido voluntariamente pelo investigado (por isso, trata-se de instituto distinto do *plea bargain* norte-americano). Assim, uma vez constatada eventual injustiça ou inconveniência no seu cumprimento, basta que o investigado requeira a sua rescisão ou mesmo que o descumpra, que, na sequência, terá, em seu favor, um devido processo legal plenário, com todos os direitos e garantias, ainda que conte com os riscos de sofrer uma sentença condenatória. Em poucas palavras, o acordo não é um caminho sem volta;

c) existe um controle sobre a legalidade e adequação do acordo de não persecução penal, uma vez que ele somente pode ser feito na presença do acusado[28], seu defensor e do Membro do Ministério Público, além do que deverá ser homologado pelo Juiz. Ademais, para assegurar, com maior efetividade, um controle posterior do seu conteúdo, toda celebração do acordo e a confissão do investigado devem ser gravadas em áudio e vídeo[29];

d) ao Ministério Público brasileiro é imposto o dever de objetividade, cuja violação pode redundar, inclusive, em responsabilidade disciplinar, de modo que – para a celebração do acordo, ao contrário do que ocorre nos Estados Unidos, por exemplo – não poderá o MP valer-se, como forma de convencimento do investigado para fazer o acordo, do denominado *overcharging* (excesso de acusação), seja vertical (para fazer uma acusação mais grave do que os elementos de informação autorizam, v.g. imputação de furto qualificado, quando as informações indicam tratar-se de furto simples), seja horizontal (para incluir na imputação fatos adicionais que não defluem dos elementos de informação, v.g. denúncia por furto e receptação, quando há elementos apenas para a receptação). Além disso, como deve existir, na investigação criminal brasileira, o *disclosure* de todos os elementos de informação nela produzidos, não existe a possibilidade da proposta de acordo ser realizada com sigilo interno, de modo que fica inviabilizada qualquer eventual tentativa de *bluffing*, por parte do Membro do Ministério Público. O *bluffing* ocorre quando a acusação informa ao investigado que tem mais elementos de informação para realizar a acusação do que efetivamente tem[30];

---

28 SCHÜNEMANN critica a prática de acordos realizados sem a presença do investigado ao afirmar: "(...) mediante el plea bargain se destrói novamente a posição de sujeito do imputado, o que havia constituído uma das conquistas essenciais de um 'processo reformado' na Europa. Com efeito, o plea bargaining se realiza fundamentalmente sem a própria presença do imputado, que é mediatizado aqui completamente por seu advogado." SCHÜNEMANN, Bernd. Crítica al modelo norteamericano de proceso penal, in Obras, vol. II. Rubinzal-Culzoni: Buenos Aires, 2009, p. 442. Tradução minha.

29 Sobre as vantagens da captação em vídeo, cf.: SCHÜNEMANN critica a prática de acordos realizados sem a presença do investigado ao afirmar: "(...) mediante el plea bargain se destrói novamente a posição de sujeito do imputado, o que havia constituído uma das conquistas essenciais de um 'processo reformado' na Europa. Com efeito, o plea bargaining se realiza fundamentalmente sem a própria presença do imputado, que é mediatizado aqui completamente por seu advogado." SCHÜNEMANN, Bernd. Cuestiones Básicas de la Estructura y Reforma del Procedimiento Penal bajo una Perspectiva Global, in Obras, vol. II. Rubinzal-Culzoni: Buenos Aires, 2009, p. 420.

30 A respeito do problema do overcharging, confira-se: ALSCHULER, Albert W. The Prosecutor's Role in Plea Bargaining, in The University of Chicago Law Review, Vol. 36, No. 1 (Autumn, 1968), pp. 85 e ss.

e) existem parâmetros razoavelmente objetivos para a celebração do acordo de não persecução, de modo que fica assegurado um tratamento igualitário para casos semelhantes[31];

f) o acordo somente é cabível para a casos violações menos intensas aos bens jurídicos tutelados, com o que se afasta o risco de criar-se uma justiça mais benéfica para as classes mais abastadas[32], além do que ele somente é cabível para crimes cometidos sem violência ou grave ameaça, o que reforça a ideia de que os crimes graves, que geralmente podem fundamentar uma sentença com imposição de pena privativa de liberdade, devem ser submetidos ao *full trial* perante o Poder Judiciário.

Como se pode ver, as cautelas adotadas pelo Conselho Nacional do Ministério Público, e replicadas em grande medida pela Lei, constituem uma postura de evidente preocupação com a pretensão de justiça da persecução penal, aproveitando-se da crítica construtiva produzida pela doutrina especializada para tentar evitar eventuais brechas para medidas desproporcionais, seja na sua perspectiva de vedação de excesso, seja de vedação de insuficiência.

4. SOBRE OS REQUISITOS PARA A CELEBRAÇÃO DO ACORDO DE NÃO PERSECUÇÃO

Cumpre, agora, abordar, ainda que brevemente, os requisitos objetivos e subjetivos para o cabimento do acordo, assim como as condições que as partes do negócio jurídico devem cumprir[33].

---

[31] Esse foi um problema identificado no modelo francês inicial de acordo, em que, ante a falta de uma legislação ou parâmetros objetivos, houve muita disparidade nos acordos realizados para casos semelhantes. Sobre o tema, cf.: ETXEBERRIA GURIDI, José Francisco. El modelo francés de mediación penal, in: La mediación penal para adultos. Una realidad en los ordenamientos jurídicos. Valencia: Tirant lo Blanch, 2009, pp. 181-183.

[32] Essa é uma das grandes críticas aos acordos realizados na Alemanha, em que, em muitos casos rumorosos, que envolviam grandes figuras políticas, a realização do acordo acabou gerando desconfiança de um tratamento mais benéficos aos mais abastados. Nesse sentido, pode-se citar o famoso caso do denominado "Processo de Eschede", em que o acusado teria praticado culposamente o homicídio de mais de cem pessoas, em um acidente de trem. Outro caso rumoroso, envolveu, o ex-chanceler alemão, Helmuth Kohl. GÖSSEL, Karl Heinz. El Derecho Procesal penal en el Estado de Derecho: Obras completas, Tomo I. Rubinzal-Culzoni: Buenos Aires, 2007, pp. 87 e 285.

[33] Para um exame mais aprofundado sobre esses requisitos, cf.: CABRAL, Rodrigo Leite Ferreira. Manual do Acordo de Não Persecução Penal, 6a ed. Salvador: Juspodivm, 2024.

a) **Requisitos Objetivos do acordo de não persecução penal:** A Resolução e a Lei estabelecem, em seus arts. 18 e 28-A, respectivamente, alguns requisitos de natureza objetiva, para que se possa propor a celebração do acordo de não persecução. São eles:

1) Delito cuja pena mínima seja inferior a 4 (quatro) anos, levando-se em consideração as causas de aumento e diminuição aplicáveis ao caso concreto (CPP, art. 28-A, *caput*; Res. 181/17-CNMP, art. 18, *caput*):

Com esse requisito objetivo, buscou-se, ainda que de forma aproximativa, descortinar-se a eventual pena que o investigado receberia caso condenado. Nesse sentido, em uma interpretação coerente com o art. 44 do Código Penal, que permite a substituição da pena privativa de liberdade por restritiva de direitos, àqueles que, dentre outros requisitos, sejam condenados à pena não superior a 04 (quatro) anos. É importante salientar, porém, que aqui houve uma pequena distinção, pois enquanto no art. 28-A, CPP, a pena não deve ser superior a quatro anos (é dizer, até 3 anos, 11 meses e 30 dias), o Código Penal afirma que é cabível a substituição para penas não superiores a 4 (quatro) anos, o que engloba as penas aplicadas em quatro anos.

Ademais, é importante frisar que, para chegar-se ao valor da pena mínima cominada ao delito, deve-se levar em consideração as causas especiais de aumento e diminuição, previstas no Código Penal, parte geral e especial, e na Legislação Penal Especial, aplicáveis ao caso concreto em exame, tudo isso nos termos do §§ 3º e 4º, do art. 18 da Resolução 181/17-CNMP e do § 1º, do art. 28-A do Código de Processo Penal[34].

2) Crime que não seja cometido com violência ou grave ameaça (CPP, art. 28-A, *caput*; Res. 181/17-CNMP, art. 18, *caput*):

A Lei, como visto, busca dar efetividade e eficácia à atuação Estatal no âmbito penal, propugnando, também, o cumprimento de medidas menos severas para os envolvidos em práticas criminosas de pequena e média

---

[34] Em sentido similar, é a súmula n. 243 do STJ, que trata da suspensão condicional do processo: "O benefício da suspensão do processo não é aplicável em relação às infrações penais cometidas em concurso material, concurso formal ou continuidade delitiva, quando a pena mínima cominada, seja pelo somatório, seja pela incidência da majorante, ultrapassar o limite de um (01) ano." Assim, também, a Súmula n. 723, do Supremo Tribunal Federal: "Não se admite a suspensão condicional do processo por crime continuado, se a soma da pena mínima da infração mais grave com o aumento mínimo de um sexto for superior a um ano."

gravidade. A Lei realiza uma clara – e legítima – opção político-criminal de não beneficiar pessoas que tenham praticado delitos que envolvam violência ou grave ameaça. Isso porque, a prática de crimes com essas características consubstancia injustos mais reprováveis e que merecem uma resposta no âmbito do próprio processo penal, com a aplicação, se for o caso, de pena.

Aliás, é importante ter-se claro que o horizonte interpretativo desse requisito objetivo é precisamente o inciso I, do art. 44, do Código Penal, que prevê as hipóteses de substituição da pena privativa de liberdade pela restritiva de direitos.

Nesse sentido, mais uma vez, o art. 28-A do Código de Processo Penal, ao fim e ao cabo, acaba por realizar uma projeção, ainda que aproximada, sobre a possibilidade de substituição de uma eventual futura pena que inspirou o requisito objetivo de vedar a possibilidade da celebração de acordo para os crimes praticados com violência ou grave ameaça.

Em outras palavras, o legislador possibilitou o acordo para aqueles investigados que, ao que tudo indica, seriam efetivamente beneficiados pela substituição da pena privativa de liberdade pela restritiva de direito.

A palavra violência, aqui empregada pelo legislador, restringe-se, portanto, em uma interpretação sistemática do próprio Código de Processo Penal, à violência contra pessoas, não estando incluída na vedação os crimes cometidos com violência contra as coisas (v.g. furto mediante rompimento de obstáculo).

Ademais, essa violência contra as pessoas, pode ser tanto a **violência dolosa** (v.g. crime de roubo), quanto a **violência culposa** (v.g. homicídio culposo). Isso porque, o legislador não delimitou a restrição a uma determinada modalidade de imputação subjetiva (o dolo), como o fez, por exemplo, no parágrafo único do art. 71, do Código Penal.

Violência, de acordo com a melhor doutrina, significa "todo acontecimento físico de caráter agressivo que constitui um exercício de força física"[35]. Essa violência contra a pessoa pode ser tanto a **violência dolosa** (v.g.

[35] ROBLES PLANAS, Ricardo. Leciones de Derecho Penal, Parte Especial. Barcelona: Atelier, 2015, p. 243. Em sentido semelhante, KINDHÄUSER (ao comentar o crime de roubo): *"A violência deve ser dirigida contra uma pessoa, ou seja, deve estar relacionada contra o corpo, a vida ou a liberdade de movimento da vítima."* KINDHÄUSER, Urs. Nomos-Kommentar zum Strafgesetzbuch. § 249. KINDHÄUSER, Urs; NEUMANN, Ulfrid; PAEFFGEN, Hans-Ulrich Ulfrid (org.). Baden-Baden: Nomos-Verl.-Ges., 2010, p. 1460. Obviamente, existem ações que consubstanciam o emprego de força física (ou mecânica), mas que decorrem de ações culposas, em virtude da inobservância do dever de cuidado. O mais claro exemplo disso é o homicídio culposo.

crime de roubo), quanto a **violência culposa** (v.g. homicídio culposo). Isso porque, o legislador não delimitou a restrição a uma determinada modalidade de imputação subjetiva (o dolo), como o fez, por exemplo, no parágrafo único do art. 71, do Código Penal[36], nem previu expressamente a possibilidade de ANPP para todos dos delitos culposos, como feito no caso do art. 44, I, *in fine*, CP.

Além disso, a meu ver, o conceito de violência inclui os casos de **violência real, imprópria** e **presumida**[37], vez que – uma vez mais – o legislador não apresentou nenhuma restrição ao conceito de violência, devendo abranger todas as modalidades de violência trazidas pelos tipos penais da Parte Especial e legislação extravagante, como é o caso, por exemplo, do crime de extorsão com violência (violência real), o roubo com violência imprópria (CP, art. 157, *in fine*) e o crime de estupro de vulnerável, com violência presumida (CP, art. 217-A).

Em suma, com relação ao requisito objetivo, em que se nega a possibilidade da celebração do acordo de não persecução quando o delito for cometido com violência ou grave ameaça, a intepretação deve, a nosso sentir, abarcar todas as hipóteses que se adequem a esses conceitos (é dizer, não se deve delimitá-los quando a lei não delimitou), inclusive como forma de evitar que injustos mais graves possam ser resolvidos sem passar pelo crivo de um julgamento plenário, mesmo porque deles normalmente resulta,

---

36 Assim, também, é a posição de BITENCOURT a respeito da possibilidade de substituição de pena privativa de liberdade por restritiva de direito, cujo raciocínio é perfeitamente aplicável à espécie: *"Ao disciplinar a substituição de penas privativas de liberdade, o legislador, claramente, afastou aquelas infrações penais cometidas com violência ou grave ameaça à pessoa, independentemente de serem dolosas ou culposas"*. BITENCOURT, Cezar Roberto. Tratado de Direito Penal, Parte Geral, Vol. 01. 24ª ed. São Paulo: Saraiva, 2018, p. 678. Por outro lado, o Conselho Nacional dos Procuradores-Gerais manifestou-se pela possibilidade do acordo em crimes culposos, conforme se verifica do enunciado 23, elaborado sobre a Lei Anticrime: *"É cabível o acordo de não persecução penal nos crimes culposos com resultado violento, uma vez que nos delitos desta natureza a conduta consiste na violação de um dever de cuidado objetivo por negligência, imperícia ou imprudência, cujo resultado é involuntário, não desejado e nem aceito pela agente, apesar de previsível."*

37 Nesse sentido, aliás, é a interpretação do Superior Tribunal de Justiça, com relação art. 44, inciso I, CP, que nos serve como horizonte interpretativo. Por todos: "O entendimento assentado por esta Quinta Turma é no sentido de que "(...) sendo a presunção de violência absoluta em crimes sexuais cometidos contra menores de 14 anos, obsta a substituição da pena privativa de liberdade por restritiva de direitos, uma vez que ausente o requisito do art. 44, inciso I, do CP.(...)" (AgRg no REsp n. 1.472.138/GO, Quinta Turma, Rel. Min. Reynaldo Soares da Fonseca, DJe de 29/2/2016)." (STJ – AgRg no REsp 1613395/MG, Rel. Ministro FELIX FISCHER, QUINTA TURMA, julgado em 16/05/2017, DJe 12/06/2017).

em caso de condenação, a aplicação de pena privativa de liberdade, que somente pode ser aplicada pelo juiz, depois de um processo penal.

3) Quando a celebração do acordo não atender ao que seja necessário e suficiente para a reprovação e prevenção do crime (CPP, art. 28-A, *caput*; Res. 181/17-CNMP, art. 18, *caput*):

Incide, também, esse requisito – aqui incluído na classificação de requisito objetivo, muito embora tenha natureza tanto subjetiva, quanto objetiva – que parte da perspectiva eminentemente preventiva do Direito penal. Desse modo, caso esteja configurado no caso concreto algum elemento que não recomende, desde uma perspectiva preventiva do delito, a celebração do acordo, não deverá ser ele celebrado.

Nesse sentido, devem ser analisados tantos aspectos em que exista um injusto mais grave (natureza objetiva), quanto elementos que indiquem uma mais culpabilidade do agente (natureza predominantemente subjetiva).

Devem ser levados em consideração elementos como a magnitude da violação aos bens jurídicos, grau de afetação social do delito examinado e transcendência de afetados pela pratica delitiva. Aliás, neste caso, é possível utilizar-se como parâmetro interpretativo as circunstâncias judiciais do art. 59 do Código Penal, assim como as agravantes previstas na legislação.

Aliás, para avaliar a magnitude da violação aos bens jurídicos, é perfeitamente possível que o Membro do Ministério Público utilize parâmetros normativos estabelecidos pela Instituição.

Nesse sentido, veja-se que inciso II, § 1º da Resolução n. 181/17, estabelece como critério de aferição para dessa magnitude de violação ao bem jurídico quando o dano causado for superior a vinte salários mínimos (ou outro parâmetro econômico definido no respectivo órgão de revisão).

Desde uma perspectiva de gravidade à violação ao bem jurídico protegido, a Resolução inicialmente optou por fixar um critério econômico de até 20 salários mínimos, utilizando, também aqui, como parâmetro de inspiração o art. 9º da Lei n. 9.099/95, que permite que as partes busquem o Juizado Especial sem a assistência de advogado. Sem embargo, com a Resolução 289/2024-CNMP, não existe mais a previsão expressa desse requisito, o que não afasta a fundamentação concreta da negativa, com base na maior violação ao bem jurídico.

Na avaliação daquilo que seja necessário e suficiente para a reprovação e prevenção do crime encontra-se inserido no aspecto de liberdade que a Constituição atribui aos Membros do Ministério Público, no exercício de sua independência funcional (CR, art. 127, § 1º), que decorre precisamente da sua função de titular do exercício da ação penal (CR, art. 129, I).

Obviamente, essa avaliação não é subjetivista e deve ser sempre fundamentada em dados e elementos concretos do caso, incidindo aqui, pois, o princípio da interdição da arbitrariedade.

Esse controle contra eventuais arbitrariedades é feito, inicialmente, pelo Poder Judiciário. Sem embargo, a palavra final nessa avaliação, precisamente por envolver juízo de oportunidade regrada sobre a acusação deve ser sempre do Ministério Público (nesse sentido, aliás, o art. 28-A, § 14, que prevê: *"No caso de recusa, por parte do Ministério Público, em propor o acordo de não persecução penal, o investigado poderá requerer a remessa dos autos a órgão superior, na forma do art. 28 deste Código."*).

O órgão de revisão a que se refere a Resolução, são, em princípio, os Procuradores-Gerais de Justiça, nos casos dos Ministérios Públicos dos Estados (por razões históricas do antigo art. 28, CPP e por ser o chefe da instituição – mas é importante uma decisão normativa nesse sentido) e no caso do Ministério Público da União, as respectivas Câmaras de Coordenação e Revisão (art. 62, IV, MPF; art. 136, IV, MPM; art. 171, V, MPDFT, todos da LOMPU - LC75/93).

4) Não cabe acordo de não persecução para os crimes em que seja admitida a proposta de transação penal (CPP, art. 28-A, § 2º, I):

O art. 28-A do Código de Processo Penal buscou evitar a incidência do acordo de não persecução – que é mais gravoso – nos casos em que cabível a transação penal, prevista pelo art. 61 da Lei n. 9.099/95, que abrange, fundamentalmente, os delitos cuja pena máxima não seja superior a 2 (dois) anos, cumulada ou não com multa.

Assim, para evitar uma confusão de dupla incidência de modalidades de acordo para um mesmo caso, em que há uma distinta gravidade de intervenção e uma distinta gravidade de crime, aludido dispositivo, no inciso I, do § 2º, art. 28-A, do Código de Processo Penal vedou o acordo de não persecução penal para os casos em que seja cabível transação penal

5) Quando o delito for praticado no âmbito de violência doméstica ou familiar, ou praticados contra a mulher por razões da condição de sexo feminino, em favor do agressor (CPP, art. 28-A, § 2º, IV):

A Lei n. 13.964/19 optou por vedar a possibilidade da realização de acordo de não persecução penal quando o delito for cometido: **a)** no contexto de violência doméstica ou familiar; e **b)** contra mulher por razões da condição de sexo feminino.

(a) Na primeira hipótese, veda-se a possibilidade de acordo em todo delito violento que seja realizado no âmbito doméstico ou familiar.

No âmbito doméstico, abrange todas as pessoas (não importando aqui o gênero) que convivam num mesmo ambiente físico que constitui um lar, uma casa, que abrigue uma comunhão de vida, ainda que essa convivência seja eventual e não seja propriamente unida por uma relação de parentesco, abrangendo assim todos os integrantes que ali residem ou trabalhem com habitualidade, mesmo que não tenham relação de parentesco (v.g. estudantes que moram numa mesma "república"), inclusive pessoas que ali estão acolhidas temporariamente (v.g. afilhado que reside por um determinado período de tempo no local) e mesmo empregados domésticos (v.g. empregado doméstico ou diarista)[38].

Veja-se que o âmbito doméstico tem como marca caracterizadora o espaço físico, vinculado finalisticamente à residência de um grupo de pessoas.

Já os crimes cometidos no âmbito familiar, leva-se em consideração as relações de parentesco existentes entre os envolvidos, ainda que não residam no mesmo local ou sob o mesmo teto ou lar.

Aqui a marca característica é a relação de parentesco e não a coabitação em um mesmo ambiente físico.

Nesses casos, como visto, a vítima pode ser de qualquer sexo e orientação sexual, incluindo crimes contra idosos, crianças, homossexuais, transexuais, e outros, que possam ocorrer no âmbito doméstico ou familiar[39].

Ademais, para a configuração dessa primeira hipótese o delito deve ser cometido com violência.

No entanto, como visto acima, os delitos cometidos com violência ou grave ameaça já não podem ser objeto de acordo de não persecução penal.

---

[38] É possível utilizar, como norte interpretativo, o conceito da Lei Maria da Penha, previsto no art. 5º, inciso I, que conceitua domicílio (ou unidade doméstica), da seguinte forma: "I – no âmbito da unidade doméstica, compreendida como o espaço de convívio permanente de pessoas, com ou sem vínculo familiar, inclusive as esporadicamente agregadas."

[39] É útil, também, o conceito de âmbito familiar, estabelecido pelo no art. 5º, inciso II: "II – no âmbito da família, compreendida como a comunidade formada por indivíduos que são ou se consideram aparentados, unidos por laços naturais, por afinidade ou por vontade expressa."

Desse modo, para ter algum sentido a norma restritiva, a violência a que a alude esse requisito previsto no art. 28-A, § 2º, inciso IV, do Código de Processo Penal, abrange não apenas a violência física, mas também a violência psicológica, sexual, patrimonial e moral[40].

Assim, mesmo que não praticados com violência física e mesmo que não sejam contra mulheres, os crimes cometidos no âmbito doméstico e familiar, não podem ser objeto de acordo de não persecução penal, como, por exemplo, nos delitos de perseguição (CP, art. 147-A); violação de domicílio (CP, art. 150); importunação sexual (CP, art. 215-A); assédio sexual (CP, art. 216-A), registro não autorizado da intimidade sexual (CP, art. 216-B), dentre vários outros[41].

(b) Ademais, a segunda hipótese de vedação de acordo aqui comentada, diz respeito aos delitos cometidos contra mulher por razões da condição de sexo feminino.

---

40 Uma vez mais, importantíssimo invocar as definições trazidas pela Lei Maria da Penha (Lei n. 11.340/06), ainda que se refira apenas à violência contra mulher: "Art. 7º São formas de violência doméstica e familiar contra a mulher, entre outras: I – a violência física, entendida como qualquer conduta que ofenda sua integridade ou saúde corporal; II - a violência psicológica, entendida como qualquer conduta que lhe cause dano emocional e diminuição da autoestima ou que lhe prejudique e perturbe o pleno desenvolvimento ou que vise degradar ou controlar suas ações, comportamentos, crenças e decisões, mediante ameaça, constrangimento, humilhação, manipulação, isolamento, vigilância constante, perseguição contumaz, insulto, chantagem, violação de sua intimidade, ridicularização, exploração e limitação do direito de ir e vir ou qualquer outro meio que lhe cause prejuízo à saúde psicológica e à autodeterminação; III – a violência sexual, entendida como qualquer conduta que a constranja a presenciar, a manter ou a participar de relação sexual não desejada, mediante intimidação, ameaça, coação ou uso da força; que a induza a comercializar ou a utilizar, de qualquer modo, a sua sexualidade, que a impeça de usar qualquer método contraceptivo ou que a force ao matrimônio, à gravidez, ao aborto ou à prostituição, mediante coação, chantagem, suborno ou manipulação; ou que limite ou anule o exercício de seus direitos sexuais e reprodutivos; IV – a violência patrimonial, entendida como qualquer conduta que configure retenção, subtração, destruição parcial ou total de seus objetos, instrumentos de trabalho, documentos pessoais, bens, valores e direitos ou recursos econômicos, incluindo os destinados a satisfazer suas necessidades; V – a violência moral, entendida como qualquer conduta que configure calúnia, difamação ou injúria." Sobre essas formas de violência, cf.: CUNHA, Rogério Sanches; PINTO, Ronaldo Batista. Violência Doméstica – Lei 11.340/2006, in Leis Penais Especiais, comentadas artigo por artigo. Rogério Sanches Cunha, Ronaldo Batista Pinto e Renee do Ó Souza (orgs.), 2ª ed. Salvador: Juspodivm, 2019, pp. 1779 e ss.

41 Sobre alguns desses delitos, cometidos contra mulheres, cf.: BIANCHINI, Alice; BAZZO, Mariana; CHAKIAN, Silvia. Crimes contra Mulheres: Lei Maria da Penha, Crimes Sexuais e Feminicídio. Salvador: Juspodivm, 2019, pp. 75 e ss.

Nesses casos, estão incluídos aqueles delitos que são cometidos contra as mulheres, pela sua própria condição de mulher, em que se pretende uma diminuição, uma coisificação da mulher, como se fosse um objeto disponível[42].

Obviamente que esses delitos contra a mulher, com muita frequência, são cometidos no âmbito doméstico e familiar (o que faria incidir já a vedação anterior). No entanto, não é raro que a violência de gênero seja cometida, também, no âmbito laboral, escolar ou qualquer outro meio social[43], o que justifica que o legislador aqui tenha acrescentado esse requisito, não limitando a vedação para os crimes cometidos no contexto doméstico ou familiar.

É importante frisar, ademais, que a vedação com relação às práticas delitivas contra mulher, em razão do sexo feminino, não se aplica apenas aos crimes cometidos com violência (física, psicológica, sexual ou moral), mas também àqueles praticados sem violência, o que constitui mais uma diferença em relação requisito previsto na primeira parte do inciso IV, § 2º, art. 28-A, do Código de Processo Penal (violência doméstica e familiar).

6) Quando não for caso de arquivamento (CPP, art. 28-A, *caput*; Res. 181/17-CNMP, art. 18, § 2º):

Outro requisito trazido pelo caput do art. 28-A, do Código de Processo Penal é o de que – para que se possa propor e celebrar o acordo de não persecução – a investigação criminal (seja IP, PIC, CPI ou outros elementos de informação) já deve estar madura para o oferecimento da denúncia. É dizer, devem estar plenamente preenchidas as condições da ação penal. Assim, deve existir a aparência de prática de um crime (*fumus comissi delicti*), deve existir legitimidade de parte (ou seja, a ação deve ser penal pública), a punibilidade concreta deve estar preservada (não pode estar, por exemplo, prescrita a pretensão acusatória) e deve estar presente a justa causa, consubstanciada por elementos informativos e probatórios mínimos que emprestem amparo empírico para o oferecimento de denúncia.

Veja-se que essa última condição de ação – a justa causa – deve merecer uma especial atenção no momento da celebração do acordo de não persecução. Isso porque – e é fundamental que isso fique bem claro – o acordo

---

42 NÚÑEZ CASTAÑO, Elena. La violencia doméstica en la legislación española: especial referencia al delito de maltrato habitual (art. 173 del Código Penal), in REJ – Revista de Estudios de la Justicia – Nº 12 – Año 2010, p. 104.

43 NÚÑEZ CASTAÑO, Elena. La violencia doméstica en la legislación española: especial referencia al delito de maltrato habitual (art. 173 del Código Penal), in REJ – Revista de Estudios de la Justicia – Nº 12 – Año 2010, p. 105.

de não persecução não se presta como instrumento de obtenção da justa causa para a investigação. Somente cabe o acordo, quando já existir a justa causa, amparada em uma base factual investigativa, e quando não for o caso de arquivamento da investigação criminal[44].

Além disso, devem estar preenchidos os eventuais pressupostos processuais aplicáveis na espécie, como, por exemplo, a representação do ofendido ou requisição do Ministro da Justiça, quando for esse o caso (CPP, art. 395, II).

b) Requisitos subjetivos do acordo de não persecução penal: Além dos objetivos, o art. 28-A, CPP, estabelece requisitos subjetivos, que devem ser cumpridos para o cabimento do acordo de não persecução penal:

1) Quando investigado for reincidente ou houver elementos probatórios que indiquem conduta criminal habitual, reiterada ou profissional, exceto se insignificantes as infrações penais pretéritas (CPP, art. 28-A, § 2º, II):

Essas proibições (ou requisitos subjetivos) previstas no inciso II, § 2º, do art. 28-A do Código de Processo Penal podem ser divididas em duas: **(a)** não ser o investigado reincidente: e **(b)** não realizar o investigado as condutas de forma habitual, reiterada ou profissional (salvo se insignificantes as pretéritas).

(a) Com relação à vedação da **reincidência**, não existe muita polêmica, bastando avaliar se a conduta do investigado foi cometida no prazo de até 05 (cinco) anos depois do trânsito em julgado de sentença penal condenatória, no país ou exterior, conforme preconiza o art. 65 do Código Penal.

Assim, caso o crime que se pretende celebrar o ANPP tenha sido praticado nesse espaço de tempo, não preencherá o investigado o requisito subjetivo do art. 28-A, § 2º, II, primeira parte, do Código de Processo Penal.

É importante consignar que essa reincidência não precisa ser específica, uma vez que silente o legislador e considerando que se afigura legítima a utilização desse critério político-criminal para o impedimento do acordo.

[44] O comitê de ministros do Conselho da Europa, em setembro de 1987, adotou a recomendação n. R (87), sobre a simplificação da Justiça Penal, recomendando a adoção do princípio da oportunidade. Sem embargo, preconizou-se que a decisão de renunciar à ação penal somente deve ser adotada quando existirem indícios suficientes da culpabilidade do agente. Cf.: BARJA DE QUIROGA, Jacobo López. *Tratado de Derecho Procesal Penal*, vol. I, 6ª ed. Cizur Menor: Aranzadi, 2014, p. 480.

Afinal, o que se pretende com o ANPP, dentre outras coisas, é dar-se uma oportunidade para aqueles que se envolveram, pela primeira vez, em práticas delitivas.

Ademais, não basta simplesmente que o acusado esteja respondendo a outro processo (como ocorre, por exemplo, na suspensão condicional do processo), devendo estar configurada tecnicamente a reincidência.

(b) Já o segundo critério, estipulado pela segunda parte inciso II, § 2º, do art. 28-A do Código de Processo Penal, veda a celebração do acordo para "*se houver elementos probatórios que indiquem conduta criminal habitual, reiterada ou profissional, exceto se insignificantes as infrações penais pretéritas*".

Do exame desse dispositivo, é possível ver que existem três elementos que devem ser considerados:

(i) conduta habitual, reiterada ou profissional: Aqui o legislador pretendeu – como fez no caso da reincidência – vedar a aplicação do instituto do ANPP para aqueles já vêm se envolvendo em práticas ilícitas. Para tanto, lança mão dos conceitos de **habitual** (prática constante e costumeira de ilícitos, não bastando um único crime anterior, devendo, portanto, essa prática criminosa fazer parte da forma de vida do agente – ainda que não necessariamente há longo período de tempo); **reiterada** (repetida, cometida mais de uma vez – aqui é suficiente uma única prática criminosa anterior) e **profissional** (quando o agente comete o delito de forma organizada e aperfeiçoada – o que conta não é o número de infrações, mas o modo com que ela é cometida)[45].

---

45 Essa modalidade de considerações, a respeito da carreira criminal do agente, não é propriamente uma novidade e é adequadamente utilizada em outros sistemas, com o intuito de beneficiar tão somente aqueles que não tenham outros envolvimentos criminais. Nesse sentido, veja-se o que afirma TEIXEIRA, no contexto português: "Outro ponto programático é a optimização da reacção político-criminal centrada na perspectiva do agente. Esta formulação conduz à consideração do 'início de carreira delinquente' (indivíduo ainda não socialmente perigoso), a quem deve assegurar-se as mais amplas oportunidades (sem que tal signifique um 'amolecimento' dos valores jus-penais); e, inversamente, 'contrariar a tendência para a delinquência' de quem reincide". TEIXEIRA, Carlos Adérito. Princípio da Oportunidade – manifestações em sede processual penal e sua conformação jurídico-penal. Coimbra: Almedina, 2000, p. 37. Ademais, cumpre consignar que o não oferecimento do ANPP com base no fato de o investigado já responder a outros processos penais não vulnera o princípio da presunção de inocência, conforme já assentou o Superior Tribunal de Justiça em situação semelhante (para a SCP): "AGRAVO REGIMENTAL EM HABEAS CORPUS. SUSPENSÃO CONDICIONAL DO PROCESSO. PACIENTE QUE RESPONDE A OUTROS PROCESSOS. AGRAVO REGIMENTAL DESPROVIDO. 1. A jurisprudência consolidada do Superior Tribunal de Justiça é no sentido de que o fato de o réu estar respondendo a outros processos criminais justifica, nos termos do art. 89 da Lei n. 9.099/95, o não oferecimento da proposta

Veja-se que a **habitualidade** e a **reiteração** não precisam necessariamente se referir ao mesmo delito ou a delitos da mesma espécie. Isso porque, não é possível extrair essa exigência do texto legal[46].

(ii) existência de elementos probatórios: Esses elementos probatórios de que a prática é habitual, reiterada e profissional são extraídos da própria investigação, podendo ser constituídas por certidão de antecedentes (sobre a existência de outras investigações ou processos penais), complementadas por testemunhos nesse sentido). Aqui, portanto, deve existir elementos probatórios mínimos a indicar que o agente pratica de forma habitual, reiterada ou profissional os delitos. Deve existir justa causa nesse sentido. A exigência dessa justa causa sobre a habitualidade, reiteração ou profissionalismo é em grau semelhante à justa causa para o oferecimento da denúncia, uma vez que o exame é feito – pela própria natureza da investigação criminal – por meio de um juízo de cognição sumária. Veja-se, que nesse sentido, o mais adequado seria falar em elementos de informação e não em elementos probatórios, que somente são obtidos na fase do processo penal.

(iii) salvo quando forem insignificantes: Aqui o legislador abriu uma exceção à vedação da realização de ANPP para aqueles que comentam delitos de maneira habitual, reiterada ou profissional. É dizer, quando as infrações antecedentes forem consideradas como insignificantes (é dizer, apesar de dotadas de tipicidade formal, não importarem em relevante violação aos bens jurídicos tutelados) não incidirá a proibição do acordo.

Desse modo, por exemplo, se uma pessoa é presa furtando um aparelho de som de uma loja de departamentos e sobrevierem informações no sentido de que, esse mesmo agente, por outras três vezes, já havia subtraído bombons da mesma loja de departamento, ainda assim, será possível fazer o ANPP para esse crime de furto do aparelho, uma vez que as infrações anteriores, que caracterizaram a reiteração, foram insignificantes. Ou, para utilizar as palavras da lei, não há vedação, quando "insignificantes as infrações penais pretéritas".

---

de suspensão condicional do processo, sem que isso viole o direito fundamental à presunção de inocência. Agravo regimental desprovido." (STJ - AgRg no RHC 43.755/ES, Rel. Ministro JOEL ILAN PACIORNIK, QUINTA TURMA, julgado em 13/09/2016, DJe 23/09/2016).

46 O texto do inciso II, do § 2º, do art. 28-A, CPP, fala em "conduta criminal habitual, reiterada ou profissional". Na 1a edição deste livro, defendi que era necessário que a habitualidade ou reiteração fossem do mesmo delito ou de delitos da mesma espécie. Sem embargo, refletindo melhor sobre o tema, não vejo como extrair essa exigência do texto legal.

2) Quando o agente já tiver se beneficiado, nos cinco anos anteriores à infração, em acordo de não persecução penal, transação penal ou suspensão condicional do processo (CPP, art. 28-A, § 2º, III):

Outra vedação à celebração do acordo de não persecução penal, que constitui requisito subjetivo, é a prevista no inciso III, do § 2º, do art. 28-A, do Código de Processo Penal e que, também, tem inspiração político-criminal no sentido de não conceder o benefício do ANPP caso o investigado, anteriormente, já tenha gozado de instituto consensual que evita a instauração ou prosseguimento do processo penal. É dizer, veda-se a possibilidade da realização do ANPP para aqueles que, nos cinco anos anteriores à infração, já tenha sido beneficiado por acordo de não persecução, transação penal ou suspensão condicional do processo.

O termo a quo desse prazo deve ser – não a data da infração anterior ou da extinção da sua punibilidade – mas o dia em que o acordo de não persecução for homologado (CPP, art. 28-A, § 6º), na data da "aplicação da pena" decorrente da transação penal (leia-se: homologação da transação penal – Lei n. 9.099/95, art. 76, § 4º) e na suspensão condicional do processo, no dia em que o juiz suspender o processo, submetendo o acusado ao período de prova (Lei n. 9.099/95, art. 89, § 1º).

c) Condições que devem ser estabelecidas no acordo de não persecução penal: Uma vez preenchidos os requisitos objetivos e subjetivos, poderá ser celebrado o acordo de não persecução.

A Resolução e a Lei, porém, estabelecem condições para que se possa ter como válido o acordo. São elas:

1) Confissão formal e circunstanciada da prática do delito (CPP, art. 28-A, caput; Res. 181/17-CNMP, art. 18-A):

Deverá o investigado confessar integralmente a prática do crime que está sendo apurado. Essa confissão deverá se dar na presença do Membro do Ministério Público, o investigado deverá estar acompanhado do seu defensor e ela deve ser devidamente registrada em áudio e vídeo[47].

47. Sobre o tema, o Superior Tribunal de Justiça fixou, em sede de recurso repetitivo, a seguinte tese (Tema 1303): "1. A confissão pelo investigado na fase de inquérito policial não constitui exigência do art. 28-A do Código de Processo Penal para o cabimento de Acordo de Não Persecução Penal (ANPP), sendo inválida a negativa de formulação da respectiva proposta baseada em sua ausência. 2. A formalização da confissão para fins do ANPP pode se dar no momento da assinatura do acordo, perante o próprio órgão ministerial, após a ciência, avaliação e aceitação da proposta pelo beneficiado, devidamente assistido por defesa técnica, dado o caráter negocial do instituto". (REsp n. 2.161.548/BA, relator Ministro

A confissão, ademais, não deve ser algo magro, simplesmente confirmando o objeto da investigação. Deve ser algo detalhado, estando acompanhada de narrativa coerente e convincente, com o objetivo de empregar boas razoes e segurança no sentido da sua veracidade.

Essa confissão tem dois aspectos que a tornam importante.

O primeiro é que – sendo ela crível e detalhada – apresenta ao Membro do Ministério Público fundamentos robustos no sentido de que – ao celebrar-se o acordo – não se está a praticar uma injustiça contra um inocente. Essa confissão reforça a justa causa que já existia para o oferecimento da denúncia, dando seriedade a atuação consistente na realização do acordo. Dá também ao advogado a devida tranquilidade de que, ao orientar o seu cliente ou assistido pela realização do acordo, não está fazendo uma má orientação jurídica. Muito pelo contrário, está orientado que ele siga uma via menos gravosa e mais benéfica do que responder pelo delito em um processo penal, no qual exista uma alta probabilidade de ser condenado.

O segundo aspecto importante é que fornece ao Ministério Público – em caso de descumprimento do acordo – um importante elemento de informação, que pode servir como corroborador das provas produzidas em contraditório (CPP, art. 155), como fonte de informação para busca de novos elementos probatórios e como elemento de contraste em relação a eventuais depoimentos aparentemente falsos prestados no processo penal, caso, obviamente, ocorra o descumprimento.

É importante frisar, porém, que essa confissão formal e circunstanciada somente poderá ser utilizada no processo penal, caso seja o acordo homologado e caso exista o descumprimento do acordo, levando o Ministério Público a oferecer denúncia.

Na hipótese de o acordo não ser homologado, volta-se ao *status quo ante*, não sendo possível, por força do princípio da lealdade e moralidade administrativa, o seu uso em prejuízo do investigado.

Por outro lado, obviamente, caso tenha sido o acordo homologado e posteriormente descumprido, poderá legitimamente ser ele utilizado no processo penal. Isso porque, uma das finalidades do acordo é precisamente essa: a contrapartida do investigado pelo fato de o MP abrir mão do exercício da ação penal, é consubstanciada pela apresentação, ao órgão de execução, de um forte elemento de informação: a sua confissão extrajudicial.

Se assim não fosse, não haveria praticamente nenhuma consequência ao investigado em descumprir o acordo. Só teria ele ganhado tempo e

---

Otávio de Almeida Toledo (Desembargador Convocado do TJSP), Terceira Seção, julgado em 12/3/2025, DJEN de 25/3/2025).

atrapalhado o curso natural da persecução penal, sem qualquer ônus ou desvantagem no processo penal. O acordo aqui, evidentemente, pressupõe que cada uma das partes abra mão de alguma coisa. O MP abre mão do exercício da ação penal, o investigado entrega a confissão formal e circunstanciada.

2) Reparar o dano ou restituir a coisa à vítima, salvo impossibilidade de fazê-lo (CPP, art. 28, *caput;* Res. 181/17-CNMP, art. 18, § 4º):

Talvez esse seja uma das condições mais importantes do acordo de não persecução penal, uma vez que dá voz e vez à vítima na persecução penal, reforçando o forte movimento atual de redescobrimento da vítima. É certo que a pretensão de Justiça que deve ser ínsita a toda a persecução penal não é realizada a plenos pulmões sem a devida atenção à vítima, que se dá de uma forma bastante relevante por meio da reparação do dano.

Sempre que possível, na delegacia ou no próprio momento da celebração do acordo, é fundamental que se indague a vítima qual foi o prejuízo causado a ela (e as razões que a levam a concluir por esse prejuízo), como ela entende que deve ser feita essa reparação e, também, como seria a melhor forma de pagamento ou reparação (v.g. depósito em conta corrente, devolução do bem e em que local isso deve ocorrer). Nesse sentido, inclusive, é a redação do **§ 4º, IV, do art. 18 da Resolução 181/17-CNMP, que preconiza que:** "para o cumprimento das providências indicadas nos incisos anteriores o órgão de execução ministerial poderá requisitar à Autoridade Policial responsável pela investigação que traga aos autos, documentalmente, elementos de convicção que permitam estimar o dano suportado pela vítima e a capacidade econômica do investigado, sem prejuízo de a própria vítima complementar ou modificar tal documentação antes da celebração do acordo com o investigado".

Ademais, referida Resolução prevê expressamente a necessidade de notificação da vítima para comparecer à audiência ministerial de celebração do ANPP (CNMP, art. 18, **§ 4º, I).**

Todos esses aspectos deverão ser tomados em conta pelo Membro do MP no momento da celebração do acordo e, sempre que razoáveis e adequados, devem ser atendidos pelos Promotores de Justiça.

3) Renunciar voluntariamente a bens e direitos, indicados pelo Ministério Público como instrumentos, produto ou proveito do crime (CPP, art. 28-A, II):

Pretende-se com essa condição resolver a questão relativa à destinação dos instrumentos, produto ou proveito do crime, de forma a evitar que simplesmente esses bens permaneçam apreendidos sem destino certo. Ademais, essa condição agiliza sobremaneira a reparação da vítima, complementando assim a condição anterior.

4) Prestar serviço à comunidade ou a entidades públicas por período correspondente à pena mínima cominada ao delito diminuída de um a dois terços, em local a ser indicado pelo juízo da execução (CPP, art. 28-A, III):

Essa condição constitui a medida a ser cumprida pelo investigado como forma de reprovação de sua conduta e, principalmente, de prevenção. Aqui não há imposição, mas simples concordância do investigado em cumpri-las, além do que não é possível inserir nenhuma medida que caracterize direito indisponível do investigado (como, por exemplo, é a liberdade).

Ademais, o parâmetro a ser utilizado para a fixação do período de prestação a serviço a comunidade é sempre a pena mínima cominada ao delito (diminuída de um a dois terços).

Essa diminuição deverá ser feita de acordo com a gravidade do injusto investigado e do grau de reprovabilidade (culpabilidade) da conduta do agente.

A diminuição, uma vez mais, constitui uma situação mais benéfica ao investigado, como forma de incentivo para optar pela opção consensual.

5) Pagar prestação pecuniária, a ser estipulada nos termos do art. 45 do Código Penal, a entidade pública ou de interesse social a ser indicada pelo Ministério Público, devendo a prestação ser destinada preferencialmente àquelas entidades que tenham como função proteger bens jurídicos iguais ou semelhantes aos aparentemente lesados pelo delito (CPP, art. 28-A, IV):

A medida de reprovação da conduta e prevenção de novos delitos, também, pode ser dar por meio de prestação pecuniária. A vantagem da prestação pecuniária em relação à prestação de serviço é que torna mais fácil e célere a verificação do seu cumprimento. Sem embargo, ela é menos efetiva desde uma perspectiva preventiva, uma vez a prestação do serviço muitas vezes impõem uma maior reflexão ao investigado e, portanto, uma maior força preventiva.

A Lei estabeleceu que será o Juiz da Execução quem indicará a entidade beneficiária da prestação pecuniária, o que é altamente criticável, pois, ao fim e ao cabo, o juiz acaba interferindo nas cláusulas do acordo de não persecução, mesmo sem ser parte na avença.

Ademais, a normativa traz uma orientação no sentido de que essa prestação pecuniária deva ser direcionada, sempre que possível, a entidades que tutelem os mesmos bens jurídicos protegidos pelo crime em tese praticado, fortalecendo, portanto, uma vez mais, a função preventiva do acordo de não persecução.

6) Cumprir outra condição estipulada pelo Ministério Público, desde que proporcional e compatível com a infração penal aparentemente praticada: (CPP, art. 28-A, V):

Se o caso concreto recomendar, é perfeitamente possível que seja estipulada, em conjunto com o investigado e seu defensor, outra medida que seja mais adequada, proporcional e compatível com a infração penal aparentemente praticada, deixando, portanto, para o âmbito de disponibilidade do agente, a fixação de outras medidas não previstas na resolução.

5. CONCLUSÃO

Como conclusão, o acordo de não persecução penal representa um dos mais promissores caminhos para, pelo menos, a diminuição dos sérios problemas penais que vêm sendo enfrentados por nosso país.

Com a inserção do art. 28-A no Código de Processo Penal, pela denominada Lei Anticrime, supera-se qualquer discussão mais séria sobre a inconstitucionalidade do instituto, de modo que já está ocorrendo de forma bastante ampla no país, o que permitirá que se possa iniciar a colher os benefícios da diminuição da carga de trabalho e priorização da resposta judicial aos casos mais graves, como ocorreu em outros países.

6. REFERÊNCIAS BIBLIOGRÁFICAS

ALBRECHT, Peter-Alexis. *Criminologia*: Uma Fundamentação para o Direito Penal. Curitiba: ICPC; Rio de Janeiro: Lumen Juris, 2010.

BARJA DE QUIROGA, Jacobo López. *Tratado de Derecho Procesal Penal*, vol I, 6ª ed. Cizur Menor: Aranzadi, 2014.

BINDER, Alberto. *Fundamentos para a Reforma da Justiça Penal*. Florianópolis: Empório do Direito, 2017.

BRANDALISE, Rodrigo da Silva. *Justiça Penal Negociada*: Negociação de Sentença Criminal e Princípios Processuais Relevantes. Curitiba: Juruá, 2016.

BUSATO, Paulo César. *Reflexões sobre o Sistema Penal do nosso tempo*. Rio de Janeiro: Lumen Juris, 2011.

CABRAL, Rodrigo Leite Ferreira. *Manual do Acordo de Não Persecução Penal*, 4ª ed. Salvador: Juspodivm, 2024.

CINTRA, Antonio Carlos de Araújo; GRINOVER, Ada Pelegrini; DINAMARCO, Cândido Rangel. *Teoria Geral do Processo*. 25ª ed. São Paulo: Malheiros, 2015.

COSTA ANDRADE, Manuel da. Consenso e Oportunidade, *in O novo Código de Processo Penal*. Coimbra: Almedina, 1988.

COSTA, Arthur Trindade M. É possível uma Política Criminal? a discricionariedade no Sistema de Justiça Criminal do DF. *Soc. estado*. 2011, vol. 26, n.1.

ETXEBERRIA GURIDI, José Francisco. *El modelo francés de mediación penal*, in: La mediación penal para adultos. Una realidad en los ordenamientos jurídicos. Valencia: Tirant lo Blanch, 2009.

GRECO, Luis. *Lo vivo y lo muerto en la teoría de la pena de Feuerbach*: Una contribución al debate actual sobre los fundamentos del Derecho penal. Madrid: Marcial Pons, 2015.

HONNETH, Axel. *Luta por Reconhecimento*: a gramática moral dos conflitos sociais. Trad. Luiz Repa. São Paulo: Ed. 34, 2003.

HORVITZ LENNON, María Inés; LÓPEZ MASLE, Julián. *Derecho Procesal Penal Chileno*, tomo I. Santiago: Editorial Jurídica de Chile, 2003.

JUSTEN FILHO, Marçal. *Curso de Direito Administrativo*. 11ª ed. São Paulo: RT, 2015.

LANGER, Máximo. *From legal transplants to legal translations: The globalization of plea bargain and the Americanization thesis in criminal procedures*, in World Plea Bargain: consensual procedures and the avoidance of the full criminal trial. Durham: Carolina Academic Press, 2010.

MEIRELLES, Hely Lopes. *Direito administrativo brasileiro*. 24ª. ed. São Paulo: Malheiros, 1999.

MORAIS DA ROSA, Alexandre; LOPES JUNIOR, Aury. Saldão penal e a popularização da lógica da colaboração premiada pelo CNMP, in: http://www.conjur.com.br/2017-set-22/limite-penal-saldao-penal-popularizacao-logica-colaboracao-premiada-cnmp, consultado no dia 09.10.2017.

MUNÕZ CONDE, F. *Edmund Mezger e o Direito Penal de seu tempo* – Estudos sobre o Direito Penal no Nacional-Socialismo. Trad. Paulo César Busato. 4. ed. Rio de Janeiro: Lumen Juris, 2005.

PEREIRA, Rui. O Domínio do Inquérito pelo Ministério Público *in Jornadas de Direito Processual Penal e Direitos Fundamentais*. Lisboa: Almedina, 2004.

RANGEL, Paulo. *Direito Processual Penal*. 25ª ed. São Paulo: Atlas, 2017.

ROXIN, Claus. *Derecho Procesal Penal*. Buenos Aires: Editores del Puerto, 2003, p. 100.

_______; SCHÜNEMANN, Bernd. *Strafverfahrensrecht*. 27ª ed. München: Beck, 2012.

_______ *Política Criminal y sistema del Derecho Penal*. Trad. y introd. de Francisco Munõz Conde. 2ª ed. 1ª Reimp. Buenos Aires, Hammurabi, 2002.

SCHÜNEMANN, Bernd. *Cuestiones Básicas de la Estructura y Reforma del Procedimiento Penal bajo una Perspectiva Global*, in Obras. Tomo II, Rubinzal-Culzoni: Buenos Aires, 2009.

TURNER, Jenia. *Plea bargain across the borders*. New York: Aspen Publisher, 2009.

VASCONCELLOS, Vinicius Gomes de; MOELLER, Uriel. *Acordos no processo penal alemão: descrição do avanço da barganha da informalidade à regulamentação normativa*, *in* Boletín Mexicano de Derecho Comparado, núm. 147.

VOLK. Klaus. *Grundkurs StPO*, 7. ed. München: Beck, 2010.

VIVES ANTÓN, Tomás Salvador; COBO DEL ROSAL, Manuel. *Derecho Penal, Parte General*. 5ª ed. Valência: Tirant lo Blanch, 1999.

_______ *La Libertad como pretexto*. Valencia: Tirant lo Blanch, 1995.

CAPÍTULO 2

ACORDOS PENAIS NO BRASIL: UMA ANÁLISE À LUZ DO DIREITO COMPARADO E DO DIREITO INTERNACIONAL DOS DIREITOS HUMANOS

Vladimir Aras[1]

[1] Professor Assistente de Processo Penal (UFBA), Professor do PPGD do IDP, Professor de especializações em ciências penais (anticorrupção, cooperação internacional, crime organizado, técnicas de investigação e negociação, lavagem de dinheiro, competência), doutor em Direito (UniCEUB), mestre em Direito Público (UFPE), MBA em Gestão Pública (FGV), procurador regional da República (MPF), ex-promotor de Justiça (MPBA), ex-Secretário de Cooperação Internacional da PGR (2013-2017), Membro do Pessoal Associado da Comissão Interamericana de Direitos Humanos (CIDH) (2023-2024), editor do Blog jurídico vladimiraras.blog.

1. INTRODUÇÃO

A Carta Política de 1988 constitucionalizou várias garantias processuais penais dos acusados, delineadas, havia, pelo menos, duas décadas, no art. 14 do Pacto Internacional de Direitos Civis e Políticos, concluído em Nova York, em 1966, e nos arts. 7º e 8º da Convenção Americana de Direitos Humanos (CADH), concluída em São José da Costa Rica, em 1969.

A elevação a sede constitucional desse *bill of rights* internacional, em matéria processual penal, só pôde se concretizar no Brasil após a redemocratização, por meio dos Decretos 592/1992 e 678/1992, respectivamente, que introduziram tais convenções no ordenamento jurídico brasileiro com estatura de norma constitucional[2].

Podemos identificar um processo histórico, consecutivo, de constitucionalização e de convencionalização de garantias no processo penal brasileiro, rumo à definitiva implantação do modelo acusatório de persecução criminal, paripassu ao reconhecimento dos direitos das vítimas e à ampliação do consenso neste campo

Num processo penal acusatório, o acusado é sujeito de direitos e há nítida separação entre as funções do juiz e do Ministério Público. Aquele é em regra inerte, só age mediante provocação, acolhe ou rechaça a pretensão punitiva do Estado.[3] Este pode agir de ofício e, nas ações penais públicas condenatórias, é o único órgão que pode movimentar a

---

[2] Como se sabe, no RE 466.343/SP, o STF entendeu que a CADH foi internalizada com status supralegal mas infraconstitucional, o que não faz sentido nem mesmo antes da Emenda Constitucional 45/2004. Uma análise adequada do §2º do art. 5º da CF permitiria à Suprema Corte, sem qualquer esforço interpretativo, considerar tais tratados como integrados à carta de direitos fundamentais.

[3] Vide o art. 3º-A do CPP.

jurisdição para o exercício do poder punitivo do Estado. Mais do que isso é a instituição que pode decidir não acusar, nos processos de ação pública.

E o que acontece quando o Ministério Público decide não agir? Considerando o preceito que determina a inércia do Judiciário, corolário do modelo acusatório e da imparcialidade dos magistrados judiciais, o juiz não procede de ofício (*Ne procedat iudex ex officio*). Logo, sem denúncia do Ministério Público não se instaura a relação jurídica processual e não se apresenta a pretensão punitiva, em ação penal pública.

Sem acusador não há juiz e não há juiz sem autor (*Nemo iudex sine actore*). Estes sãodogmas garantistas. E então chegamos ao objeto deste artigo, que procura responder à seguinte indagação, que parte de uma dupla ótica de conformidade: é constitucional e convencional a previsão de negócios processuais, a serem formalizados pelo Ministério Público e pela defesa, para a não propositura de uma ação penal para a qual haja justa causa?

Esta questão se colocou pela primeira vez, com maior interesse, quando entrou em vigor a Resolução 181/2017, do Conselho Nacional do Ministério Público (CNMP), tendo ganhado relevância com a inserção do art. 28-A no Código de Processo Penal (CPP), promovida pela Lei 13.964/2019, que regulou o acordo de não persecução penal (ANPP).

Neste texto, pretendemos traçar algumas linhas em torno do que se pode chamar de uma teoria geral dos acordos penais, com maior foco no ANPP. Daremos a esse esforço preliminar e ainda incompleto um enfoque de direito comparado, informado também pelo conjunto convencional que rege a ordem jurídica brasileira.

2. SAÍDAS ALTERNATIVAS AO PROCESSO PENAL

Para as situações de falta de justa causa para a ação penal, há ao menos três soluções para que não se dê início à persecução criminal em juízo, que são as promoções de arquivamento pelo Ministério Público – verdadeiras decisões de não acusar nas quais a última palavra é da instituição[4] –; a rejeição da denúncia ou da queixa-crime pelo juiz ou tribunal; e os *habeas corpus* para trancamento de investigação criminal.

Paulatinamente, foram sendo construídas saídas alternativas ou abreviadas ao processo penal tradicional. Neste sentido, ao lado da transação penal e da suspensão condicional do processo da Lei 9.099/1995, temos outras duas formas modernas de não judicialização de causas penais mediante a substituição do conflito pelo consenso. A primeira delas engloba as práticas de Justiça Restaurativa, incentivadas pelo Conselho Nacional de Justiça (CNJ), pelo Conselho Nacional do Ministério Público (CNMP), por um sem-número de entidades acadêmicas e da sociedade civil e por organismos internacionais. São mecanismos possíveis mesmo em casos criminais.

A segunda forma é a das convenções de não persecução penal, que se dividem em duas espécies:

a) acordos judiciais de não persecução penal com delação de terceiros, de que são exemplos os acordos de colaboração premiada para postergação do oferecimento de denúncia, que guardam similitude com os *deferred prosecution agreements* (DPA), e os acordos de colaboração premiada para não persecução (acordos de imunidade), que se assemelham, em certos pontos, aos *non-prosecution agreements* (NPA), do direito comparado;[5] e
b) os acordos de não persecução penal de simples confissão, de cunho extrajudicial, objeto do art. 18 com redação que lhe foi dada pelas Resolução 183/2018 e 289/2024, alçados ao nível de lei federal pela Lei Anticrime de 2019, que trouxe o art. 28-A do Código de Processo Penal e o § 3º do art. 1º da Lei 8.038/1990.

Os acordos de que tratam o art. 28-A do CPP e os arts. 18 e 18-A a 18-K da Resolução CNMP 181/2017[6] não são *penais*, já que não impõem

4 Vide o art. 28 do CPP, especialmente após a alteração da Lei 13.964/2019 (observada interpretação conferida pelo STF ao dispositivo após a conclusão, em agosto de 2023, do julgamento das ADIs 6.298, 6.299, 6.300 e 6.305); o art. 29, VII, da Lei 8.625/1993; o art. 62, IV, da Lei Complementar 75/1993 e copiosa jurisprudência do STF. Por todos, vide o Inq. 510/DF, rel. min. Celso de Mello, de 1991. No STJ, vide o HC 95.917/SC, 6ª Turma, rel. min. Nilson Naves, de 2010.

5 Ambos encontráveis na Lei 12.850/2013.

6 Com a redação dada pela Resolução CNMP 289, de 16 de abril de 2024.

pena, mas obrigações ou condições. Não havendo acusação criminal (denúncia) nem processo penal, não há nem pode haver pena.

No Brasil, os acordos *penais* em sentido amplo[7] estão previstos na Lei 9.099/1995, a saber a transação penal e a suspensão condicional do processo, dos quais resultam penas não privativas de liberdade e obrigações (condições), respectivamente. Em sentido estrito[8], os acordos penais restringem-se aos ajustes regulados pela Lei 12.850/2013 e pela Lei 9.807/1999[9], que tratam da colaboração premiada (negocial), com confissão e delação.

A Lei 12.529/2011, que regula o sistema brasileiro de defesa da concorrência, prevê acordos de leniência com reflexos no processo penal, para afastar a persecução criminal. Têm relevância também a leniência da Lei 12.846/2013 e os acordos de não persecução civil (ANPC), do art. 17-B da Lei 8.429/1992, com a redação dada pela Lei 14.230/2021, outra novidade introduzida no ordenamento jurídico pela Lei Anticrime.[10]

A Resolução CNMP 181/2017 regula o procedimento de investigação criminal (PIC) do Ministério Público brasileiro, uma atividade não jurisdicional, não judiciária, de cunho administrativo, necessária à elucidação de infrações penais. Por meio dela, revogou-se a Resolução CNMP 13/2006, que regulamentava o PIC, e foram introduzidos novos temas, entre eles o manejo deste acordo de não persecução penal, nos limites do art. 129, inciso I, da Constituição e do art. 28 do CPP e da jurisprudência do STF quanto à atribuição do Parquet para a apuração de infrações penais, questão esta resolvida em 2015 no RE 593.727/MG,

---

7 Sem confissão.

8 Com confissão.

9 Vide a COR 35046/PR, da 7ª Turma do TRF-4, j. em 03-11-2009, da relatoria do então desembargador Néfi Cordeiro (depois ministro do STJ).

10 ARAS, Vladimir. Os acordos cíveis da Lei de Improbidade Administrativa e da Lei Anticorrupção Empresarial. In: SALGADO, Daniel de Resende; KIRCHER, Luís Felipe Schneider; QUEIROZ, Ronaldo Pinheiro de. **Justiça Consensual**: acordos crimnais, cíveis e administrativos. São Paulo: JusPodivm, 2022, p. 537-631.

da relatoria do ministro Gilmar Mendes)[11] e reiterada na ADI 2943/DF[12] e na ADI 5793, julgada em 2024.[13]

Em 24 de janeiro de 2018, a Resolução 183/2018 emendou a Resolução 181/2017 para melhor amoldá-la à Constituição. E em 23 de janeiro

---

11 STF, RE 593.727/MG RG, rel. min. Gilmar Mendes, julgado em 14-05-2015, Tema 184.

12 ADI 2943/DF: "14. Tese: "1. O Ministério Público dispõe de atribuição concorrente para promover, por autoridade própria, e por prazo razoável, investigações de natureza penal, desde que respeitados os direitos e garantias que assistem a qualquer indiciado ou a qualquer pessoa sob investigação do Estado. Devem ser observadas sempre, por seus agentes, as hipóteses de reserva constitucional de jurisdição e, também, as prerrogativas profissionais da advocacia, sem prejuízo da possibilidade do permanente controle jurisdicional dos atos, necessariamente documentados (Súmula Vinculante 14), praticados pelos membros dessa Instituição (tema 184); 2. A realização de investigações criminais pelo Ministério Público tem por exigência: (i) comunicação imediata ao juiz competente sobre a instauração e o encerramento de procedimento investigatório, com o devido registro e distribuição; (ii) observância dos mesmos prazos e regramentos previstos para conclusão de inquéritos policiais; (iii) necessidade de autorização judicial para eventuais prorrogações de prazo, sendo vedadas renovações desproporcionais ou imotivadas; iv) distribuição por dependência ao Juízo que primeiro conhecer de PIC ou inquérito policial a fim de buscar evitar, tanto quanto possível, a duplicidade de investigações; v) aplicação do artigo 18 do Código de Processo Penal ao PIC (Procedimento Investigatório Criminal) instaurado pelo Ministério Público; 3. Deve ser assegurado o cumprimento da determinação contida nos itens 18 e 189 da Sentença no Caso Honorato e Outros versus Brasil, de 27 de novembro de 2023, da Corte Interamericana de Direitos Humanos - CIDH, no sentido de reconhecer que o Estado deve garantir ao Ministério Público, para o fim de exercer a função de controle externo da polícia, recursos econômicos e humanos necessários para investigar as mortes de civis cometidas por policiais civis ou militares; 4. A instauração de procedimento investigatório pelo Ministério Público deverá ser motivada sempre que houver suspeita de envolvimento de agentes dos órgãos de segurança pública na prática de infrações penais ou sempre que mortes ou ferimentos graves ocorram em virtude da utilização de armas de fogo por esses mesmos agentes. Havendo representação ao Ministério Público, a não instauração do procedimento investigatório deverá ser sempre motivada; 5. Nas investigações de natureza penal, o Ministério Público pode requisitar a realização de perícias técnicas, cujos peritos deverão gozar de plena autonomia funcional, técnica e científica na realização dos laudos." (ADI 2943, Relator Min. Edson Fachin, Tribunal Pleno, julgado em 02-05-2024).

13 Na ADI 5793, o STF reconheceu mais uma vez que "A atribuição da função investigativa ao Ministério Público tem lastro constitucional e infraconstitucional, e a jurisprudência do Supremo Tribunal Federal já firmou a compreensão de admitir esses poderes, sob o fundamento, primordialmente, de que a promoção das diligências investigatórias e a instauração de inquérito policial refletem funções constitucionalmente atribuídas ao órgão ministerial". Assentou ainda que "O órgão dispõe de competência concorrente para promover investigações de natureza criminal, podendo licitamente colaborar, no sistema acusatório, para a colheita do suporte probatório serviente a uma imputação penal, mas está proibido de assumir a presidência do inquérito, que configura atribuição privativa da polícia". (ADI 5793, Relator(a): CRISTIANO ZANIN, Tribunal Pleno, julgado em 01-07-2024).

de 2020 entrou em vigor a Lei 13.964/2019, que, como visto, alterou o CPP e a Lei de Ação Penal Originária, para regular detalhadamente o acordo de não persecução penal (ANPP). Posteriormente, a Resolução CNMP 289/2024 aperfeiçoou as regras que regem o ANPP, com a introdução de diversos dispositivos novos.

3. SISTEMA ACUSATÓRIO DE PROCESSO PENAL

O procedimento acusatório caracteriza-se pela presença de autor, réu e juiz numa relação jurídica processual. Para FREDERICO MARQUES, nele:

> [...] um magistrado imparcial, encarnando a atividade jurisdicional, aplica as normas do direito objetivo, dando a cada um o que é seu. Quem representa no processo o interesse punitivo do Estado é o Ministério Público, 'la partie poursuivante', como se diz no Direito francês. Titular do jus actionis e do jus puniendi, o Ministério Público é parte em sentido formal, como sujeito da relação processual que com a ação se instaura, e em sentido material, porquanto representa o Estado na relação jurídico-substantiva entre este e o réu, contida no direito subjetivo[14].

O papel do promotor de Justiça ou do procurador da República no processo é o de "órgão do interesse punitivo do Estado". Se não há este interesse, está o Ministério Público legitimado a dizê-lo, seja pelo arquivamento de uma investigação criminal ou, agora, pela propositura de um acordo de não persecução criminal.

> Como o processo brasileiro, no terreno penal, é eminentemente acusatório, separados estão Ministério Público e Poder Judiciário: àquele compete pedir a atuação da lei penal; a este pronunciar imperativamente a vontade dessa lei. É por isto que, se o Ministério Público pedir o arquivamento do inquérito ou de quaisquer peças de informação, não lhe pode o juiz obrigar a dar denúncia, ou o censurar por isso[15].

Apesar de o vigente Código de Processo Penal ainda conter resquícios do procedimento inquisitório, a Constituição de 1988 consagrou o

---

14 MARQUES, José Frederico. Elementos de direito processual penal, Rio de Janeiro: Forense, 1960, p. 363.

15 MARQUES, op. cit.

modelo acusatório de processo penal, e o fez no art. 129, inciso I, que confere ao Ministério Público a titularidade para a ação penal pública e para os procedimentos probatórios que lhe são acessórios ou contribuintes. O art. 3º-A do CPP, trazido pela Lei Anticrime de 2019, reforçou esse ambiente principiológico.

Por mais de uma vez os tribunais superiores tiveram ocasião de se pronunciar sobre o modelo acusatório de persecução, afirmando-o. Foi assim com o min. Luís Roberto Barroso, do STF, ao deferir a medida cautelar na ADI 5104, em 2014, que questionou a constitucionalidade da Resolução nº 23.396/2013, do Tribunal Superior Eleitoral:

> [...]. 2. A Constituição de 1988 fez uma opção inequívoca pelo sistema penal acusatório. Disso decorre uma separação rígida entre, de um lado, as tarefas de investigar e acusar e, de outro, a função propriamente jurisdicional. Além de preservar a imparcialidade do Judiciário, essa separação promove a paridade de armas entre acusação e defesa, em harmonia com os princípios da isonomia e do devido processo legal. Precedentes. 3. Parâmetro de avaliação jurisdicional dos atos normativos editados pelo TSE: ainda que o legislador disponha de alguma margem de conformação do conteúdo concreto do princípio acusatório – e, nessa atuação, possa instituir temperamentos pontuais à versão pura do sistema, sobretudo em contextos específicos como o processo eleitoral – essa mesma prerrogativa não é atribuída ao TSE, no exercício de sua competência normativa atípica. 4. Forte plausibilidade na alegação de inconstitucionalidade do art. 8º, da Resolução nº 23.396/2013. Ao condicionar a instauração de inquérito policial eleitoral a uma autorização do Poder Judiciário, a Resolução questionada institui modalidade de controle judicial prévio sobre a condução das investigações, em aparente violação ao núcleo essencial do princípio acusatório. 5. Medida cautelar parcialmente deferida para determinar a suspensão da eficácia do referido art. 8º, até o julgamento definitivo da ação direta de inconstitucionalidade [...].[16]

A Constituição Federal adotou o sistema acusatório, em que há diversidade de órgãos de acusação e julgamento, banindo desta forma o sistema inquisitivo, quadro que se acentuou com a introdução do juiz

16 STF, ADI 5104 MC, rel. min. Roberto Barroso, Tribunal Pleno, julgado em 21/05/2014.

das garantias no CPP, por meio da Lei 13.964/2019.[17] Só o Ministério Público tem atribuição para emitir juízo de valor sobre as diligências realizadas pela autoridade policial, por ser o destinatário de toda a prova colhida pela Polícia Judiciária, nos crimes de ação pública. O juízo "jurisdicional" (por assim dizer) será emitido pelo magistrado ao cabo da instrução criminal, vale dizer, ao final do processo penal, se houver.

O processo de tipo inquisitório, na sua concepção clássica, é a antítese do acusatório. Não existe o contraditório, estando afastada a regra da igualdade processual. As funções de acusar e julgar concentram-se na pessoa do juiz, admitindo certas variações, que, no entanto, terminam por comprometer a imparcialidade objetiva do juiz.

Já no modelo acusatório,

> A iniciativa da ação penal é do Ministério Público, mediante o oferecimento da denúncia, e não pode o juiz obrigá-lo a oferecê-la, mas apenas cabe adotar as providências previstas no art. 28 do CPP e atender, como é o caso, à determinação contida na parte final do mesmo dispositivo. O Ministério Público tem o poder de ação, no campo processual, e o juiz ou o tribunal, o poder jurisdicional. O exercício deste depende da iniciativa daquele.[18]

Na exposição de motivos do CPP em vigor, fica clara essa opção como imanente ao sistema:

> V - O projeto atende ao princípio *ne procedat judex ex officio*, que, ditado pela evolução do direito judiciário penal e já consagrado pelo novo Código Penal, reclama a completa separação entre o juiz e o órgão da acusação, devendo caber exclusivamente a este a iniciativa da ação penal.

Os princípios acusatório e da inércia jurisdicional têm relações com o princípio do contraditório, que se consubstancia no brocardo *audiatur et altera pars*, segundo o qual a parte contrária deve ser sempre ouvida.

---

[17] Sobre o juiz das garantias no controle da produção probatória, vide: ARAS, Vladimir. Os juízos das garantias e a produção de prova na investigação preliminar. In: MOURA, Maria Thereza de Assis; BADARÓ, Gustavo Henrique; BOTTINI, Pierpaolo. **Juiz das garantias**. Revista dos Tribunais, 2024, p. 123-180.

[18] STF. RT 629/384.

FAUZI HASSAN CHOUKR diz que "Colocar em prática este princípio significa, entre outros pontos de importância, a separação nítida de papéis entre o acusador e o julgador" de forma a garantir o delicado equilíbrio entre a liberdade individual e a necessidade de repressão criminal.[19]

3.1. O papel do Ministério Público no sistema acusatório

Durante a 8ª Conferência para a Prevenção do Crime e o Tratamento dos Delinquentes, realizada em Havana, em 1990, as Nações Unidas aprovaram os Princípios Orientadores Relativos à Função dos Magistrados do Ministério Público.

O item 10 da Declaração de Havana estabelece que as funções dos magistrados do Ministério Público deverão ser rigorosamente separadas das funções de juiz. E, no Princípio 11, estatui que os magistrados do Ministério *Público desempenham um papel a*tivo no processo penal, "nomeadamente na dedução de acusação e, quando a lei ou a prática nacionais o autorizam, nos inquéritos penais, no controle da legalidade destes inquéritos, no controle da execução das decisões judiciais e no exercício de outras funções como representantes do interesse público".

Entre os Princípios de Bangalore sobre Conduta Judicial, de 2001, o tópico 63 reforça o modelo acusatório de separação de funções no processo penal, ao recomendar que a "Interferência constante na condução do julgamento deve ser evitada":

> 63. Um juiz tem o direito de fazer perguntas visando clarificar os assuntos. Mas se interfere constante e virtualmente, assumindo a condução de um caso civil ou o papel de persecução em um caso penal, e usa os resultados de seus próprios questionamentos para chegar a uma conclusão no julgamento do caso, o juiz se torna promotor, testemunha e juiz ao mesmo tempo, e o litigante não recebe um julgamento justo.

Nesta mesma perspectiva especializadora das funções dos órgãos estatais, vale recordar a Recomendação R (2000) 19 do Comitê de Ministros dos Estados-Membros do Conselho da Europa (CoE) sobre a função

19 CHOUKR, Fauzi H. Garantias constitucionais na investigação criminal, São Paulo: RT, 1995, pp. 35/36.

da promotoria no sistema de justiça penal, especialmente no tópico da relação entre procuradores e promotores e os juízes de um tribunal. O item 17 da referida recomendação deixa claro que a separação das funções de juízes promotores serve à independência e imparcialidade dos primeiros:

> 17. Os Estados devem tomar as medidas adequadas para assegurar que o status legal, as competências e a função processual dos promotores sejam estabelecidas por lei de modo que não possam existir dúvidas legítimas a respeito da independência e imparcialidade dos juízes de um tribunal. Em particular, os Estados devem garantir que uma pessoa não possa desempenhar ao mesmo tempo obrigações de promotor e de juiz de um tribunal.

Por sua vez, o art. 8º da Convenção Americana de Direitos Humanos, concluída em São José da Costa Rica em 1969 e promulgada pelo Decreto 678/1992, e o artigo 14 do Pacto Internacional de Direitos Civis e Políticos, concluído em 1966 e promulgado pelo Decreto 592/1992, também encorajam os Estados Partes a adotar um processo penal de partes, no qual o juiz é preservado de uma postura ativa na busca da prova, de modo a lhe garantir independência e imparcialidade no julgamento dos acusados, almejadas pelas referidas convenções, que estipulam as linhas de base de qualquer sistema acusatório:

> Todas as pessoas são **iguais** perante os tribunais e as cortes de justiça. Toda pessoa terá o direito de ser **ouvida** publicamente e com devidas garantias por um tribunal competente, **independente e imparcial**, estabelecido por lei, na **apuração** de qualquer **acusação** de caráter penal **formulada** contra ela.

O STF já teve oportunidade de apreciar a validez do princípio acusatório no processo penal brasileiro, especificamente na fase pré-processual, no tocante à participação do juiz na investigação criminal. Ao julgar a ADI 1570, a Corte considerou inconstitucional o art. 3º da Lei 9.034/1995. O dispositivo questionado na ADI criava a figura do juiz inquisidor no direito brasileiro, ou seja, do magistrado coletor de provas durante as investigações criminais relacionadas à persecução de delitos praticados por organizações criminosas.

Na condição de titular privativo da ação penal, o Ministério Público exerce parcela significativa do poder do Estado, sendo responsável pela concretização em juízo da política criminal adotada, ao seu tempo, pelos órgãos de soberania. Como agentes políticos, os magistrados do Ministério Público determinam de forma privativa a existência ou não de interesse público na persecução criminal, já que o princípio *Nec delicta maneant impunita* foi abandonado pela Constituição de 1988 e claramente pela Lei 13.964/2019, no tocante aos arts. 3º-A, 28 e 28-A do CPP, que inseriu ou alterou.

No moderno processo penal, o Ministério Público investiga ou supervisiona a investigação criminal; promove a acusação em juízo; negocia acordos penais; busca a condenação ou a absolvição do acusado; recorre; e promove direitos e o fiel cumprimento da lei, dos tratados e da Constituição, no plano nacional e internacional. Como instituição extrapoder, o Ministério Público *presenta* a vontade do Estado (e do povo) perante o Poder Judiciário e serve como *longa manus* do Legislativo, no que diz respeito à vontade (*lex populi*) sedimentada nas leis penais e processuais. Manejar o direito de ação para a propor ou deixar de fazê-lo é uma atribuição funcional intrínseca ao Ministério Público.

3.2. O papel do acusado e da defesa técnica no sistema acusatório

No processo penal, o acusado é sujeito de direitos, e não mero objeto da persecução criminal. Sua carta de direitos resulta sobretudo do art. 5º da Constituição, dos arts. 7º e 8º da Convenção Americana de Direitos Humanos e do art. 14 do Pacto Internacional de Direitos Civis e Políticos. Presunção de inocência, contraditório, direito ao juiz natural imparcial (e, portanto, a um acusador separado deste), direito ao duplo grau de jurisdição, ao devido processo legal e à razoável duração do processo são os mais importantes desses direitos.

Essencialmente essas garantias se incorporam ao superdireito da ampla defesa, que só se apresenta se os demais puderem ser exercidos plenamente, quando queira o acusado ou assim oriente sua defesa técnica. O direito de indicar defensor de sua escolha e o de obter assistência jurídica gratuita, quando for o caso, integram a garantia da ampla defesa e legitimam o procedimento contraditório do processo penal, marcado pelas faculdades de participação e audiência e influência e pelo direito de não colaborar, consequência da garantia *nemo tenetur se detegere*.

Mas, se é certo que o acusado não tem dever de colaborar, como se percebe das normas convencionais e constitucionais que lhe asseguram o direito ao silêncio, não está, por outro lado, proibido de fazê-lo. É do senso comum que um investigado pode confessar um crime. Esta confissão, se feita livremente e sem coação de qualquer espécie, será válida no processo penal, sendo certo que a legislação premia a colaboração para a descoberta da verdade.[20] Há assim uma utilidade na colaboração do réu, e a lei a retribui mediante a concessão de benefícios, diante de uma confissão válida[21]

As garantias do acusado no processo penal são indisponíveis mas o seu exercício é renunciável. Todo acusado tem direito ao silêncio, mas pode renunciar a ele e confessar o crime de que é acusado. Todo acusado tem direito de recorrer de uma decisão judicial, mas pode conformar-se com a sentença condenatória e não apelar.

Não há, portanto, diante da autonomia da vontade, um dever orientado ao conflito processual. Esta última é a opção tradicional dos acusados. Porém, nos sistemas de *common law*, tradicionalmente, e no Brasil desde 1995, há também a opção de negociar, ajustar e transigir, desde que a defesa técnica atue de forma eficiente para viabilizar o consentimento informado do acusado. Somente esta ciência plena e assistida viabiliza a renúncia ao exercício de certos[22] direitos processuais (*waivers)* pelo acusado, sempre com posterior controle judicial.

---

[20] Vide o art. 8º, §3 da Convenção Americana de Direitos Humanos, de 1969.

[21] STJ: "11. Teses fixadas: 11.1: A confissão extrajudicial somente será admissível no processo judicial se feita formalmente e de maneira documentada, dentro de um estabelecimento estatal público e oficial. Tais garantias não podem ser renunciadas pelo interrogado e, se alguma delas não for cumprida, a prova será inadmissível. A inadmissibilidade permanece mesmo que a acusação tente introduzir a confissão extrajudicial no processo por outros meios de prova (como, por exemplo, o testemunho do policial que a colheu). 11.2: A confissão extrajudicial admissível pode servir apenas como meio de obtenção de provas, indicando à polícia ou ao Ministério Público possíveis fontes de provas na investigação, mas não pode embasar a sentença condenatória. 11.3: A confissão judicial, em princípio, é, obviamente, lícita. Todavia, para a condenação, apenas será considerada a confissão que encontre algum sustento nas demais provas, tudo à luz do art. 197 do CPP." (STJ, 3ª Seção, ARESP 2.123.334/MG, rel. min. Ribeiro Dantas, julgado em 20-06-2024).

[22] O acusado pode recusar-se, por exemplo, a defender-se. Mesmo neste caso, haverá o contraditório e a defesa, devendo o juiz providenciar defensor dativo, *ad hoc*, ou defensor público, que terá as opções de resistência, no processo penal "longo", ou de conformidade, no processo penal abreviado.

3.3. O princípio da cooperação no processo penal

Num país marcado pela ineficiência do sistema penal, de um lado, e pelo caos do sistema prisional, de outro, é necessário insistir na busca de soluções alternativas ou abreviadas ao processo penal. Neste ponto, vale refletir sobre a cooperação, no sentido de colaboração intraprocessual.

Introduzido pelo art. 6º do Código de Processo Civil (CPC) de 2015, este dever também se estende à relação processual penal. Segundo tal artigo, "Todos os sujeitos do processo devem cooperar entre si para que se obtenha, em tempo razoável, decisão de mérito justa e efetiva".

O juiz e o Ministério Público devem agir de forma cooperativa na relação processual.

> Já sob a ótica do acusado, sua condição de destinatário da persecução criminal e as suas garantias processuais, especialmente a de não-autoincriminação, lhe permitiram não agir em plena cooperação processual, estando ele desobrigado a contribuir na produção probatória ou em quaisquer esclarecimentos que impliquem prejuízo a sua defesa, já que a Constituição Federal (art. 5º, LXIII) e a Convenção Americana de Direitos Humanos (art. 8º, 2, 'g') lhe asseguram o direito ao silêncio e a não-autoincriminação. Trata-se, no entanto, de uma faculdade processual, o que implica reconhecer que se o acusado assim quiser, poderá cooperar ativamente na relação processual, seja pela confissão, pelo fornecimento de informações, pela disposição a submissão aos meios probatórios, enfim, quaisquer atos que continuam para o esclarecimento da imputação.[23]

Neste quadro, diante do cenário probatório, pode interessar ao acusado resistir à pretensão punitiva ou pode parecer-lhe mais conveniente e oportuno conformar-se, mediante acordos penais ou processuais.

3.4. O juiz no sistema acusatório de processo penal

O juiz é um terceiro na relação processual penal. Não é investigador, não é parte. Sem realizar ou conduzir a investigação criminal, o juiz a supervisiona. Nesta função o juiz se desempenha como garantidor dos

---

23 SILVA, Franklin Roger Alves. A construção de um processo penal cooperativo e a instalação do contraditório como direito de influência. In: CABRAL, Antônio do Passo; PACELLI, Eugenio; CRUZ, Rogério Schietti. Repercussões do novo CPC: processo penal. Salvador: Juspodivm, 2016, vol. 13.

direitos do investigado, tal como pretende o art. 3º-B do CPP, que nos trouxe o juiz das garantias.[24] Deve o magistrado limitar-se a decidir as questões submetidas a sua decisão, notadamente nos tópicos sujeitos a reserva de jurisdição.

Uma vez promovida a ação penal, o juiz de instrução e julgamento preside a instrução criminal, examina e valora a prova, cuja gestão e produção compete às partes, e decide as questões de direito e de fato que lhe são postas, para, ao final, acolher ou rejeitar a pretensão punitiva estatal.

Tal atividade judicial está marcada pela inércia e pela imparcialidade, características que são asseguradas estruturalmente, entre outros fatores, pela existência de um acusador independente. Ao declarar a inconstitucionalidade do art. 3º da Lei 9.034/1995[25], o STF situou o papel do juiz criminal brasileiro no sistema acusatório:

> Em verdade, a legislação atribuiu ao juiz as funções de investigador e inquisidor, atribuições essas conferidas ao Ministério Público e às Polícias Federal e Civil. Tal figura revela-se incompatível com o sistema atualmente em vigor, que veda a atuação de ofício do órgão julgador[26].

Tal passagem se refere ao art. 129, inciso I, da Constituição Federal, dispositivo que, ao conferir ao Ministério Público titularidade privativa para a propositura da ação penal pública, marca a distinção entre a função do acusador estatal e a do julgador, atuando em favor dos princípios da imparcialidade dos juízes e da independência do Judiciário e da presunção de inocência. Fica claro que o referido dispositivo constitucional não é uma regra corporativa em prol do Ministério Público, mas antes e sobretudo uma norma de garantia da higidez do sistema acusatório e de um processo penal de partes, cuja completude depende da previsão do direito de defesa e da garantia do contraditório, constantes do art. 5º, inciso LV, da Constituição.

Como se viu com o advento da Lei 13.964/2019, a postura do juiz nas questões cautelares, especialmente nas de cunho pessoal, contra o

---

24 O STF considerou constitucional o juiz das garantias introduzido no Brasil pela Lei 13.964/2019: STF, Pleno, ADI 6298/DF, rel. min. Luiz Fux, julgado em 24-08-2023.

25 Lei do crime organizado, revogada pela Lei 12.850/2013.

26 STF, Pleno, ADI 1570, rel. min. Mauricio Corrêa, j. em 12/02/2004.

réu deve ser, em regra, de atuação mediante provocação, segundo o critério *Ne procedat iudex ex officio.*[27]

No alvorecer da Justiça criminal pactuada no Brasil, por ocasião da Lei 9.099/1995, discutiu-se a função do juiz na formulação de propostas de transação penal ou de suspensão condicional do processo. No entanto, prevaleceu entendimento oposto[28], segundo o qual os institutos dos arts. 76 e 89 da Lei dos Juizados Especiais têm conteúdo negocial, bilateral, marcando o início da erosão do princípio da obrigatoriedade da ação penal. A matéria foi sumulada pelo STF, densificando o princípio do consenso (ou colaboração) e o modelo acusatório, uma vez que o juiz não pode agir *ex officio* nem impor a formalização do ajuste processual entre as partes:

> Súmula 696: Reunidos os pressupostos legais permissivos da suspensão condicional do processo, mas se recusando o promotor de justiça a propô-la, o juiz, dissentindo, remeterá a questão ao Procurador-Geral, aplicando-se por analogia o art. 28 do Código de Processo Penal.

É o que também se vê no tocante ao ANPP: o juiz não agirá de ofício para propô-lo ou para homologá-lo, sem prévio consenso das partes.

3.5. O princípio da oportunidade da ação penal

Fundando-se na necessidade de defesa contra o crime, numa concepção totalitária de legalidade, o princípio da obrigatoriedade da ação penal obriga o Ministério Público a atuar processualmente sempre que ocorrer delito de ação penal pública. É o que se acreditava.

Tal princípio deriva da ideia *Nec delicta maneant impunita*, ou seja, de que nenhum crime pode ou deve permanecer impune. Evidentemente tal diretriz não se harmoniza com o direito penal de intervenção mínima. Ao contrário, serve à doutrina da lei e da ordem ou a uma ideologia de tolerância zero.

O princípio tem merecido críticas, e não é de agora, pois não se coaduna com a ideia de direito penal como *ultima ratio*. No moderno

---

27 Vide, por exemplo, a nova redação dos §§2º e 4º do art. 282 e do art. 311 do CPP.

28 ARAS, Vladimir. Suspensão condicional do processo: direito subjetivo do acusado? http://www.ambito-juridico.com.br/site/index.php?n_link=revista_artigos_leitura&artigo_id=5243. Acesso em 10 out. 2024.

processo penal, tem maior aceitação o princípio da oportunidade da ação penal pública, que confere um maior campo de discricionariedade ao Ministério Público. Para BINDER, o princípio da oportunidade pode ser entendido como "seleção orientada pelo princípio da intervenção mínima"[29], o que permite que o Ministério Público estipule regras de seleção conforme a política criminal abraçada pela instituição.

O princípio da oportunidade está necessariamente ligado à ideia de intervenção mínima. Permitindo-se ao Ministério Público maior liberdade de decidir quando oferecer a denúncia ou não, facilita-se a intervenção penal mínima, sem abandonar-se o dever de defesa da sociedade em face do crime.

Ainda há quem sustente que o Ministério Público estaria inteiramente vinculado à missão de denunciar, quando o fato for típico e antijurídico. Preenchido o modelo legal, deveria seguir-se a acusação. Esta seria a fórmula cabal. Como ente administrativo, a atividade do Ministério Público é vinculada, o que cercearia sua independência processual, ainda quando seja *pro reo*. Diante da equação típica, sempre deveria ser oferecida a denúncia.

Abrindo-se maior espaço de discricionariedade ao *Parquet*, este órgão poderia verificar a oportunidade, a conveniência, a utilidade, a nocividade ou a economicidade da sua atuação processual, ou principalmente a sua razoabilidade, sem prejuízo de subsistir o controle dessa manifestação pela instância superior da Instituição, nos moldes do art. 62, IV, da Lei Complementar 75/1993[30], ou pela aplicação do art. 28 do Código de Processo Penal, que posiciona o juiz como fiscal do princípio da obrigatoriedade, inclusive numa ótica de proteção vitimária.[31]

---

[29] BINDER, Alberto M. Sentido del principio de oportunidad en el marco de la reforma de la justicia penal de America Latina. Disponível em: http://inecip.org/wp-content/uploads/INECIP-Binder-Principio-de-oportunidad-1.pdf. Acesso em 10.out.2024.

[30] Aplicável ao MPF.

[31] Na ADI 6298, o STF conferiu "(f) (...) interpretação conforme a Constituição ao artigo 28, caput, para assentar que, ao se manifestar pelo arquivamento do inquérito policial ou de quaisquer elementos informativos da mesma natureza, o órgão do Ministério Público submeterá sua manifestação ao juiz competente e comunicará à vítima, ao investigado e à autoridade policial, podendo encaminhar os autos para o Procurador-Geral ou para a instância de revisão ministerial, quando houver, para fins de homologação, na forma da lei, vencido, em parte, o Ministro Alexandre de Moraes, que incluía a revisão automática em outras hipóteses. (g) Ao mesmo tempo, assentou-se a interpretação conforme do artigo

Há ainda pouco espeque normativo (no direito positivo infraconstitucional, que fique bem entendido) para a ampla aplicação do princípio da oportunidade da ação penal pública. Esse postulado deriva da regra magna *minima non curat prætor,* que hoje encontra descrição doutrinária como princípio da insignificância.

Um dos dispositivos úteis para a construção de um espaço de consenso para a não persecução penal era o próprio art. 28 do Código de Processo Penal, na sua redação original, pois este cânon não especificava nem dizia quais deveriam ser as "razões invocadas" pelo Ministério Público para a promoção do arquivamento do inquérito policial. Ainda que a redação tenha sido alterada em 2019, o promotor ou o procurador pode, perfeitamente, invocar razões de política criminal ou de utilidade ou de razoabilidade para não promover a demanda penal, tendo em vista, por exemplo, a aproximação do termo final do prazo prescricional máximo previsto para aquele delito. Pode, ainda, alegar o membro do *Parquet* a insignificância penal da conduta apurada no inquérito, ou a inconveniência do processo penal, por motivos de mérito administrativo, sempre respeitados os direitos das vítimas[32]

Se o juiz discordar de tais razões, deve remeter os autos à superior instância, no próprio Ministério Público, já que, em virtude da separação das funções de acusar e julgar, característica do sistema acusatório,

---

28, § 1º, para assentar que, além da vítima ou de seu representante legal, a autoridade judicial competente também poderá submeter a matéria à revisão da instância competente do órgão ministerial, caso verifique patente ilegalidade ou teratologia no ato do arquivamento." (STF, Pleno, ADI 6298/DF, rel. min. Luiz Fux, julgado em 24-08-2023).

32 STJ: "4. Em hipóteses excepcionalíssimas, nas quais há flagrante ofensa a direito líquido e certo das vítimas, como o dever de protegê-las de possíveis violações de seus direitos humanos, esta Corte Superior tem admitido o manejo do mandado de segurança para atacar a decisão de arquivamento. Todavia, esse não é o caso dos autos, em que uma empresa é a vítima e se cuida de controvérsia a respeito da mera tipificação da conduta criminosa – arts. 155, § 4º, II (furto qualificado), ou 156, caput (furto de coisa comum), ambos do Código Penal – para fins de aferição da prescrição da pretensão punitiva. 5. Prevalece o entendimento já sedimentado neste Superior Tribunal, de que o titular da ação penal pública incondicionada é o representante do Ministério Público, e a vítima de crime de ação penal pública incondicionada não tem direito líquido e certo de impedir o arquivamento do inquérito ou de suas peças de informação, o que torna incabível a impetração de mandado de segurança. Precedentes. 6. Agravo regimental do Ministério Público não provido." (STJ, AgRg no HC n. 848.278/PR, relator Ministro Rogerio Schietti Cruz, Sexta Turma, julgado em 02-09-2024), Vide ainda no STJ o RMS 73.661/BA.

não pode ele mesmo dar início *ex officio* à ação penal nem determinar que o Ministério Público o faça, sem ferir gravemente o art. 129, inciso I, da Constituição Federal, e o art. 3º-A do CPP.[33] Contudo, não se bloqueia o acesso da vítima à Justiça criminal, segundo parâmetros de proteção efetiva e devida diligência que o Ministério Público deve observar antes de promover o arquivamento de uma investigação criminal.[34]

Outros elementos normativos que permitem concluir pela inadequação do princípio da obrigatoriedade ao moderno processo penal surgem da análise da estrutura da ação penal privada e da ação penal pública condicionada.

O brocardo *Nec delicta maneant impunita* somente se aplica inteiramente à ação penal pública incondicionada, porque se, para a ação penal privada, não tem nenhuma influência, no que tange à ação pública condicionada, sua propositura fica a depender da vontade (autonomia privada) do indivíduo ofendido ou da requisição do Ministro da Justiça, que agirá com razões de política do Estado ou do governo.

Consideradas a ação penal privada e a ação penal pública condicionada, vale a não obrigatoriedade da ação penal; nelas o âmbito de atuação da autonomia privada é absoluto. Vale dizer, sem a vontade do indivíduo não haverá ação civil, não será proposta ação penal privada e

---

[33] Contingenciado pela conclusão das ADIs 6298, 6299, 6.300 e 6.305, julgadas em agosto de 2023, pelo STF.

[34] STJ: "5. No caso, a decisão que homologou o arquivamento do inquérito foi proferida sem que fosse empregada a devida diligência na investigação e com inobservância de aspectos básicos do Protocolo para Julgamento com Perspectiva de Gênero do Conselho Nacional de Justiça, em especial quanto à valoração da palavra da vítima, corroborada por outros indícios probatórios, que assume inquestionável importância quando se discute violência contra a mulher. 6. O encerramento prematuro das investigações, aliada às manifestações processuais inconsistentes nas instâncias ordinárias, denotam que não houve a devida diligência na apuração de possíveis violações de direitos humanos praticadas contra a Recorrente, em ofensa ao seu direito líquido e certo à proteção judicial, o que lhe é assegurado pelo art. 1.º e 25 da Convenção Americana sobre Direitos Humanos, c.c. o art. 7.º, alínea b, da Convenção Interamericana para Prevenir, Punir e Erradicar a Violência contra a Mulher. 7. Recurso ordinário parcialmente provido para conceder em parte a segurança, a fim de cassar a decisão que homologou o arquivamento do inquérito e determinar a remessa dos autos ao Procurador-Geral de Justiça do Estado de São Paulo, nos termos do art. 28, caput, do Código Penal." (STJ, RMS n. 70.338/SP, relatora Ministra Laurita Vaz, Sexta Turma, julgado em 22-08-2023).

o Ministério Público não poderá oferecer denúncia em crime de ação penal pública condicionada.

Sem dúvida, a concepção que também inclui considerações de oportunidade e consenso no exercício da ação penal pública tem ganhado espaço aos poucos no sistema jurídico brasileiro, a partir da Constituição de 1988, que, além de conferir independência funcional ao Ministério Público, permitiu a instituição do procedimento sumaríssimo, com observância da transação penal (art. 98, inciso I).

Como vimos, a Lei 9.099/1995 positivou, no espaço infraconstitucional, essa regra, vindo a mitigar o princípio da obrigatoriedade da ação penal pública, ao estabelecer as hipóteses de aplicação imediata de pena não privativa de liberdade, mediante transação penal ofertada pelo Ministério Público (art. 76); e ao regulamentar o instituto da suspensão condicional do processo, também derivada de proposta do *Parquet*, na forma do art. 89 daquela lei.

Em outros sistemas jurídicos, institutos como o *pattegiamento* italiano e o *plea bargain* norte-americano dão mostras do funcionamento do princípio da oportunidade da ação penal pública (*prosecutorial discretion*), que, entre nós, vigora em absoluto apenas para a ação penal privada e para as ações civis em geral.

O Ministério Público ganhou grande relevo no sistema constitucional que adveio da Carta de 1988; assumiu um novo perfil e adquiriu elevado status constitucional. Daí MAZZILLI conceituar o Ministério Público como "órgão do Estado (não do governo), dotado de especiais garantias, ao qual a Constituição e as leis cometem algumas funções ativas ou interventivas, em juízo ou fora dele, para a defesa de interesses da coletividade, principalmente os indisponíveis e os de larga abrangência social"[35].

Também assim se deu com a Lei 9.099/1995, que cometeu ao Parquet uma nova função ativa, a de transacionar na ação penal pública, na defesa dos interesses da coletividade.

---

35 MAZZILLI, Hugo Nigro. Regime jurídico do ministério público. São Paulo: Saraiva, 1995, p. 2.

Há bastante tempo FREDERICO MARQUES, lembrando o juiz Euclides Custódio da SILVEIRA[36], já admitia que a redação original do art. 28 do CPP mitigava o princípio da obrigatoriedade da ação penal, por fazer referência a "razões invocadas". Não determinando que "razões" seriam essas, o CPP abre caminho para pedidos de arquivamento por considerações de oportunidade, economicidade, conveniência ou insignificância, que podem ser acolhidos pelo juiz ou pelo Procurador-Geral de Justiça[37].

> [...] fala o texto citado em 'razões invocadas', para pedir o arquivamento, pelo órgão do Ministério Público, - razões que o juiz examinará se são procedentes ou improcedentes. Não esclarecendo a regra legal quais essas razões, nada impede que o Promotor Público invoque motivos de oportunidade que, se forem relevantes, podem ser atendidos ou pelo juiz, ou pelo chefe do parquet. Tais motivos são examinados pelo juiz e pelo procurador-geral. Devem ser ponderáveis e baseados na absoluta inconveniência da propositura da ação penal pública. Além disso, só se compreende em infrações de pequena gravidade: *de minima non curat praetor*.[38]

O Ministério Público brasileiro é, assim, um promotor da política criminal do Estado. Não é mero espectador, não é autômato da lei penal. Na condição de agente político do Estado, tem o dever de discernir a presença, ou não, do interesse público na persecução criminal em juízo, ou se, diante da franquia do art. 129, inciso I, da Constituição, combinado com o art. 28 do CPP, deixará de proceder à ação penal, para encaminhar a causa penal a soluções alternativas, não judicializando a pretensão punitiva. Entre essas soluções estão a opção pela Justiça Restaurativa ou pelos acordos penais.

"Quando o órgão do Ministério Público emite uma opinião, nem mesmo seus superiores hierárquicos não lhe podem reformar a convicção formada pelo estudo hic et nunc de determinado caso criminal"[39].

---

36 Custódio da Silveira (1908-1967) chegou a desembargador do Tribunal de Justiça de São Paulo.

37 MARQUES, José Frederico. Elementos de direito processual penal, vol. 1. Rio de Janeiro: Forense, 1960, p. 338-339.

38 MARQUES, José Frederico. Elementos de direito processual penal, vol. 1. Rio de Janeiro: Forense, 1960, p. 338-339.

39 MARQUES, José Frederico. Op. cit.

Tampouco pode o juiz fazê-lo. Na lição de Frederico MARQUES, "O Ministério Público é independente do juiz, que lhe não pode criticar os atos funcionais". E prossegue, citando CARNELUTTI: "Enquanto o juiz age em função do interesse externo da composição da lide, o Ministério Público atua em função de interesses públicos conexos com os interesses em conflito".

A solução preconizada pela lei é aplicação do art. 28 do CPP, que consagra o princípio da unidade institucional.

Adepto do sistema da oportunidade, LOPES faz severa crítica ao princípio da obrigatoriedade, assinalando a hipocrisia de sua adoção rigorosa. Assegura o referido autor, apoiando-se na exposição de motivos da Lei n. 9.099/1995, que:

> Na prática, operam diversos critérios de seleção informais e politicamente caóticos. Não se desconhece que, em elevadíssima percentagem de certos crimes de ação penal pública, a polícia não instaura o inquérito, o Ministério Público não oferece a denúncia, esse mesmo órgão e o juiz agem de modo a que se atinja a prescrição[40].

E isso é a mais pura e cristalina verdade. Na maior parte dos casos, é a Polícia Judiciária que dispõe da ação penal, "porque sempre esteve em vigência clandestina o princípio da oportunidade, mas sem qualquer controle da discricionariedade e fragmentado pelos diversos órgãos de atuação estatal, desde a polícia até o Poder Judiciário"[41].

Assim, ao exercer as atribuições cometidas ao órgão pelo art. 28 do CPP ou no art. 62, IV, ou no art. 136, IV, ou no art. 171, IV, da Lei Complementar 75/1993[42], o Procurador-Geral do Ministério Público ou a Câmara de Coordenação e Revisão do Ministério Público da União não pratica ato jurisdicional, mas recusa-se a exercer o direito de ação, numa legítima opção de mérito administrativo. MEIRELLES ensina que poder discricionário "é o que o Direito concede à Administração, de modo

---

40 LOPES, Maurício Antônio Ribeiro. Direito penal, estado e constituição, São Paulo: Boletim IBCCrim, 1997, p. 157.

41 LOPES, op. cit.

42 Aplicáveis respectivamente ao MPF, ao MPM e ao MPDFT.

explícito ou implícito, para a prática de atos administrativos com liberdade de escolha de sua conveniência, oportunidade e conteúdo".[43]

O princípio da obrigatoriedade jamais foi e jamais poderá ser levado às últimas consequências, porque há toda uma gama de infrações penais que não chegam a ser conhecidas, outras que, mesmo conhecidas pelas vítimas, não são comunicadas à Justiça e aos aparelhos de *enforcement*, e outras ainda que, mesmo conhecidas pelo Estado, não são apuradas ou punidas, constituindo o que se denomina "cifra oculta".

Daí é porque o princípio da oportunidade vem-se impondo paulatinamente, ganhou assoalho constitucional em 1988 e foros de legalidade em 1995, 1999, 2002, 2013 e 2019[44], e assume corpo de instituto de direito na releitura do art. 28 do CPP, traduzindo-se como instrumento da nova política criminal, superador do sistema da justiça penal puramente conflitiva.

A Resolução CNMP 181/2017 e o art. 28-A do CPP surgem nesse contexto político-criminal, no qual o Ministério Público é a única[45] instituição pública autorizada a decidir pela propositura ou pela não propositura da ação penal pública, cabendo-lhe motivar sua decisão. O princípio da oportunidade da ação penal permite ao Parquet não agir nos casos de mínima reprovabilidade ou escassa lesividade e também naqueles nos quais houve o integral restabelecimento do *status quo ante*.

O Ministério Público deve promover o arquivamento da investigação, caso o acordo de não persecução seja cumprido pelo investigado. Por que é assim? Porque na essência o acordo de não persecução criminal é um negócio processual, um *pactum de non petendo*, que mantém em *stand-by* a decisão de arquivamento. O envio da apuração ao arquivo, em função da extinção da punibilidade do agente, depende do cumprimento voluntário das obrigações acordadas com o Ministério Público, que se vale do princípio da oportunidade da ação penal, para sustar o

---

43 MEIRELLES, Hely L. Direito administrativo brasileiro, São Paulo: Malheiros, 17ª edição, p. 102.

44 Com as Leis 9.099/1995, 9.807/1999, 12.850/2013 e 13.964/2019.

45 Embora situado no capítulo reservado ao Parquet, o art. 129, inciso I, da CF não é uma garantia corporativa, mas verdadeiramente uma garantia do cidadão, irmã daquela que veda juízos e tribunais de exceção, na medida em que garante a imparcialidade do juiz e o devido processo legal, evitando também a titularidade difusa da ação penal, facilitadora de vinditas processuais e promotora de insegurança jurídica.

oferecimento da denúncia, enquanto o indivíduo cumpre o programa com o qual se conformou. É assim um arquivamento *condicional*. A condição a ser atendida para a decretação da extinção nos termos do § 13 do art. 28-A do CPP, é o adimplemento do conjunto de obrigações de fazer ou não fazer a serem chanceladas pelo juiz, na simples verificação da autonomia da vontade da parte privada.

4. O MINISTÉRIO PÚBLICO COMO AGENTE DA POLÍTICA CRIMINAL DO ESTADO

Devemos todos nos curar dos maus vezos da arcaica dogmática processual penal que privilegia o conflito e menospreza o consenso.

Em 1995 deu-se início a uma revolução consensual no sistema de persecução criminal brasileiro. Antes do conflito, do embate e do entrechoque de opiniões e teses, é possível a conciliação entre as partes, permite-se que se evitem as agruras do processo penal (difícil para os atores processuais), mediante o acordo das (futuras) partes, cada qual cedendo um pouco do exercício de seus direitos, para o aperfeiçoamento de um pacto que atenda aos interesses recíprocos.

Na nova feição pactuada e consensual inaugurada pela Lei 9.099/1995 e reforçada pelas Leis 12.850/2013 e 13.964/2019, é necessário abandonar antigos preconceitos e aceitar a existência de um "espaço de consenso", valorizando-se o sistema acusatório e positivando-se a maturidade do Ministério Público, como uma das instituições que maneja a política criminal do Estado em concreto. O promotor de Justiça ou o procurador da República não é mero autômato, que aplica rigorosamente regras de persecução criminal obrigatória, sem o mínimo juízo crítico.

Se o Ministério Público é a instituição encarregada da defesa da ordem jurídica, do regime democrático e dos interesses difusos, coletivos e individuais indisponíveis, sendo titular privativo da ação penal pública, é consequência lógica sua participação na administração da Justiça Penal. Afinal, o *Parquet* é essencial à função jurisdicional do Estado. Por isso é que poderá a Instituição ministerial atuar como executora e planejadora de política criminal e garantidora da segurança pública.

Como órgão da Administração, ao Ministério Público aplicam-se os princípios que a regem e seus poderes, como os derivados do mérito administrativo. A denúncia criminal é um ato administrativo-processual que provoca o exercício da jurisdição (ato judicial). Como ato administrativo, é uma manifestação de vontade do Estado-Administração para o exercício de suas funções acusatórias – é uma decisão –, com o objetivo de alcançar um determinado efeito jurídico: a aplicação de uma sanção penal.

Segundo MEIRELLES, o mérito administrativo consiste na valoração dos motivos e na escolha do objeto do ato discricionário, "feitas pela Administração incumbida de sua prática, quando autorizada a decidir sobre a conveniência, oportunidade e justiça do ato a realizar"[46]. Esse conceito diz respeito à valoração da eficiência, oportunidade, conveniência e justiça do ato.

> [...] a Administração decide livremente, e sem possibilidade de correção judicial, salvo quando o seu proceder caracterizar excesso ou desvio de poder. Em tais atos (discricionários), desde que a lei confia à Administração a escolha e valoração dos motivos e do objeto, não cabe ao Judiciário rever os critérios adotados pelo administrador, porque não há padrões de legalidade para aferir essa atuação.[47]

É por isso que se permite ao Ministério Público, entre as possibilidades legais, escolher a solução que melhor corresponda, no caso concreto, ao interesse público. Ou seja, o *Parquet* ao praticar o ato discricionário é livre dentro das opções previstas em lei quanto à apreciação do mérito administrativo. E diz LOPES: "entre praticar o ato ou dele se abster, entre praticá-lo com este ou aquele conteúdo (p. ex: advertir, apenas, ou proibir), ela (a Administração) é discricionária. Porém, no que concerne à competência, à finalidade e à forma, o ato discricionário está tão sujeito aos textos legais como qualquer outro".[48]

Inspiram o ato administrativo os princípios da oportunidade, economicidade, justiça, conveniência, que constituem o mérito administrativo. Não pode o Poder Judiciário imiscuir-se em sua análise. Deve limitar-se exclusivamente a verificar sua legalidade.

---

46 MEIRELLES, op. cit., p. 138.

47 Idem.

48 Op. cit., p. 153.

Transportando esse conceito administrativo para a análise do art. 28-A do CPP, do §3º do art. 1º da Lei 8.038/1990 e do art. 18 e seguintes da Resolução CNMP 181/2017, ver-se-á que o não oferecimento da denúncia, como ato do Estado-Administração, é uma decisão do Ministério Público informada pelo mérito administrativo. Diante de um acordo de não persecução penal, não pode o juiz substituir-se ao Estado-Administração para dar início à ação penal. Pode homologá-lo ou se recusar a fazê-lo, cabendo-lhe neste caso aplicar o art. 28 do CPP.

MEIRELLES situa o Ministério Público entre os órgãos independentes,

> (...) colocados no ápice da pirâmide governamental, sem qualquer subordinação hierárquica ou funcional, e só sujeitos aos controles constitucionais de um Poder pelo outro. Por isso são também chamados órgãos primários do Estado. Esses órgãos detêm e exercem precipuamente as funções políticas, judiciais e quase-judiciais outorgadas diretamente pela Constituição, para serem desempenhadas pessoalmente pelos seus membros (agentes políticos, distintos de seus servidores, que são agentes administrativos), segundo normas especiais e regimentais.[49]

Ao conceituar agentes políticos, MEIRELLES explica que "exercem funções governamentais, judiciais e quase-judiciais, elaborando normas legais, conduzindo os negócios públicos, decidindo e atuando com independência nos assuntos de sua competência". E completa: "Em doutrina, os agentes políticos têm plena liberdade funcional, equiparável à independência dos juízes nos seus julgamentos".[50]

O controle jurisdicional do acordo de não persecução penal estará sempre presente, seja pela homologação ou não da avença pelo juiz, seja pela remessa dos autos à instância superior do Ministério Público, para que, dentro do Estado-Administração, decida-se, definitivamente sobre sua celebração ou não. É o que se extrai da Resolução 181/2017 e, muito claramente, do §14 do art. 28-A do CPP.

A homologação é ato de controle judicial, que apenas pode confirmar o ato (no caso o pacto), ou rejeitá-lo, a fim de que irregularidades ou abusos sejam corrigidos, ou para que uma insuficiência seja suprida.

---

49 MEIRELLES, op. cit., p. 66/67.

50 Op. cit., p. 73.

Daí que à recusa ministerial à celebração do ANPP, deve seguir-se a remessa dos autos ao Procurador-Geral ou à Câmara competente, para que examine a conveniência e a oportunidade do acordo, pois unicamente o Estado-Administração (aí presentado pelo Ministério Público) pode valorar internamente se praticará o ato (denúncia) ou se absterá de fazê--lo, mediante um ajuste na forma do art. 28-A do CPP. "O juízo de conveniência ou oportunidade de revisão e controle é fundamentalmente político-administrativo e discricionário", diz MEIRELLES[51].

Em razão disso, o controle da conveniência, justiça, eficiência e oportunidade do acordo é privativo da Administração Superior do Ministério Público, que exerce o controle de legalidade e de mérito administrativo, ao passo que o Judiciário se limita ao controle de legalidade dos atos da Administração, pois, agindo de forma diversa, desbordaria de sua competência jurisdicional, para atuar como parte na relação processual que somente eventualmente se formará.

O Ministério Público integra o Estado-Administração e atua independentemente de provocação para que a vontade legal seja cumprida, ao passo que a jurisdição atua mediante provocação da parte interessada. Como agente político, o Ministério Público tem o poder discricionário de promover o arquivamento ou de oferecer a denúncia, e, no segundo caso, também negociar um ajuste para o não início do processo penal. A competência (atribuição) para a prática do ato é privativa do Ministério Público, por expressa disposição normativa, do art. 129, I, da Constituição.

Os §§5º, 6º e 14 do art. 28-A do CPP evidenciam a dimensão do controle judicial (anômalo) do dever de persecução estatal, que, todavia, já está informado pelo princípio da oportunidade da ação penal.

5. ACORDOS PENAIS NO BRASIL

A Lei Federal 9.099/1995, que criou os Juizados Especiais Criminais, introduziu um novo paradigma na ordem jurídico-penal nacional: o da justiça criminal consensual.

---

51 MEIRELLES, op. cit., p. 573.

Fruto da feliz previsão constitucional do art. 98, inciso I, da Constituição de 1988, os Juizados Especiais Criminais foram criados com competência para a "conciliação, o julgamento e a execução de causas cíveis de menor complexidade" e de "infrações penais de menor potencial ofensivo".

Além de estabelecer nova espécie conceitual no campo penal, que só veio a ser conceituada pela Lei 9.099/1995, o constituinte permitiu, às expressas, a transação penal na forma da lei, preconizando a utilização do procedimento oral e sumariíssimo e permitindo o julgamento dos recursos por turmas de juízes de primeiro grau.

O objetivo dessa norma constitucional foi o de propiciar uma justiça criminal mais ágil e mais adequada à conjuntura social em um Estado democrático, simplificando procedimentos e impedindo a estigmatização do acusado pelo processo penal, que tem em si as suas próprias agruras.

É fora de dúvida que a Lei 9.099/1995 implantou no Brasil um novo sistema de justiça pactual, não conflitiva, de intervenção mínima, tendente a estabelecer o consenso para a composição dos litígios, sempre mediante o efetivo acordo entre as partes processuais, com mediação judicial. Aquela lei quebrou a rigidez do princípio da obrigatoriedade e estabeleceu uma política criminal que permite de logo a exclusão do processo e de suas agruras, em benefício do acusado, adotando também uma lógica de responsabilização e reintegração do agente do fato delituoso, mediante a composição civil ou acordos penais.

Por depender do acordo de vontades de partes adversas que convergem (e aí está sua natureza bilateral), nos arts. 76 e 89 da Lei de Juizados Especiais, há uma conformidade penal e uma conformidade processual. Em suma, há sempre transação, porque o acusado e o Ministério Público cedem, tendo em conta a incerteza quanto ao resultado do processo.

Transação nada mais é que um acordo, ajuste ou pacto que dirime um litígio, mediante concessões recíprocas das partes interessadas, de forma a obter a autocomposição dos interesses em conflito. É negócio bilateral. No sistema preconizado pelas Leis 9.099/1995, 12.850/2013 e 13.964/2019, está sempre sujeita ao controle judicial. O magistrado assume a função de mediador da avença. Portanto, não se trata mais de impor uma decisão que sujeite os interesses de uma parte aos da outra, como acontece no modelo de justiça conflitiva, cuja mentalidade meramente repressiva pode ser substituída por soluções baseadas no consenso.

Este esforço em prol do consenso não se limitou à Lei 9.099/1995. Em 2000, por ocasião da reforma da primeira lei brasileira de defesa da concorrência, foi introduzida na Lei 8.884/1994 a possibilidade de formalização de acordos de leniência pelo Conselho Administrativo de Direito Econômico (CADE)[52], com repercussões sobre a ação penal do Ministério Público sobre os mesmos fatos. Tais acordos foram mantidos pela Lei 12.529/2011, ampliando-se o modelo negocial brasileiro, no âmbito do direito público, com a Lei 12.846/2013 (Lei Anticorrupção Empresarial) e com as Leis 13.129/2015 e 13.140/2015 (Lei da Mediação), assim como com a Lei 13.506/2017, que trouxe os acordos administrativos em processos de supervisão, de atribuição da Comissão de Valores Mobiliários (CVM) e do Banco Central do Brasil.

O progresso consensual no direito brasileiro se verifica também na Lei 12.850/2013, que disciplina a colaboração premiada, de conteúdo bilateral, podendo ser negociada pelo Ministério Público e pelo investigado ou réu ou sentenciado para a redução de pena, o perdão judicial ou para viabilizar a não persecução penal (imunidade). No mesmo percurso, a Lei 13.964/2019 não só adensou o ANPP como trouxe o ANPC para o ordenamento jurídico do País, que foi adensado e devidamente regulado pela Lei 14.230/2021, no art. 17-B da Lei de Improbidade Administrativa.

O consenso produz benefícios recíprocos para os acordantes. No âmbito do acordo de não persecução penal, a concessão feita pelo Ministério Público é o não exercício do direito de ação penal, em que se buscaria a aplicação de uma sanção privativa de liberdade ou de outra natureza. Já o acusado, sem abdicar do direito à ampla defesa, renuncia ao direito de não colaborar com o Estado, pois assume de logo obrigações e sujeita-se a uma consequência de ordem civil, que é a necessidade de reparação do dano causado à vítima, caso existente.

Por tudo, pode-se dizer com o sempre lembrado BINDER que o princípio da legalidade (ou obrigatoriedade) da ação penal e o da oportunidade podem conviver no sistema processual penal. É isso o que se está assistindo, no momento em que se tenta dar a maior vitalidade possível

[52] Arts. 35-B e 35-C, introduzidos pela Lei 10.149/2000.

aos institutos negociais, como saídas abreviadas ao processo penal, os quais incomodam velhas concepções dominantes, mas que devem ser consideradas pois descortinam um horizonte límpido no inevitável futuro da Justiça Criminal consensual.

5.1. Transação penal

Prevista no art. 76 da Lei 9.099/1995, a transação penal é instrumento de Justiça criminal pactuada, mediante o qual o Ministério Público e o autor do fato (o suspeito), assistido por seu advogado, podem negociar a aplicação imediata de pena não privativa de liberdade, nas contravenções penais e nos crimes cuja pena máxima não seja superior a dois anos.

O acordo é submetido ao juiz, para que, uma vez homologado, o autor do fato esteja obrigado a cumprir a sanção alternativa negociada, nas condições da proposta que foi aceita. Uma vez cumprido o acordo, que não implica confissão, o Ministério Público deixa de propor ação penal.

A transação é um instituto bilateral, de natureza processual e penal, porque se negocia o não exercício do direito de ação do Ministério Público, em troca de conformidade por parte do autor do fato, que, por isso mesmo, obriga-se a uma sanção penal não privativa de liberdade, se judicialmente homologada a avença.

Em certo sentido, assemelha-se ao acordo de não persecução penal uma vez que neste se ajusta a não propositura da ação penal, mas, e aí está a diferença, em troca da confissão do investigado e da assunção de compromissos (obrigações civis) que não são sanções penais. É importante perceber que, diferentemente do que se alega, o acordo de não persecução penal não leva a aplicação de pena; na verdade a evita. E é assim porque não há pena sem processo penal e, não havendo denúncia do Ministério Público, não há processo penal sancionatório. As condições a que estará vinculado o investigado, por ato de vontade, são meras obrigações civis, ou simplesmente condições para a extinção da punibilidade.

De lembrar ainda quede acordo com a lei, não se admite a proposta de acordo de não persecução penal quando for cabível transação penal, na forma da Lei 9.099/1995. O inciso I do §2º do art. 28-A do CPP consolidou essa vedação, que exige justa causa para o procedimento negocial, numa bifurcação entre a opção de denunciar e a opção de acordar.

5.2. Suspensão condicional do processo

A suspensão condicional do processo, também manifestação do princípio da oportunidade da ação penal, é instituto negocial de cunho processual, mas com evidentes consequências penais. Prevista no art. 89 da Lei 9.099/1995, a suscon faculta ao Ministério Público oferecer ao denunciado, assistido por seu advogado, a suspensão do curso da ação penal, sob determinadas condições, mas sem que haja confissão.

É cabível nos crimes cuja pena mínima não seja superior a um ano de prisão e também guarda alguma similitude com o acordo de não persecução penal do art. 28-A do CPP e da Resolução CNMP 181/2017, pois, embora sem confissão do acusado, este assume o compromisso de cumprir certas condições que não são sanções penais e compromete-se a reparar o dano causado à vítima. Uma vez cumpridas tais condições, dá-se a extinção da punibilidade do denunciado.

A suspensão condicional do processo ocorre perante o juiz natural, após o recebimento da denúncia, e depende de homologação judicial.

Em caso de recusa ao oferecimento de proposta de suspensão condicional do processo, em homenagem ao princípio acusatório, cabe ao juiz aplicar o art. 28 do CPP. No HC 76.439-SP, de 1998,a 1ª Turma do STF decidiu que:

> Tendo em vista que a suspensão condicional do processo é uma faculdade do Ministério Público para fins de política criminal, a Turma deferiu em parte o habeas corpus para que a recusa do promotor de justiça em fazer proposta de suspensão condicional do processo, seja submetida à Procuradoria-Geral de Justiça, aplicando-se, no que couber, o disposto no art. 28 do CPP. Orientação adotada pelo STF no julgamento do HC n. 75.343-MG.[53]

5.3. Acordos de colaboração premiada

Mais um instituto consensual introduzido na legislação brasileira, surgido na esteira da Constituição de 1988, a colaboração premiada da Lei 12.850/2013 também tem natureza bilateral e negocial.

---

[53] STF, 1ª Turma, rel. min. Octavio Gallotti, HC 76.439-SP, j. em 1998.

Sua adoção no Brasil, com conteúdo de pactuação, resulta da praxe forense, iniciada no caso Banestado, no Paraná, com base na Lei 9.807/1999 e na Lei 10.406/2002. De fato, em dezembro de 2003, foi celebrado o primeiro acordo de delação premiada do País, entre o Ministério Público Federal e o Ministério Público do Estado do Paraná, de um lado, e Alberto Youssef, de outro, com homologação perante a Justiça Federal.[54]

Inicialmente, a natureza bilateral, negociada, dos acordos de colaboração premiada na fase anterior à Lei do Crime Organizado de 2013, foi chancelada pelo TRF da 4ª Região em correição parcial da relatoria do então desembargador Néfi Cordeiro, em 2009[55]:

> PROCESSO PENAL - CORREIÇÃO PARCIAL - DELAÇÃO PREMIADA - LIMITES LEGAIS - EXTRAPOLAÇÕES ADMITIDAS EM FAVOR DO CIDADÃO - CONTROLE - PROCEDIMENTO.
>
> 1. Não seguiu a legislação brasileira modelos do direito comparado de delação premiada como negociação do direito de ação, tendo todos os normativos nacionais tratado a colaboração como favor de pena, como minorante ou excludente da punibilidade (perdão judicial), na lavagem de capitais ainda admitindo o regramento do regime inicial e a substituição da pena privativa de liberdade.
>
> 2. No limite legal é simplesmente reconhecida a incidência e dosado o favor correspondente quando da sentença criminal, sem necessidade de prévia intervenção ministerial.
>
> 3. A prática tem ampliado os limites legais da delação premiada, seja pela incorporação de modelos do direito comparado, seja pela eficácia investigatória ou segurança ao delator, com a formalização de acordos desde o início das investigações criminais, então homologado pelo juiz.
>
> 4. Embora criação extralegal, é ela mantida pela inexistência de interesse recursal dos envolvidos - ressalvada hipótese de direito indisponível -, não sendo moral e faltando legitimidade a terceiros em discutir favores concedidos ao delator.

---

54 O modelo que se consolidou foi elaborado por Vladimir Aras e pelo ex-procurador Carlos Fernando dos Santos Lima, quando ambos eram membros da força-tarefa do caso Banestado.

55 TRF-4, 7ª Turma, COR 35046/PR, rel. des. Néfi Cordeiro, j. em 03-09-2009.

> 5. Acorda-se a provocação e a manutenção da ação penal, por negociação de seu titular e juízo homologatório de mera legalidade pelo magistrado, na omissão ministerial cabendo o reexame na forma do art. 28 CPP.
>
> 6. Acordam-se favores processuais (suspensão do processo, liberdade provisória, dispensa de fiança, obrigações de depor ou de realizar determinadas provas pessoais...), penais (redução ou limitação de penas, estipulação de regimes prisionais mais benéficos, ampliação e criação de modalidades alternativas de respostas criminais, exclusão de perdimento...), fora dos limites dos fatos (para revelação de outros crimes da quadrilha..), ou mesmo extrapenais (reparando danos do crime, dando imediato atendimento às vítimas...), com plena intervenção do juiz na fixação ou alteração das condições, sujeitas a reexame pelo Tribunal.
>
> 7. Formalizado previamente o acordo, com a intervenção do agente ministerial e do delator, com seu advogado, é ele autuado em procedimento separado, com sigilo parcial ou total (em fase inicial investigatória onde sua revelação possa prejudicar diligências em andamento), e final reunião à ação penal no limite que envolva os fatos perseguidos.
>
> 8. Provido parcialmente o recurso para oportunizar ao magistrado nova análise do acordo ofertado, de sua viabilidade e condições, sujeitas as divergências a reexame do juízo de conveniência pelo Tribunal, pois matérias estranhas à titularidade ministerial do direito de ação penal.

Todavia, no ano anterior, o STF já havia se pronunciado sobre outro acordo de colaboração premiada firmado pelo MPF no Paraná[56] e considerou constitucional o instituto, sem qualquer glosa ao procedimento adotado ou aos benefícios negociados entre as partes.

Com a entrada em vigor da Lei 12.850/2013, veio, no caso Lava Jato, o primeiro grande precedente do STF a respeito da natureza jurídica e contornos dos acordos de colaboração premiada.

> [...] 4. A colaboração premiada é um negócio jurídico processual, uma vez que, além de ser qualificada expressamente pela lei como "meio de obtenção de prova", seu objeto é a cooperação do imputado para a investigação e para o processo criminal, atividade de natureza processual, ainda que se agregue a esse negócio jurídico o efeito substancial (de direito material) concernente à sanção premial a ser atribuída a essa colaboração. 5.

[56] Caso Roberto Bertholdo: STF, 1.ª Turma, HC 90.688/PR, Rel. Min. Ricardo Lewandowski, j. 12/02/2008.

> A homologação judicial do acordo de colaboração, por consistir em exercício de atividade de delibação, limita-se a aferir a regularidade, a voluntariedade e a legalidade do acordo, não havendo qualquer juízo de valor a respeito das declarações do colaborador. [...] 10. Havendo previsão em Convenções firmadas pelo Brasil para que sejam adotadas "as medidas adequadas para encorajar" formas de colaboração premiada (art. 26.1 da Convenção de Palermo) e para "mitigação da pena" (art. 37.2 da Convenção de Mérida), no sentido de abrandamento das consequências do crime, o acordo de colaboração, ao estabelecer as sanções premiais a que fará jus o colaborador, pode dispor sobre questões de caráter patrimonial, como o destino de bens adquiridos com o produto da infração pelo agente colaborador. 11. Os princípios da segurança jurídica e da proteção da confiança tornam indeclinável o dever estatal de honrar o compromisso assumido no acordo de colaboração, concedendo a sanção premial estipulada, legítima contraprestação ao adimplemento da obrigação por parte do colaborador.[57]

Um acordo de colaboração premiada servirá para a redução de pena ou para a concessão de perdão judicial. No entanto, a Lei 12.850/2013 permite também os acordos de imunidade (*pactum de non petendo* criminal) (art. 4º, §4º) e ajustes processuais para a suspensão do prazo do oferecimento da denúncia (art. 4º, §3º)[58]. Que são estes ajustes senão acordos de não persecução criminal em sentido lato? O segundo mecanismo é compatível com as convenções processuais do art. 190 do CPC.[59]

Tendo em mira a analogia permitida em processo penal (art. 3º do CPP) e o princípio da cooperação, que se extrai do art. 6º do CPC, o sistema dos acordos de colaboração premiada, sobretudo na forma do art. 4º, §§3º e 4º, da Lei 12.850/2013, serve de parâmetro para os acordos

---

57 STF, Pleno, HC 127.483/PR, Rel. Min. Dias Toffoli, j. em 27-08-2015.

58 LCO: "§3º. O prazo para oferecimento de denúncia ou o processo, relativos ao colaborador, poderá ser suspenso por até 6 (seis) meses, prorrogáveis por igual período, até que sejam cumpridas as medidas de colaboração, suspendendo-se o respectivo prazo prescricional".

59 CPC: "Art. 190. Versando o processo sobre direitos que admitam autocomposição, é lícito às partes plenamente capazes estipular mudanças no procedimento para ajustá-lo às especificidades da causa e convencionar sobre os seus ônus, poderes, faculdades e deveres processuais, antes ou durante o processo. Parágrafo único. De ofício ou a requerimento, o juiz controlará a validade das convenções previstas neste artigo, recusando-lhes aplicação somente nos casos de nulidade ou de inserção abusiva em contrato de adesão ou em que alguma parte se encontre em manifesta situação de vulnerabilidade."

de não persecução penal do art. 28-A do CPP e da Resolução CNMP 181/2017.

5.4. Justiça Restaurativa

A Justiça Restaurativa é uma forma de autocomposição. Desenvolveu-se nos países que adotam o modelo *common law*, mais afeitos à aplicação do princípio da oportunidade (*prosecutorial discretion*). No Conselho da Europa, mereceu reforço mediante a Recomendação CM/Rec(2018), adotada em 3 de outubro de 2018. No Brasil, tem encontrado algum espaço. Em 2014, o CNJ aprovou o Protocolo de Cooperação Interinstitucional para Difusão da Justiça Restaurativa, que dispõe sobre a promoção dos princípios e práticas de Justiça Restaurativa como estratégia de solução autocompositiva e pacificação de situações de conflitos, aplicável também a infrações penais, mediante a cura de vítimas, acusados e suas comunidades.

Por meio da Resolução 225, de 31 de maio de 2016, o CNJ instituiu a Política Nacional de Justiça Restaurativa no âmbito do Poder Judiciário. Pode funcionar como um mecanismo de diversion, para evitar a operação do sistema de justiça criminal convencional.

A adoção de práticas restaurativas no mundo sofreu incremento após a Resolução 2002/12 do Conselho Econômico e Social das Nações Unidas, que traz os princípios básicos sobre Justiça Restaurativa em Assuntos Penais.[60] A prática restaurativa, alcançável por mediação, conciliação e outras medidas, com a ajuda de facilitador, tem em conta circunstâncias jurídicas e sociais e não prejudica o direito de ação do Estado. Podem ser empregadas em qualquer etapa do que seria o procedimento criminal regular.

Seu uso depende da existência de provas suficientes do fato ("justa causa") e da aceitação do processo restaurativo pela vítima e pelo ofensor, sem que as declarações deste possam servir de prova, caso a denúncia ou a queixa-crime seja proposta ou levada adiante. As partes têm direito a assistência jurídica durante o procedimento, e a prática restaurativa é sigilosa.

60 Vide a E/RES/2002/12.

Ainda há relutância em aceitar as práticas restaurativas no Brasil, como forma alternativa de solução de conflitos. Tal resistência também se verifica em relação aos acordos penais de não persecução. Ao final de um processo restaurativo pode haver reparação, compensação, prestação de serviços comunitários etc. Tais resultados devem ser considerados no processo penal. Em caso de descumprimento, retoma-se a persecução criminal regular.

A aplicação de práticas restaurativas é mais fácil nas ações penais privadas e nas ações públicas condicionadas, devido a autotomia da vontade da vítima. No entanto, pode ser empregada também em ações penais de iniciativa pública.

Na Resolução CNMP 118/2014, que instituiu a Política Nacional de Incentivo à Autocomposição no âmbito do Ministério Público, visa-se assegurar a promoção da justiça e a máxima efetividade dos direitos e interesses que envolvem a atuação da Instituição, declarando-se que, ao Ministério Público brasileiro, incumbe implementar e adotar mecanismos de autocomposição, como a negociação, a mediação, a conciliação, o processo restaurativo e as convenções processuais, bem assim prestar atendimento e orientação ao cidadão sobre tais mecanismos.

Segundo o art. 13 da Resolução CNMP 118/2014, as práticas restaurativas são recomendadas nas situações para as quais seja viável a busca da reparação dos efeitos da infração por intermédio da harmonização entre seu autor e a vítima, com o objetivo de restaurar o convívio social e a efetiva pacificação dos relacionamentos.

Nessas práticas, quando a cargo do Ministério Público, o infrator, a vítima e quaisquer outras pessoas ou setores, públicos ou privados, da comunidade afetada, com a ajuda de um facilitador, participam conjuntamente de encontros, visando à formulação de um plano restaurativo para a reparação ou minoração do dano, a reintegração do infrator e a harmonização social. Segundo o § 5º do art. 2º da Resolução 225/2016 do CNJ, "O acordo decorrente do procedimento restaurativo deve ser formulado a partir da livre atuação e expressão da vontade de todos os participantes, e os seus termos, aceitos voluntariamente, conterão obrigações razoáveis e proporcionais, que respeitem a dignidade de todos os envolvidos".

5.5. Acordos de não persecução penal

Quando entrou em vigor, a Lei n. 9.099/1995 provocou perplexidade entre juízes, advogados, membros do Ministério Público, defensores e demais operadores jurídicos, devido à dificuldade de assimilação da transação penal e da suspensão condicional do processo, institutos que modificaram as noções sobre a indisponibilidade da ação penal pública.

Desde então, o ambiente de pactuação avançou. A Resolução CNMP 118/2014 instituiu a Política Nacional de Incentivo à Autocomposição no âmbito do Ministério Público. Seu art. 15 determina que as convenções processuais são recomendadas toda vez que o procedimento deva ser adaptado ou flexibilizado para permitir a adequada e efetiva tutela jurisdicional aos interesses materiais subjacentes, bem assim para resguardar âmbito de proteção dos direitos fundamentais processuais.

O art. 16 desse ato recorda a atribuição do Ministério Público de, em qualquer fase da investigação ou durante o processo, celebrar acordos visando constituir, modificar ou extinguir situações jurídicas processuais. Tais convenções processuais devem ser celebradas de maneira dialogal e colaborativa, com o objetivo de restaurar o convívio social e a efetiva pacificação dos relacionamentos por intermédio da harmonização entre os envolvidos, podendo ser documentadas como cláusulas de termo de ajustamento de conduta.

O CPC (2015) também informa o novo modelo processual brasileiro, em que se estimula o consenso e as convenções processuais. De fato, o §2º do art. 3º do CPC diz que o Estado promoverá, sempre que possível, a solução consensual dos conflitos, acrescendo o §3º que a conciliação, a mediação e outros métodos de solução consensual de conflitos deverão ser estimulados por juízes, advogados, defensores públicos e membros do Ministério Público, inclusive no curso do processo judicial. O art. 190 do CPC permite expressamente as convenções processuais. demais, o art. 784, inciso IV, do CPC, considera título executivo extrajudicial o instrumento de transação referendado pelo Ministério Público, pela Defensoria Pública, pela Advocacia Pública, pelos advogados dos transatores ou por conciliador ou mediador credenciado por tribunal.

Neste contexto, surgem os acordos de não persecução penal. O cenário legislativo é o seguinte: para infrações penais de menor potencial ofensivo, a Lei 9.099/1995 autoriza a transação penal, em lugar do oferecimento da denúncia; para os crimes mais graves, a Lei 12.850/2013 autoriza os acordos de imunidade e de sobrestamento da denúncia e os de redução de pena e de perdão judicial. O art. 28-A do CPP permite ao Ministério Público deixar de promover a ação penal pública, para a qual só esta instituição tem legitimidade (art. 129, I, Constituição), em infrações de baixa e média lesividade. Todo o espectro de crimes fica, assim, ao alcance de ao menos uma modalidade de acordos penais.

Não é, então, difícil encontrar os fundamentos de legitimidade e constitucionalidade do art. 28-A do CPP e do art. 18 da Resolução CNMP 181/2017, que conformam o ANPP no Brasil, que integra o mesmo gênero que as espécies Non-Prosecution Agreements (*NPA)* e Deferred Prosecution Agreements (*DPA)*, que serão vistos a seguir.

5.5.1. Non prosecution agreements (NPA)

No direito da *common law*, acordos de não persecução penal, conhecidos como *non-prosecution agreements* (NPA), são acordos pré-processuais (*pretrial diversion*), entre uma pessoa física ou jurídica para a não propositura de uma ação criminal em juízo, em troca de uma prestação ou de um comportamento positivo. Tem natureza de colaboração.

NPAs existem nos Estados Unidos da América, onde passaram a ser usados a partir de 1992, podendo ser negociados com pessoas físicas ou pessoas jurídicas, pelo Departamento de Justiça (DOJ) ou pela Comissão de Valeres Mobiliários (SEC) e também por órgãos do Ministério Públicos nos Estados e condados. Assemelham-se a acordos brasileiros de leniência, com a diferença de que são viáveis na jurisdição cível ou criminal. São sigilosos e não dependem de homologação judicial, mas é necessária aprovação hierárquica, devendo ser respeitado o interesse público na obtenção de provas contra terceiros. A pessoa jurídica celebrante assume o compromisso de realizar prestações positivas, como a reparação do dano e o pagamento de multa, em troca de imunidade ao processo penal.

5.5.2. Deferred prosecution agreeements (DPA)

Um *deferred prosecution agreement* (DPA) é um acordo escrito de persecução diferida ou um acordo de suspensão de persecução, que pode ser proposto por um procurador do Departamento de Justiça (DOJ) dos

Estados Unidos ou da Comissão de Valores Mobiliários (SEC) ou órgãos de acusação equivalentes. Tal como os NPAs, esta modalidade de consenso penal integra o que se conhece por *pretrial diversion*, ou resolução extrajudicial, e encontra fundamento na Lei da Duração Razoável do Processo[61], de 1974. Um DPA será mais complexo e formal do que um NPA, já que, normalmente, há descrição detalhada de fatos ilícitos praticados pela pessoa jurídica e da confissão.

Muito útil em casos de criminalidade econômico-financeira, um DPA resulta em certas obrigações para pessoas jurídicas, como o pagamento de multa, a adoção de programas de *compliance*, a contratação de um monitor externo (*corporate monitor*), a reparação do dano e a colaboração com as investigações. Fixa-se um período de prova, normalmente de um a três anos, durante o qual a pessoa jurídica deve cumprir as obrigações negociadas com o Ministério Público[62]. Se cumprido o acordo, a acusação é retirada. Não há prévia homologação judicial, o que é motivo de críticas.

No direito da Inglaterra e Gales, os DPA estão previstos no anexo 17 do *Crime and Courts Act*, de 2013. São celebrados exclusivamente com pessoas jurídicas e dependem de homologação judicial, em casos de fraude, corrupção e delitos econômicos, sempre observadas a adequação, razoabilidade e proporcionalidade, desde que em proveito do interesse público de administração da Justiça. A ação é proposta mas a persecução criminal, a cargo do *Crown Prosecution Service* (CPS) ou do *Serious Fraud Office* (SFO)[63], fica suspensa durante prazo determinado, enquanto o acordante cumpre certas condições, entre elas a reparação integral do dano e a colaboração com as investigações. Evita-se a condenação da empresa e um processo longo e custoso. No Brasil, guardam semelhança com acordos de leniência[64], com a diferença de que ocorrem na jurisdição criminal.

---

61 *Speedy Trial Act of* 1974.

62 Ou órgão equivalente.

63 O CPS é o órgão do Ministério Público de Inglaterra e Gales. O SFO é uma agência especial de investigação e persecução criminal, semelhante a uma Promotoria especial contra criminalidade grave, notadamente econômico-financeira, com atuação na Inglaterra, País de Gales e Irlanda do Norte.

64 Previstos na Lei 12.529/2011 e na Lei 12.846/2013.

5.5.3. O acordo de não persecução penal (ANPP)

O acordo de não persecução penal é um negócio jurídico bilateral de eficácia condicionada à sua homologação judicial, que impacta sobre o exercício da ação penal pública, condicionada ou incondicionada. Implica confissão voluntária e não exige delação de terceiros. É uma novidade na prática forense brasileira.

Regulada pelo art. 28-A do CPP e pelo art. 18 e pelos arts. 18-A a 18-K da Resolução CNMP 181/2017, tal convenção bilateral tem seu fundamento constitucional nos arts. 5º, inciso LXXVIII[65], 37[66] e 129, inciso I, da CF e sua base normativa nos arts. 28 e 28-A do CPP, no art. 62, inciso IV, da Lei Complementar 75/1993[67] e nos arts. 10, 12 e 29 da Lei 8.625/1993, que sedimentam o princípio da oportunidade da ação penal, assim como no instituto da confissão espontânea (art. 8.3 da Convenção Americana e art. 65, III, 'd', do CP) e no princípio da autonomia da vontade.

Essencialmente, o acordo de não persecução criminal é um pacto de arquivamento condicionado ao cumprimento de obrigações não penais (de fazer, de não fazer ou de dar). Por isso, seu fundamento no plano legal em sentido estrito não é só o art. 28-A do CPP, mas também o art. 28 do mesmo código, que regula o arquivamento de investigações criminais pelas razões que o Ministério Público invocar. Com o advento da Lei 13.964/2019, o cumprimento do acordo também acarreta a extinção da punibilidade. Porém, o adimplemento das condições leva à falta de interesse de agir do Estado que, no contexto dos acordos de não persecução, resulta da suficiência da solução empregada no caso concreto, mediante ajuste. Por isso, então extingue-se a puniilidade do agente. Uma vez cumprido o acordado, a persecução penal torna-se desnecessária porque o melhor resultado alcançável, na perspectiva do investigado, do Ministério Público e da vítima, já foi obtido mediante consenso, sendo inútil movimentar a pesada máquina jurisdicional para o mesmo fim.

---

65 "A todos, no âmbito judicial ou administrativo, são assegurados a razoável duração do processo e os meios que garantam a celeridade de sua tramitação."

66 Princípio da eficiência.

67 E noutros dispositivos similares da Lei Orgânica do MPU, que dizem respeito ao MPM e ao MPDFT.

Como a ação penal não é proposta em função do acordo, o cumprimento da avença acarreta invariavelmente a extinção da punibilidade com o arquivamento da investigação. Por isto, é correto afirmar que o acordo de não persecução penal pressupõe um pacto de arquivamento condicional, fundado na falta de interesse de agir do Estado.

O Judiciário, cuja atuação está marcada pela inércia, é provocado a controlar o acordo nos seus aspectos de voluntariedade, legalidade, regularidade e atendimento ao interesse público. Sua presença na etapa da homologação garante que não sejam feitos ajustes em detrimento dos interesses da vítima ou com violação a garantias processuais do suspeito. Por sua vez, a participação da vítima na negociação ou na formalização ou no cumprimento do acordo assegura o controle finalístico da atividade do Ministério Público, na medida em que o ofendido poderá rechaçar o acordo, mediante petição de não homologação apresentada ao juiz ou diretamente ao órgão revisional do Ministério Público, para a correção de eventual ilegalidade ou insuficiência. No entanto, a Lei 13.964/2019 foi tímida quanto à participação vitimária no ANPP, prevendo no § 9º do art. 28-A que o ofendido deve ser intimado da homologação do acordo de não persecução penal e de seu descumprimento, mas nada dizendo de sua intervenção na negociação. Tal omissão foi remedida pela previsão constante do inciso II do §4º do art. 18-A da Resolução 181/2017 do CNMP, com a redação que lhe foi dada pela Resolução 289/2024.[68]

O acordo de não persecução penal assemelha-se a um termo de ajustamento de conduta (TAC), mas no campo criminal, mediante o qual o Ministério Público, como titular privativo do direito de ação do Estado, e o suspeito de uma infração penal, com o seu defensor, convencionam o não exercício da ação penal em troca da aceitação pelo investigado de obrigações de fazer, não fazer ou dar. Não há imposição de pena sem processo, mas aceitação de obrigações de natureza civil, como o dever de reparar o dano e o pagamento de prestação pecuniária. O acordo de que cuidamos é um híbrido entre a composição civil e a transação penal da Lei 9.099/1995, porque serve ao mesmo tempo à vítima (tal como a

68 CNMP: "II – a vítima, sempre que possível acompanhada de advogado ou defensor público, poderá figurar como interveniente no ANPP, no que diz respeito à reparação dos danos civis decorrentes da infração penal".

composição civil) e ao Estado (tal como a transação penal), atendendo simultaneamente ao interesse jurídico do suspeito.

O interesse público deve ser sempre considerado na formalização de um acordo desse tipo. O interesse da vítima também deve ser atendido pelo ajuste, o que recomenda sua participação desde o início da negociação.[69] Uma vez cogitada a realização do acordo, a vítima deve ser informada por qualquer meio idôneo, para que, querendo, participe da negociação, quanto aos aspectos civis do ajuste. O §9º do art. 28-A do CPP determina a intimação da vítima quando da homologação do acordo e quando do seu descumprimento. Uma das obrigações a ser assumida pelo investigado é a de reparar o dano ou restituir a coisa à vítima, salvo impossibilidade de fazê-lo (art. 28-A, inciso I, do CPP).

Na mesma toada, o art. 17 da Resolução CNMP 181/2017 determina que, no procedimento investigativo criminal (PIC), o Ministério Público deve esclarecer a vítima sobre seus direitos materiais e processuais, "devendo tomar todas as medidas necessárias para a preservação dos seus direitos" e para a reparação dos eventuais danos por ela sofridos. Desta forma, os arts. 17 e 18 e seguintes da Resolução CNMP 181/2017 estão intimamente ligados, sendo, ao mesmo tempo, tributários da Resolução CNMP 118/2014, que instituiu a Política Nacional de Incentivo à Autocomposição no âmbito do Ministério Público, e da Resolução A/40/34, da Assembleia Geral das Nações Unidas, que instituiu a Declaração dos Princípios Básicos de Justiça relativos às Vítimas da Criminalidade e de Abuso de Poder.

Naturalmente, se houver risco para a futura persecução criminal ou vedação do processo negocial, o Ministério Público não poderá oferecer o ajuste de não persecução criminal. Tais hipóteses estão listadas no §2º do art. 28-A do CPP, entre elas a vedação de proposta se for cabível a transação penal, nos termos da Lei 9.099/1995; ou se houver incidência da Lei Maria da Penha (Lei 11.340/2006) ou da Lei Henri Borel (Lei 14.344/2022); ou se celebração do acordo não atender ao que for necessário e suficiente para a reprovação e prevenção do crime (*caput* do art. 28-A).

O §7º do art. 18 da Resolução 181/2017 previa que o acordo de não persecução poderia ser celebrado na mesma oportunidade da

---

69 Nisto, o acordo se aproxima de uma prática restaurativa.

audiência de custódia[70]. Tal dispositivo foi revogado pela Resolução 289/2024. Não há incompatibilidade com o propósito dessa audiência[71], uma vez que, feito o acordo, não haverá processo penal. Por outro lado, o aproveitamento desta etapa procedimental contribui para a duração razoável do processo e, concretamente, para que não exista processo penal algum, o que é, evidentemente, uma solução alternativa de processo penal muito benéfica ao suspeito preso em flagrante. Contudo, a defesa deve ter o tempo e os meios necessários para compreender o cenário processual e os termos da proposta. Há uma significativa assimetria informacional que deve ser compensada para salvaguardar a ampla defesa do investigado. Porém, se após um prudente exame, houver consenso e ajuste entre as partes para a solução da violação ao direito material penal, o ANPP é possível, caso em que não haverá a convolação do flagrante em prisão preventiva nem a aplicação de medidas cautelares pessoais diversas da prisão. Caberá ao juiz, ouvidas as partes e a vítima, se possível, simplesmente homologar a resolução consensual do conflito entre o Estado e seu súdito, nos termos da Resolução 181/2017 e do art. 28-A do CPP.

Conforme o art. 4º da Resolução CNJ 213/2015, a audiência de custódia é bilateral, pois realizada na presença do Ministério Público, do advogado do preso ou da Defensoria Pública. É, portanto, um ambiente que favorece o diálogo e que pode facilitar o consenso, embora nem sempre estarão tais condições presentes Pelo art. 8º, §1º, inciso IV, desse ato infralegal, após a oitiva da pessoa presa em flagrante delito, o juiz deferirá ao Ministério Público e à defesa técnica reperguntas compatíveis com a natureza do ato, devendo indeferir as perguntas relativas ao mérito dos fatos que possam constituir eventual imputação, permitindo-lhes, em seguida, requerer a adoção de outras medidas necessárias à preservação de direitos da pessoa presa, entre as quais se inclui a negociação[72] para

---

70 A audiência de custódia decorre do art. 7.5 da CADH e do art. 9.3 do PIDCP e foi introduzida formalmente no CPP pela Lei 13.964/2019.

71 No fluxograma da audiência de custódia, o CNJ aponta a possibilidade de adoção de medidas não judiciais como a mediação. Disponível em http://www.cnj.jus.br/sistema-carcerario-e-execucao-penal/audiencia-de-custodia/perguntas-frequentes. Acesso em 10 out. 2024. Essas providências são baseadas nos §§2º e 3º do art. 9º da Resolução CNJ 213/2015 e, tal como o acordo de não persecução penal proposto pelo MP, dependem da vontade do investigado.

72 Negociar saídas abreviadas é um direito subjetivo processual penal desde a Lei 9.099/1995.

a não persecução criminal, ou ao menos o passo inicial dessa negociação. Conjugam-se neste ponto a Resolução CNJ 213/2015 e a Resolução CNMP 181/2017.

Está claro que, na audiência de custódia, com as cautelas devidas em função da assimetria informacional, o Ministério Público pode formar sua *opinio delicti*, já que ali mesmo pode haver a determinação de arquivamento imediato do inquérito policial. Portanto, se pode decidir pela não propositura da ação penal por falta de justa causa, falta de condições de procedibilidade ou por causa extintiva ou excludente, a fim de promover o arquivamento do inquérito, pode também o promotor de Justiça ou o procurador da República firmar seu convencimento pela desnecessidade de persecução criminal, mediante convenção de não acusação.

Na audiência de custódia ou fora dela, este tipo de acordo só tem lugar nas infrações penais cometidas sem violência ou grave ameaça à pessoa e deve haver condições de procedibilidade e justa causa para eventual persecução judicial. Este requisito é identificado pela expressão "não sendo o caso de arquivamento", constante do art. 28-A do CPP), semelhante à utilizada pelo art. 76 da Lei 9.099/1995, que cuida da transação penal. O arquivamento prefere ao acordo de não persecução penal e à transação penal. Se aquele é cabível, estes acordos não são admitidos. Respeitadas essas premissas, o Ministério Público pode propor ao investigado acordo de não persecução penal, cabendo-lhe confessar cabalmente a prática do delito, se de fato o cometeu, e indicar eventuais provas de seu cometimento ou confirmar as que lhe forem apresentadas. Além disso, cumpre ao investigado, de forma cumulativa ou não, honrar as obrigações civis de fazer, não fazer ou dar consistentes em (art. 28-A, incisos I a V, do CPP):

a) reparar o dano causado ou restituir a coisa à vítima;

b) renunciar voluntariamente a bens e direitos, de modo a gerar resultados práticos equivalentes aos efeitos genéricos da condenação, nos termos e condições estabelecidos pelos arts. 91 e 92 do Código Penal;

c) prestar serviço à comunidade ou a entidades públicas por período correspondente à pena mínima cominada ao delito, diminuída de um a dois terços, em local a ser indicado pelo Ministério Público;

d) pagar prestação pecuniária, a ser estipulada nos termos do art. 45 do Código Penal, a entidade pública ou de interesse social a ser indicada pelo juízo da execução, devendo a prestação ser destinada preferencialmente àquelas entidades que tenham como função proteger bens jurídicos iguais ou semelhantes aos aparentemente lesados pelo delito;

e) cumprir outra condição estipulada pelo Ministério Publico, desde que proporcional e compatível com a infração penal aparentemente praticada.

Em suma, no âmbito do art. 28-A do CPP e da Resolução CNMP 181/2017, o investigado, sempre assistido por seu advogado ou defensor público, mediante um acordo de eficácia dependente de homologação judicial[73], aceita cumprir obrigações de dar, fazer e não fazer. Se sua manifestação de vontade é livre e consciente, tais condições violam seus direitos fundamentais ao devido processo e a sua presunção de inocência? De modo algum, pois a assunção de tais obrigações não penais e convencionais deve ser voluntária, do mesmo modo que a renúncia ao direito ao silêncio e ao direito ao procedimento processual judicializado.

Façamos uma abstração. Pode o investigado, unilateralmente, sem proposta alguma de quem quer que seja, sem basear-se em resolução de qualquer tipo, tomar a decisão de reparar o dano causado à vítima? Pode, ademais, demonstrar arrependimento[74] e decidir minorar o prejuízo causado a sua comunidade e assumir o ônus unilateral de prestar serviços comunitários ou cumprir prestação pecuniária a título de indenização? Pode sujeitar-se a mediação no curso de um procedimento restaurativo? Para todas as questões, a resposta é evidentemente "sim".

Indo adiante, poderia esse mesmo investigado, por sua própria iniciativa e sem qualquer incentivo do Ministério Público, dirigir-se à

[73] O ajuste deverá ser submetido a homologação por um juiz ou tribunal (nos casos de competência originária), na forma do art. 1º, §3º, da Lei 8.038/1990.

[74] Art. 16 do Código Penal (arrependimento posterior). Há também o art. 66, CP (atenuante inominada), ainda mais abrangente em relação às circunstâncias que podem ser levadas em consideração pelo juiz para mitigar a pena, mesmo que tais circunstâncias não estejam previstas em lei.

autoridade pública e confessar um crime? A resposta também é afirmativa. E isto é assim porque as pessoas são livres (art. 5º, CF) e a autonomia da vontade permite ao indivíduo dispor de seus direitos, inclusive os de cunho processual, como os direitos ao silêncio, de não colaborar e de recorrer (art. 8.3 da CADH). O art. 65, inciso III, alínea "d", do CP acolhe a confissão voluntária como atenuante genérica, o que confirma que o direito brasileiro reconhece o princípio geral da colaboração espontânea e o incentiva mediante prêmios penais e processuais.

Esqueçamos por um instante o art. 28-A do CPP e a Resolução CNMP 181/2017 e continuemos com a abstração. Se esse indivíduo hipotético decidisse adotar as posturas antes indicadas e também resolvesse assumir o compromisso, também voluntário, de colaborar[75] com a Justiça Criminal, estaria livre da persecução criminal? O direito penal seria afastado e considerado apenas como *ultima ratio*? A resposta poderia ser não. Mas não precisa ser, porque o moderno processo penal demanda a simplificação de procedimentos e a adoção de saídas abreviadas, que sirvam de alternativa ao processo penal tradicional, marcado pelo conflito, pela tardança e pela restrição ou violação de direitos de vítimas e acusados. De um lado, a impunidade; do outro a ofensa a direitos fundamentais no sistema prisional.

Não proceder é uma prerrogativa do Ministério Público, como consequência do direito privativo de ação penal pública, previsto no art. 129, I, da Constituição, e é uma ferramenta de política criminal, vocacionada para a implementação de soluções para uma parcela significativa do fenômeno criminal diante de recursos estatais escassos.

Não processar criminalmente significa não movimentar a jurisdição em busca de uma pena privativa de liberdade ou outra qualquer. Não acusar significa evitar a exposição de suplícios e o calvário do processo penal tradicional e a perda da primariedade; corresponde a recusar a pena de prisão como solução e investir numa saída negociada para aquele caso específico; equivale a considerar as aspirações e preocupações de vítimas e acusados, para efetiva pacificação do tecido social, sem o confronto do processo. Tudo isso deriva do consenso, e consenso só se obtém com voluntariedade.

75 Art. 6º. Todos os sujeitos do processo devem cooperar entre si para que se obtenha, em tempo razoável, decisão de mérito justa e efetiva. (CPC de 2015).

Em suma, os acordos penais em geral, mas sobretudo o pacto de não persecução criminal, viabilizam-se devido ao princípio da oportunidade da ação penal e em razão da posição do Ministério Público como agente político do sistema processual acusatório. Para um cenário de conflito, a ação penal. Para um cenário de consenso, o acordo condicional de não acusação. Em ambos os cenários, atende-se o interesse público, que é o das vítimas, o da sociedade e o do investigado. Este terá sempre respeitada sua autonomia e seu consentimento informado, com a assistência da defesa técnica.

5.5.4. A aplicação do art. 28 do CPP ao acordo de não persecução penal

Além de assegurar ao acusado uma espécie de "duplo grau" de natureza extrajudicial, a apropriação do art. 28 do CPP à mecânica dos acordos de não persecução penal tem a vantagem de permitir à Administração Superior do Ministério Público traçar uma política de persecução criminal uniforme para a instituição, visando a encaminhar seus membros a uma atuação orientada pelo interesse público e pelos princípios da eficiência e da unidade, de forma a evitar posturas draconianas ou a leniência temerária de um ou outro de seus membros. A toda evidência, tal manejo da política criminal a cargo do Parquet situa-se na seara do mérito administrativo, fundado aqui no art. 129, I, da Constituição.

Havendo acordo ou não, a não propositura da ação penal é decisão discricionária do Ministério Público, e não direito público subjetivo do acusado,[76] não podendo o Judiciário analisar o mérito das razões invocadas na promoção de arquivamento, também não lhe sendo possível forçar o MP ao acordoou, nos se respeitados os limites legais da decisão de não celebrar um ANPP.[77]

---

[76] Vide a Súmula 696 do STF. Vide ainda STF, Pleno, HC 185.913/DF, rel, min. Gilmar Mendes, julgado em 18-09-2024: "1. Compete ao membro do Ministério Público oficiante, motivadamente e no exercício do seu poder-dever, avaliar o preenchimento dos requisitos para negociação e celebração do ANPP, sem prejuízo do regular exercício dos controles jurisdicional e interno".

[77] STJ: "1. O acordo de não persecução penal é instituto despenalizador, que tem por objetivo mitigar o princípio da obrigatoriedade da ação penal pública, a que está sujeito o Ministério Público. Não se trata, portanto, de direito subjetivo do réu, mas sim de uma faculdade do órgão acusador, a quem compete, uma vez preenchidos os requisitos legais, deliberar

No contexto do art. 28-A do CPP e da Resolução CNMP 181/2017, para atender ao princípio da legalidade, o art. 28 do CPP e as normas equivalentes da LOMPU podem ser invocados em três ocasiões:

a) quando o Ministério Público propuser um acordo de não persecução penal, submetendo-a a homologação [78], e o juiz natural recusar-se a homologá-lo,este poderá acionar o procedimento revisional do referido artigo do CPP;[79]

b) quando o órgão do Ministério Público recusar-se, de forma imotivada, a propor um acordo de não persecução criminal, e o investigado tiver interesse no ajuste, o juiz poderá provocar, a seu pedido, o procedimento revisional perante o Procurador-Geral ou a Câmara de Coordenação competente (art. 28-A, §14, do CPP);

c) ao final do procedimento investigatório criminal (PIC) ou do inquérito, quando o Ministério Público considerar cumprido o acordo de não persecução penal, cabe ao seu representante promover o arquivamento dos autos perante o juiz natural, na forma do §13 do art. 28-A do CPP, por extinção da punibilidade.

Apesar do silêncio legislativo, a vítima deve ser ouvida previamente ao arquivamento do procedimento no qual foi celebrado e cumprido um ANPP, ou, na pior das hipóteses, ser cientificada da providência, uma vez que seus direitos individuais, especialmente o direito à reparação civil, deverão ter sido objeto do acordo dado como cumprido. Somente o seu cumprimento integral autoriza a conclusão dos autos ao juiz para a declaração da extinção da punibilidade e o consequente arquivamento.

---

sobre ser a medida necessária e suficiente para a reprovação e a prevenção da infração penal. Assim, nos termos do art. 28-A do Código de Processo Penal, deverão ser analisados os seguintes requisitos: i) confissão formal e circunstancial da prática da infração penal; ii) infração penal sem violência ou grave ameaça e com pena mínima inferior a 4 (quatro) anos; e iii) necessidade e suficiência da medida para reprovação e prevenção do crime. (STJ, AgRg no RHC n. 193.349/MG, relator Ministro Antonio Saldanha Palheiro, Sexta Turma, julgado em 09-09-2024).

78 Nos moldes do art. 76, §3º, e 89, §1º, da Lei 9.099/1995 e do art. 4º, §7º, da Lei 12.850/2013.

79 O §5º do art. 28-A do CPP determina que o juiz manda que os autos retornem ao Ministério Público para que as partes reformulem o ajuste.

6. ACORDOS PENAIS NAS JURISPRUDÊNCIAS NORTE-AMERICANA E EUROPEIA

Nos Estados Unidos, o princípio da oportunidade tem larga aplicação, tanto no campo dos *plea agreements* quanto nas hipóteses de *pretrial diversion*. Mais de 90% dos casos criminais naquele país são resolvidos por acordos penais do tipo *plea bargain*. A jurisprudência da Suprema Corte dos Estados Unidos é abundante neste tema[80]. Para os fins deste texto, selecionei um caso de 2010 (Padilla vs. Commonwealth of Kentucky) e dois casos julgados em 2012 (*Lafler vs. Cooper* e *Missouri vs. Frye)*, nos quais a Suprema Corte norte-americana estabeleceu a importância de defesa efetiva e do direito à informação no contexto dos acordos penais.

No âmbito europeu, vale considerar as lições do caso *Natsvlishvili e Togonidze vs. Geórgia*, decidido pela Corte Europeia de Direitos Humanos (CEDH) em 2014, no tocante à voluntariedade, à necessidade de homologação judicial e à possibilidade de renúncia ao exercício de direitos individuais no processo penal. Embora cuide de acordos de *plea bargain*, este precedente elucida importantes elementos de uma teoria geral dos acordos penais.

6.1. O caso *Natsvlishvili e Togonidze vs. Geórgia*, da Corte Europeia de Direitos Humanos

Em 2004, Amiran Natsvlishvili e Rusudan Togonidze, dois cidadãos da Geórgia casados entre si, foram condenados pela Justiça da antiga república soviética por crimes financeiros e peculato, após formalizarem acordos de confissão de culpa (*plea agreements*) com o Ministério Público da cidade de Kutaisi. Insatisfeitos com o resultado do acordo, uma pena de multa e obrigação de reparar o dano, os acusados foram à Corte em Estrasburgo e alegaram falhas procedimentais e violação do devido processo, especialmente no tocante à ampla defesa e à presunção de inocência (art. 6º da Convenção Europeia de Direitos Humanos) e ao direito de apelar (art. 2º do Protocolo 7 a essa Convenção).

[80] Vide, da SCOTUS, os casos On Lee vs. United States (1952); Brady vs. United States (1970); Santobello vs. New York (1970).

Na sentença que proferiu no caso *Natsvlishvili e Togonidze vs. Geórgia*, a Corte Europeia considerou um traço comum da Justiça criminal daquele continente a possibilidade de o acusado obter benefícios legais[81], em várias das jurisdições, especialmente a mitigação de acusações (*charge bargain*) ou a redução de penas (*sentencing bargain*), em troca de uma confissão ou da não resistência à persecução, antes do julgamento, ou pelo fato de haver colaborado com a investigação criminal[82].

Realçando a utilidade dos acordos penais, a Corte em Estrasburgo:

> [...]subscreve a ideia de que a negociação de acordos penais, para além de oferecer os importantes benefícios de uma decisão rápida dos processos penais e de aliviar a carga de trabalho dos tribunais, dos procuradores e dos advogados, pode também ser, se aplicada corretamente, um instrumento eficaz de combate à corrupção e à criminalidade organizada e contribuir para a redução do número de sentenças proferidas e, consequentemente, do número de reclusos.[83]

Ao examinar as impugnações das partes, o Tribunal negou ter havido violação ao art. 6º, §§1 e 2 da Convenção Europeia de Direitos Humanos ou ao art. 2 do Protocolo 7 a essa Convenção[84], afirmando com isto a compatibilidade dos acordos penais com o direito a um julgamento justo (*fair trial*).

6.1.1. Voluntariedade da decisão de negociar acordos penais[85]

Os acordos penais devem ser sempre voluntários. A Constituição e o Código Civil valorizam a liberdade individual e a autonomia da vontade, e a legislação brasileira exige que acordos de transação penal, suspensão condicional do processo, acordos de colaboração premiada, composições civis e práticas restaurativas derivem do consenso.

---

81 Vide, CEDH: Slavcho Kostov vs. Bulgária (2008), e Ruciński vs. Polônia (2007).

82 § 90 da Sentença. CEDH, Natsvlishvili e Togonidze vs. Geórgia, sentença de 29 de abril de 2014. Disponível em: https://hudoc.echr.coe.int/eng?i=001-142672. Acesso em: 10 out. 2024.

83 Idem.

84 §98 da Sentença da CEDH em Natsvlishvili e Togonidze vs. Geórgia.

85 Vide Brady vs. United States (SCOTUS, 1970).

Um acordo involuntário não é válido. Ademais, se há vício do consentimento, que seja por coação física, moral ou fraude (falsas promessas, p. ex.), a vontade do agente também estará maculada. E, se isto ocorrer, o negócio processual será nulo ou anulável.

Consentimento informado (consciente) e voluntário e assistência da defesa são essenciais em acordos penais, pois, ao negociar, o acusado renuncia ao direito a julgamento ordinário e ao direito de apelar.

Para isto, o investigado ou acusado deve ter direito de acessar os documentos da apuração o quanto antes, de modo a preparar sua defesa.

Quanto ao direito ao advogado no processo negocial, no referido precedente, a Corte Europeia registrou que o acusado deve poder escolher seu advogado e tem o direito de ser aconselhado por ele durante todas as etapas da investigação, da negociação, da homologação e execução[86].

6.1.2. Possibilidade de renúncia (waiver) ao exercício de garantias processuais

Não há dúvidas de que o investigado ou acusado pode renunciar ao exercício de direitos processuais ou a garantias judiciais, haja ou não haja acordos. Uma confissão pode nascer sem que tenha havido qualquer incentivo por parte de agente público. O acusado é livre para confessar, restituir a coisa subtraída, submeter-se a exames forenses, reparar o dano etc. Pode também deixar de recorrer. Em regra, quando a renúncia[87] a garantias processuais acontece como efeito de acordo, o acusado fica sujeito a um julgamento sumário ou acelerado ou antecipado.

O não exercício de faculdades processuais pelo acusado deve ser considerado à luz de consentimento voluntário, pleno e específico, dado de maneira inequívoca, com ciência das consequências legais e sujeito a verificação[88] por um órgão superior de controle ou por um juiz ou tribunal independente e imparcial.

86 §92 da Sentença.

87 Vide Scoppola vs. Itália (2009).

88 §92 da Sentença.

Para a CEDH, "Isto não pode constituir um problema em si mesmo, uma vez que nem a letra nem o espírito do artigo 6º impedem que uma pessoa renuncie a estas garantias por sua livre vontade".[89]

Quanto à suposta violação do direito de apelar, conforme o art. 2º do Protocolo 7 à Convenção Europeia, a CEDH considerou não haver qualquer irregularidade no tocante à sua limitação. Em outras palavras, o direito ao duplo grau é restringido no tocante ao princípio devolutivo, uma vez que os fatos confessados no acordo não serão reexaminados inteiramente pelo tribunal recursal. Essa circunstância deve ser levada ao conhecimento do acusado por seu advogado ou defensor. Ao aceitar um acordo penal, se o faz voluntária e conscientemente, o réu renuncia ao direito de apelar.

> O Tribunal considera que, ao aceitar o acordo judicial, o primeiro recorrente, para além de renunciar ao seu direito a um julgamento ordinário, renunciou ao seu direito ao recurso ordinário. [...] O Tribunal considera que a renúncia ao direito de recurso ordinário não constitui uma restrição arbitrária que viole a exigência análoga de razoabilidade contida no artigo 2º do Protocolo nº 7.[90]

6.1.3. Necessidade de efetivo controle judicial sobre o acordo

Segundo a Corte de Estrasburgo, acordos penais devem ser feitos por escrito, firmados pelo Ministério Público, pelo investigado e seu advogado, e submetidos ao Judiciário para controle efetivo.

A redução do acordo a um documento escrito e clausulado permite conhecer seus exatos termos, assim como o passo a passo da negociação, que também está sujeita a checagem judicial:

> O Tribunal considera que este elemento é importante, pois permitiu que os termos exatos do acordo, bem como das negociações anteriores, fossem expostos ao controle jurisdicional de forma clara e incontestável.[91]

---

89 §97 da Sentença daCEDH em Natsvlishvili e Togonidze vs. Geórgia.

90 §96 da Sentença.

91 §94 da Sentença.

Segundo a Corte, um bom controle judicial de acordos penais deve ocorrer em sessão pública[92] e permitir, por exemplo, que o juiz decida pela rejeição integral, ou pela redução da pena proposta pelas partes, tendo em vista o interesse público e a existência de justa causa contra o investigado[93].

No modelo brasileiro de homologação judicial de acordos penais, nos quais haja confissão, a Lei 12.850/2013 "exige como condição de validade do acordo de colaboração a sua homologação judicial, que é deferida quando atendidos os requisitos de regularidade, legalidade e voluntariedade."[94]. Em 2015, a STF já havia afirmado que "a homologação judicial do acordo de colaboração, por consistir em exercício de atividade de delibação, limita-se a aferir a regularidade, a voluntariedade e a legalidade do acordo, não havendo qualquer juízo de valor a respeito das declarações do colaborador".[95]

Pelo §3º do art. 18-A da Resolução CNMP 181/2017 a confissão dos fatos e as tratativas do acordo devem ser registrados em vídeo, para garantir a maior fidelidade das informações e facilitar o controle hierárquico ou judicial. E, conforme o art. 18-B, o acordo será formalizado nos autos, com a qualificação completa do investigado e estipulará de modo claro as suas condições, eventuais valores a serem restituídos e as datas para cumprimento e será firmado pelo membro do Ministério Público, pelo investigado e seu advogado.

Conforme a lei e a Resolução 181, os acordos de não persecução penal devem ser encaminhados ao juiz das garantias para apreciação, do que poderá resultar a homologação direta ou a sujeição do ajuste a revisão pelo órgão superior competente do Ministério Público.

Por sua vez, o §4º do art. 28-A do CPP determina que o juiz realize uma audiência para a confirmação da voluntariedade e da legalidade do ANPP.

92 Diferentemente do que determina a Lei 12.850/2013, que prevê audiência sigilosa de confirmação do acordo de colaboração premiada (art. 4º, §7º), pelas razões contidas no §2º do art. 7º da mesma Lei.

93 §95 da Sentença.

94 STF, Pet 5952, rel. min. Teori Zavascki, j. 14-03-2016.

95 STF, Pleno, HC 127483/PR, Rel. Min. Dias Toffoli, j. em 27-08-2015.

6.2. Os casos *Lafler vs. Cooper* e *Missouri vs. Frye*, da Suprema Corte dos Estados Unidos

O princípio do consenso, que inspira no Brasil a justiça penal pactuada, está presente há mais de um século na prática forense criminal dos Estados Unidos, dando forma ao *plea bargaining*. *Bargain* é negociação. *Plea* pode ser entendida como declaração ou petição, referindo-se às opções do acusado: a confissão (*guilty plea)*, a afirmação de sua inocência *(not guilty)* ou a decisão de não responder a acusação ou não a contestar *(nolo contendere)*.

A *plea bargaining* consiste numa transação que abrevia o processo, eliminando a colheita da prova, suprimindo a fase de debates entre as partes (*trial*), para chegar-se de logo ao veredicto e à sentença (*verdict and sentencing*) em etapas distintas. O agente do fato ilícito admite sua culpabilidade, em troca de benefícios legais, entre os quais estão a negociação das acusações ou a negociação da pena. O objetivo do instituto é garantir a elucidação de crimes, assegurar uma rápida punição de seus autoress e diminuir a carga de trabalho no Judiciário e no Ministério Público, reduzindo os custos da Justiça criminal.

Não se confunde com o acordo de não persecução penal brasileiro, objeto do art. 28-A do CPP e do art. 18 e seguintes da Resolução CNMP 181/2017, porque este é antejudicial, ao passo que os *plea agreements* são realizados em juízo, uma vez apresentada a acusação mediante *indictment* ou *information*. Ademais, no ANPP, o espaço reservado ao consenso é mais limitado do que nos *plea agreements*, cingindo-se apenas ao não oferecimento da denúncia, mediante certas condições. Por fim, na plea bargain há a aplicação de uma pena.

Há um grande conjunto de precedentes da Suprema Corte dos Estados Unidos (SCOTUS) em torno dos *plea agreements*. Para os propósitos deste texto, interessa examinar três casos, um decidido em 2010 e dois julgados em 2012, e que se relacionam ao direito de defesa e, melhor especificando, à falta ou à deficiência desta no contexto dos acordos penais.

Segundo estatísticas[96] do Departamento de Justiça dos EUA, 97% das condenações federais e 94% das estaduais são produtos de acordos

---

[96] Dados disponíveis em http://www.albany.edu/ sourcebook/pdf/t5222009.pdf e em http:// bjs.ojp.usdoj.gov/content/pub/pdf/ fssc06st.pdf.

penais (*guilty pleas*)[97], que não são um apêndice da Justiça criminal; são o próprio sistema de Justiça criminal.[98] Por isto, nos EUA, atualmente, a negociação de acordos penais é, em regra, o momento crítico da defesa do acusado, mais um motivo para rigorosa checagem judicial dos acordos levados a homologação:

> A verdade é que os acordos penais de confissão tornaram-se tão relevantes para a administração da Justiça que o defensor tem importantes responsabilidades no processo negocial, responsabilidades que devem ser cumpridas de modo a garantir ao acusado a defesa adequada que a 6ª Emenda exige para todas as etapas cruciais do processo penal. Isto porque, no geral, o nosso é um sistema de *pleas*, não um sistema de *trials*.[99]

Nos dois casos julgados em 2012 (Missouri vs. Frye e Lafler vs. Cooper), a Suprema Corte norte-americana (SCOTUS) procurou responder a uma questão crucial: o que fazer quando um réu torna-se indefeso porque seu defensor o orientou erroneamente a recusar um acordo penal?

6.2.1. Necessidade de efetivo controle judicial sobre o acordo

No caso *Missouri vs. Frye*, promotores de Justiça daquele Estado ofereceram a Galin Edward Frye proposta de acordo penal por crime de trânsito, cometido em 2007, mas seu advogado nunca lhe relatou essa oferta[100], que havia sido apresentada por escrito, com fixação de prazo para a resposta. Esta jamais chegou. Frye decidiu então confessar o crime, sem *plea bargain*, e foi sentenciado a 3 anos de prisão. Diante desse revés, apelou ao tribunal de justiça alegando ter sido mal defendido. Se conhecesse a oferta, teria negociado pena menor, conforme a proposta. Frye teve êxito no recurso e o caso subiu à Suprema Corte.

Por 5 a 4, a SCOTUS decidiu que, conforme a 6ª Emenda à Constituição (direito à assistência de advogado), seu defensor deveria ter-lhe dado ciência da proposta de acordo e, por isso, anulou a condenação, por vício da confissão de culpa (*guilty plea*), permitindo-lhe considerar outra proposta que viesse a ser apresentada pela promotoria ou optar por um julgamento de mérito.

97 Missouri vs. Frye (2012).

98 SCOTT, Robert E.; STUNTZ, William J. Plea bargaining as contract. 101 Yale Law J., 1992.

99 Missouri vs. Frye (2012).

100 Cumprimento de pena de 90 dias.

Se o tribunal de Boone, no Missouri, houvesse verificado judicialmente a existência de defesa efetiva e de consentimento informado por parte do acusado, a solução da causa teria sido diferente. Não basta que a verificação formal dos requisitos para um *plea*. A defesa deve ser efetiva e a checagem judicial deve ser concretamente realizada, para que não seja vulnerado o devido processo legal nem relegado o valor Justiça.

O mesmo placar, de apertada maioria, beneficiou Anthony Cooper, acusado pelo Ministério Público de Ohio de tentativa de feminicídio em 2003. A proposta que lhe foi apresentava implicava o cumprimento entre 4 e 7 anos de reclusão. Mal orientado por seu advogado, o réu recusou a proposta de acordo, foi julgado e veio a ser condenado a pena entre 15 e 30 anos de reclusão.

6.2.2. O direito à defesa efetiva no processo negocial

Em *Lafler* e em *Frye* a Suprema Corte dos EUA adotou entendimentos semelhantes, em prol do direito de defesa no processo negocial. Para o tribunal, o defensor tem o dever de cientificar seu cliente dos termos e condições de propostas de acordos penais apresentadas pela promotoria:

> 2. 2. Como regra geral, o advogado de defesa tem o dever de comunicar ofertas formais da acusação para aceitar uma confissão em termos e condições que possam ser favoráveis ao arguido. Quaisquer exceções a esta regra não precisam de ser abordadas aqui, pois a oferta era formal e tinha uma data de validade fixa. Os padrões de comunicação e consulta imediata recomendados pela American Bar Association e adotados por numerosos tribunais estaduais e federais, embora não sejam determinantes, servem como guias importantes. O Ministério Público e os tribunais de julgamento podem adotar medidas para ajudar a evitar queixas tardias, frívolas ou fabricadas.[101]

Nos dois casos[102], só foi possível identificar a existência de réus indefesos por negligência defensiva porque os *plea agreements* foram oferecidos por escrito pela promotoria e porque o processo negocial foi

[101] Missouri vs. Frye (SCOTUS, 2012).

[102] Cuja importância pode ser equiparada à do precedente *Gideon vs. Wainwright* (1963), no qual a SCOTUS assegurou o direito a assistência jurídica a hipossuficientes.

documentado. É boa prática preservar ou juntar tais documentos aos autos antes do julgamento para demonstrar que o acusado foi realmente cientificado da proposta. No caso concreto, a oferta ministerial caducou por ineficiência da defesa (*counsel's deficient performance*), resultando em prejuízo por descumprimento de dever por parte do advogado do acusado.[103]

"O direito a uma assistência adequada do advogado não pode ser definido ou aplicado sem ter em conta o papel central que a negociação da confissão assume na obtenção de condenações e na determinação das penas", registrou o ministro Anthony Kennedy, que funcionou como relator e votou para formar maioria com quatro dos juízes mais liberais da Corte[104].

Uma forma de assegurar e efetividade do controle judicial e avaliar a eficiência da defesa técnica é exigir que a proposta final de acordo penal seja apresentada por escrito e, quando possível, em sessão pública (*open court*). Nos acordos penais vigentes no Brasil, exige-se um documento escrito que será submetido a análise judicial.

6.3. O DIREITO À INFORMAÇÃO NO PROCESSO NEGOCIAL: O CASO PADILLA VS. COMMONWEALTH OF KENTUCKY

O caso Padilla vs. Kentucky (2010) resultou em uma decisão emblemática da Suprema Corte dos Estados Unidos que reconheceu o direito de um réu de ser devidamente informado sobre as consequências indiretas de um acordo penal, especialmente em relação ao seu status migratório. O ponto central da controvérsia dizia respeito ao direito do acusado de receber orientação adequada de seu advogado sobre as repercussões migratórias da aceitação de um acordo de confissão de culpa.[105]

José Padilla, um imigrante legal residente nos Estados Unidos por mais de 40 anos, foi acusado de tráfico de drogas no Estado de Kentucky. Ele se declarou culpado após ser aconselhado por seu defensor de que não haveria consequências relacionadas à sua condição de migrante. No entanto, essa informação estava incorreta, pois a legislação federal previa a deportação automática de réus condenados por tal crime.

[103] Missouri vs. Frye (2012).

[104] Ruth Ginsburg, Stephen Bryer, Sonia Sotomayor e Elena Kagan.

[105] SCOTUS, Padilla v. Kentucky, 559 U.S. 356 (2010).

Após a aceitação do acordo, Padilla enfrentou um processo de deportação e entrou com uma ação alegando que seu advogado o havia orientado de maneira ineficaz, violando o seu direito constitucional a um advogado competente, conforme estabelecido pela Sexta Emenda à Constituição dos EUA e no precedente Strickland vs. Washington. O caso chegou à Suprema Corte, que decidiu, por 7 votos a 2, que os advogados de defesa têm a obrigação de informar corretamente os réus sobre as consequências migratórias relacionadas à celebração de acordos de confissão de culpa. A Corte fundamentou sua decisão no princípio de que a assistência jurídica eficaz abrange o direito do réu de ser informado sobre todas as consequências diretas e indiretas de um acordo penal, especialmente em casos que possam levar à deportação.

Essa decisão expandiu o alcance da proteção constitucional garantida pela Sexta Emenda quanto à informações sobre efeitos para além da condenação criminal e reforçou a responsabilidade dos defensores de garantir que seus clientes ou assistidos estejam plenamente cientes das implicações jurídicas de um acordo penal, não se limitando apenas às consequências penais diretas, mas também às repercussões em outras áreas, como no direito migratório.

Este precedente pode ser considerado uma boa inspiração de direito comparado para situações semelhantes nos acordos penais brasileiros, sobretudo os de colaboração premiada.

7. O ACORDO DE NÃO PERSECUÇÃO PENAL NO CONTEXTO DA CONVENÇÃO AMERICANA DE DIREITOS HUMANOS

Integrada ao ordenamento jurídico brasileiro nos anos 1990, a Convenção Americana de Direitos Humanos (CADH), concluída em São José em 1969, só passou realmente a merecer atenção de juízes, membros do Ministério Público, defensores públicos na prática forense brasileira na primeira década do século XXI.

Seu art. 8º, que cuida das garantias judiciais, é o mais relevante para a discussão da convencionalidade do acordo de não persecução penal. Conforme a Corte IDH em uma série de precedentes inaugurados com a sentença Almonacid Arellano vs. Chile, de 2006, cabe aos juízes e a outras autoridades estatais, inclusive o Ministério Público, realizar de ofício o controle de convencionalidade das suas atuações e das normas que aplicam, em busca de conformidade convencional e jurisprudencial no contexto regional.

7.1. O direito ao juiz natural

A existência de um juiz predeterminado e preexistente, com competência para causas criminais, é uma das garantias mais importantes do devido processo legal e um dos elementos que sinaliza a existência do sistema acusatório.

Segundo o art. 8.1 da CADH, toda pessoa tem o direito de ser ouvida, com as devidas garantias e num prazo razoável, por um juiz ou tribunal competente, independente e imparcial, estabelecido anteriormente por lei, na apuração de qualquer acusação penal, ou[106] na determinação de seus direitos e obrigações de caráter civil, trabalhista, tributário ou de qualquer outra natureza.

O direito ao juiz natural não é vulnerado pelo acordo de não persecução penal, primeiro porque a atividade negocial ou de barganha não é sua competência, mas sim atribuição do Ministério Público. O (não) exercício da ação penal é função estranha aos juízes, à luz do art. 129, I, da Constituição.

Ademais, num segundo momento, o juiz natural (em regra o juiz das garantias) participará necessariamente do procedimento, uma vez que, por força do art. 28-A, §6º do CPP e da Resolução 181/2017 do CNMP, cabe-lhe homologar ou não o ajuste entre o Ministério Público e o investigado e, posteriormente, confirmar ou não a promoção de arquivamento , resultante da extinção da punibilidade do agente, nos termos do art. 28-A do CPP.

A confissão detalhada dos fatos e as tratativas do acordo de não persecução devem ser registrados pelos meios ou recursos de gravação audiovisual, destinados a obter maior fidelidade das informações.

Estes elementos podem servir ao exame judicial por ocasião da homologação do acordo, da sua recusa ou da promoção de arquivamento após o cumprimento do acordado, na forma dos arts. 28 e 28-A do CPP.

---

106 Atentemos para a parte final da cláusula, que serve de suporte à função homologatória do juiz nos acordos penais: o juiz natural também participa da determinação de obrigações civis ou de qualquer outra natureza.

Por fim, a Resolução em questão não ofende o direito ao juiz natural, uma vez que o juiz competente será provocado para a homologação e também em caso de descumprimento do ajuste, pois a ele será dirigida a ação penal. Por sua vez, a execução do ANPP ficará a cargo de outro juízo, indicado pela lei, o das execuções penais. Embora esta não seja a melhor solução do ponto de vista funcional, foi a opção adotada pelo legislador.

7.2. Princípio do devido processo legal

Inserido no art. 5º, inciso LIV, da Constituição Federal, o princípio do devido processo legal determina que "ninguém será privado da liberdade ou de seus bens sem o devido processo legal". Está presente também na CADH e no Pacto Internacional de Direitos Civis e Políticos (PIDCP)

A Declaração das Nações Unidas, de 1948, repete a regra no seu art. IX: "Ninguém pode ser arbitrariamente preso, detido ou exilado".

Está claro que tal liberdade pública mantém íntima relação com o princípio da legalidade (trata-se do devido processo legal), reclamando a devida persecução penal, limitada pela lei processual.

O acordo de não persecução penal não viola a legalidade nem o devido processo legal. Previsto no CPP e na Lei 8.038/1990, é mero ajuste para não exercício do direito de ação pelo seu titular, na forma de um arquivamento condicional (art. 28 do CPP), sujeito ao implemento da condição nele prevista: o cumprimento das obrigações de fazer, não fazer e dar, que poderiam ser alcançadas mediante um TAC na instância civil, mas que observam o art. 28-A do CPP. Nesse sentido, o acordo de não persecução penal é um híbrido entre a composição civil e a transação penal da Lei 9.099/1995.

As obrigações assumidas pelo investigado estão abrangidas pela sua autonomia da vontade. A atividade do Ministério Público funda-se no art. 129, inciso I, da Constituição e tem suporte legal nos arts. 28 e 28-A do CPP, no art. 1º da Lei 8/038/1990 e no art. 3º do CPC e, por força do art. 3º, do CPP, observa-se incidência da Lei 9.099/1995 e da Lei 12.850/2013 analogicamente, quando necessário. Acordos penais processuais já fazem parte da vida forense brasileira desde os anos 1990 para infrações penais de menor potencial ofensivo (composição civil, transação penal e suspensão condicional do processo) e para crimes graves (delação e colaboração premiada).

De mais a mais, o art. 28-A do CPP e o art. 18 e seguintes da Resolução CNMP 181/2017 não incrementam a eficácia da lei penal. Não há recrudescimento do poder punitivo. Ao revés, a normatização legal e infralegal promove maior aplicação do princípio da oportunidade para intervenção mínima em concreto, evitando-se, por consenso, um processo penal,sem ferir a presunção de inocência, além de oferecer segurança jurídica para soluções artesanais aplicadas na prática forense nos fundos rincões do Brasil e outras mais institucionalizadas, como a Justiça Restaurativa, que ainda tem disciplina extralegal no País.

Não há no acordo de não persecução qualquer violação ao devido processo legal. Se forem *descumpridas as condições estipuladas no acordo ou não observados os deveres negociados ou decorrentes da lei, no prazo e nas condições estabelecidas, o membro do Ministério Público deverá, se for o caso, oferecer denúncia.* Na forma do §10 do art. 28-A do CPP, a denúncia deve vir após a rescisão do acordo por decisão judicial, e, acrescento, respeitado o contraditório. Logo, não há supressão do devido processo legal para o julgamento de uma acusação criminal, ou aplicação antecipada de pena (pois pena não há), nem inovação em detrimento do acusado, pessoa que, uma vez frustrado o acordo – tal como ocorre numa prática de Justiça Restaurativa, por exemplo – estará sujeito a processo penal regular, nos termos do CPP ou da Lei 8.038/1990 ou do CPPM.[107]

Confirmando a inexistência de prejuízo ao investigado, conforme a Resolução, uma vez cumprido integralmente o acordo, deve o Ministério Público promover o arquivamento da investigação, sendo que seu pronunciamento negocial vinculará toda a Instituição, em função dos princípios da unidade, da confiança e da boa-fé. Nos termos do art. 28-A do CPP, o cumprimento das condições ajustadas acarreta a extinção da punibilidade, do que deriva, igualmente, o arquivamento dos autos. Com isso se percebe que essencialmente o acordo de não persecução criminal é um ajuste de conduta voltado ao arquivamento de uma apuração criminal, mediante condições propostas pelo Ministério Público e aceitas pelo investigado e seu defensor, obrigações estas de natureza

[107] Como já decidiu o STF, o ANPP é compatível com a jurisdição penal militar, não sendo constitucional a Súmula 18 do STM, que pretendia vedá-lo naquele âmbito. (STF, HC 232.254/PE, 2ª Turma, rel. min. Edson Fachin, j. em 29-04-2024). Com isso, o STF assegurou a observância dos princípios da isonomia e da legalidade estrita, que têm estatura convencional e constitucional.

jurídica não penal, similar a uma composição civil. É instrumento do exercício do princípio da oportunidade da ação penal, sendo certo que sobre sua celebração, ou não, somente o Ministério Público e o acusado podem decidir[108].

7.3. Garantia contra a autoincriminação

Dispõe o art. 14, §3º, alínea "g", do Pacto Internacional sobre Direitos Civis e Políticos (PIDCP), que toda pessoa humana tem o direito de não ser obrigada a depor contra si mesma nem a se confessar culpada.

É também garantia judicial internacional, no continente americano, por força do art. 8º, §2º, alínea "g", do Pacto de São José da Costa Rica o direito que toda pessoa tem de "não ser obrigada a depor contra si mesma, nem a declarar-se culpada". Quer dizer, nenhuma pessoa é obrigada a confessar crime de que seja acusada ou a prestar informações que possam dar causa a uma acusação criminal.

A 5ª Emenda à Constituição dos Estados Unidos da América assegura tal garantia desde o século XVIII. Desde sua adoção nenhuma pessoa "*shall be compelled in any criminal case to be a witness against himself.*" Trata-se do *privilege against self incrimination*, que, entre nós, denomina-se garantia contra a autoincriminação.

No processo penal, não se pode constranger o acusado a declarar. Vale dizer: confissão, só voluntária. Qualquer informação obtida do réu (ou mesmo de testemunha) mediante coação configurará o crime de tortura, previsto na Lei 9.455/1997, ou o crime de abuso de autoridade da Lei 13.869/2019.

No sistema brasileiro, vige a regra *Nemo tenetur se detegere*, insculpida no art. 5º, inciso LXIII, da Constituição com a seguinte redação: "O preso será informado de seus direitos, entre os quais o de permanecer calado (...)".

É dizer: ninguém é obrigado a colaborar com o Estado (isto é, com a Polícia Judiciária ou o Ministério Público) para o descobrimento de

---

[108] A formalização do acordo de não persecução não abre a via para a ação penal privada subsidiáriada pública pois não equivale a inação do Ministério Publico. Ademais, o acordo deve sempre considerar os interesses da vítima à reparação do dano e restituição do *status quo ante.*

um crime de que se é acusado ou do qual possa vir a ser acusado. Sobre o Estado, no sistema acusatório, recaem o ônus da prova e a missão de desfazer a presunção de inocência que vigora em favor do acusado, sem esperar qualquer colaboração de sua parte, desde que a acusação alcance o standard probatório exigido pela lei ou pela jurisprudência.

Conforme o art. 8.3. da CADH, a "confissão do acusado só é válida se feita sem coação de nenhuma natureza", donde se conclui que, não havendo coação, a confissão é legítima e eficaz, haja ou não haja prêmios, recompensas ou benefícios (incentivos em geral) para o reconhecimento da sua culpabilidade.

Assim, se o investigado ou réu não desejar exercer seu direito ao silêncio ou a ele renunciar, poderá contar tudo sobre o fato, unilateralmente, ou negociar sua confissão e ser "recompensado" pelo sistema criminal, por meio dos institutos da colaboração premiada e da confissão espontânea e dos acordos penais.

No primeiro caso, a Lei 9.807/1999 e a Lei 12.850/2013 preveem perdão judicial, redução da pena de 1/3 (um terço) a 2/3 (dois terços) ou imunidade para o réu delator (coautor ou partícipe) que, por confissão espontânea, revelar à autoridade policial ou judicial toda a trama delituosa.

No segundo caso, o da confissão simples espontânea, a autodeclaração de culpabilidade conferirá ao réu o direito de redução da pena, em grau estabelecido pelo juiz, em virtude do reconhecimento de circunstância atenuante genérica, prevista no art. 65, inciso III, alínea "d", do Código Penal, segundo o qual "são circunstâncias que sempre atenuam a pena, ter o agente confessado espontaneamente, perante a autoridade, a autoria do crime".

Como se vê, nas duas situações, a renúncia ao exercício do direito constitucional e convencional de manter-se em silêncio converte-se em benefícios penais, com redução expressiva da intensidade da resposta estatal.

Diz o art. 197 do CPP que o valor da confissão se aferirá pelos critérios adotados para os outros elementos de prova, e para a sua apreciação o juiz deverá confrontá-la com as demais provas do processo, verificando se entre ela e estas existem compatibilidade ou concordância. Por ocasião da homologação judicial do acordo de não acusação, cabe ao juiz verificar se a confissão do investigado é harmônica com as demais provas dos autos do PIC ou do inquérito e se é harmônica com a compreensão do STJ sobre as condições de validade das confissões em geral.[109]

Outros dois institutos que mitigam a reprovabilidade penal, relacionados à regra *Nemo tenetur se detegere*, estão no art. 14 da Lei 9.605/1998 – Lei Penal Ambiental, que prevê a atenuação da pena: a) por comunicação prévia pelo agente do perigo iminente de degradação ambiental (inciso III); e b) pela colaboração do réu com os servidores encarregados da vigilância e do controle ambientais (inciso IV).

Perceba-se que, em qualquer das situações acima analisadas, o investigado ou réu preserva o seu direito ao silêncio e continua desobrigado de colaborar com as autoridades. Mas se resolver falar, cooperando com a acusação e o juízo, será premiado com a redução da pena, com o perdão judicial ou com imunidade ou com outros benefícios previstos em lei.

O raciocínio é o mesmo no acordo de não persecução penal. O investigado não está obrigado a colaborar. Mas, se quiser, pode fazê-lo, mediante renúncia (*waiver*) ao direito ao silêncio, tal como se vê no art. 4º, §14 da Lei 12.850/2013: "Nos depoimentos que prestar, o colaborador renunciará, na presença de seu defensor, ao direito ao silêncio e estará sujeito ao compromisso legal de dizer a verdade.".

A confissão detalhada dos fatos e as tratativas do acordo devem ser registrados pelos meios ou recursos de gravação audiovisual, destinados a obter maior fidelidade das informações, e o investigado deve estar sempre acompanhado de seu defensor. A presença do advogado ou defensor público é garantia da voluntariedade da renúncia ao privilégio de não se autoincriminar.

O caput do art. 28-A do CPP insere como pressuposto do ANPP a confissão formal e circunstancial, na verdade, circunstanciada, tal como se lê no §3º do art. 1º da Lei 8.038/1990.

7.4. Direito a defesa livre e eficiente

Conforme o art. 8º da CADH, todo acusado tem direito de defesa, num processo contraditório. Para assegurá-la às inteiras, é preciso

---

[109] STJ, 3ª Seção, ARESP 2.123.334/MG, rel. min. Ribeiro Dantas, julgado em 20-06-2024.

permitir ao réu, pelo menos, o direito de ser defendido por um advogado de sua escolha; o conhecimento claro e prévio da imputação; a faculdade de apresentar contra-alegações; a faculdade de acompanhar a produção da prova; o poder de apresentar contraprova, inclusive as obtidas no exterior; a possibilidade de interposição de recursos; o direito a juiz independente e imparcial; o direito de excepcionar o juízo por suspeição, incompetência ou impedimento; e o direito a acusador público independente.

De fato, no art. 8º, §2º, alínea "d", do Pacto de São José da Costa Rica, está a garantia do acusado de "defender-se pessoalmente ou de ser assistido por um defensor de sua escolha e de comunicar-se livremente e em particular, com seu defensor".

Admite-se a indicação de defensor dativo para o investigado ou para o réu, ainda que este não o deseje, pois não é tolerável nem razoável admitir que alguém possa ser acusado de um crime sem defender-se.

Destarte, do direito à ampla defesa decorre o dever do Estado de providenciar ampla defesa para o acusado e de velar pela sua efetividade. Ou seja, mesmo que o réu silencie sempre haverá defesa. Sem defesa, não há processo penal justo. Sem defesa independente e fiel aos interesses legítimos do acusado, tampouco há fair trial.

Nessa mesma medida, é óbvio que a defesa deverá ser efetiva, uma vez que defesa técnica irreal, falha, omissa, leniente ou infiel equivale à ausência de defesa, sendo causa de nulidade do processo, e de substituição do advogado, por decisão judicial, por um defensor público ou por um advogado dativo.

A legislação brasileira assegura ao defensor, no interesse do investigado, o acesso amplo aos elementos de informação que, já documentados em procedimento investigatório realizado pelo Ministério Público, digam respeito ao exercício do direito de defesa. Tal prerrogativa advocatícia, também reconhecida pela Súmula Vinculante 14, tem lugar antes da proposta de acordo, durante sua negociação e por ocasião de sua execução, especialmente quando se tratar de acordos de não acusação.

Assim, os acordos de não persecução penal não podem ser propostos, negociados, formalizados nem executados sem a intervenção de advogado ou defensor público atuando em favor do investigado, em todas as etapas do procedimento. Disso cuidam os §§3º, 4º e 5º do art. 28-A do CPP.

7.5. Duração razoável do processo

O acordo de não persecução penal regulado pelo art. 28-A do CPP e pelo art. 18 e seguintes da Resolução CNMP 181/2017 contribui para a duração razoável do processo, garantia prevista no art. 5º, LXXVIII[110], da Constituição e no art. 8.1 da CADH: toda pessoa terá o direito de ser ouvida, com as devidas garantias e dentro de um prazo razoável, por um juiz ou Tribunal competente.

A formalização de tais acordos evita a ação penal e toda sua longa tramitação. Troca-se a demorada instrução probatória e a tardança da fase recursal por uma negociação mais rápida, para solução da causa ou conflito penal, em proveito dos interesses de investigados e vítimas.

Reduzir o tempo da persecução criminal ou do tratamento de casos penais equivale também a diminuir os custos de operação da Justiça criminal.

O consenso contribui para a concretização da garantia da duração razoável do (devido) processo, mediante a adoção de forma consensual e abreviada, que serve de alternativa à própria persecução criminal tradicional.

Importante perceber que a vítima ("a todos", diz o inciso LXXVIII do art. 5º da CF) também tem direito à duração razoável do processo. Na medida em que o acordo penal pode conduzir de pronto à reparação civil (art. 28-A, I, do CPP), sua adoção incrementa a eficácia do dispositivo constitucional e convencional de forma duplamente garantista.

Neste sentido, o acordo penal é um remédio ou um meio efetivo, conforme a linguagem constitucional e convencional, para assegurar a razoável duração do "processo" e a proteção dos direitos e interesses de acusados e vítimas.[111]

---

110 "A todos, no âmbito judicial ou administrativo, são assegurados a razoável, duração do processo e os meios que garantam a celeridade de sua tramitação."

111 A própria ação penal também pode ser um desses remédios efetivos. Vide: RUIZ LÓPEZ, Carmen Eloísa; ARAS, Vladimir. A ação penal como um remédio efetivo para a defesa de direitos humanos: uma visão a partir da jurisprudência das cortes regionais. **Revista Jurídica da Presidência**, Brasília v. 26 n. 138 Jan./Abr. 2024 p. 562-585. DOI: http://dx.doi.org/10.20499/2236-3645.RJP2024v26e138-3089.

7.6. A vítima no acordo de não persecução penal

A vítima[112] não é ignorada pela Resolução CNMP 181/2017 nem pelo art. 28-A do CPP. Segundo o art. 17 da Resolução, o membro do Ministério Público que preside o procedimento investigatório criminal deve esclarecer a vítima sobre seus direitos materiais e processuais, devendo tomar todas as medidas necessárias para a preservação dos seus direitos, a reparação dos eventuais danos por ela sofridos.

Os direitos patrimoniais do ofendido devem ser considerados na negociação do acordo penal. De fato, uma das obrigações a ser cumprida pelo investigado é a reparação do dano (art. 28-A, I, do CPP).

Assim, a boa prática a ser construída deve incorporar o procedimento ministerial de intimar a vítima e seu advogado para participarem do procedimento de negociação, a fim de determinar-se seu interesse patrimoniais, antes da formalização do acordo de não persecução penal.

Não basta cumprir ao §9º do art. 28-A do CPP.[113] Sempre que houver vítima determinada, sua participação deve-se dar em todas as etapas do procedimento do acordo, para assegurar sua legitimidade e o controle mais robusto da atividade do Ministério Público, seja perante o Judiciário ou o órgão interno de revisão. Por isso, agora o art. 18-A, §4º, da Resolução 181/2017, com a redação dada pela Resolução 289/2024, prevê um maior grau de consideração dos interesses da vítima e de sua participação na negociação.

8. AS REGRAS DE TÓQUIO E AS SAÍDAS PROCESSUAIS PENAIS COMO ALTERNATIVAS À PRISÃO

Mediante Resolução 45/110, de 14 de dezembro de 1990, a Assembleia Geral das Nações Unidas adotou as Regras Mínimas para a

---

[112] Os direitos da vítima no processo penal estão principalmente no art. 201 do CPP, na Lei Maria da Penha, na Lei 9.807/1999, em outras leis especiais e na soft law internacional Vide: ARAS, Vladimir. A vítima no processo penal: passado, presente e futuro. In: MADEIRA, Guilherme; BADARÓ, Gustavo; CRUZ, Rogerio Schietti (orgs.). Código de processo penal: estudos comemorativos aos 80 anos de vigência. São Paulo: Thomson Reuters Brasil, 2021b. v. 1, p. 731–783.

[113] CPP: art. 28-A, § 9º, ºA vítima será intimada da homologação do acordo de não persecução penal e de seu descumprimento".

Elaboração de Medidas não Privativas de Liberdade[114], para estimular a utilização de medidas alternativas à prisão nos vários países-membros da organização.

Preparadas pelo Instituto da Ásia e do Extremo Oriente para a Prevenção do Delito e Tratamento do Delinquente (UNAFEI[115], na sigla em inglês), as Regras de Tóquio, que constituem normas de *soft law*, incentivaram a adoção de penas alternativas em vários países, inclusive no Brasil, o que se refletiu na Lei 9.714/1998, que alterou as penas restritivas de direitos do Código Penal brasileiro.

As Regras de Tóquio contêm princípios gerais para ampliar e facilitar a aplicação de medidas não privativas de liberdade, para assegurar os direitos dos presos e a boa governança do sistema prisional. No tocante às penas, as Regras Mínimas sugerem a adoção de uma ampla gama de alternativas que tenham em vista da gravidade do crime e o princípio da proporcionalidade:

> 1.4 Ao aplicar as Regras, os Estados-Membros devem se esforçar para assegurar o equilíbrio adequado entre os direitos dos infratores, os direitos das vítimas e a preocupação da sociedade com a segurança pública e a prevenção do crime.

Por que as Regras de Tóquio nos interessam? Porque tais diretrizes não têm apenas cunho penal, como se pode imaginar à primeira vista. Há um inescondível enfoque processual penal, que as correlaciona com as chamadas saídas abreviadas e o princípio da oportunidade (*prosecutorial discretion*) na perspectiva da evitação não só do cárcere mas também do próprio processo penal.

Segundo a Regra 2.1, suas disposições devem ser aplicadas a todos os indivíduos sujeitos a acusação, julgamento ou execução penal, "em todas as fases da administração da justiça criminal", o que abrange a etapa pré-processual da investigação criminal.

A Regra 2.3. tem em mira estimular os países a evitar o recurso desnecessário ao encarceramento. Para isso, sugere que o sistema de justiça

[114] United Nations Standard Minimum Rules for Non-custodial Measures (The Tokyo Rules).

[115] Instituição na qual tive a honra de estudar (2013) e lecionar (2017).

criminal ofereça uma grande gama de medidas não privativas de liberdade, desde medidas tomadas na fase anterior ao julgamento (inclusive antes da denúncia) até as da fase pós-sentença.

Nesta linha, a Regra 2.5 incentiva que se leve em conta "o tratamento dos infratores na comunidade, evitando-se o máximo possível recorrer aos procedimentos ou julgamentos formais em um tribunal, de acordo com as garantias legais e as regras de direito". Neste contexto, o tratamento não persecutório-penal viabilizado pelos acordos de não persecução e de não prosseguimento de persecução, amolda-se a essa proposta, evitando o acionamento da máquina processual judiciária para um "julgamento formal em um tribunal". Práticas de Justiça Restaurativa e acordos de não persecução penal podem apoiar-se nesta Regra.

O art. 28-A do CPP e o art. 18 e seguintes da Resolução 181/2017 do CNMP estão também em harmonia com a Regra 2.6 de Tóquio que recomenda a adoção do princípio da intervenção mínima quanto à aplicação das medidas não privativas de liberdade. A intervenção mínima no direito penal está intimamente ligada ao princípio da oportunidade da ação penal. É fácil perceber que o princípio da obrigatoriedade potencializa o poder punitivo estatal na medida em que exige que "nenhum delito permaneça impune", no curso de uma persecução criminal tradicional. A compatibilização dos princípios da intervenção mínima e da oportunidade da ação penal, nesta perspectiva, é facilitada pelos acordos de não persecução penal, que evitarão o processo e a pena.

A ideia de oportunidade da ação estatal no campo processual está presente na Regra 3.3, segundo a qual "a discricionariedade deve ser exercida pela autoridade judiciária ou outra autoridade competente em todas as fases do processo, com total responsabilidade e de acordo unicamente com as regras de direito". Na perspectiva brasileira, tais regras estão no art. 129, I, da Constituição, nos arts. 28 e 28-A do CPP e em dispositivos das leis orgânicas do Ministério Público brasileiro e noutras leis esparsas, aplicadas analogicamente, que adensam a discricionariedade da ação penal.

Ademais, no âmbito dos acordos de não persecução penal, as condições a que estará vinculado o investigado, por ato de vontade, são meras obrigações civis, não são penas. Assim, sua implementação atende à Regra 2.7 de Tóquio: "O recurso a medidas não privativas de liberdade deve ser incluído no rol dos esforços visando à isenção de pena e à descriminalização, e não prejudicar ou retardar tais esforços". O acordo de não persecução é um esforço de política criminal orientada pelo legislador ordinário e pelo CNMP para reduzir os casos de imposição de pena e levar ao não acionamento do sistema penal.

A exigência de voluntariedade do ajuste de não persecução penal para o cumprimento de medidas não punitivas (na forma de obrigações de fazer, não fazer e dar) compatibiliza-se com a Regra 3.4: "As medidas não privativas de liberdade que impliquem obrigação para o infrator e que sejam aplicadas antes ou durante o processo, exigem o consentimento do infrator". Como está claro, é possível a imposição de obrigações ao investigado "antes do processo", desde que com seu consentimento. É exatamente este o modelo adotado pelo art. 28-A do CPP e pelo art. 18 e seguintes da Resolução 181/2017 do CNMP; pela Lei 9.099/1995; e, em alguma medida, também pela Lei 12.850/2013.

Tais instrumentos consensuais, como é óbvio, devem ser submetidos a controle judicial, exatamente como determinam o art. 28-A do CPP e o art. 18 e seguintes da Resolução 181/2017, o que torna o acordo de não persecução penal compatível com a recomendação trazida pela Regra 3.5: "As decisões relativas à aplicação de medidas não privativas de liberdade devem ser subordinadas ao exame da autoridade judiciária ou de qualquer outra autoridade competente, a pedido do infrator".

Por fim, há que se lembrar a Regra 5 de Tóquio, que se refere a medidas que podem ser tomadas antes do processo. Tal diretriz, de cunho nitidamente processual penal, declara que o Ministério Público, sempre que julgar adequado (critério de oportunidade), pode encerrar ou não iniciar a persecução criminal contra o investigado, se concluir pela desnecessidade do processo penal para a prevenção do crime, a proteção da sociedade ou a promoção do respeito à lei (*rule of law*) e dos direitos das vítimas.

Consagrando a *prosecutorial discretion* como ferramenta para a intervenção mínima e para a evitação de penas (em sentido estrito), quaisquer que sejam, o texto evidencia sua feição garantista e despenalizadora e põe uma pá de cal no tema:

> Sempre que adequado e compatível com o sistema jurídico, a polícia, o Ministério Público ou outros serviços encarregados da justiça criminal

podem retirar os procedimentos contra o infrator se considerarem que não é necessário recorrer a um processo judicial com vistas à proteção da sociedade, à prevenção do crime ou à promoção do respeito pela lei ou pelos direitos das vítimas. Para a decisão sobre a adequação da retirada ou determinação dos procedimentos deve-se desenvolver um conjunto de critérios estabelecidos dentro de cada sistema legal.[116]

9. A RECOMENDAÇÃO R(87)18 DO CONSELHO DA EUROPA SOBRE SIMPLIFICAÇÃO DA JUSTIÇA CRIMINAL

Um dos mais importantes documentos sobre justiça penal consensual é a Recomendação R(87)18, de 17 de setembro de 1987, do Comitê de Ministros dos Estados Membros do Conselho da Europa (CoE).[117] Trata-se de norma que catalisou a adoção de saídas consensuais no processo penal europeu, levando à modificação da legislação de vários países da região e a precedentes importantes, como o já vista sentença contra a República da Geórgia, proferida pela CEDH em 2014. A recomendação de 1987 tem natureza de soft law, merecendo exame, numa ótica histórica, de seu significado positivo para a consolidação dos modelos negociais na Europa e sua expansão pelo mundo.

Entre as premissas que a motivaram estavam o crescente número de ações penais, especialmente de infrações de média e baixa lesividade e a morosidade dos procedimentos penais, um fator que trazia descrédito para o direito penal e afetava "a devida administração da Justiça".[118]

A recomendação divisava várias soluções para a simplificação dos procesos penais, como a adoção do princípio da oportunidade a ação penal (*principle of discretionary prosecution*), a introdução dos procedimentos sumários (*summary procedures*) e simplifados (*simplified procedures*), a permissão de acordos não judiciais (*out-of-court settlements*)

---

116 Regras Mínimas das Nações Unidas para a Elaboração de Medidas não Privativas de Liberdade, de 1990.

117 Vide também a Recomendação Rec(99)19, de 15 de setembro de 1999, sobre mediação em matéria penal, e a Recomendação Rec(2000)19 sobre a função do Ministério Público na justiça criminal.

118 RADULOVIC, Drago. Simplified forms of crimnal proceedings in the new Criminal Procedure Code in Montenegro. In: JOVANOVIX, Ivan; STANISAVLJEVIC, Miroljub. **Simplified forms of procedure in criminal matters: regional criminal procedure legislation and experiences in application**, Belgrade: OSCE, 2013, p. 50.

como alternativas ao processo penal em casos de infrações penais de menor lesividade e na criminalidade de massa, assim como a simplificação do próprio processo penal.[119]

9.1. O princípio da oportunidade da ação penal

Segundo o item I da Recomendação R(87)18, as autoridades deveriam observar o princípio da oportunidade no processo penal (*principle of discretionary prosecution*), sempre que compatível com a evolução histórica do processo penal nos Estados Membros do CoE e quando compatíveis com suas leis fundamentais. Recomendava-se que a faculdade do Ministério Público de dispensar ou descontinuar a persecução criminal por motivos discricionários deveria ter base na lei. Evidentemente, tais decisões de não acusar só se justificam quando o órgão de persecução criminal esteja diante de justa causa para a persecução, sempre se observando o interesse público e o princípio da igualdade entre os cidadãos.

Tais decisões de não acusar devem levar em conta a gravidade, a natureza, as circunstâncias e as consequências da infração penal, a personalidade do suposto autor, a maior ou menor probabilidade de uma condenação pelo juízo competente; os efeitos da condenação sobre o suposto autor; e a posição da vítima.

Ao tomar a decisão de encerrar a persecução criminal sem acusação, o Ministério Público deveria poder, já na conjuntura de 1987, segundo a recomendação europeia, fazê-la acompanhar de uma advertência ou admoestação ou condicioná-la à observância de certas condições pelo investigado, "tais como regras de conduta, o pagamento de valores, compensação à vítima e período de prova".[120] Uma vez cumpridas tais condições, o caso deveria ser arquivado, sem que, neste caso, evitando-se a incidência dos efeitos da condenação.[121]

Neste particular, a solução preconizada pelo Conselho da Europa era muito semelhante ao acordo de não persecução penal. Tal aspecto

---

[119] CONSELHO DA EUROPA. Recommendation No. R (87) 18 of the Committee of Ministers to Member States Concerning the Simplification of Criminal Justice. Adopted by the Committee of Ministers on 17 September 1987 at the 410th meeting of the Ministers' Deputies. Disponível em: https://rm.coe.int/16804e19f8 . Acesso em 10 jan. 2021.

[120] Vide o item I.a.6 da Recomendação R(87)18 do CoE.

[121] Vide o item I.a.9 da Recomendação R(87)18 do CoE.

torna-se ainda mais claro quando o texto sustenta que o consentimento do investigado deveria ser obtido pelo Ministério Público antes de desistir de proceder à acusação criminal. Segundo as boas práticas do CoE esse consentimento deveria ser livre e obtido sem coação.

A decisão da agência de persecução de não proceder à acusação poderia ser definitiva (arquivamento) ou correspondente a mera sustação ou postergação da acusação (*defered prosecution*), durante o prazo da prescrição da pretensão punitiva.[122]

A vítima não era ignorada na R(87)18. O ofendido deveria ser informado sempre que o Ministério Público adotasse a decisão de não acusar ou de desistir da ação penal, sem prejuízo de seu direito à reparação do dano em procedimentos cíveis ou criminais.[123]

Observando a diversidade dos sistemas jurídicos europeus, a recomendação considerava a situação histórica e constitucional daqueles Estados nos quais prevalecia o princípio da obrigatoriedade da ação penal (*principle of mandatory prosecution*). A estes se sugeria que adotassem soluções compatíveis com suas constituições e tradições jurídicas, que fossem equivalentes às medidas antes indicadas, a exemplo da introdução de condições de procedibilidade para o processo penal, medida similar ao aumento dos casos em que se exija a representação da vítima nas ações penais. Também se sugeria aos Estados ampliar os poderes dos juízes para suspender ou extinguir ações penais, com base em razões discricionárias.[124]

9.2. Procedimentos sumários, ritos simplificados e acordos extrajudiciais

A Recomendação R(87)18 também propunha a descriminalização de infrações penais de menor lesividade (*offences which are inherently minor*) e a adoção de procedimentos sumários para seu julgamento. Também tratava da introdução de acordos extrajudiciais (*out-of-court settlements*) e da simplificação de procedimentos em relação a outras infrações de escassa lesividade circunstancial (*cases which are minor due to the circumstances of the case*).

122 Vide o item I.a.8 da Recomendação R(87)18 do CoE.

123 Vide o item I.a.10 e 11 da Recomendação R(87)18 do CoE.

124 Vide o item I.b da Recomendação R(87)18 do CoE.

No tópico da descriminalização, sustentava-se a necessidade de abolição de um número de condutas típicas nos crimes de trânsito, nos crimes tributários, delitos aduaneiros de massa, quando de menor potencial ofensivo, ou se preconizava a adoção de métodos sumários de solução de tais infrações. Para estes crimes não deveria haver medidas privativas de liberdade, mas apenas sanções pecuniárias e restritivas de direitos. O pagamento imediato de multas, mediante consentimento, poderia ser levado em conta para impedir a persecução criminal sobre os mesmos fatos.[125]

Quanto aos acordos extrajudiciais, a recomendação europeia de 1987 propunha aos Estados Partes do CoE que modificassem suas leis processuais para regular as soluções consensuais para delitos de menor lesividade, segundo um conjunto de princípios reitores: pagamento de prestações pecuniárias ao Estado ou a uma instituição beneficente; a restituição de bens ou vantagens obtidas com a infração penal; e a reparação do dano causado à vítima. A fixação das condições deveria estar sujeita a negociação a partir de contraproposta do autor do fato, e sua aceitação deveria ser voluntária.

Um ponto bastante importante era realçado pela Recomendação 18, de 1987: a segurança jurídica. Os órgãos legitimados a adotar soluções extrajudiciais deveriam conferir transparência às situações que permitissem a formulação de tais acordos e aprovar diretrizes e tabelas parametrizadas de valores a serem pagos pelos celebrantes dos ajustes, tendo em conta o princípio da isonomia.[126] Também em nome da transparência e em prol da adequada *accountability* do órgão de persecução, a recomendação propunha que fossem publicadas estatísticas anuais sobre os acordos feitos, com preservação dos dados pessoais dos celebrantes.[127]

Uma vez que o acordo de não persecução tivesse sido formalizado e as condições nele instituídas houvessem sido cumpridas, a renúncia ao direito de proceder à acusação deveria tornar-se definitiva. É o que contemplava o item II.b.6 da Recomendação R(87)18, do Conselho da Europa. Nisto se via mais uma semelhança daquele modelo com o acordo

---

125 Vide o item II.a da Recomendação R(87)18 do CoE.

126 Vide o item II.b.4 da Recomendação R(87)18 do CoE.

127 Vide o item II.b.7 da Recomendação R(87)18 do CoE.

de não persecução penal brasileiro, que resulta em extinção da punibilidade, quando adimplidas as condições nele estipuladas.

A recomendação do Conselho da Europa exortava também aos Estados Partes que adotassem procedimentos simplificados em casos nos quais as circunstâncias fáticas revelassem a existência de escassa lesão aos bens jurídicos em jogo.

Assim, sempre que houvesse clareza quanto aos fatos atribuídos ao investigado, um juiz ou o Ministério Público pode aplicar de imediato a pena, com a dispensa da fase de instrução criminal (*hearing stage*). Trata-se de um procedimento similar ao *plea bargain,* pois exige-se o consentimento informado do acusado para que o juiz ou o membro do Ministério Público pudesse impor a pena (*penal order procedure*). Contudo, diferentemente do *guilty plea* norte-americano, a pena resultante não podia ser privativa de liberdade,[128] no que o instituto europeu aproxima-se da transação penal, prevista no art. 76 da Lei 9.099/1995. No entanto, diferentemente do que se passa aqui, a solução processual mencionada pela Resolução R(87)18 resultava em efetiva condenação criminal[129] e podia ser instituída pelo Ministério Público (*prosecutorial sentencing*).[130]

Por sua vez, a não aceitação do procedimento abreviado pelo investigado resultaria no início da persecução criminal, para que diante do juiz competente se realizasse o julgamento "longo".

A recomendação europeia de 1987 também sugeria que a lei previsse a possibilidade de uma variante ao *penal order procedure.* Poder-se-ia facultar ao acusado que pleiteasse a aplicação imediata de uma pena restritiva de direitos, se já iniciada a ação penal. Neste caso, seria necessária a aceitação da medida pelo Ministério Público e a homologação do

128 Vide o item II.c.3 da Recomendação R(87)18 do CoE.

129 Vide o item II.c.4 da Recomendação R(87)18 do CoE.

130 THAMAN, Stephen C. The penal order: prosecutorial sentencing as a model for criminal justice reform?. In: LUNA, Erik; WADE, Marianne. The prosecutor in trasnational perspective. Oxford University Press, p. 161. Disponível em: https://oxford.universitypressscholarship.com/view/10.1093/acprof:osobl/9780199844807.001.0001/acprof-9780199844807-chapter-12. Acesso em: 10 OUT. 2024.

ajuste pelo juiz, dispensando-se então a instrução e seguindo-se para a fase da sentença.[131]

9.3. Simplificação de procedimentos judiciais ordinários

O último tópico da Recomendação R(87)18 abrangia a simplificação de ritos judiciais comuns. Entre as formas de fazê-lo apontava-se o emprego de *guilty pleas,* sempre que as tradições jurídicas e constitucionais dos Estados Membros do CoE o permitissem.

Tais acordos de admissão de culpa poderiam ser formalizados, segundo a recomendação, com ou sem a verificação preliminar quanto aos fatos pela autoridade judicial, que em seguida proferiria a sentença e decidiria sobre a indenização da vítima, se fosse o caso.

O Conselho da Europa já compreendia em 1987 que os procedimentos de admissão de culpa (*guilty plea*) deveriam ocorre em audiências judiciais dotadas de publicidade (*public hearing*), dependeriam da aceitação da acusação pelo denunciado e o juiz deveria ouvir ambas as partes (*hear both sides of the case*) antes de individualizar a pena.[132]

A recomendação de 1987 também reafirmava a validade, no contexto europeu, do princípio *pas de nullité sans grief* ao propor claramente que a "a declaração de nulidade de processos por motivos formais só pode ocorrer em situações estritamente definidas quando a violação das formalidades legais tenha causado prejuízo efetivo aos interesses da acusação ou da defesa".[133]

Outros aspectos não relativos à justiça consensual e a saídas abreviadas eram abordados pela Recomendação R(87)18. Um deles merece menção e dizia respeito aos julgamentos por órgãos colegiados, inclusive pelo júri. Em tais julgamentos, seja pelo júri ou por escabinados ou por juízos colegiados formados por togados, a decisão condenatória deveria

---

[131] Vide o item II.c.3 da Recomendação R(87)18 do CoE.

[132] Vide o item III.a.8 da Recomendação R(87)18 do CoE.

[133] Vide o item III.b.2 da Recomendação R(87)18 do CoE: "The procedure to be followed at the hearing should dispense with all formalities which are unnecessary. In particular, it should be possible for the proceedings to be declared void on procedural grounds only in strictly defined circumstances where failure to comply with procedural requirements may have caused real damage to the interests of the defence or prosecution."

ser determinada por maioria simples ou por maioria qualificada, "sem exigência de unanimidade".[134]

10. CONCLUSÃO

Não temos ainda uma teoria geral dos acordos penais. Essa breve contribuição poderia servir de ponto de partida para uma investigação mais profunda sobre seus princípios, lineamentos, fins e limites. No ponto específico, a formalização de acordos de não persecução pelo Ministério Público equivale a, condicionalmente, não promover uma acusação que é viável. E da acusação, pela regra do art. 129, inciso I, da Constituição Federal, somente o Ministério Público é titular.

Com a introdução dessa medida em 2017 e sua confirmação em 2019, fundada em ideias de política criminal, de necessidade, utilidade, conveniência e intervenção mínima, não houve ofensa ao princípio da inafastabilidade da jurisdição (art. 5º, XXXV, Constituição), da legalidade (arts. 28 e 28-A do CPP), do devido processo legal, do juiz natural, da garantia contra a autoincriminação ou da ampla defesa. O Poder Judiciário é sempre chamado a verificar em cada caso, se o acordo deve ser homologado ou se a investigação deve ser arquivada ou se eventual denúncia será aceita para julgamento.

Por outro lado, no plano legal, o acordo tem base nos arts. 28 e 28-A do CPP, no art. 1º da Lei 8.038/1990 e nos arts. 3º, 190 e 784, IV, do CPC, assim como nos arts. 76 e 89 da Lei 9.099/1995 e no art. 4º da Lei 12.850/2013, estes últimos por analogia. No plano constitucional, tais acordos baseiam-se no art. 5º, quanto ao acesso à justiça (efetiva), à razoável duração do processo e, no art. 37, da Constituição, quanto ao princípio da eficiência.

Da análise do direito brasileiro, comparativamente ao *leading case* europeu *Natsvlishvili e Togonidze vs. Georgia,* da Corte Europeia de Direitos Humanos, e aos precedentes Padilla vs. Kentucky, *Lafler vs. Cooper* e *Missouri vs. Frye,* da Suprema Corte dos Estados Unidos, percebe-se

[134] Vide o item III.d.4 da Recomendação R(87)18 do CoE: "4. Where the issue of guilt is determined by a jury or a panel of professional judges, or by lay assessors together with professional judges, the decision should be reached by a simple or qualified majority, with no requirement of unanimity."

a adequação desses acordos de não acusar aos preceitos de direitos humanos que caracterizam um processo penal garantista, minimamente intervencionista e que valoriza os interesses de investigados e vítimas.

Não custa repetir. O acordo de não persecução tem íntima identidade com uma prática restaurativa, em relação ao consenso, à consideração dos interesses de ofendido e ofensor e à efetiva resolução ; do conflito. Assemelha-se também a uma composição civil que faz desaparecer o interesse de agir para a persecução penal. Embora tenha surgido em 2017 por regulamentação do CNMP em torno do art. 129, I, da CF e do art. 28 do CPP, agora o art. 28-A do código confere expressamente ao Ministério Público a atribuição de não denunciar um suspeito, invocando as razões que lhe pareceram meritórias, justas, apropriadas, econômicas e/ou oportunas, à luz do interesse público balanceado pelas expectativas da vítima e pela política criminal adotada pela instituição na sua missão de protagonista, a fim de celebrar acordo penal com o investigado e seu defensor.

Do ponto de vista constitucional (art. 5º da Constituição) ou do prisma convencional (arts. 7º e 8º da CADH), o art. 28-A do CPP e o art. 18 e seguintes da Resolução CNMP 181/2017 introduzem o ANPP que se firma como ferramenta perfeitamente adequada ao desempenho das funções institucionais do Ministério Público e ao exercício da ampla defesa e da autonomia da vontade do investigado, abrindo, ao lado da Justiça Restaurativa, uma nova vereda para o princípio da oportunidade e o consenso, cuja expansão e definitiva consolidação no processo penal brasileiro são certas e não tardarão.

CAPÍTULO 3

PRINCÍPIOS ESTRUTURANTES DO ACORDO DE NÃO PERSECUÇÃO PENAL

Francisco Dirceu Barros[1]

1. NOÇÕES GERAIS

Até a terceira edição deste livro, defendi a legalidade do acordo de não persecução penal, a Lei nº 13.964, de 24 de dezembro de 2019 (*pacote anticrime*) **encerrou a discussão sobre a legalidade.**

---

[1] Procurador-Geral de Justiça do Estado de Pernambuco (2017 até janeiro 2021), atual Sub Procurador Criminal do Ministério Público do Estado de Pernambuco, Promotor de Justiça Criminal e Eleitoral durante 17 anos, possui 20 anos consecutivos de prática criminal e eleitoral (03 como advogado e 17 como promotor de justiça), Mestre em Direito, ex-Professor universitário, ex-Professor da EJE (Escola Judiciária Eleitoral) no curso de pós-graduação em Direito Eleitoral, Professor do curso de pós-graduação em Processo Penal no CERS, com vasta experiência em cursos preparatórios aos concursos do Ministério Público e Magistratura, lecionando as disciplinas de Direito Eleitoral, Direito Penal, Processo Penal, Legislação Especial e Direito Constitucional. Ex-Colunista da Revista Prática Consulex, seção "Casos Práticos".

Foram mais de dez anos de uma intensa discussão que envolveu os coautores deste livro, agora a questão não é mais doutrinária ou de legalidade, há algo pior a ser enfrentado, **a mentalidade hermética cuja linha principiológica foi formatada pelo sistema litigante estritamente legalista ou conflitivo, oriundo do início do século XIX.**

Fomos agredidos nos debates pelo simples fato de pensar diferente e apresentar alternativas ao sistema litigante estritamente legalista, lembro-me que, atuando como Procurador Geral de Justiça, fui agente passivo de dois mandados de seguranças apenas porque regulamentei no Estado de Pernambuco o acordo de não persecução penal.

Após refletir sobre como foi doloroso o longo período de debate, cheguei a duas conclusões:

a) Ninguém estava errado, pois os opositores do acordo de não persecução penal, apresentavam seus argumentos fulcrados na linha principiológica fornecida pela atual academia que apresenta a mesma fórmula há mais de dois séculos, lembre-se que o código penal e o código de processo penal são interpretados com a linha principiológica doutrinária cuja **gênese é o início do século XIX, mais precisamente os** anos de 1940 e 1941, respectivamente.

Ex-membro do CNPG (Conselho Nacional dos Procuradores Gerais do Ministério Público). Colaborador da Revista Jurídica Jus Navigandi. Colaborador da Revista Jurídica Jus Brasil. Colaborador da Revista Síntese de Penal e Processo Penal. Colaborador do Blog Gen Jurídico, Colaborador do Blog "Eleitoralistas", Colaborador do Blog "Novo Direito Eleitoral", Autor de diversos artigos em revistas especializadas. Escritor com 74 (setenta e quatro) livros lançados, entre eles: Direito Eleitoral, 14ª edição, Editora Método. Tratado Doutrinário de Direito Penal, Volumes I, II, III, Editora JH Mizuno, Prefácios: Fernando da Costa Tourinho Filho, José Henrique Pierangeli, Rogério Greco e Julio Fabbrini Mirabete. Tratado Doutrinário de Processo Penal (Volume único), Editora JH Mizuno, Prefácios: Rogério Sanches e Gianpaolo Poggio Smanio. Recursos Eleitorais, 2ª Edição, Editora JH Mizuno. Direito Eleitoral Criminal, 2ª Edição, Tomos I e II. Editora Juruá, Manual do Júri, 5ª Edição, Editora JH Mizuno, Prefácio Edilson Mougenot Bonfim. Manual de Prática Eleitoral, 5ª edição, Prefácio: Humberto Jacques Medeiros, Vice-Procurador-Geral Eleitoral, Editora JH Mizuno. "Tratado do Homicídio", Editora Fórum. Coautor e um dos coordenadores do livro "Acordo de Não Persecução Penal", Editora Juspodivm. Coautor dos livros: 1) "Feminicídio", Editora JH Mizuno, prefácio Laurita Vaz, Ministra do STJ. 2) "Teoria e Prática do Acordo de Não Persecução Penal", Editora JH Mizuno. 3). "(In) Fidelidade Partidária", Editora JH Mizuno, prefácio, Airyes Britto, ex-Ministro do STF, Autor do maior estudo de direito penal consensual já realizado no Brasil, o livro: "Acordos Criminais", prefácio Og Fernandes, Ministro do STJ, Editora JH Mizuno.

b) **Não é possível compreender o acordo de não persecução penal sem ter conhecimento da linha principiológica que alicerça o direito criminal consensual.**

Neste sentido, faremos uma análise completa dos princípios estruturantes do acordo de não persecução penal.

Quem melhor definiu a importância de um princípio foi o doutrinador Celso Antônio Bandeira de Mello[2], *in verbis*:

> *Mandamento nuclear de um sistema, verdadeiro alicerce deste, disposição fundamental que se irradia sobre diferentes normas comparando-lhes o espírito e servindo de critério para sua exata compreensão e inteligência, exatamente por definir a lógica e a racionalidade do sistema normativo, no que lhe confere a tônica e lhe dá sentido harmônico.*

Acrescentando:

> *Violar um princípio é muito mais grave que transgredir uma norma qualquer. A desatenção ao princípio implica ofensa não apenas a um específico mandamento obrigatório, mas a todo o sistema de comandos. É a mais grave forma de ilegalidade ou inconstitucionalidade, conforme o escalão do princípio atingido, porque representa insurgência contra todo o sistema, subversão de seus valores fundamentais, contumélia irremissível a seu arcabouço lógico e corrosão de sua estrutura mestra. Isto porque, com ofendê-lo, abatem-se as vigas que o sustêm e alui-se toda a estrutura nelas esforçada.*

Ensinava Miguel Reale que os "*princípios são enunciações normativas de valor genérico, que condicionam e orientam a compreensão do ordenamento jurídico, a aplicação e integração ou mesmo para a elaboração de novas normas. São verdades fundantes de um sistema de conhecimento, como tais admitidas, por serem evidentes ou por terem sido comprovadas, mas também por motivos de ordem prática de caráter operacional, isto é, como pressupostos exigidos pelas necessidades da pesquisa e da práxis*"[3].

---

2 MELLO, Celso Antônio Bandeira de. **Curso de Direito Administrativo**. 28.ª Ed. São Paulo: Malheiros, 2011.

3 REALE, Miguel. ***Lições Preliminares de Direito***. São Paulo: Saraiva, 2003.

Os princípios estruturantes informam, orientam e inspiram o próprio ordenamento jurídico iluminando a interpretação e a aplicação das regras gerais. Por conseguinte, devem ser observados, no acordo de não persecução penal, os seguintes princípios estruturantes:

1.1. Princípio da eficiência na persecução penal

A eficiência da Justiça Criminal brasileira é simplesmente drástica. Relata Lidiane Teixeira de Souza:[4]

> *De acordo com levantamento apresentado na 15ª edição do relatório Justiça em Números,[5] em 2018 surgiram no Brasil 2.443.064 ações penais na Justiça Estadual e 120.380 na Justiça Federal. O número de casos criminais pendentes de julgamento alcançou 7.533.528 na esfera estadual e 214.212 na federal. Destes, 6,2 milhões estavam na fase de conhecimento (em 1º grau ou nos tribunais) e 1,6 milhão em execução penal.*
>
> *Esse resultado é muito aquém da média global e reflete a classificação do Brasil em 94º lugar (em um total de 126 países avaliados) quanto ao quesito "eficiência da Justiça Criminal", no ranking WJP Rule of Law Index 2019 performance,4 elaborado pela organização internacional World Justice Project.*

A morosidade da justiça brasileira causa duplo prejuízo, para o acusado/investigado e para sociedade. Como afirma Brandalise, a demora processual causa para o acusado "incerteza sobre seu futuro e condicionamento de sua liberdade", bem como "à sociedade, porque esta clama por uma justiça em adequado prazo, que puna os responsáveis pelo crime que seja credível".[6]

Com efeito, nunca entendemos por que o legislador brasileiro defende a eternização das lides. Buscando a explicação para esse fenômeno, Bernd Schüneman afirma que:

---

4 Vide artigo "A justiça penal negociada", publicado na publicado na Revista da 2ª câmara de coordenação e revisão do MPF, "inovações da lei nº 13.964, de 24 de dezembro de 2019", volume 07.

5 Segundo a 15ª edição do relatório Justiça em Números, em 2018 a despesa total com o Judiciário alcançou a cifra de R$ 93.725.289.276 (noventa e três bilhões, setecentos e vinte e cinco milhões, duzentos e oitenta e nove mil e duzentos e setenta e seis reais.

6 BRANDALISE, Rodrigo da Silva. Justiça penal negociada. Jurua Editora, 2006.

> *O ideário do século XIX, de submeter cada caso concreto a um juízo oral completo (audiência de instrução e julgamento), reconhecendo os princípios da publicidade, oralidade e imediação somente é realizável em uma sociedade sumamente integrada, burguesa, na qual o comportamento desviado cumpre quantitativamente somente um papel secundário. Nas sociedades pós-modernas desintegradas, fragmentadas, multiculturais, com sua propagação quantitativamente enorme de comportamentos desviados, não resta outra alternativa que a de chegar-se a uma condenação sem um juízo oral detalhado, nos casos em que o suposto fato se apresente como tão profundamente esclarecido já na etapa da investigação, que nem sequer ao imputado interessa uma repetição da produção da prova em audiência de instrução e julgamento.*[7]

Um dos motivos que deixa o processo penal moroso é atraso do pensamento da doutrina brasileira, neste sentido destaca por *André Luis Alves de Melo:*[8]

> *O funcionalismo é atualmente a corrente dominante no mundo, menos no Brasil,* ***e defende que apenas atos penais relevantes e com impacto social devem ser priorizados e processados, mudando com a visão automatizada do finalismo que ainda vigora no Brasil.*** *Como ficou demonstrado nesta obra e com análise de dados empíricos demonstramos que o funcionalismo com menor custo conseguiu mais resultados ao focar nos casos mais relevantes. Por exemplo, um promotor funcionalista selecionando os casos mais relevantes conseguiu com menos prisões, apreender maiores quantidades de droga, além de outros exemplos registrados na pesquisa completa.*

E arremata o renomado autor:

> *O funcionalismo propõe punir menos, mas punir melhor, e com impacto social, o que acaba inibindo a criminalidade, em vez do atual sistema caótico e sem racionalidade, que leva o direito penal ao descrédito. Com isto obtém-se o que se chama de principio da proteção penal eficiente.*

---

7 SCHÜNEMANN, Bernd. Cuestiones Básicas de la Estructura y Reforma del Procedimento Penal bajo una Perspectiva Global, in Obras. Tomo II, Rubinzal Culzoni: Buenos Aires, 2009, p. 423.

8 Melo. André Luis Alves de, Acordo de não persecução penal, 3ª edição, Salvador: Editora Juspodivm, 2019.

O acordo de não persecução penal efetiva na seara criminal um mandamento constitucional, qual seja, a celeridade na resolução das crises jurídicas estabelecidas, na exata forma do artigo 5º, inciso, **LXXVIII,** ***in verbis:***

> ***Art. 5º*** Todos são iguais perante a lei, sem distinção de qualquer natureza, garantindo-se aos brasileiros e aos estrangeiros residentes no País a inviolabilidade do direito à vida, à liberdade, à igualdade, à segurança e à propriedade, nos termos seguintes:
>
> ***LXXVIII*** *- a todos, no âmbito judicial e administrativo, são assegurados a razoável duração do processo* ***e os meios que garantam a celeridade de sua tramitação.***

O direito a uma prestação jurisdicional célere, conforme ensina José Afonso da Silva (1996, p. 186), é uma garantia constitucional especial, haja vista que confere *"aos titulares dos direitos fundamentais, meios, técnicas, instrumentos ou procedimentos para impor o respeito e a exigibilidade de seus direitos."*

O Ministério Público, titular constitucional da ação penal, ao decidir não usar do meio da persecução penal (denúncia), faz uma opção pelo alcance da eficiência extra procedimental, que vem a partir da não necessidade de ofertar uma denúncia para que seja atendida a tutela jurisdicional totalmente efetivada de forma consensual e extraprocessual.

Ada Pellegrini Grinover leciona:

> Constitui resposta realista do legislador (e, em nosso sistema, do constituinte) à ideia de que o Estado moderno não pode nem deve perseguir penalmente toda e qualquer infração, sem admitir-se, em hipótese alguma, certa dose de discricionariedade na escolha das infrações penais realmente dignas de toda atenção. (GRINOVER, 2005, p. 105).

Leciona Keila Lacerda De Oliveira que:

> Os órgãos de persecução penal também estão subordinados ao cumprimento deste princípio. Entretanto, pode-se dizer que tais órgãos passam por uma verdadeira crise institucional, em que não se consegue cumprir em um tempo razoável a prestação jurisdicional na esfera penal, devido a

> uma imensa multiplicação de processos, associados ao crescimento dos índices de violência nos últimos anos, havendo registro de cerca de 553 mil homicídios violentos intencionais nos dez últimos anos. Nesta senda, o acordo de persecução penal é proposto como uma solução ao problema, deixando o processo judicial penal para casos de crimes mais graves, garantindo dois direitos fundamentais, quais sejam a razoável duração do processo e a eficiência estatal, guardando mais recursos e mais tempo para solucionar crimes mais graves.[9]

O sistema litigante estritamente legalista de 1940 é totalmente ineficiente e não mais atende os anseios de uma sociedade que exige uma resposta rápida as mais diversas questões sociais.

Visando à celeridade na resolução das lides, uma vez cumpridos os requisitos estabelecidos pela nossa ordem constitucional, é perfeitamente viável a realização de acordos criminais.

2. PRINCÍPIO DA EFETIVIDADE NA PERSECUÇÃO PENAL

O Código Penal (CP) e o Código de Processo Penal (CPP) brasileiros correspondem a conjuntos de normas repressivas que representam a *ultima ratio* no tratamento dos ilícitos reputados mais graves pelo ordenamento jurídico. Foram elaborados na década de 1940 e, embora tenham sofrido uma série de atualizações pontuais ao longo dos anos, neles ainda prevalece a mentalidade arcaica, vigente à época em que foram concebidos do sistema litigante estritamente legalista que causa grande morosidade e são veículos fomentadores de injustiças.

Uma pesquisa encomendada pela Associação de Magistrados do Brasil, realizada pela Fundação Getulio Vargas, entre agosto de 2018 e novembro de 2019, disponibilizou à sociedade um amplo conjunto de informações sobre as percepções e expectativas a respeito da atuação do Judiciário brasileiro e revelou que 69% dos entrevistados (integrantes da sociedade em geral e operadores do direito) concordam totalmente com a afirmação "a Justiça é lenta", e 24% concordam pelo

---

9 Keila Lacerda De Oliveira Magalhães Garcia, no artigo publicado no https://conteudojuridico.com.br/consulta/Artigos/53476/acordo-de-no-persecuo-penal-eficincia-da-persecuo-penal-constitucionalidade-e-outros-aspectos-relevantes, acesso em 14/06/2020.

menos parcialmente com essa assertiva. Somando-se os dois grupos chega-se ao assustador percentual de 93% que consideram, em algum grau, a Justiça morosa. A propósito, 36% dos participantes concordaram totalmente e 38% parcialmente que a Justiça não é eficaz, totalizando 74%, sendo que o Direito Criminal foi apontado, tanto pela sociedade como por advogados e defensores públicos, como o setor da Justiça com pior desempenho.[10]

A ideia de efetividade está intrinsecamente ligada ao dever de velar pela rápida solução do litígio e decorre do princípio constitucional da eficiência (art. 37 da CF/88). O Poder Judiciário, assim como os demais entes estatais, deve atuar com presteza, de forma satisfatória e racional, buscando sempre o melhor desempenho possível, de modo que a prestação jurisdicional precisa inevitavelmente ser adequada, tempestiva e eficiente.

Antonio Scarance Fernandes[11] ensina que:

> *Após a longa fase do cientificismo do direito processual, em que os estudiosos, depois de afirmarem a sua autonomia, procuraram sistematizá-lo, identificando seus princípios, suas regras fundamentais e delineando seus institutos vetores, bem como buscaram dotá-lo de conceitos firmes e ajustados,* ***cresce nos últimos tempos outra inclinação dos processualistas: a busca da efetividade do processo.*** *Essa preocupação nasceu e se desenvolveu em virtude da crise que atinge a administração da justiça em todos os cantos. Percebeu-se que o progresso da ciência jurídica processual não foi acompanhado de uma justiça célere e eficaz. Tornou-se patente o descompasso entre a teorização do direito processual e a sua eficiência prática, não servindo o processo para superar os graves problemas da Justiça: sobrecarga de causas, morosidade na solução das causas, elevado custo do acesso à justiça, excessiva burocracia dos serviços dos juízos e tribunais. A par disso, parte dos operadores do direito apegava-se excessivamente ao formalismo das regras processuais, desprezando o perfil instrumentalista do Direito Processual e fazendo, assim, com que, na atividade forense, ficasse o exame do mérito prejudicado pelo rigor da forma, resultando grande prejuízo aos jurisdicionados. Resistem esses operadores às mudanças que possam alterar os*

10 No mesmo sentido: Teixeira de Souza. Lidiane, no artigo "A justiça penal negociada", publicado na publicado na Revista da 2ª câmara de coordenação e revisão do MPF, "inovações da lei nº 13.964, de 24 de dezembro de 2019", volume 07.

11 No artigo "O consenso na justiça penal brasileira" publicado no Juris Plenun Ouro, nº 66.

sistemas aos quais se afeiçoaram após tantos anos de aplicação, ainda que ineficaz.

A efetividade da tutela jurisdicional também é consequência lógica do direito de acesso à justiça (art. 5º, XXXV, CF/88), no que diz respeito ao acesso ao Judiciário. Não é suficiente obter um provimento judicial, porquanto a prestação da justiça precisa ser eficaz, solucionar a controvérsia em tempo razoável e satisfazer os anseios da sociedade para garantir a pacificação social. Conforme constatou J. J. Gomes Canotilho:

> *"(...) a existência de processos céleres, expeditos e eficazes (...) é condição indispensável de uma protecção jurídica adequada"*[12].

Outrossim, é inegável que a morosidade da justiça corrói as bases da ordem jurídica justa na medida em que causa verdadeira descrença aos que esperam uma prestação jurisdicional efetiva, sendo necessário uma reestruturação de todo o sistema para que possamos observar uma mudança fática nesse modelo colapsado de solução de conflitos. Para tanto, devemos atacar a raiz do problema e entender que sem efetividade no processo não teremos justiça.

Nesse sentido, Leonardo Ferres da Silva Ribeiro corrobora:

> *Pode-se dizer que a Constituição Federal assegura muito mais do que a mera formulação de pedido ao Poder Judiciário, assegura um acesso efetivo à ordem jurídica justa. (...) É evidente que quando se emprega o termo efetividade no processo quer traduzir uma preocupação com a eficiência da lei processual, com sua aptidão para gerar os efeitos que dela é normal esperar.*[13]

Ademais, a ausência de efetividade também afronta a Constituição Federal, ao desrespeitar o princípio da duração razoável do processo (art. 5º, LXXVIII, CF/88), que se encontra entre os direitos e garantias individuais.

---

12 CANOTILHO, J. J. Gomes. Direito Constitucional. 6. ed. Coimbra: Almedina, 1993, p. 652-653.

13 RIBEIRO, Leonardo Ferres da Silva. Prestação jurisdicional efetiva: uma garantia constitucional. P. 153. *In*: Processo e Constituição. Estudos em homenagem ao professor José Carlos Barbosa Moreira. São Paulo: Ed. Revista dos Tribunais, 2006. P. 153-166.

Conforme ensina Couri Antunes:[14]

> *"Importa aos processualistas a questão da* ***efetividade do processo*** *como meio adequado e útil de tutela dos direitos violados, pois, consoante Vicenzo Vigoriti o binômio custo-duração representa o mal contemporâneo do processo. Daí a imperiosa urgência de se obter uma prestação jurisdicional em tempo razoável, por meio de um processo sem dilações, o que tem conduzido os estudiosos a uma observação fundamental, qual seja, a de que o processo não pode ser tido como um fim em si mesmo, mas deve constituir-se, sim, em instrumento eficaz de realização do direito matéria".*

A falta de efetividade na persecução penal torna o atual modelo da justiça criminal subutilizada. Nas sábias palavras do Ministro do STF Roberto Barroso:

> "A sobreutilização do Judiciário congestiona o serviço, compromete a celeridade e a qualidade da prestação da tutela jurisdicional, incentiva demandas oportunistas e prejudica a efetividade e a credibilidade das instituições judiciais. Afeta, em última análise, o próprio direito constitucional de acesso à Justiça (...). Assim, o aumento do volume de casos tende a gerar uma piora do serviço, quer em virtude do congestionamento das diversas instâncias, quer por perda da qualidade na prestação jurisdicional. A perda de qualidade favorece o erro, enseja a produção de decisões contraditórias e gera a inobservância de precedentes, provocando o que alguns autores têm denominado jurisprudência lotérica". [ADI 3.995, rel. min. Roberto Barroso, j. 18-12-2018, P, DJE de 1º-3-2019.]

Nesse contexto, o surgimento o acordo de não persecução penal foi um significativo avanço que, ao flexibilizar o princípio da obrigatoriedade da ação penal e valorizar a busca pela solução de conflitos em detrimento da estrita observância do formalismo processual, abre espaço para a racionalização do Poder Judiciário, que proporciona uma prestação jurisdicional com maior efetividade.

3. PRINCÍPIO DA ECONOMIA DOS ATOS QUE INTEGRAM A PERSECUÇÃO PENAL

O princípio da economia dos atos que integram a persecução penal busca extrair o máximo de rendimento utilizando o mínimo de recursos

[14] SOUSA, Álvaro Couri Antunes. *Juizados Especiais Federais Cíveis: aspectos relevantes e o sistema recursal da lei n. 10.259/01*. Rio de Janeiro: Renovar, 2004.

possível, ou seja, evitar desperdícios, de modo que, as alternativas menos onerosas, tanto para as partes quanto para o Estado, devem ser escolhidas. Assim, o acordo de não persecução penal representa a aplicação máxima desse princípio, pois evita a deflagração de um processo, caso não haja necessidade do emprego desse tipo de instrumento mais formal.

Nesse passo, o acordo de não persecução penal visa uma solução rápida e eficaz para o conflito instaurado pela prática delitiva.

Não restam dúvidas, portanto, que é possível imprimir maior rapidez na solução de conflitos menos severos, evitando sobrecarga no Poder Judiciário e permitindo a canalização das forças, também por parte do Ministério Público, no combate aos delinquentes contumazes e crimes graves, que geram consequências muitas vezes transcendentes à esfera individual e impactam uma gama indeterminada de vítimas.

Dessa forma, fraudes em licitações, crimes contra a administração pública, organizações criminosas, e mesmo atos não criminosos, mas igualmente preocupantes, a exemplo da improbidade administrativa, poderão ser combatidos com mais eficiência. Uma vez retirado do sistema judiciário os casos mais simples e numerosos, os atores processuais poderão agir de forma direcionada, onde a criminalidade é mais danosa ao tecido social.

Percebe-se que com a racionalização da atividade jurisdicional, por meio da utilização do acordo de não persecução penal, se obtém grande economia para o Poder Judiciário, já que elimina a fase processual e, consequentemente, os custos dela decorrentes.

4. PRINCÍPIO DA MINIMIZAÇÃO DOS DANOS CAUSADOS À VÍTIMA

O papel da vítima no direito tradicional é reduzido apenas a dois estudos:

a) **Vitimologia:** ciência que trata do estudo das vítimas.

b) **Tipologia:** classificação dos delitos em função do comportamento da própria vítima.

O sistema litigante estritamente legalista ou conflitivo não se serve da proteção da vítima, ou seja, de todos aqueles que sofrem os efeitos do delito e o pior, há doutrina baseada no sistema litigante estritamente legalista que defende a "vitimodogmática" que visa à exclusão do crime dado o comportamento da vítima.

Pauliane do Socorro Lisboa Abraão e Victoria A. dos Santos Lourinho[15] explicam que:

> *"O acordo de não persecução penal, enquanto instrumento de justiça consensual, **tem como principais finalidades a recomposição da vítima e do meio social,** a redução da litigiosidade e a economia processual. A incorporação de mecanismos negociais na área criminal foi pensada para garantir uma solução capaz de demonstrar que a atuação extrajudicial é fundamental para a efetivação dos interesses da sociedade por celeridade na resolução de casos penais. Trata-se de espécie de resolução conflitiva que deve ser valorizada".*

Na concepção de Bernd Schünemann, a "vitimodogmática" é uma regra para eliminar a penalização quando a vítima, com sua conduta, não merece e não necessita de proteção. Desenvolve-se, assim, o princípio da autorresponsabilidade da vítima, mediante o qual o ofendido deve responder por seu próprio comportamento, a fim de evitar que este seja a causa ou o antecedente do ato que o afete. Significa dizer que a vítima deve tomar as precauções necessárias para evitar a afetação de seus bens jurídicos, caso contrário, estes ficarão excluídos da tutela estatal, acarretando a atipicidade.[16]

Um exemplo clássico desta espécie de doutrina é a mulher se "culpada" pelo estupro apenas porque usava uma minissaia.

No direito criminal consensual, a vítima tem um olhar diferenciado, e o princípio em estudo defende que a negociação deve priorizar a restauração dos danos matérias, emocionais e psicológicos causados a vítima.

A política de inclusão da vítima ganha cada vez mais espaço, propugnando sua efetiva intervenção no processo, na busca por um ressarcimento. Para tanto, é necessário que o processo penal seja orientado para

---

15 No artigo "O acordo de não persecução penal e a discricionariedade do Ministério Público", publicado na Revista da 2ª câmara de coordenação e revisão do MPF, "inovações da lei nº 13.964, de 24 de dezembro de 2019", volume 07.

16 SCHÜNEMANN, Bernd. Temas actuales y permanentes del derecho penal después del milênio. Madrid: Tecnos, 2002, p.116.

a composição civil, aplicação de pena não privativa de liberdade, mediação e reconciliação entre as pessoas envolvidas, logrando assim maiores possibilidades de sucesso frente à ideia exclusivamente retribucionista ao delito.[17]

Neste sentido, a primeira conduta que pode ser ajustada é justamente "*reparar o dano ou restituir a coisa à vítima, exceto na impossibilidade de fazê-lo*", portanto, os membros do Ministério Público devem fazer o possível para efetivar o dano causado a vítima e também, se for possível, notificá-la para que a mesma participe das negociações do acordo.

O artigo 17 da Resolução nº 181 do Conselho Nacional do Ministério Público determina que:

> *"O membro do Ministério Público que preside o procedimento investigatório criminal esclarecerá a vítima sobre seus direitos materiais e processuais, devendo tomar todas as medidas necessárias para a preservação dos seus direitos, a reparação dos eventuais danos por ela sofridos e a preservação da intimidade, vida privada, honra e imagem".*

5. PRINCÍPIO DA VOLUNTARIEDADE OBJETIVA

O acordo de não persecução penal não pode ser realizado por meio de violência física real ou outra técnica de persuasão ou manipulação que a vicie a livre manifestação de vontade do acusado.

É imprescindível, sob pena de nulidade, que ele seja sempre realizado na presença do defensor do acordante.

Para dar maior efetividade ao princípio da voluntariedade objetiva, defendemos que os acordos devem ser sempre gravados em mídia e antes da assinatura ser lido pelas partes.

Defenderemos em capítulo próprio que algumas disposições da Resolução 181 (atualizada pela 289), quando não colidem com a Lei nº 13.964, de 24 de dezembro de 2019 *(lei anticrime)*, ainda permanecem válidas, o exemplo é o artigo 18-A, § 3º, *in verbis:*

---

[17] Carlo Velho Masi no artigo "Direito penal das vítimas vs. direito penal dos réus", publicado no https://jus.com.br/artigos/28100/direito-penal-das-vitimas-vs-direito-penal-dos-reus, acesso em 06 de junho de 2020.

"A confissão detalhada dos fatos e as tratativas do acordo serão registrados pelos meios ou recursos de gravação audiovisual, destinados a obter maior fidelidade das informações, e o investigado deve estar sempre acompanhado de seu defensor".

É como ensina *Vladimir Aras*[18]:

Um acordo involuntário não é válido. Ademais, se há vício do consentimento, que seja por coação física, moral ou fraude (falsas promessas, p.e.x), a vontade do agente também estará maculada. E, se isto ocorrer, o negócio processual será nulo ou anulável.

A confissão, no processo penal, só admitida de forma voluntária, onde qualquer coação poderá configurar crime, como o de tortura expresso na Lei 9.455/97. No Brasil, o princípio do nemo tenetur se detegere, adotado pela Constituição Federal de forma implícita no art. 5º, LXIII; garante ao réu o direito de não produzir provas contra si mesmo. Logo, os investigados não serão obrigados a colaborar com o Estado em suas acusações, como também não serão obrigados a participar de um acordo de não persecução penal. Contudo, caso o réu queira renunciar a tal direito, poderá ser beneficiado pelos institutos negociais do sistema criminal.

6. PRINCÍPIO DA INFORMAÇÃO INTEGRAL

A informação integral sobre todas as cláusulas do acordo é primordialmente salutar não só para garantir ao acordante a realização de atos procedimentais com a devida transparência, mas também um *iter* procedimental escorreito de qualquer vício.

Portanto, antes da formulação da proposta o acordante deve ser informado:

a) A imputação formulada pelo Ministério público de forma clara e objetiva;

b) Consequências máximas dos fatos imputados;

c) Não obrigatoriedade do acordo;

d) Benefícios do ato de aceite à barganha;

18 ARAS, Vladimir. Acordo de não persecução penal. Editora Juspodivm, 3ª edição, Salvador, 2019.

e) As quais direitos o acordante irá renunciar;

f) Qual será a condição equiparada proposta;

g) Todas as demais condições do acordo;

h) Consequência do descumprimento do acordo;

i) Data de início e final do cumprimento do acordo;

j) Outras informações em consonância com o caso concreto.

7. PRINCÍPIO DOS INDÍCIOS CRIMINAIS VEEMENTES

Com adoção do princípio dos *"Indícios criminais veementes"* o acordo de não persecução penal passa por um grande filtro, qual seja, só será possível a formulação da proposta de um acordo quando já **houver indícios veementes de autoria, prova real da materialidade e não houver** indícios da existência de alguma excludente de antijuricidade, culpabilidade, atipicidade formal, atipicidade material ou atipicidade conglobante.

A adoção do princípio dos indícios criminais veementes é um grande fator balizador para evitar que o acordo seja realizado com pessoas inocentes.

8. PRINCÍPIO DA CORRELAÇÃO ENTRE FATOS NARRADOS E A CONDIÇÃO EQUIPARADA ACORDADA

Em decorrência do princípio da informação integral, o princípio em estudo defende que deve haver congruência total entre fatos narrados e a condição equiparada acordada, neste sentido, **mesmo que o acordante aceite, não é possível haver negociação dos fatos imputados.**

No modelo norte-americano, pode o Ministério Público negociar não apenas a pena do acusado, mas também os fatos e imputações que lhe serão direcionadas.

No direito brasileiro não é possível a negociação dos fatos, porque o princípio da informação integral exige que antes da negociação o acordante seja informado sobre a imputação formulada pelo Ministério público de forma clara e objetiva.

A imputação formulada pelo Ministério público de forma clara e objetiva é importante porque o Ministério Público não está vinculado a tipificação inserta no flagrante feita pelo delegado, assim antes do início da negociação o órgão parquet tem que dizer qual a imputação formulada.

No acordo de não continuidade da persecução penal, que veremos no livro "*Acordos Criminais*"[19], os fatos e a imputação não podem ser negociados, os mesmos já foram antecipadamente submetidas ao juízo de admissibilidade no recebimento da denúncia.

9. PRINCÍPIO DA NÃO PERSECUÇÃO CONFLITIVA

A conjugação de todos princípios supracitados **(Princípio eficiência da persecução penal, efetividade, economia processual, simplicidade, informalidade, instrumentalidade das formas consensuais)**, fundamenta a imperiosa necessidade de evitar o sistema litigante estritamente legalista ou conflitivo, portanto, deve-se utilizar todos os meios possíveis para resolver a lide de forma consensual e evitar a morosidade da persecução conflitiva.

Lidiane Teixeira de Souza[20] relata a tendência mundial em evitar a persecução criminal judicial:

> *"Não é por acaso que esse modelo é tendência mundial: nos EUA, entre 95% e 99% dos casos são extintos por acordo e, na Europa, desde 1987, há a Recomendação nº 18 do Conselho da Europa, que trata da simplificação da justiça penal e* ***busca desestimular a intervenção judicial como primeira opção".***

Antonio Scarance Fernandes[21] ensina que:

> Firmada a ideia de que é necessário cunhar regras processuais que resultem em eficácia na atuação concreta do direito, passa a doutrina a falar em deformalização e delegalização. A deformalização apresenta duas faces: a deformalização do processo em si e a deformalização das controvérsias.

---

19 Barros. Francisco Dirceu, Editora Mizuno.

20 Vide artigo "A justiça penal negociada", publicado na publicado na Revista da 2ª câmara de coordenação e revisão do MPF, "inovações da lei nº 13.964, de 24 de dezembro de 2019", volume 07.

21 No artigo "O consenso na justiça penal brasileira" publicado no Juris Plenun Ouro, nº 66.

> Com a primeira, pretende-se um "processo mais simples, rápido, econômico, de acesso fácil e direto, apto a solucionar com eficiência tipos particulares de conflitos de interesses". Com a segunda, buscam-se equivalentes jurisdicionais, "como vias alternativas ao processo, capazes de evitá-lo, para solucionar as controvérsias mediante instrumentos institucionalizados de mediação".[22] Representa a deformalização do processo e das controvérsias a expressão de duas vertentes de superação da crise da Justiça: a via jurisdicional e a via dos meios alternativos.

A delegalização na visão de Denti e Vigoriti, representa a "possível submissão de certas causas a um juízo de equidade, subtraindo-as à solução legal".[23]

Seguindo essa linha de raciocínio, o Ministério Público, titular constitucional da ação penal, ao vislumbrar a possibilidade de não fazer uso do meio clássico de persecução penal – o processo penal –, deixa de ofertar denúncia e, prestigiando a eficiência extraprocessual, emprega meios alternativos para promover a tutela jurisdicional forma consensual.

Ada Pellegrini Grinover leciona:

> *"Constitui resposta realista do legislador (e, em nosso sistema, do constituinte) à ideia de que o Estado moderno não pode nem deve perseguir penalmente toda e qualquer infração, sem admitir-se, em hipótese alguma, certa dose de discricionariedade na escolha das infrações penais realmente dignas de toda atenção". (GRINOVER, 2005, p. 105).*

O princípio da não persecução conflitiva é o grande sustentáculo de "[...] um novo sistema de justiça pactual, não conflitiva, de intervenção mínima, tendente a estabelecer o consenso para a composição dos litígios, sempre mediante o efetivo acordo entre as partes processuais, com mediação judicial".[24]

---

22 GRINOVER, III. Conciliação e Juizados de Pequenas Causas, Novas Tendências, p. 179. Cita uso da terminologia deformalização por DENTI, I procedimenti no giudiziali di conciliazione come istituzioni alternative, Riv. Dir. proc. nº 35, 1980, p. 421.

23 DENTI e VIGORITI, Le role de la conciliation comme moyen d'eviter le proces et de resoudre le conflit. Rapport general, VII Congresso Internacional de Direito Processual, Wurzburg, 1983; GRINOVER, Conciliação e Juizados de Pequenas Causas, Novas Tendências, p. 206.

24 Aras, Vladimir. Acordos penais no Brasil: uma análise à luz do direito comparado. In: CUNHA et al. (org.). **Acordo de não persecução penal**. Salvador: Juspodivm, 2017.

Para dar efetividade ao princípio da não persecução conflitiva, é ainda possível o uso da analogia permitida em processo penal (art. 3º do CPP) e o princípio da cooperação, que se extrai do art. 6º do CPC, assim o moderno sistema processual é totalmente direcionado ao consenso servindo, *in casu*, de parâmetro para os acordos de não persecução penal previstos no artigo 28-A do Código de Processo Penal.

No mesmo sentido é a doutrina de Vladimir Aras:

> *O novo CPC também informa o novo modelo processual brasileiro, em que se estimula o consenso. De fato, o § 2º do art. 3º do CPC diz que o Estado promoverá, sempre que possível, a solução consensual dos conflitos, acrescendo o § 3º que a conciliação, a mediação e outros métodos de solução consensual de conflitos deverão ser estimulados por juízes, advogados, defensores públicos e membros do Ministério Público, inclusive no curso do processo judicial.*

Os promotores de justiça Júlio Gonçalves Melo e Ricardo Rangel de Andrade, ao tratarem do acordo de não persecução penal, também assinalam:

> *"O Código de Processo Civil/15 permite estipular mudanças no procedimento para ajustá-lo às especificidades da causa, antes do processo (CPC, Artigo. 190. Versando o processo sobre direitos que admitam autocomposição, é lícito às partes plenamente capazes estipular mudanças no procedimento para ajustá-lo às especificidades da causa e convencionar sobre os seus ônus, poderes, faculdades e deveres processuais, antes ou durante o processo. Parágrafo único. De ofício ou a requerimento, o juiz controlará a validade das convenções previstas neste artigo, recusando-lhes aplicação somente nos casos de nulidade ou de inserção abusiva em contrato de adesão ou em que alguma parte se encontre em manifesta situação de vulnerabilidade); e como consiste em norma que consubstancia a valorização e acolhimento da autocomposição no direito processual, por mais que se alegue a especificidade e autonomia do processo penal, em princípio, a ele se aplica, assim como aos outros ramos (v.g. civil e trabalhista), sempre que não houver manifesta incompatibilidade."*[25]

---

[25] MELO, Júlio Gonçalves; ANDRADE, Ricardo Rangel. Disponível em http://www.migalhas.com.br/dePeso/16,MI266286,101048-Acordo+de+naopersecucao+penal+aprofundamento+da+atuacao+negocial+do. Acessado em 13/06/2019.

Nesse contexto impregnado, o princípio da não persecução conflitiva, representa uma reforma eficiente do processo e da justiça é que se insere marcante preferência pela solução consensuada, pela via da conciliação, deixando-se como última *ratio* as formas tradicionais de resolução de lides.

10. PRINCÍPIO DA TUTELA DA EXPECTATIVA CONSENSUAL LEGÍTIMA

Vítor Souza Cunha[26] explica que:

> *"A boa-fé objetiva, compreendida como obrigações gerais de lealdade e confiança, recentemente ganhou assento seguro entre os princípios gerais do processo penal. Lealdade, como proibição de adoção de comportamentos contraditórios, e confiança, entendida como a tutela da expectativa legítima, passaram a ser exigências do devido processo legal. Mais que isso, garantem conteúdo e sentido ao direito de todo o cidadão a um processo leal".*

O princípio da tutela da expectativa consensual legítima é mais abrangente do que o principio da lealdade, através dele os envolvidos no acordo, devem se portar com o máximo rigor ético, não é admissível o "blefe" e a descoberta da mentira dará causa a recisão do acordo.

O princípio da tutela da expectativa consensual legítima consiste no dever de todos os sujeitos no curso das negociações atuarem de modo condizente com a moralidade, a fim de que este atinja seu objetivo: a solução rápida da lide, portanto, do principio em comento, deriva a "boa-fé", excluindo qualquer expediente escuso, como fraude, silenciar partes dos fatos, mentiras, prova deformada, as imoralidades de toda ordem.

No sistema litigante estritamente legalista o perjúrio não é crime e não gera nenhuma consequência, mas no sistema criminal consensual, mentir afronta drasticamente O princípio da tutela da expectativa consensual legítima.

O princípio da tutela da expectativa consensual legítima veda a adoção do *overcharging.*

---

26 No artigo "o devido processo consensual e os acordos de não persecução penal", publicado na Revista da 2ª câmara de coordenação e revisão do MPF, "inovações da lei nº 13.964, de 24 de dezembro de 2019", volume 07.

O *overcharging*, é definido como a prática que envolve adicionar acusações que o órgão acusador não tem provas, imputando crimes aos investigados e oferecendo *plea bargains* a eles, ficando a acusação assim, em uma melhor posição para negociar.[27]

O termo também é usado quando o promotor está acusando um investigado em certo crime e o imputa a outro, o qual é sabidamente inocente, para tentar influenciá-lo a acordar em um *plea bargains*.[28]

11. PRINCÍPIO DA DISCRICIONARIEDADE PERSECUTÓRIA

No sistema litigante estritamente legalista ou conflitivo, prevalece como regra geral o princípio da obrigatoriedade e indisponibilidade da ação penal pública incondicionada, no qual o titular da ação penal, que é o Ministério Público, tem o dever de promover a ação penal quando existente prova da materialidade e indícios suficientes da autoria.

Através do princípio da discricionariedade persecutória, o representante do Ministério público, titular de uma ação penal pública, pode dispor da ação deixando de exercitá-la, fazendo um acordo de não persecução penal ou transação penal, ou ainda que já iniciada aquela, fazendo um acordo de não continuidade da persecução penal, suspensão do processo ou delação premiada

Boschi também defende a priorização de fatos que causam maior lesividade para que haja otimização na "máquina judiciária":

> *A flexibilização do princípio da obrigatoriedade, ou, ainda mais radicalmente, a instituição do princípio da oportunidade da ação penal pública entre nós, desde que, observada a recomendação de Roxin, o Ministério Público estabelecesse uma política de persecução penal, daria melhores condições para a Instituição priorizar a atividade na punição dos fatos que causam maior lesividade social e ao mesmo tempo propiciaria o alívio das pautas judiciárias em favor da otimização orçamentária, como propõe conhecido princípio de direito administrativo. Enfim, está aberta a discussão e, para que ela seja fecundada, parece-nos que é preciso nos desapegarmos*

---

27 K Kipnis (1976), Criminal Justice and the Negotiated Plea, Ethics, JSTOR 2379810.

28 Alschuler, em artigo publicado no https://scholarship.law.upenn.edu/cgi/viewcontent.cgi?article=4902&context=penn_law_review, acesso em 14/06/2020.

> *das fórmulas legais que a doutrina transformou em dogmas repassados aos alunos de direito desde os primeiros anos da faculdade, em nosso país.*[29]

12. PRINCÍPIO DA DIVISIBILIDADE NA AÇÃO PENAL PÚBLICA

Controvertido no sistema litigante estritamente legalista ou conflitivo, no direito penal consensual é aceito normalmente que na ação penal pública aplica-se o princípio da divisibilidade, pois em um determinado concurso de pessoas é plenamente possível, o Ministério Público fazer um acordo com um e não fazer com outro diante da falta de requisitos.

O próprio sistema tradicional já reconhece o principio da divisibilidade da ação penal pública.

Aury Lopes Jr leciona que:

> *O Código de Processo Penal, pela redação do artigo 48, só fala de indivisibilidade na ação penal de iniciativa privada. Todavia, tal previsão não ilide sua aplicação no âmbito da ação penal pública. Isto porque é mister explicitar a aplicação do princípio da indivisibilidade na ação penal privada por não ser esta regida pelo princípio da obrigatoriedade, o que poderia levar a crer que seria possível escolher contra quem se iria propor a ação. No entanto, não se mostra correto tal raciocínio com relação à ação penal pública, pois havendo indícios de autoria recaindo sobre várias pessoas o Ministério Público estará obrigado a oferecer a ação contra todos, por força do princípio da obrigatoriedade, que contém implicitamente o princípio da indivisibilidade. Em outras palavras, o princípio da indivisibilidade, na ação penal pública, decorre do princípio da obrigatoriedade. A rigor, tanto o princípio da indisponibilidade como o da indivisibilidade são decorrências lógicas do princípio da obrigatoriedade.*[30]

No mesmo sentido o STF:

> *No tocante a alegação pertinente a eventual inobservância do princípio da indivisibilidade da ação penal, a jurisprudência desta Corte consagra a orientação segundo a qual o princípio da indivisibilidade não se aplica a ação penal pública, podendo o Ministério Público, como dominus litis,*

---

[29] BOSCHI, José Antonio Paganella. **Ação penal**: as fases administrativa e judicial da persecução penal. Porto Alegre: Livraria do Advogado, 2010, p. 134.

[30] Lopes Jr, Aury. *Direito Processual Penal*, Saraiva, São Paulo, 2012, p. 390.

> *aditar a denuncia, até a sentença final, para inclusão de novos réus, ou ainda oferecer nova denuncia, a qualquer tempo, se ficar evidenciado que as supostas vítimas tinham conhecimento ou poderiam deduzir tratar-se de documento falso. IV - Habeas corpus indeferido. (STF. HC 71538/SP - SÃO PAULO. HABEAS CORPUS. Relator (a): Min. ILMAR GALVÃO. Julgamento: 05/12/1995. Órgão Julgador: PRIMEIRA TURMA)".*

13. PRINCÍPIO DA SIMPLICIDADE/INFORMALIDADE

O princípio da simplicidade, um dos que regem o direito criminal consensual, impõe aos acordantes e até ao juiz no momento da homologação do acordo, o desprezo ao excesso de formalismo.

Leciona Renato Brasileiro de Lima[31]:

> Consectário lógico do princípio da instrumentalidade das formas, **entende-se que não há necessidade de se adotar formas sacramentais, nem tampouco de se observar o rigorismo formal do processo, desde que a finalidade do ato processual seja atingida.** A busca da verdade e o ideal maior de realização da justiça devem prevalecer sobre o excessivo formalismo que norteia a prática de atos solenes, os quais quase sempre se revelam absolutamente estéreis. Por isso, a Lei dos Juizados prevê que os atos processuais poderão realizar-se em horário noturno e em qualquer dia da semana, conforme dispuserem as normas de organização judiciária (art. 64); que os atos processuais serão válidos sempre que preencherem as finalidades para as quais foram realizados, atendidos os critérios indicados no art. 62 (art. 65, *caput*), não se pronunciando qualquer nulidade sem que tenha havido prejuízo (art. 65, § 1º); que a prática de atos processuais em outras comarcas poderá ser solicitada por qualquer meio hábil de comunicação (art. 65, § 2º); que serão objeto de registro exclusivamente os atos havidos por essenciais, sendo que os atos realizados em audiência de instrução e julgamento poderão ser gravados em fita magnética ou equivalente (art. 65, § 3º); que a intimação será feita por correspondência, com aviso de recebimento pessoal, ou por qualquer meio idôneo de comunicação (art. 67, *caput);* que é dispensado o relatório da sentença (art. 81, § 3º), e que, se a sentença for confirmada pelos próprios fundamentos, a súmula do julgamento servirá de acórdão (art. 82, § 5º).

---

31 No mesmo sentido: LIMA, Renato Brasileiro de. Manual de processo penal. 8ª. ed. Salvador: Juspodivm, 2020.

Neste sentido é perfeitamente possível as notificações e intimações serem realizadas por:

a) Correspondências com aviso de recebimento.
b) Contato telefônico.
c) Convite.
d) Whatsapp ou qualquer outro meio eletrônico.

Também é possível ser realizado um acordo com uma simples noticia de fato.

Imagine o fato de que Tício entrega ao promotor uma simples petição alegando que Mévio falsificou um documento. Mévio é convidado pelo promotor e confirma que realmente falsificou o documento e ainda afirma que quer fazer um acordo. Pergunta-se: é razoável instautar um procedimento de investigação criminal para depois fazer um acordo? Não, o princípio da informalidade resolve.

14. PRINCÍPIO DA INSTRUMENTALIDADE DAS FORMAS CONSENSUAIS

O princípio da instrumentalidade das formas consensuais, no direito criminal consensual, está intimamente ligado à ideia da teoria das nulidades. Somente poderá ser declarada a nulidade ou rescindindo um acordo nos casos que houver prejuízo processual manifesto aos acordantes.

Os princípios da simplicidade, instrumentalidade das formas consensuais e celeridade, convalidam o ato que seria inválido, tendo em vista que atingiu a sua finalidade.

Princípio da instrumentalidade das formas consensuais vai mais além, se for para beneficiar o acordante não é estritamente necessário seguir as formas legais estabelecidas pelo sistema litigante estritamente legalista ou conflitivo.

Insta acentuar que o princípio da legalidade tem um objetivo político expresso, qual seja, conferir segurança jurídica, pondo os cidadãos a salvo de punições criminais sem base em lei escrita, *in casu*, tal princípio não é observado nas normas benéficas, por isso que de forma uníssona a doutrina defende a possibilidade do uso da analogia *in bonam partem*.

Ainda é interessante registrar que na França e na Alemanha os acordos penais foram inicialmente implementados sem lei e sem nenhum outro ato normativo primário.

Na França, as primeiras experiências de soluções alternativas para os casos penais surgem não da lei, mas sim da iniciativa pessoal de juízes e promotores de justiça, que se conscientizam da incapacidade da Justiça Penal de lidar com a grande carga de trabalho decorrente da persecução penal da delinquência de menor importância.[32]

Sobre o fundamento da criação do acordo penal na Alemanha, Turner consigna que:

> *"O acordo penal foi introduzido na Alemanha pela prática dos atores processuais como resposta ao aumento do número de casos complexos no sistema de justiça criminal. Juízes e promotores queriam economizar tempo e recursos à medida que a carga de trabalho crescia. Defensores buscavam uma segurança maior e penas menores para os réus, em troca de sua cooperação. Considerando que a legislação não autorizava esses acordos, essa prática se desenvolveu de forma lenta e, inicialmente, se limitava aos casos de delitos sem violência."*[33]

Acrescenta Weigend:[34]

> *"Depois de décadas de julgamentos negociais, o sistema alemão de justiça criminal tornou-se tão dependente da prática que uma proibição total teria consequências imprevisíveis e incontroláveis. Embora a versão alemã de barganha tenha permanecido controversa entre acadêmicos, juízes de tribunais superiores e advogados de defesa, a prática tornou-se tão arraigada que um veredicto de inconstitucionalidade poderia muito bem ter levado a uma rebelião aberta de juízes e praticantes de tribunais inferiores, que por sua vez teria posto em causa a autoridade do Tribunal Constitucional Federal".*

---

32 Apud: Cabral. Rodrigo Leite Ferreira. Acordo de não persecução penal, Editora Juspodivm, 3ª edição, Salvador, 2019.

33 TURNER, Jenia. Plea bargain across the borders. New York: Aspen Publisher, 2009, p. 74.

34 Weigend, thomas; turner, jenia iontcheva. the constitutionality of negotiated criminal judgments in germany. german law journal, lexington, v. 15, n. 1, p. 81-106, feb. 2014. disponível em https://papers.ssrn.com/sol3/papers.cfm?abstract_id=2375914. acessado em 15 de junho de 2019.

Informa Rodrigo Leite Ferreira Cabral[35] que:

> *A legalidade desses acordos foi questionada perante o Bundesgerichtshof (BGH), tribunal semelhante ao nosso Superior Tribunal de Justiça, que reconheceu, no dia 28 de agosto de 1997, que "os acordos (Absprachen) que tenham por objeto a confissão do acusado em troca de uma diminuição da pena, são fundamentalmente possíveis. Eles não violam os princípios constitucionais e processuais."*

Ora, sabe-se que o acordo de não persecução penal traz em seu bojo matérias mais benéficas ao acordante, não restam dúvidas de que inexiste qualquer violação ao princípio da legalidade.

Além disso, o novo CPC, no artigo 190, *caput* trouxe uma cláusula geral para negócios processuais atípicos:

> *"Versando o processo sobre direitos que admitam autocomposição, é lícito às partes plenamente capazes estipular mudanças no procedimento para ajustá-lo às especificidades da causa e convencionar sobre os seus ônus, poderes, faculdades e deveres processuais, antes ou durante o processo".*

Assim, atualmente, as partes são atuantes não apenas na decisão de seu conflito, mas também na escolha da forma, modo e o procedimento para tratá-lo.

15. PRINCÍPIO DA BILATERALIDADE DOS ATOS CONSENSUAIS

O princípio da bilateralidade dos atos consensuais exige reciprocidade entre ambas as partes acordantes.

Escopo: equilíbrio entre as partes acordantes.

Vedação: posturas unilaterais.

O princípio da bilateralidade veda que os promotores façam a proposta por escrito esperando que o acordante apresente seu "*sim*" ou "*não*" a proposta.

[35] No mesmo sentido: Cabral. Rodrigo Leite Ferreira. Acordo de não persecução penal, Editora Juspodivm, 3ª edição, Salvador, 2019.

Terceira Câmara Criminal do Tribunal de Justiça de São Paulo, entendeu que o *"acordo de não persecução penal é bilateral e discricionário e não pode ser imposto pelo Judiciário em caso de recusa do Ministério Público"*.

REFERÊNCIAS

AMARAL, Cláudio do Prado. Despenalização pela reparação dos danos: a terceira Via. Leme: J.H.Mizuno, 2005, p. 141.

ARAS.Vladimir. Acordo de não persecução penal. São Paulo: Editora Juspodivm, 3ª edição, 2019.

BOSCHI, José Antonio Paganella. Ação penal: as fases administrativa e judicial da persecução penal. Porto Alegre: Livraria do Advogado, 2010, p. 134.

BRANDALISE, Rodrigo da Silva. Justiça penal negociada. Curitiba: Jurua Editora, 2006.

CABRAL. Rodrigo Leite Ferreira. Acordo de não persecução penal. São Paulo: Editora Juspodivm, 3ª edição, 2019.

CANOTILHO, J. J. Gomes. Direito Constitucional. 6. ed. Coimbra: Almedina, 1993, p. 652-653.

CARLO Velho Masi no artigo "Direito penal das vítimas vs. direito penal dos réus", publicado no https://jus.com.br/artigos/28100/direito-penal-das-vitimas-vs-direito-penal-dos-reus, acesso em 06 de junho de 2020.

DENTI e VIGORITI, Le role de la conciliation comme moyen d'eviter le procés et de résoudre le conflit. Rapport general, VII Congresso Internacional de Direito Processual, Wurzburg, 1983; GRINOVER, Conciliação e Juizados de Pequenas Causas, Novas Tendências, p. 206.

DIAS. Jorge de Figueiredo. Direito Processual Penal. Coimbra: Coimbra Editora, 1974. V. 1, p. 75.

GRINOVER, III. Conciliação e Juizados de Pequenas Causas, Novas Tendências, p. 179. Cita uso da terminologia deformalização por DENTI, I procedimenti no giudiziali di conciliazione come istituzioni alternative, Riv. Dir. proc. nº 35, 1980, p. 421.

KEILA Lacerda De Oliveira Magalhães Garcia, no artigo publicado no https://conteudojuridico.com.br/consulta/Artigos/53476/acordo-de-no-persecuo-penal-eficincia-da-persecuo-penal-constitucionalidade-e-outros-aspectos-relevantes, acesso em 14/06/2020.

LIMA, Renato Brasileiro de. Manual de processo penal. 8ª. ed. São Paulo: Editora Juspodivm, 2020.

LOPES Jr, Aury. Direito Processual Penal. São Paulo: Saraiva, 2012, p. 390.

MELLO, Celso Antônio Bandeira de. Curso de Direito Administrativo. 28.ª Ed. São Paulo: Malheiros, 2011.

MELO. André Luis Alves de, Acordo de não persecução penal. São Paulo: Editora Juspodivm, 3ª edição, 2019.

OLIVEIRA, Frederico. Premissas fundamentais do processo de conhecimento. 2. ed. Recife: Bagaço, 2005.p. 105.

REALE, Miguel. Lições Preliminares de Direito. São Paulo: Saraiva, 2003.

REIS, Novély Vilanova da Silva. O que não deve ser dito. Brasília, DF: TRF-1, 1994. p. 7.

RIBEIRO, Leonardo Ferres da Silva. Prestação jurisdicional efetiva: uma garantia constitucional. P. 153. In: Processo e Constituição. Estudos em homenagem ao professor José Carlos Barbosa Moreira. São Paulo: Ed. Revista dos Tribunais, 2006. P. 153-166.

ROXIN, Claus. A proteção dos bens jurídicos como função do direito penal. Tradução de André Luís Callegari e Nereu José Giacomolli. Porto Alegre: Livraria do Advogado, 2006, p.16-17.

SCHÜNEMANN, Bernd. Temas actuales y permanentes del derecho penal después del milênio. Madrid: Tecnos, 2002, p.116.

SILVA, Luís Praxedes Vieira da. Juizados especiais federais cíveis. Campinas: Millenium, 2002. p. 208.

SOUSA, Álvaro Couri Antunes. Juizados Especiais Federais Cíveis: aspectos relevantes e o sistema recursal da lei n. 10.259/01. Rio de Janeiro: Renovar, 2004.

TEIXEIRA de Souza. Lidiane, no artigo "A justiça penal negociada", publicado na publicado na Revista da 2ª câmara de coordenação e revisão do MPF, "inovações da lei nº 13.964, de 24 de dezembro de 2019", volume 07.

VANINI, Ottorino, Cocciardi, Giuseppe. Manuale di diritto processuale penale italiano, 1986. Milão: Giufré, 1986.

CAPÍTULO 4

ACORDO DE NÃO PERSECUÇÃO PENAL: ALTERNATIVA À JUDICIALIZAÇÃO DO CASO PENAL

Antonio Henrique Graciano Suxberger[1]

Sumário • 1. Introdução – 2. Da Jurisdicionalidade da pena – 3. O direito de ação como garantia constitucional: a inafastabilidade da jurisdição – 4. O interesse processual como categoria inafastável no exercício da ação penal – 5. Uma pena que não é pena? – 6. Uma inevitável consideração criminológica – 7. Considerações finais – 8. Referências.

1. INTRODUÇÃO

Em 7 de agosto de 2017, o Conselho Nacional do Ministério Público editou a Resolução n. 181, que "dispõe sobre instauração e tramitação do procedimento investigatório criminal a cargo do Ministério Público". Em dezembro de 2019, o acordo de não persecução penal é positivado formalmente no Código de Processo Penal pela Lei nº 13.964 – popularmente nominada como Lei ou Pacote Anticrime. Para formalizar o acordo de não persecução penal, o legislador inseriu o art. 28-A no Código de Processo Penal (CPP), bem assim criou hipótese específica de manejo do recurso em sentido estrito contra a decisão judicial que

---

[1] Doutor e Mestre em Direito. Pós-Doutor pelo *Ius Gentium Conimbrigae* (IGC) da Universidade de Coimbra. Professor Titular do Programa de Mestrado e Doutorado do Centro Universitário de Brasília (UniCEUB) e dos cursos de especialização da Fundação Escola Superior do Ministério Público do Distrito Federal e Territórios (FESMPDFT). Promotor de Justiça no Distrito Federal. O presente trabalho decorre da revisão e atualização, com novos pontos de problematização, do artigo publicado na 3ª edição do livro *Acordo de não persecução penal: Resolução 181/2017 do CNMP com as alterações feitas pela Res. 183/2018*, editado pela prestigiosa Juspodivm em 2020. Com a edição da Lei nº 13.964, são outros os pontos de discussão sobre o instituto. O autor, mais uma vez, agradece aos organizadores pela oportunidade de revisitar essas reflexões.

recusar a homologação do acordo celebrado entre o titular da ação penal e o investigado – este sempre assistido por seu advogado (inciso XXV do art. 581 do CPP).

Nos termos do Código, o acordo de não persecução penal deve ser entendido como negócio jurídico-processual celebrado entre o Ministério Público e o investigado confesso de crime praticado sem violência ou grave ameaça contra a pessoa. O Ministério Público e o investigado, sempre assistido por seu defensor, celebram um acordo por meio do qual, seguidamente à confissão extrajudicial do investigado, são avençadas determinadas condições assemelhadas a penas restritivas de direito. Homologado o acordo judicialmente e, se regularmente cumprido, opera-se extinção da punibilidade do fato sem a judicialização da imputação penal noticiada e sem solução de culpa pelo fato criminoso.

É medida *despenalizadora*, pois formaliza alternativa à formalização da acusação em juízo e, caso cumpra suas finalidades, autoriza a extinção da punibilidade do fato. Nisso reside o ponto mais relevante do acordo de não persecução penal formalizado no CPP: se, antes, quando da previsão por Resolução, o cumprimento do ANPP ensejava o arquivamento da investigação pelo Ministério Público por ausência de interesse processual; com a lei, o cumprimento regular do acordo autoriza a extinção da punibilidade do fato noticiado por ato judicial. Se, antes, o acordo derivava da regulamentação da discricionariedade persecutória do Ministério Público (o poder de decidir sobre o aforamento da ação penal); com a lei, o acordo se equipara a outras medidas despenalizadoras da legislação, especialmente a transação penal, para solucionar a punibilidade do fato noticiado sem a que se solucione a culpa penal em juízo.

O acordo de não persecução penal, ao autorizar excepcionalmente que o Ministério Público deixe de exercitar a ação penal, reconheceu entre nós um espaço próprio de oportunidade para o exercício da ação penal ou verdadeiramente minudenciou o que se entende por interesse processual para o exercício desse direito de ação? A resposta a esse questionamento tem por pano de fundo compreender a natureza jurídica das condições acordadas pelas partes no acordo: afinal, são penas?

O debate apaixonado, portanto, que coloca o acordo de não persecução penal em aparente tensão com a garantia constitucionalmente prevista de inafastabilidade da jurisdição – prevista no inciso XXXV do art. 5.º da Constituição da República – reclama apreciação que revisa a própria teoria geral do processo. Para tanto, enfrentaremos a compreensão do que se entende por *jurisdicionalidade da pena* e como o direito de ação se concretiza por meio da garantia da tutela judiciária. Na sequência, buscaremos explicitar as razões que amparam a opção legislativa de extinção da punibilidade do fato em razão do acordo que evita a ação penal. Enfrentaremos a natureza jurídica das medidas responsabilização trazidas no bojo do acordo de não persecução-penal – são penas no sentido estrito e, por conseguinte, jurisdicional do temo? Ao fim, pretende-se uma inevitável consideração de ordem criminológica, que versa sobre as consequências para o sistema de justiça criminal da adoção do acordo de não persecução penal como medida de aprimoramento da atuação pré-processual do Ministério Público e se essa previsão implica maior controle, ou não, da atuação persecutória do Estado.

Metodologicamente, o artigo se vale de revisão da literatura, prestigiando, tanto quanto possível, autores e obras reputadas como tradicionais e clássicas sobre os temas versados. Ainda, ocupa-se de revisitar as razões jurídicas que subjazem a escolha do legislador no detalhamento do instituto.

2. DA JURISDICIONALIDADE DA PENA

A lição tradicional que nos é transmitida, no Direito Processual Penal, vincula-se ao caráter inafastável e indelével da jurisdição como meio de realização da pena no Estado de Direito. A chamada jurisdicionalização da pena deriva da compreensão de que o processo penal viabiliza o pronunciamento sobre o fato tido como relevante para o Direito Penal. Não haveria, pois, pena sem a manifestação jurisdicional, pois a solução das questões atinentes ao direito de punir do Estado – *jus puniendi* – passam necessariamente pela manifestação do Poder Judiciário.

Lauria Tucci, pois, visualiza, a partir dessa compreensão de jurisdicionalização da pena, o que ele chama de *caráter inevitável da jurisdição penal*, isto é, sua inevitabilidade para realização da pena conduz à sua necessidade, afinal, a imposição de sanção penal só é possível por meio do que ele chama de ação judiciária.[2] Se a jurisdição penal se apresen-

2 TUCCI, Rogerio Lauria, **Teoria do Direito Processual Penal: jurisdição, ação e processo penal (estudo sistemático)**, São Paulo: Revista dos Tribunais, 2002, p. 42.

ta como meio inafastável para a realização da sanção penal, surge daí a compreensão de que o Estado tem o dever-poder de processar e julgar causas criminais.

A discussão a respeito da inevitabilidade da jurisdição penal conduz necessariamente ao que se compreende como o *conteúdo* dessa mesma jurisdição penal. Lauria Tucci, uma vez mais aqui referenciado, sustenta que esse conteúdo deve ser entendido como o poder-dever jurisdição de processar e julgar as causas penais somada à função de administrar a justiça criminal e à atividade em que o exercício desta função se efetiva (o processo penal propriamente dito).[3] Assim, o processo penal destina-se à resolução de importante conflito de interesses públicos. Presta-se, verdadeiramente, a remover eventual desacordo entre o Estado e o particular que se veja acusado de prática criminosa a respeito da existência da infração penal, sua autoria e a correspondente sanção.

Não se pretende afirmar ou discutir se o conteúdo do processo penal reproduz, ou não, o conteúdo do processo tal como compreendido na teoria geral do processo ou mesmo pelo Direito Processual Civil. É de há muito conhecida a discussão de que o Direito Processual Penal trilha caminho próprio, mas, só por isso, não rechaça por completo as lições clássicas a respeito de temas como coisa julgada, ação, jurisdição e processo. É certo, e afirmamos tal compreensão arrimados tanto no pensamento de Lauria Tucci[4] como também de Jacinto Nelson de Miranda Coutinho[5], que a compreensão de lide a ser solucionada por meio do processo penal, inafastável e inevitável, é a materialização de dois interesses contrastantes, mas justapostos. De um lado, o Estado, que persegue a punição do culpado como corolário de sua titularidade do poder-dever de punir (*jus puniendi*); de outro lado, o particular, a quem interessa o resguardo e a asseguração de seu direito de liberdade, que assume feição indisponível, vale destacar.

Essa conflituosidade que informa o processo penal não coloca esses atores de forma neutra ou desideologizada. Aliás, essa apresentação verdadeira dos atores da persecução penal, desde o juiz até as partes, é

---

3 *Ibid.*, p. 45.

4 *Ibid.*, p. 47.

5 COUTINHO, Jacinto Nelson de Miranda, **A lide e o conteúdo do processo penal**, Curitiba: Juruá, 1989, p. 47–48.

uma exigência da própria democracia que deve informar o processo penal. Não se exige que o legislador ou mesmo o julgador seja tomado por neutro, mas que se apresente e procure, à vista dos resultados práticos do direito, assumir um compromisso efetivo com as reais aspirações das bases sociais. Se tal assertiva é verdadeira em relação ao legislador e ao próprio juiz, com maior razão quando dirigida aos atores do processo (as partes) e às aspirações político-criminais que realizam quando atuam no sistema de justiça criminal.

O mito da obrigatoriedade da realização da pena por meio do processo penal é carregado dessa pretensão de neutralidade já rechaçada há bastante tempo até mesmo pelo positivismo jurídico, que prestou considerável contribuição por meio da lição de, sob um enfoque estritamente formal, a democracia exige uma prévia delimitação das regras do jogo.[6] Sabendo-se de antemão como atuam os atores do sistema de justiça criminal, a própria pretensão de inevitabilidade do processo passa a ser mais bem compreendida. Afinal, há razão para se exigir a realização do processo penal, com todos os seus custos e gravames, como meio inafastável de realização de interesses sociais, mesmo naqueles casos em que a solução de eventual conflito não seja exatamente necessária por meio do processo? Vejamos a seguir.

3. O DIREITO DE AÇÃO COMO GARANTIA CONSTITUCIONAL: A INAFASTABILIDADE DA JURISDIÇÃO

A Constituição de 1988 previu, no inciso XXXV do art. 5.º, a garantia constitucional da inafastabilidade da jurisdição: "a lei não excluirá da apreciação do Poder Judiciário lesão ou ameaça a direito". Trata-se de garantia que assegura justamente o direito do cidadão de ter sua pretensão apreciada e, se o caso, tutelada pelo Poder Judiciário por meio da tutela jurisdicional.

Apresentamos a tutela judiciária, tal como positivada na Constituição, como uma garantia (e não como um direito). Afinal, o que assegura o mencionado inciso XXXV é o direito de ação. A eventual confusão entre o que seja a garantia constitucional e o seu conteúdo por

---

6 Por todos, BOBBIO, Norberto, **O futuro da democracia: uma defesa das regras do jogo**, 4. ed. Rio de Janeiro: Paz e Terra, 1992, p. 12.

ela instrumentalizado – o direito de ação – não raro conduz ao próprio esvaziamento das garantias. Aliás, uma das razões que explicam a falta de efetividade de preceitos normativos no direito brasileiro é justamente a frequente confusão entre o que sejam os direitos e as garantias que os asseguram e, o que é mais grave, a redução das garantas desses direitos à compreensão estritamente jurídica dessas garantias.[7]

A ação penal, portanto, é compreendida justamente como o exercício do direito à jurisdição penal. E esta, como já destacamos anteriormente, assume caráter de inevitabilidade ou inafastabilidade quando temos um conflito entre a pretensão de fazer realizar o poder punitivo do Estado e o direito de liberdade do particular que se veja acusado de prática criminosa. Afinal, se o *jus puniendi* é manifestação do atributo de soberania do Estado, que toma para si o monopólio da força legitimada, é forçoso concluir que a pena se dá justamente por meio do brocardo latino *nulla poena sine judicio*. É dizer: o *jus puniendi* do Estado se materializa, quando presente o conflito penal, por meio do processo penal. E este, por óbvio, se realiza por meio da provocação, da instigação, do ensejo nominado ação penal. O *jus puniendi*, portanto, é afirmado como um direito de coação indireta, pois só se mostra realizável processualmente.[8] É útil, nesse sentido, a lição de Frederico Marques, que afirma a imprescindibilidade do exercício do direito à jurisdição (propositura da ação penal) "toda vez que o poder de império do Estado se acha sujeito a limitações no seu exercício, por depender de apreciação jurisdicional".[9] Assim, a ação penal é resultante das garantias individuais que tornam o *jus puniendi* um direito de coação indireta: afinal, ninguém pode ser condenado a uma pena criminal senão por meio de uma sentença judiciária. Como esse pronunciamento deve resultar de um processo e derivar de uma autoridade judiciária, a ação penal torna-se imprescindível,

---

7 Sobre a relevância da distinção entre direitos e garantias para a efetividade de prescrições normativas, cf. SUXBERGER, Antonio Henrique Graciano, O Direito nas Políticas Públicas: o déficit de efetividade dos direitos é um problema normativo ou institucional?, *in*: CALHAO, Antônio Ernani Pedroso; MENEZES, Rafael Lessa Vieira de Sá (Orgs.), **Direitos Humanos e Democracia: estudos em homenagem ao Professor Vital Moreira**, Rio de Janeiro: Lumen Juris, 2018, p. 111–127.

8 TUCCI, **Teoria do Direito Processual Penal: jurisdição, ação e processo penal (estudo sistemático)**, p. 82.

9 MARQUES, José Frederico, **Elementos de direito processual penal - vol. 1**, 2. ed. Campinas: Millenium, 2000, p. 346.

"porque os órgãos jurisdicionais e o processo judiciário não se iniciam sem provocação que tire o órgão julgador da inércia, e instaure instância penal".[10]

Entretanto, cabe aqui realizar uma distinção absolutamente relevante para o tema que tratamos no presente estudo. Toda solução de responsabilização de alguém que seja veja na iminência de responder a um processo-crime passa necessariamente pela persecução penal deduzida em juízo? A todo e qualquer exercício de responsabilização promovido pelo Estado corresponde inafastavelmente o exercício da ação penal?

A resposta imediata que se dá a essa pergunta conduziria à ideia de que toda e qualquer hipótese de responsabilização da pessoa que possa figurar como acusada numa persecução penal passaria pela ação penal aforada perante o Poder Judiciário. No entanto, é preciso rememorar que o exercício do direito de ação assume um sentido material e igualmente um sentido processual. Afinal, a ação penal não se confunde sempre e sempre com o exercício da pretensão do Estado que busca a responsabilização do particular por possível prática criminosa.

A pretensão, vale dizer, apresenta-se como gênero de que a ação é espécie. A toda pretensão corresponde uma ação, é certo, mas isso implica que o exercício da ação penal deve necessariamente ocorrer mesmo naqueles casos em que esteja presente a conflituosidade que é própria do conteúdo do processo penal?

Pontes de Miranda presta lição inestimável para a resposta a essa questão. Com efeito, quando distingue pretensão de ação, Pontes de Miranda leciona que "a exigibilidade através de órgãos do Estado de corpo que tutele o direito [...] não se limita à justiça. Quando se fala de acionabilidade e de exigibilidade judicial como sinônimos, parte do *quod plerunque fit*. Somente com essa advertência é possível usar-se a sinonimia".[11]

A partir dessa consideração, Pontes de Miranda extrai que a ação se exerce principalmente por meio de ação (entendida como remédio jurídico processual), isto é, por meio do exercício da pretensão à tutela

[10] *Ibid.*, p. 347.

[11] MIRANDA, Francisco Cavalcanti Pontes de, **Tratado das Ações - Tomo I: Ação, classificação e eficácia**, 2. ed. São Paulo: RT, 1972, p. 110.

jurídica que o Estado criou (a ação penal a que se refere o art. 41 do CPP). A ação (materialmente considerada), contudo, exerce-se de outros modos. "Nem sempre é preciso ir-se contra o Estado para que ele, que prometeu a tutela jurídica, a preste; nem, portanto, estabelecer-se a relação jurídica processual, na qual o juiz haja de entregar, afinal, a prestação jurisdicional. A ação nada tem com a pretensão à tutela jurídica".[12] Avançando nessa distinção, Pontes de Miranda sublinha que "a coerção jurídica nem sempre é judicial".[13] Porém, vale o esclarecimento: a pretensão à tutela jurídica é irrenunciável, ainda que sejam renunciáveis o direito, a pretensão ou a ação que, invocando aquela, a parte deduza *in judicium*.

Nesse ponto é que a lição ponteana guarda pertinência com o nosso tema de estudo. Assim Pontes de Miranda conceitua a ação, compreendida no sentido material, do seguinte modo:

> A ação existe durante todo o tempo que medeia entre nascer e precluir ou, ou por outro modo se extinguir. Como veremos, a prescrição não a faz precluir; só lhe encobre a eficácia. A *deductio in iudicium* é acidental, na duração da ação; tão acidental, tão estranha ao conteúdo daquela (= tão anterior é ela ao monopólio da justiça pelo Estado), que se pode dar (e é frequente dar-se) que se deduzam em juízo ações que não existem, tendo o Estado, por seus juízes, de declarar que não existem, ou não existiam quando foram deduzidas.[14]

Mutatis mutandis, o *jus puniendi* estatal é a ação de direito material a que se refere o jurista alagoano. E sua realização por meio da ação penal dá-se como elemento acidental. É a regra, certamente, mas não significa que seja inafastável em todo e qualquer caso em que presente esse *jus puniendi*. Essa lição ficará mais clara na sequência.

Pontes de Miranda afirma que a ação ocorre na vida da pretensão, ou do direito mesmo, quando a pretensão exercida não é satisfeita e o titular age (reminiscência do ato de realização ativa dos direitos e pretensões) ou quando, nas hipóteses de pretensões que venham sendo satisfeitas por atos positivos ou negativos, ocorre a interrupção dessa conduta

[12] *Ibid.*, p. 110–111.

[13] *Ibid.*, p. 111.

[14] *Ibid.*, p. 114.

duradoura.[15] Traduzida tal lição ao nosso campo de estudo, o direito de ação penal só surge quando a pretensão, compreendida como o direito de punir do Estado não se veja satisfeita de outro modo. Pontes de Miranda dá lapidar metáfora para a compreensão do tema: "a ação é inflamação do direito ou da pretensão".[16] Quando se deduz o direito de ação em juízo (*in iudicium*), "há direito deduzido, pretensão deduzida e ação deduzida; não há direito à pretensão, nem direito à ação".[17]

Assim, o direito de ação seria o direito de "ação", direito e pretensão à tutela jurídica, que, exercendo-se, suscita a "ação". O direito, portanto, à tutela jurídica, com a sua pretensão (*jus puniendi*, no nosso caso) e o exercício dessa pelas ações (ação penal), é direito, no mais rigoroso sentido, pois "o Estado não é livre de prestar, ou não, a prestação jurisdicional, que prometeu desde que chamou a si a tutela jurídica, a Justiça". E arremata Pontes de Miranda: "O Estado tem o dever correspondente a esse direito, que é direito subjetivo e dotado de pretensão, um de cujos elementos é a 'ação', o remédio jurídico processual".[18]

O resgate do escólio de Pontes de Miranda se mostra relevante porque é frequente a confusão entre o que seja uma afirmada inafastabilidade da jurisdição (prevista constitucionalmente) com a obrigatoriedade de provocação dessa jurisdição. É patente a existência de um direito subjetivo material, aqui compreendido como veículo do *jus puniendi*, que se mostra presente na tensão ou conflito entre a pessoa do acusado e o Estado antes e fora do processo. Mas há de ser igualmente clara a ideia de que o direito subjetivo processual não se confunde com esse direito subjetivo material: a razão de ser do direito subjetivo processual é tornar efetivo o direito material. E, se o direito material já se mostra efetivado, há razão para o exercício "esvaziado" dessa ação penal em juízo? A resposta é claramente negativa, pois, na expressão do jurista alagoano, numa situação assim, a ação (o direito de ação) não ocorre na vida da pretensão (*jus puniendi*).

---

15 *Ibid.*, p. 115.

16 *Ibid.*, p. 116.

17 *Ibid.*

18 *Ibid.*

4. O INTERESSE PROCESSUAL COMO CATEGORIA INAFASTÁVEL NO EXERCÍCIO DA AÇÃO PENAL

O direito de ação penal é o direito instrumentalmente conexo a uma situação concreta, isto é, a uma determinada pretensão (no campo extrapenal) ou a um interesse socialmente relevante (no âmbito penal).[19] Essa lição merece particular destaque, pois, afinal, deve-se perquirir em todo e qualquer caso se a situação concreta enseja, ou não, essa pretensão ou esse interesse socialmente relevante. Se esvaziadas essas duas razões, não haverá vinculação do direito de ação abstratamente considerado com a situação concreta que o justifica no caso particular.

Como veremos mais adiante, a admissão do acordo de não persecução penal esvazia tanto a pretensão própria do campo extrapenal como também o interesse socialmente relevante que justificaria a incidência da resposta penal. Na medida em que o acordo, como se verá, promove responsabilização do investigado por resposta diversa da pena privativa de liberdade e igualmente atende aos reclamos de satisfação da vítima (esta, pela reparação do dano) e da coletividade (por meio da renúncia a bens e direitos equivalente aos efeitos genéricos da condenação), não se vislumbra razão juridicamente relevante a reclamar o exercício da ação penal em juízo.

O legislador de 2019, na Lei nº 13.964, reconhece, numa nítida decisão político-criminal, que o espectro de criminalidade abrangido pelo acordo de não persecução penal admite resposta estatal diversa da tradicional e estigmatizante persecução penal em juízo. Ao formalizar o acordo de não persecução penal no CPP, o legislador atende aos reclamos, inclusive manifestados no sistema multinível de proteção de direitos humanos (Conselho da Europa, Organização dos Estados Americanos, Nações Unidas), de reservar a opção político-criminal de formalizar acusações em juízo somente aos casos de necessária resposta sancionatória grave. Se o caso não atrai resposta grave, é recomendável que o Estado disponha de alternativas à judicialização do caso. O acordo de não persecução penal, assim, coloca-se como mais uma alternativa à judicialização de casos penais, ladeando institutos como o da transação penal que se dirige a crimes de menor potencial ofensivo.

---

19 TUCCI, **Teoria do Direito Processual Penal: jurisdição, ação e processo penal (estudo sistemático)**, p. 101.

A ação penal condenatória tem por objetivo o reconhecimento da prevalência do interesse punitivo (*jus puniendi*) sobre a liberdade (*jus libertatis*), para que seja imposta ao réu o preceito sancionatório da norma penal incriminadora. A razão dessa preocupação é explicável de modo singelo: trata-se do aforismo latino *nec delicta maneant impunita*, isto é, os delitos não devem ficar impunes. Contudo, tomando-se a evolução do sistema de justiça criminal até o quadro que vislumbramos hoje, em que a resposta penal muitas vezes assume destaque mais por sua força estigmatizante e por problemas estruturais na concretização da pena privativa de liberdade (superlotação carcerária, fracasso nas políticas de prevenção específica positiva da pena – ressocialização –, dificuldade de demonstração empírica de atendimento às finalidades de prevenção da pena como um todo, etc.), é preciso perquirir se toda e qualquer resposta dirigida ao enfrentamento da criminalidade passa pela jurisdicionalização dos conflitos penais. Ou, indo ao ponto que aqui interessa, se há efetivamente exigência de judicialização daqueles casos em que sequer há conflito entre as razões que informam o próprio conteúdo do processo penal.

Há quem entenda que a obrigatoriedade inafastável do exercício da ação penal decorre do princípio publicístico que informa o processo penal como um todo. Lauria Tucci projeta a regra da ação penal de iniciativa pública obrigatória como decorrência desse princípio publicístico. Por isso, o Ministério Público, segundo Tucci, "tem o dever funcional indeclinável de – recebendo os autos de investigação criminal ou peças de informações, demonstrativos de cometimento de infração penal, por determinada pessoa física – aforar, no prazo legal, a respectiva ação de conhecimento de caráter condenatório".[20]

No entanto, mesmo Rogério Lauria Tucci, um árduo defensor dessa obrigatoriedade do exercício da ação penal e da inevitabilidade da jurisdição penal, quando explica o exercício da titularidade da ação penal pelo Ministério Público, o faz reconhecendo de modo incontornável que essa titularidade de aferição traduz relevante espaço decisório. Para sermos fieis à lição doutrinária, convém registrá-la textualmente:

[20] *Ibid.*, p. 117.

> Bem é de ver, todavia, que isso não significa deva o Ministério Público oferecer denúncia, então, automaticamente; até porque, para tanto, deverá formar-se a *opinio delicti*, de sorte a revestir-se sua atuação (intimamente relacionada com esses pressupostos técnicos do exercício do direito à jurisdição), em seguida ao término da primeira fase da *persecutio criminis*, de certo e inafastável subjetivismo.
>
> A proposição acusatória deve suceder, portanto, à formação da convicção ministerial sobre a prática de infração penal e respectiva autoria. E, no caso de esta não se concretizar, haverá lugar para a formulação de pedido de arquivamento, necessariamente motivado, a teor do art. 28 do CPP, que alude a "razões invocadas", ou seja, a motivação que, tida como relevante, deverá ser encampada pelo órgão jurisdicional ou pelo chefe do Ministério Público.[21]

Aqui, embora reconheçamos que a positivação do acordo de não persecução penal no CPP regula o exercício de oportunidade do direito de ação penal, não se trata exatamente de uma aferição de utilidade, sob o ponto de vista do interesse público, pelo titular da ação penal. É dizer: o acordo de não persecução penal não decorre de um subjetivismo que submete o interesse punitivo do Estado a essa ou aquela vontade do membro do Ministério Público. A titularidade de aferição do cabimento do acordo de não persecução penal cabe ao titular da ação penal - Ministério Público -, mas a designação dessa atribuição legal não implica arbitrariedade ou campo para subjetivismos incontroláveis. O legislador desde logo faculta ao próprio investigado a provocação de controle da decisão do Ministério Público - é justamente o que se colhe do § 14 do art. 28-A do CPP.

A faculdade de provocar revisibilidade da decisão do órgão de execução do Ministério Público que recusa a oferta de acordo é do investigado. A novidade positivada no CPP pela Lei nº 13.964 consiste na *retirada* da atribuição judicial para esse controle. O juiz não é sujeito da possibilidade de provocação revisional do ato do Ministério Público. Só o investigado poderá fazê-lo. Uma vez que o acordo de não persecução penal é acordo celebrado entre as partes, a opção legiferante deixa claro o papel jurisdicional nesses casos. O juiz não negocia, não impõe tampouco deseja ou desgosta do acordo. O juiz afere os acordos celebrados

---

21 *Ibid.*, p. 117–118.

na medida de eventual caráter abusivo ou insuficiente. Eis o espaço de recusa de homologação judicial do acordo (§ 4º do art. 28-A do CPP) e eventual revisibilidade dessa decisão jurisdicional (inciso XXV do art. 581 do CPP).

O acordo de não persecução penal, formalizado e cumprido, atrai a incidência da extinção da punibilidade do fato por ato judicial. Trata-se de hipótese em que o legislador afirma o desinteresse estatal na perquirição da *culpa* em juízo se o investigado voluntariamente acorda medida que o responsabiliza ainda que sem solução de condenação.

Afinal, quando se visualiza o conteúdo do acordo de não persecução penal, tem-se hipótese em que a ação penal não se justifica, seja porque a pretensão estatal foi atendida em campo extrapenal (o investigado foi responsabilizado pelo fato noticiado), seja porque o interesse social relevante já foi satisfeito (dano reparado, efeitos equivalentes aos decorrentes genericamente de uma condenação atendidos). Resolve-se o poder punitivo do Estado sem que isso implique solução de culpa. Para revigorar as categorias trabalhadas por Pontes de Miranda, não se visualiza móvel para o exercício do direito de ação.

O Ministério Público, portanto, quando celebra o acordo de não persecução penal está longe de "perdoar" o investigado ou formalizar a culpa. O reconhecimento da culpa criminal, no Direito brasileiro, deriva inevitavelmente de manifestação jurisdicional e esta, por sua vez, só ocorre por meio de processo.[22]

---

[22] Culpa criminal, portanto, é algo que demanda necessariamente manifestação jurisdicional. E esta, sempre, reclama processo. No entanto, por processo não se entende, necessariamente, o desenvolvimento do chamado *full trial*, isto é, o trâmite probatório em toda a sua extensão. Diversos ordenamentos admitem figuras de abreviação do procedimento probatório por meio do reconhecimento da culpa em juízo pelo acusado – são os chamados procedimentos abreviados por assunção de culpa (*guilty plea*). O Brasil já experimentou debate legislativo sobre isso, em especial na tramitação do Projeto de Lei nº 882, de 19 fev. 2019, apesentado na Câmara dos Deputados pelo Poder Executivo Federal, que propunha a inserção do art. 395-A no CPP. Sobre os aspectos convencionais e constitucionais do procedimento abreviado, cf. SUXBERGER, Antonio Henrique Graciano Suxberger, Procedimento abreviado no Brasil: constitucionalidade e convencionalidade, *in*: BARROS, Ana Flávia Marcelino de; MAZZUOLI, Valério de Oliveira (Orgs.), **Direito Internacional dos Direitos Humanos e Impactos na ordem interna: controle de convencionalidade, proteção multinível e garantia do princípio "pro hominae"**, Belo Horizonte: Arraes Editores, 2021.

O acordo de não persecução penal, se cumprido, implica extinção da punibilidade do fato. O legislador deixa clara sua opção de afastar a necessidade de provocação da tutela jurisdicional, enquanto garantia constitucional para discussão da culpa, porque o interesse do Estado no fato noticiado já restou sobejamente atendido por via alternativa e despenalizante.

Nesse particular, vale dizer, reside nosso ponto de maior discordância em face da lição trazida por Lauria Tucci, quando menciona o caráter publicístico do processo penal. Embora mencione que o direito de ação é instrumentalmente conexo a um fato concreto que justifica o exercício desse direito de ação, quando menciona as consequências do que chama princípio publicístico, com todo o respeito devido à consagrada lição doutrinária, sustenta leitura demasiada restritiva das hipóteses de atendimento ao interesse coletivo tisnado pela prática criminosa e, por que não apontar, contraditória com o próprio conceito de ação por ele cunhado. Para ele, verificada a prática de crime, embora ao conceituar o direito de ação mencione sua vinculação a situação concreta de conflituosidade (*jus puniendi* e *jus libertatis*), "incumbe ao Estado mediante a atuação de agentes a tanto credenciados, restaurar a ordem jurídica pelo evento criminoso atingida, de sorte a restabelecer, simultaneamente, a paz social, assecuratória da segurança pública".[23]

Lauria Tucci, pois, visualiza que essa restauração da ordem jurídica só se dá por meio do exercício da ação penal. Se essa compreensão um dia já se mostrou acertada, não parece, atualmente, guardar a melhor compreensão sobre o que se espera dos modos pelos quais o Estado deve intervir para a solução de conflitos e atingimentos de seus fins últimos. Aliás, essa compreensão de unicidade de resposta estatal por meio da resposta formalizada pela ação penal não guarda consentaneidade com o exercício de uma política criminal minimamente responsável e preocupada com as finalidades próprias do Estado de Direito.

[23] TUCCI, **Teoria do Direito Processual Penal: jurisdição, ação e processo penal (estudo sistemático)**, p. 227.

5. UMA PENA QUE NÃO É PENA?

A pena consiste na privação ou na restrição dos direitos do criminoso e, por isso, é compreendida como uma consequência jurídica do delito. Para seu conceito, concorrem cinco características: impõe um mal ao criminoso consistente na privação ou restrição de um direito fundamental; a pena decorre de uma prévia violação da lei e, por isso, é consequência jurídica dessa violação; a pena é imposta exclusivamente em face das pessoas responsáveis pelo ato atentatório à lei; deve ser imposta e administrada por autoridades fixadas em lei e após um processo legal; a imposição da pena expressa reprovação e reprovabilidade pela violação da lei e, por isso, a pena é compreendida como retribuição pelo mal cometido.[24]

Não há dúvida de que a aplicação da pena, compreendida como sanção decorrente do reconhecimento da prática de um crime, deriva de procedimento que respeita necessariamente manifestação jurisdicional. Aliás, nisso consiste a chamada jurisdicionalidade da pena, que tratamos no tópico anterior. No entanto, cabe a pergunta: o acordo que implica medidas que em tudo se assemelham a penas restritivas de direitos celebrado entre o investigado confesso e o titular do direito de ação, como ocorre no acordo de não persecução penal, é pena entendida como aquela de inafastável jurisdicionalidade? A resposta é negativa.

Com efeito, no acordo de não persecução, o investigado concorda, isto é, aquiesce voluntariamente com a condição de "prestar serviço à comunidade ou a entidades públicas por período correspondente à pena mínima cominada ao delito diminuída de um a dois terços, em local a ser indicado pelo juízo da execução" e/ou "pagar prestação pecuniária [...] a entidade pública ou de interesse social, a ser indicada pelo juízo da execução, que tenha, preferencialmente, como função proteger bens jurídicos iguais ou semelhantes aos aparentemente lesados pelo delito" (incisos III e IV do art. 28-A do CPP).

São medidas que guardam similitude com espécies de penas restritivas de direito, decerto, mas são sanções penais no seu sentido mais estrito do termo? A presença da pena tem por pressuposto a manifestação do *jus puniendi* estatal e este só se concretiza por meio da jurisdicionalidade,

---

24 GONZÁLEZ CUSSAC, José L.; BUSATO, Paulo César; CABRAL, Rodrigo Leite Ferreira, **Compêndio de direito penal brasileiro: parte geral**, Valencia; Florianópolis: Tirant Lo Blanch; Empório do Direito, 2017, p. 401–402.

isto é, por meio da manifestação jurisdicional a ser construída após provocação da parte que se vale do lídimo exercício do direito de ação judiciária. No entanto, ainda que as medidas descritas no acordo de não persecução penal guardem similitude ou identidade com espécies de penas restritivas de direitos, não se trata de sanção penal imposta como consequência do reconhecimento do crime.

Vale anotar que a submissão do acordo ao prévio controle jurisdicional para homologação não desnatura a ideia de que o conteúdo do acordo não substancia pena em seu sentido estrito. Ao revés, essa submissão do acordo à apreciação jurisdicional verdadeiramente materializa previsão de cautela e garantia ao investigado que celebra o acordo. Isso porque o juiz recusará a homologação do acordo se vislumbrar, de plano, que o caos sequer autorizaria o manejo de ação penal. Além disso, a recusa de homologação dá-se igualmente quando houver discordância na interpretação dos pressupostos e requisitos do acordo, bem assim abusividade ou insuficiência na construção das condições da avença.

Nisso o acordo de não persecução penal difere substancialmente do sistema de *plea* próprio do ordenamento jurídico norte-americano. Afinal, do acordo celebrado entre as partes não decorre uma *conviction*, isto é, o acordo não implica um provimento jurisdicional que *condena* o acusado, que o afirma *culpado* de imputação formalmente deduzida. Embora o acordo de não persecução penal tenha a aptidão de, se cumprido, extinguir a punibilidade do fato, o cumprimento das condições acordadas na avença jurídico-processual celebrada entre *dominus litis* e investigado confesso não implicará o reconhecimento da culpa criminal. Não haverá ação penal, mas se extinguirá o *jus puniendi* do Estado, dado que, ao fim e ao cabo, não há razão para judicializar a imputação penal se o Estado alcançou as razões de pacificação e justiça por meio alternativo e menos gravoso.

O acordo de não persecução penal, tal como positivado na legislação brasileira, cumpre justamente o que determina o item 5.1 das Regras de Tóquio, cujo texto vale transcrição:

> 5. Medidas que podem ser tomadas antes do processo
>
> 5.1 Sempre que adequado e compatível com o sistema jurídico, a polícia, o Ministério Público ou outros serviços encarregados da justiça criminal podem retirar os procedimentos contra o infrator se considerarem que

> não é necessário recorrer a um processo judicial com vistas à proteção da sociedade, à prevenção do crime ou à promoção do respeito pela lei ou pelos direitos das vítimas. Para a decisão sobre a adequação da retirada ou determinação dos procedimentos deve-se desenvolver um conjunto de critérios estabelecidos dentro de cada sistema legal. Para infrações menores, o promotor pode impor medidas não privativas de liberdade, se apropriado.[25]

Vale consignar a literalidade do enunciado, mudando o que deve ser mudado, aplicável ao acordo de não persecução penal: É adequado e compatível com o sistema jurídico brasileiro o Ministério Público deixar de oferecer ação penal em juízo contra o investigado se considerar que não é necessário recorrer a um processo judicial com vistas à proteção da sociedade, à prevenção do crime ou à promoção do respeito pela lei ou pelos direitos das vítimas. Para a decisão sobre o não ajuizamento da ação penal, o Ministério Público deverá atentar para os pressupostos, requisitos e condições estabelecidos em lei para o acordo de não persecução penal. O acordo poderá ter como conteúdo medidas equivalentes a penas restritivas de direitos.

As Regras de Tóquio datam de 1990. É inegável que a sua elaboração atentou para Recomendação havida, no âmbito do Conselho da Europa, em 1987, para a ampliação do uso dos chamados *out of court settlements* (acordos extrajudiciais). Dali se extrai a exortação para que os países integrantes do Conselho da Europa prescrevessem disposições legais que autorizassem as autoridades incumbidas da persecução penal a:

> Proporem o pagamento de quantias em dinheiro em favor do próprio Estado ou instituição de natureza pública ou de caridade;
>
> Proporem a restituição de bens e vantagens obtidas pela prática criminosa;

[25] CONSELHO NACIONAL DE JUSTIÇA (CNJ), **Regras de Tóquio: regras mínimas padrão das Nações Unidas para a elaboração de medidas não privativas de liberdade. Anexo da Resolução 45/110, da Assembleia-Geral das Nações Unidas, de 14 dez. 1990**, Brasília: CNJ, 2016, p. 17.

Assegurar compensação e reparação à vítima como condição prévia ao acordo ou como parte integrante do acordo.[26]

Não é exagero afirmar que o Brasil chega com atraso a essa discussão, já implementada nos países desenvolvidos como medida racional de equacionamento dos crimes que não reclamam solução jurisdicional de recolhimento à prisão.

Entendida essa opção político-criminal, pode-se afirmar que justamente ela assegura a compatibilidade que tornam concordantes, na prática do acordo de não persecução penal, a garantia da tutela jurisdicional (inciso XXXV do art. 5.º da Constituição da República) e a titularidade privativa da ação penal pública outorgada ao Ministério Público (inciso I do art. 129 da Constituição). Aquela garantia constitucional – tutela jurisdicional – só se materializa por meio do exercício do direito de ação, que é inafastável naqueles casos em que, repita-se, ela se mostre necessária, útil e inarredável para a chamada coerção indireta decorrente do conflito entre *jus libertatis* do indivíduo e *jus puniendi* estatal. Já esta garantia constitucional – titularidade do exercício da ação penal pública ao Ministério Público – só tem lugar quando o Ministério Público, no exercício dessa função que o torna, por excelência, agente político de manifestação soberana do Estado quanto ao exercício da ação penal (*jus persequendi*), vislumbra na espécie interesse processual na busca daquela tutela jurisdicional.

Não há razão estatal para judicialização do caso penal quando o investigado voluntariamente e assistido por advogado, confessa, repara o dano ou restitui a coisa à vítima, cumpre equivalente a pena restritiva de direitos ou realiza equivalente a prestação pecuniária, além de renunciar a bens e direitos equivalentes aos efeitos secundários de uma

[26] Confiram-se as disposições da Seção II, número 2, letra "b", da Recomendação, cujo original em inglês se transcreve a seguir: "The law should prescribe the conditions which the authorities may propose to the alleged offender, more particularly: i. the payment of a sum of money to the state or to an institution of a public or charitable nature; ii. the restitution of goods or advantages obtained by the commission of the offence; iii. that appropriate compensation be granted to the victim of the offence either in advance of the settlement or as a part of it." (COUNCIL OF EUROPE, Committee of Ministers, **Committee of Ministers. Recommendation N. R (87) 18 of the Committee of Ministers to member States concerning the simplification of Criminal Justice. Adopted by the Committee of Ministers on 17 September 1987 at the 410th meeting of the Ministers' Deputies**, Estrasburgo: Conselho da Europa, 1987, p. 3).

condenação criminal. E isso tudo naqueles casos em que o investigado seja primário, ostente condições pessoais que tornem pouco recomendável a resposta própria do processo penal, o crime praticado não observa violência ou grave ameaça contra a pessoa e o dano causado pela infração é de tal monta que o próprio Ministério Público reputa adequada a resposta diversa da via jurisdicional. Em termos simples: não há como discutir abstratamente a conformidade constitucional da possibilidade de o Ministério Público deixar de exercitar a ação penal quando o acordo esgota o interesse do Estado para fazê-lo. O legislador simplesmente incorporou um minudenciamento das razões pelas quais os casos penais são judicializados para reconhecimento de culpa. E os casos que admitem acordo de não persecução penal, por lídima opção legiferante, podem, então, observar resolução diversa daquela operada pelo processo criminal em juízo.

É esse o ponto fulcral da discussão sobre a adoção entre nós da oportunidade no exercício da ação penal pelo Ministério Público quando se vale do acordo de não persecução penal. Não se trata da discricionariedade persecutória que tem sido objeto de intenso debate no direito comparado, dados os riscos de abusos ou desvirtuamentos do titular da ação penal no exercício de sua titularidade constitucionalmente assegurada para provocar a jurisdição penal. Cuida-se, sim, do estrito e amiúde detalhado da decisão pré-processual do titular da ação penal que tem a aptidão (é uma aptidão, não é uma certeza, pois certeza só haverá como decorrência da aferição de que o acordo restou devidamente cumprido e essa aferição não se dá solitariamente pelo membro do Ministério Público que celebra o acordo de não persecução penal com o investigado confesso) de extinguir a punibilidade do fato.

É raso o raciocínio que confunde a "pena" decorrente do acordo de não persecução penal com a sanção penal marcada pela jurisdicionalidade e pelo reconhecimento judicial da culpa criminal. De igual modo, parece equivocada a afirmação que equipara as soluções negociadas que o legislador brasileiro positivou (transação penal, suspensão condicional do processo, colaboração premiada e acordo de não persecução penal) com a chamada *plea bargain*. Afinal, não há, no Brasil, qualquer figura que autorize a prolação de condenação a partir da barganha. E se mostra bem equivocado dizer que onde há barganha... a barganha seja da *plea*. Na *plea bargain*, invariavelmente, o imputado é condenado justamente por apresentar-se em juízo como culpado. Não há, no direito brasileiro, qualquer figura que autorize isso.[27]

A legislação brasileira apresenta alguns casos que autorizam a eleição de uma resposta que se mostre adequada à intervenção do Estado, ainda que essa resposta guarde similitude com uma das espécies de pena previstas na nossa legislação.

Um exemplo guarda pertinência para ilustrar o que aqui se sustenta. No instituto da suspensão condicional do processo, tem-se a possibilidade de o juiz "poderá especificar outras condições a que fica subordinada a suspensão, desde que adequadas ao fato e à situação pessoal do acusado" (§ 2.º do art. 89 da Lei n. 9.099/1995). Tal previsão, aliás, guarda nítida inspiração naquilo que o Código Penal prevê para a suspensão condicional da pena (art. 79 do Código Penal). De imediato, várias vozes surgiram para afirmar que a previsão legal vulnerava o aforismo *nulla poena sine previa lege* ou *nulla poena sine judicio*, ao argumento de que se cuidava de sanção penal sem o reconhecimento judicial de prática criminosa judicial que autorize tal resposta. E, por diversas oportunidades, tanto o Supremo Tribunal Federal quanto o Superior Tribunal de Justiça foram chamados a dizer o seguinte:

> Não há óbice a que se estabeleçam, no prudente uso da faculdade judicial disposta no art. 89, § 2º, da Lei n. 9.099/1995, obrigações equivalentes, do ponto de vista prático, a sanções penais (tais como a prestação de serviços comunitários ou a prestação pecuniária), mas que, para os fins do *sursis* processual, se apresentam tão somente como condições para sua incidência.[28]

Há identidade com a descrição de penas alternativas, mas de pena, em seu sentido mais estrito, não se trata. A razão é singela: não há reconhecimento de culpa criminal por ato jurisdicional.

---

[27] Aclaramos essa distinção quando da abordagem da transação penal. Cf. SUXBERGER, Antonio Henrique Graciano, Juizados Especiais Criminais - Lei 9.099/1995, *in*: SOUZA, Renee do Ó; CUNHA, Rogério Sanches; PINTO, Ronaldo Batista (Orgs.), **Leis Penais Especiais: comentadas artigo por artigo**, 3. ed. Salvador: Juspodivm, 2020, p. 814–882.

[28] BRASIL. Superior Tribunal de Justiça. **Recurso Especial n. 1.498.034**, repetitivo. 3.ª Seção. Julgamento em 25 nov. 2015. No mesmo sentido, mas no Supremo Tribunal Federal: **HC n. 108.103**, 2.ª Turma; **HC n. 108.927**, 2.ª Turma; **HC 106.115**, 2.ª Turma; **Inq QO 641**, Pleno.

Assim, o acordo de não persecução penal veicula medidas de responsabilização do investigado confesso. Mas há clara distinção entre as condições do acordo de não persecução penal em face do conceito de pena juridicamente considerada e definida pelo Direito Penal material. As condições são acordadas, isto é, são aceitas voluntariamente pelo investigado confesso em manifestação assistida por seu defensor técnico (diferentemente do que ocorre da imposição da sanção penal que é decorrente de imposição judicial, ainda que com ela concorde o acusado condenado). O acordo formalizado e cumprido extingue a punibilidade do fato, mas jamais implicará o reconhecimento da culpa criminal do investigado. Não ensejará reconhecimento da prática do fato criminoso em juízo[29] e da responsabilidade do acusado por sentença. Por isso, não há pena, pois só há pena quando existe culpa reconhecida em juízo.

A recusa de proposta do acordo sujeita-se a ato revisional, desde que provocado pelo investigado. É o que prescreve o § 14 do art. 28-A do CPP. Quando se cuidar dos Ministérios Públicos estaduais, o órgão revisional é a Procuradoria-Geral de Justiça[30] ou, excepcionalmente, o Colégio de Procuradores, este quando se cuidar dos casos de atribuição originária do Procurador-Geral de Justiça perante o Tribunal de Justiça respectivo, nos termos da Lei n. 8.625/1993 o Colégio de Procuradores, nos termos do art. 12, inciso XI, da Lei n. 8.625/1993; quando se cuidar

[29] Por isso, incorrendo no óbvio, a confissão do acordo de não persecução penal é extrajudicial e realizada em ato que não é propriamente o interrogatório previsto no CPP. Trata-se da assunção pelo investigado, assistido por seu advogado, da veracidade do que noticiado circunstanciadamente nos autos da investigação. No entanto, em caso de descumprimento do acordo, não se tem o acusado, de saída, como confesso. A oportunidade de dizer em juízo será aquela delineada no interrogatório, que é colhido em juízo como último ato da instrução. Também por isso não há que se falar em ilicitude ou extração dos autos da confissão prestada em acordo de não persecução penal posteriormente retratado. Não se cuida de confissão obtida ilicitamente. Logo, não há razão em se extraí-la dos autos. Tratar-se-á, tão-somente, de possibilidade usual em processos criminais: acusado que, em juízo, nega a prática criminosa, em que pese tenha, extrajudicialmente, confessado a prática criminosa. O tema há de ser aquilatado e valorado pelo juiz, nos termos do que estabelece o art. 155 do CPP.

[30] A Lei nº 13.964/2019 trouxe nova redação ao art. 28 do CPP e é o artigo, em sua versão original, que outorgava ao Procurador-Geral de Justiça a atribuição revisional criminal dos órgãos de execução do Ministério Público em primeira instância. Para entender como solucionar essa interpretação depois da alteração de 2019, cf. SUXBERGER, Antonio Henrique Graciano, Qual o órgão de revisão do arquivamento da investigação preliminar a partir da Lei 13.964/2019?, **Meu site jurídico - Juspodivm**, 2020.

de ramo do Ministério Público da União (Ministério Público Federal, Ministério Público Militar, Ministério Público do Distrito Federal e Territórios), o órgão revisional é a respectiva Câmara de Coordenação e Revisão da ordem jurídica.

Como se vê, as cláusulas do acordo não substanciam sanção penal no seu sentido mais estrito, mas medida de responsabilização do investigado confesso, em nítida resposta despenalizante e consoante com os reclamos atuais de minimalização da resposta jurisdicional por meio da persecução penal em juízo.

6. UMA INEVITÁVEL CONSIDERAÇÃO CRIMINOLÓGICA

A compreensão do saber criminológico assegura melhor formação e mente mais aberta ao operado do Direito: as relações entre os saberes jurídico e criminológico são reputadas como oportunas e benéficas. Em verdade, são imprescindíveis "para a boa marcha de cada um desses ramos do saber".[31]

A contribuição do pensamento criminológico dá-se por meio da chamada criminologia da reação social, derivada do iteracionismo simbólico, cuja lição maior situa-se na compreensão do crime como um fenômeno socialmente construído. Assim, a atenção própria da compreensão do sistema de justiça criminal não deve centrar-se apenas em fatores de explicação do crime em si, mas do *funcionamento* do sistema de justiça criminal por seus atores e suas ações a partir das posições por eles ocupadas.

Nesse sentido, a afirmação da obrigatoriedade da ação penal implica uma impossibilidade criminológica. Afinal, isso implicaria a certeza de que o sistema de justiça criminal atua de maneira igualitária e certeira em todas as notícias de fatos criminosos que chegam ao conhecimento das instâncias de controle penal. É do pensamento criminológico que advém a ideia de que o sistema de justiça criminal opera a partir de *códigos secundários* que, a margem do que afirmam as estruturas jurídicas, muitas vezes frustram o exercício do poder punitivo do Estado por meio de sua resposta formalizada pelo processo que pode culminar na imposição da sanção penal.

---

[31] GONZÁLEZ CUSSAC; BUSATO; CABRAL, **Compêndio de direito penal brasileiro: parte geral**, p. 43.

Assim, guardada a síntese sobre essa compreensão, tem-se que o sistema de justiça criminal convive com o reconhecimento inegável de que sua atuação se dá de modo seletivo e que esse sistema convive com o fenômeno da *subnotificação*, que consiste na ausência de resposta formalizada a notícias de fatos criminosos que ou não chegam ao conhecimento das agências de controle penal ou, se chegam, por alguma razão a resposta formalizada que delas se espera não se concretiza.

Essa lembrança – ou verdadeira *advertência* – do pensamento criminológico mostra-se relevante quando enfrentamos o tema que contrasta a tutela judiciária e o modo de exercício da titularidade do exercício da ação penal pelo Ministério Público. É que a unicidade de resposta do Estado por meio do exercício do direito de ação conduz a um verdadeiro fomento à subnotificação. Não se cuida daquela resposta que retira o fato criminoso do sistema de justiça criminal, pois o sistema é mesmo seletivo; mas aquela situação que retira do sistema de justiça e o faz de modo invisível, sem controle, sem transparência do processo decisório e, por conseguinte, ocultando ideologicamente a atuação dos atores do sistema de justiça.

Ao estabelecer balizas claras de racionalidade e conformação da decisão de formalizar casos penais em juízo pelo Ministério Público quando manifesta o direito de ação em juízo, o acordo de não persecução penal, tal como positivado no CPP, traz consequências que só são visualizáveis por meio do socorro do saber criminológico. Podemos resumir tais consequências em três pontos.

Primeiramente, embora se cuide de medida despenalizante, porque afasta o processo penal tradicionalmente considerado como resposta formalizada e estigmatizante do Estado, o acordo de não persecução penal *amplia e intensifica* o controle penal. Isso porque o acordo retira esfera considerável de insucesso da persecução penal na busca pela imposição de sanção penal. A resposta é imediata! Ao concordar voluntariamente com medidas de responsabilização, o investigado confesso torna certa a imposição de medida que, se não implica sanção penal em seu sentido mais estrito, cumpre *informalmente* as propaladas missões de retribuição e prevenção que subjacem ao próprio discurso de existência do Direito Penal e de sua resposta por meio da pena.

Em segundo lugar, ao estabelecer um instrumento regulado, minudenciado e com detalhamento sobre as instâncias de revisão e controle dos atos praticados pelo membro do Ministério Público, o CPP reconhece o espaço decisório inafastável que informa a atuação do Ministério Público e, ao mesmo tempo, dá transparência e assegura controle a essa decisão. A afirmação da obrigatoriedade do exercício da ação penal traduz uma impossibilidade organizacional de controle. Afinal, quando se afirma que não há espaço decisório na atuação do Ministério Público, esse espaço decisório não deixa concretamente de existir. Ele, simplesmente, deixa de ser percebido, regulado e controlado institucionalmente. Por isso, ao regular o exercício dessa *oportunidade* no exercício da ação penal, o art. 28-A do CPP diminui o espaço de arbitrariedade justamente porque clarifica o espaço de decisão fundamentada (externada, pois, para controle geral) e sujeita a controle (interno do próprio Ministério Público mediante provocação do próprio investigado).

Em terceiro e último lugar, ao prestigiar resposta diversa da pena privativa de liberdade, o acordo de não persecução penal situa-se no reclamo mais atual e cogente de uma política criminal global, qual seja, uma mínima racionalização ou controle dos danos trazidos por um sistema de justiça criminal que, a pretexto de cumprir suas funções, traduz-se em sua prática (especialmente nos temas de prisão e cárcere) num sistema de violação de direitos.

O acordo de não persecução penal, quando aferidas suas balizas legais, permite a síntese da decisão de sua formulação da seguinte forma: se a acusação a ser formalizada em juízo, ainda que venha a ser acolhida e ensejar condenação criminal (portanto, com reconhecimento da culpa penal em juízo), não ensejar resposta que imponha *recolhimento à prisão*, deve ser antecedida da consideração de medidas alternativas que respondam ao caso sem essa discussão de culpa em juízo. O acordo de não persecução penal tem lugar quando o caso não comporta solução jurisdicional de pena com recolhimento à prisão.

Essa, talvez, seja a mais relevante contribuição do acordo de não persecução penal. Afinal, quando se observam os casos de encarceramento no país, as mais das vezes as pessoas que se encontram presas lá estão por responderem a diversas imputações penais. A demora na prestação jurisdicional muitas vezes fomenta o uso irracional da prisão provisória e faz com que fatos notificados ao Estado não tenham resposta até que mais de um caso observa formalização em juízo. Ao permitir a construção de resposta e responsabilização céleres, o acordo de não persecução penal avança favoravelmente na direção de algo difícil de ser visualizado no Brasil: a efetividade da resposta penal.

Essa consideração de ordem criminológica, quando aborda as consequências da adoção entre nós do acordo de não persecução penal, longe de conflitar com os saberes próprios do Direito Penal e do Direito Processual Penal, amadurece-os e os prepara para a ideia de que o Ministério Público, por titularizar o direito de provocar a tutela jurisdicional que materializa a sanção penal estritamente considerada, substancia e igualmente titulariza relevante parcela de realização da política criminal do Estado. E, por isso, sua atuação passa por um programa constitucional que tem a obrigação de situar-se de modo contextualizado e de acordo com o enfrentamento das desigualdades humanas e a criação de condições materiais para a dignidade humana (arts. 1.º e 3.º da Constituição da República).

7. CONSIDERAÇÕES FINAIS

O acordo de não persecução penal, tal como formalizado no CPP, materializa resposta do legislador brasileiro ao reclamo de apresentar meios alternativos de resposta *extrajudicial* a casos penais.

A sanção penal, vale dizer, guarda inegável substância de jurisdicionalidade. A resposta penal advinda por meio do processo-crime formalmente instaurado e realizado perante o Poder Judiciário presta-se como meio de coerção indireta para solução da tensão que fixa, de um lado, o *jus puniendi* do Estado e, de outro, o direito de liberdade do particular que seja acusado da prática de um crime. No entanto, a realização desse direito de ação em juízo não se dá de modo indelével em todos os casos de notícia de prática criminosa, mas naqueles casos em que a resposta penal materializada por meio do processo se faça necessária.

A lição de Pontes de Miranda, pois, aplicável ao que se discute sobre a obrigatoriedade ou oportunidade no exercício da ação penal é valiosa. Quando o jurista alagoano nos rememora que a pretensão (ação de direito material) não se confunde o exercício do direito de ação em juízo (ação de direito processual), deixa-nos segura lição no sentido da inafastabilidade e jurisdicionalidade do *jus puniendi* do Estado, mas não necessariamente inevitabilidade do direito de provocar a jurisdição penal por meio da ação penal. Esta, pois, só se materializará se presentes as condições para o seu exercício, com destaque ao interesse processual.

O acordo de não persecução penal autoriza, pois, satisfação da pretensão (material) - solução do caso -, ainda que ausente a formalização em juízo da ação de direito processual. Afinal, a judicialização do caso só será necessária como meio de coerção indireta para assegurar a prevalência (ou pretensão de prevalência - jus *persequendi*) do poder punitivo do Estado (*jus puniendi*) sobre o *jus libertatis* do indivíduo nos casos reconhecimento da culpa penal. O acordo de não persecução penal não afirma culpa, ainda que traga responsabilização (alternativa) ao investigado confesso do fato ali noticiado.

A "novidade" da positivação do acordo de não persecução penal no CPP encontra-se na extinção da punibilidade do fato noticiado. Eis a relevância atribuída pelo legislador à construção de resposta alternativa ao fato noticiado. Não é preciso, sempre e sempre, atender ao interesse de punir do Estado pelo reconhecimento da culpa penal. É possível atender aos reclamos de justiça e de atenção à vítima de maneira alternativa ao aforamento do caso penal.

As medidas previstas no acordo de não persecução penal, ainda que guardem similitude com penas restritivas de direito positivadas na legislação penal substantiva, não materializam sanção penal no seu sentido mais estrito. Isso porque à sanção penal concorrem características que não estão presentes nas medidas de responsabilização que são avençadas pelas partes no acordo de não persecução penal. Por isso, as medidas fixadas no acordo não afetam a punibilidade do fato noticiado. Afinal, só mesmo a manifestação jurisdicional afeta o *jus puniendi* do Estado.

Por fim, embora o acordo de não persecução penal aparentemente amplie o poder decisório do Ministério Público, para dizer sobre o exercício da ação penal, em verdade, tal previsão apenas lança luz sobre um espaço decisório que sempre existiu. Embora aparentemente amplie o espaço de discricionariedade de sua atenção, o acordo de não persecução penal verdadeiramente o regula, lançando luz sobre esse exercício decisório e, o mais relevante, criando instrumentos e critérios para o seu controle. Além disso, diz - acertadamente - que é possível resolver o poder de punir do Estado por resposta que não necessariamente assoberbe o poder jurisdicional ou imponha reconhecimento de culpa penal pelo investigado.

A adoção do acordo de não persecução penal formaliza, ao Direito Processual Penal, uma lição que usualmente é afirmada para o Direito Penal material. Se o aforismo da subsidiariedade da resposta penal é verdadeiro para o poder de punir do Estado, com maior razão a ideia de *nulla poena sine necessitate* deve igualmente informar a opção político-criminal de ajuizamento e formalização de casos penais em juízo. Há de se buscar respostas alternativas para que à notícia de fato criminoso correspondam medidas céleres, eficazes e que deem a devida atenção à vítima criminal.

8. REFERÊNCIAS

BOBBIO, Norberto. **O futuro da democracia: uma defesa das regras do jogo**. 4. ed. Rio de Janeiro: Paz e Terra, 1992.

CONSELHO NACIONAL DE JUSTIÇA (CNJ). **Regras de Tóquio: regras mínimas padrão das Nações Unidas para a elaboração de medidas não privativas de liberdade. Anexo da Resolução 45/110, da Assembleia-Geral das Nações Unidas, de 14 dez. 1990**. Brasília: CNJ, 2016. (Tratados Internacionais de Direitos Humanos). Disponível em: https://www.cnj.jus.br/wp-content/uploads/2019/09/6ab7922434499259ffca0729122b2d38-2.pdf. Acesso em: 29 jul. 2020.

COUNCIL OF EUROPE, Committee of Ministers. **Committee of Ministers. Recommendation N. R (87) 18 of the Committee of Ministers to member States concerning the simplification of Criminal Justice. Adopted by the Committee of Ministers on 17 September 1987 at the 410th meeting of the Ministers' Deputies**. Estrasburgo: Conselho da Europa, 1987. Disponível em: https://publicsearch.coe.int. Acesso em: 24 set. 2018.

COUTINHO, Jacinto Nelson de Miranda. **A lide e o conteúdo do processo penal**. Curitiba: Juruá, 1989.

GONZÁLEZ CUSSAC, José L.; BUSATO, Paulo César; CABRAL, Rodrigo Leite Ferreira. **Compêndio de direito penal brasileiro: parte geral**. Valencia; Florianópolis: Tirant Lo Blanch; Empório do Direito, 2017.

MARQUES, José Frederico. **Elementos de direito processual penal - vol. 1**. 2. ed. Campinas: Millenium, 2000.

MIRANDA, Francisco Cavalcanti Pontes de. **Tratado das Ações - Tomo I: Ação, classificação e eficácia**. 2. ed. São Paulo: RT, 1972.

SUXBERGER, Antonio Henrique Graciano. Juizados Especiais Criminais - Lei 9.099/1995. *In*: SOUZA, Renee do Ó; CUNHA, Rogério Sanches; PINTO, Ronaldo Batista (Orgs.). **Leis Penais Especiais: comentadas artigo por artigo**. 3. ed. São Paulo: Juspodivm, 2020, p. 814–882.

_______ O Direito nas Políticas Públicas: o déficit de efetividade dos direitos é um problema normativo ou institucional? *In*: CALHAO, Antônio Ernani Pedroso; MENEZES, Rafael Lessa Vieira de Sá (Orgs.). **Direitos Humanos e Democracia: estudos em homenagem ao Professor Vital Moreira**. Rio de Janeiro: Lumen Juris, 2018, p. 111–127.

_______Qual o órgão de revisão do arquivamento da investigação preliminar a partir da Lei 13.964/2019? **Meu site jurídico - Jus Podivm**, 2020. Disponível em: https://meusitejuridico.editorajuspodivm.com.br/2020/07/22/qual-o-orgao-de-revisao-arquivamento-da-investigacao-preliminar-partir-da-lei-13-9642019/. Acesso em: 6 fev. 2021.

_______ Procedimento abreviado no Brasil: constitucionalidade e convencionalidade. *In*: BARROS, Ana Flávia Marcelino de; MAZZUOLI, Valério de Oliveira (Orgs.). **Direito Internacional dos Direitos Humanos e Impactos na ordem interna: controle de convencionalidade, proteção multinível e garantia do princípio "pro hominae"**. Belo Horizonte: Arraes Editores, 2021.

TUCCI, Rogerio Lauria. **Teoria do Direito Processual Penal: jurisdição, ação e processo penal (estudo sistemático)**. São Paulo: Revista dos Tribunais, 2002.

CAPÍTULO 5

JUSTIÇA CONSENSUAL E *PLEA BARGAINING*

Jamil Chaim Alves[1]

INTRODUÇÃO

A justiça consensual vem, paulatinamente, ganhando espaço no Brasil. Nas últimas décadas, surgiram várias leis contemplando institutos fundados no consenso entre as partes para a resolução de conflitos penais.

Em diversas situações, permite-se que o réu abandone a posição tradicional de resistência frente à pretensão punitiva e ajuste com a parte adversa o cumprimento de algum tipo de sanção, ocorrendo a abreviação ou mesmo a exclusão do processo. É o que ocorre, por exemplo, na composição civil de danos, na transação penal e na suspensão condicional do processo (previstas na Lei 9.099/1995), bem como na colaboração premiada, hoje contemplada em diversas leis especiais.

Não se pode olvidar, também, do acordo de não persecução penal (ANPP), disciplinado no artigo 28-A do Código de Processo Penal (inserido pela Lei 13.964/2019). O ANPP possibilita que o membro do Ministério Público deixe de oferecer a denúncia em se tratando de infrações praticadas sem violência ou grave ameaça à pessoa, cuja pena mínima

---

[1] Juiz de Direito no Estado de São Paulo. Coordenador do Departamento Estadual das Execuções Criminais da 7ª Região Administrativa Judiciária do Estado de São Paulo. Doutor e Mestre em Direito Penal pela Pontifícia Universidade Católica de São Paulo (PUC-SP). Professor de Direito Penal e de Direito Processual Penal do Complexo de Ensino Renato Saraiva (CERS).

seja inferior a 4 anos, caso o investigado confesse a prática do delito e cumpra determinadas condições.

Embora guardem pontos distintivos, referidos institutos são inspirados no *plea bargaining*, bastante difundido nos Estados Unidos. Estima-se que, naquele país, mais de 90% dos casos são resolvidos por meio de acordos, sendo comum a afirmação de que o sistema punitivo americano entraria em colapso se não houvesse tal possibilidade.

Diante da crescente sobrecarga de trabalho nos tribunais brasileiros e da busca pela modernização e eficiência da legislação, as atenções se voltam para a possibilidade de ampliação da justiça consensual no país. É o que se examinará no presente artigo, com especial destaque para o *plea bargaining*, mais célebre e controvertido instituto da justiça negociada.

1. JUSTIÇA CONSENSUAL

A justiça consensual ou consensuada é o modelo de justiça caracterizado, basicamente, pela concordância dos envolvidos quanto ao desfecho do conflito penal.

Dentro desse modelo, caracterizado pelo consenso, é possível distinguir vários submodelos[2]:

a) *modelo reparador* – como o próprio nome diz, a reparação de danos é o objetivo maior. Ocorre, principalmente, por meio da conciliação;

b) *modelo pacificador ou restaurativo* – busca a pacificação interpessoal e social do conflito, a reparação de danos à vítima, a satisfação das expectativas de paz social etc. Aqui insere-se a denominada justiça restaurativa;

c) *modelo de justiça negociada* – tem por base a confissão do delito, existindo um acordo com a acusação quanto à sanção aplicada ao acusado. Realiza-se por meio do *plea bargaining*;

d) *modelo de justiça colaborativa* – aqui, o consenso tem por escopo obter a colaboração do acusado. É o que se dá nas hipóteses de colaboração premiada. Como também existe um acordo prevendo algum

---

[2] GOMES, Luiz Flávio; MOLINA, Antonio García-Pablos de. *Direito penal: introdução e princípios fundamentais*. p. 40.

benefício para o acusado, boa parte da doutrina considera esta uma hipótese de justiça negociada.

Desse modo, pode-se divisar, no âmbito da Justiça criminal, o "espaço de consenso" do "espaço de conflito". Aquele resolve o conflito penal por meio da conciliação, transação, acordo, mediação ou negociação. Este não admite qualquer forma de acordo, exigindo o clássico devido processo penal (denúncia, processo, provas, ampla defesa, contraditório, sentença, duplo grau de jurisdição etc.)[1].

1.1. Desenvolvimento da justiça consensual no Brasil

Nas últimas décadas, surgiram diversas leis contendo disposições relacionadas à justiça consensual. Cumpre traçar um breve panorama dessa evolução legislativa, tomando por base os quatro submodelos referidos supra.

Começando pela *justiça colaborativa*, verifica-se que, modernamente, a colaboração premiada aparece na Lei dos Crimes Hediondos (Lei 8.072/1990), cujo artigo 8º, parágrafo único, estabelece a possibilidade de o participante denunciar à autoridade a associação criminosa voltada à prática de crimes dessa natureza, obtendo em troca, caso possibilite o seu desmantelamento, a redução de um a dois terços da pena. Essa lei também incluiu o § 4º no art. 159 do Código Penal (extorsão mediante sequestro), admitindo o mesmo benefício ao coautor que denuncie o crime à autoridade, facilitando a libertação do sequestrado.

O instituto também foi contemplado no artigo 6º da Lei das Organizações Criminosas (Lei 9.034/1995), atualmente revogada, prevendo a redução da pena caso "a espontânea colaboração do agente levasse ao esclarecimento de infrações penais e de sua autoria".

A Lei 9.080/1995, que alterou a Lei 7.492/1986 (Crimes contra o Sistema Financeiro Nacional), também estabelece, no art. 25, § 2º, a possibilidade de o coautor ou partícipe, através de confissão espontânea, revelar à autoridade policial ou judicial toda a trama delituosa, tendo a sua pena reduzida de um a dois terços.

Posteriormente, a Lei de Proteção a Vítimas e Testemunhas (Lei 9.807/1999) também trouxe benefícios legais aos réus colaboradores, com a peculiaridade de ser aplicável a qualquer tipo de crime (art. 13 e 14).

A Lei de Lavagem de Capitais (Lei 9.613/1998) consagrou a colaboração premiada no art. 1º, § 5º. Esse dispositivo foi modificado pela Lei 12.683/2012, embora mantida a possibilidade de colaboração.

A Lei de Drogas (Lei 11.343/2006) prevê, no art. 41, a possibilidade de mitigação da pena daquele que, voluntariamente, contribuir com a investigação e o processo criminal.

A Lei nº 12.529/2001, que estrutura o Sistema Brasileiro de Defesa da Concorrência, possibilita ao CADE firmar acordo de leniência, que "impede o oferecimento da denúncia com relação ao agente beneficiário da leniência", extinguindo-se a punibilidade se cumprido o acordo (art. 87).

Mais recentemente, a Lei 12.850/2013 (Lei das Organizações Criminosas) contemplou e disciplinou detalhadamente a colaboração premiada.

Evidente que tanto a colaboração premiada quanto o acordo de leniência constituem verdadeiras técnicas compositivas transacionais que, se não aptas a definir exatamente as sanções criminais a serem aplicadas pelo julgador, trazem importantes reflexos quanto ao direito de liberdade dos acusados colaboradores, mitigando a sanção penal[3].

O *modelo restaurativo* também apresenta crescimento nas últimas décadas. Como observa Guilherme de Souza Nucci, este novo paradigma de justiça aos poucos se instala no sistema jurídico-penal brasileiro, buscando a modificação do enfoque até então existente (que desprezava quase por completo a avaliação da vítima do delito, levava às últimas consequências a consideração de bens indisponíveis, a ponto de quase tudo significar ofensa a interesse coletivo, e eliminava, na órbita penal, a conciliação, a transação e, portanto, a mediação). Nos dizeres do autor:

> Começa-se a relativizar os interesses, transformando-os de coletivos em individuais típicos, logo, disponíveis. A partir disso, ouve-se mais a vítima. Transforma-se o embate entre agressor e agredido num processo de conciliação, possivelmente, até, de perdão recíproco. Não se tem a punição do infrator como único objetivo do Estado. A ação penal passa a ser, igualmente, flexibilizada, vale dizer, nem sempre obrigatoriamente proposta. Restaura-se o estado de paz entre pessoas que convivem, embora tenha

3 VENTURI, Elton. Transação de direitos indisponíveis. *Revista de Processo*, p. 391-426.

havido agressão de uma contra a outra, sem necessidade do instrumento penal coercitivo e unilateralmente adotado pelo Poder Público.[4]

Várias leis trazem disposições sinalizadoras da denominada Justiça Restaurativa, como a Lei 9.714/1998, que alterou e introduziu no ordenamento novas penas alternativas[5]. Vale mencionar, ainda, a edição da Resolução 225/2016 do Conselho Nacional de Justiça, dispondo sobre a Política Nacional de Justiça Restaurativa no âmbito do Poder Judiciário.

Outro marco na ampliação da justiça consensual no Brasil foi a entrada em vigor da Lei 9.099/1995, que contemplou os institutos da composição civil de danos, da transação penal e da suspensão condicional do processo.

A composição civil identifica-se, essencialmente, com o denominado *modelo reparador*, na medida em que busca precipuamente, por meio da conciliação, a reparação do prejuízo causado pela infração.

Já a transação penal e a suspensão condicional do processo, embora possuam caráter reparador, apresentam também contornos de *justiça negociada*, pois envolvem a celebração de um acordo entre as partes (acusação e defesa), mediante o qual o acusado cumpre certas condições em troca de benefícios penais, abreviando-se ou eliminando-se o processo.

Deve-se mencionar, ainda, o advento da Lei 13.964/2019, que introduziu no Código de Processo Penal o denominado acordo de não persecução penal, permitindo que o membro do Ministério Público deixe de oferecer a denúncia, quando cominada pena mínima inferior a 4 anos e o crime não for cometido com violência ou grave ameaça a pessoa, caso o investigado confesse a prática do delito e cumpra determinadas condições (art. 28-A do CPP).

Como observa Ribeiro, a obrigatoriedade no exercício da ação penal, aos poucos, passa a abrir espaço a uma nova concepção de justiça criminal, qual seja, uma justiça consensual.

---

4 *Código de Processo Penal Comentado*. p. 70-71.

5 *op. cit.* p. 71.

> Sem abandonar a legalidade-obrigatoriedade como regra geral, as normas processuais que a consagravam, sobretudo nas últimas décadas, tornaram-se mais flexíveis, adotando feições típicas de sistemas que adotam o princípio da oportunidade no início da persecução criminal, constituindo verdadeira discricionariedade, embora regrada, uma vez que o titular da ação penal tem sua liberdade limitada por critérios estritamente previstos na legislação.

E prossegue:

> Em numerosos países, como é o caso do Brasil (...), tem-se observado uma progressiva interpenetração dos dois princípios que orientam o exercício da ação penal. Os sistemas baseados sobre o princípio da obrigatoriedade têm-no mitigado, admitindo-lhe exceções que revelam certos graus de discricionariedade; e os sistemas que se fundam no princípio da oportunidade mais e mais vêm introduzindo um maior número de regras para o seu exercício, evitando, assim, o risco de arbítrios por parte das partes processuais[6].

A constatação de que o direito de liberdade já vem sendo negociado, com resultado pragmaticamente útil ao acusado e, ao mesmo tempo, implementando maior eficiência ao sistema penal, mais do que despertar a curiosidade dos juristas nacionais, pode impulsionar a adoção de novas técnicas e procedimentos que almejem similares objetivos[7].

De fato, o processo penal brasileiro, nos últimos anos, tem sido receptivo à incorporação de institutos próprios do sistema de justiça criminal norte-americano. Pode-se apontar alguns institutos que acabaram por penetrar no ordenamento jurídico brasileiro, modificando consideravelmente o cenário do processo penal: na reforma de 2008, o legislador alterou o Código de Processo Penal para introduzir questões relativas à prova ilícita, claramente se inspirando em precedentes criados através de julgamentos da Suprema Corte Americana; na mesma reforma, disciplinou a colheita da prova testemunhal, introduzindo uma versão inspirada no exame cruzado (*cross examination*) norte-americano; o novo Código de Processo Civil claramente orientou-se na fixação de precedentes

---

6 Obrigatoriedade e oportunidade no direito processual penal brasileiro e português. *Revista dos Tribunais*, p. 395-417.

7 VENTURI, Elton. Transação de direitos indisponíveis. *Revista de Processo*, p. 391-426.

judiciais, seguindo o modelo do *stare decisis*; em 1995, o Brasil permitiu a renúncia ao processo mediante a aplicação de uma pena restritiva de direito, inspirado no *plea bargaining* americano (transação penal); na mesma década, consolidou-se a importação de mecanismos americanos, através do que se convencionou denominar como "delação premiada", posteriormente denominada como "colaboração premiada"[8].

2. *PLEA BARGAINING*

2.1. Escorço histórico

Não há consenso quanto ao período de surgimento do *plea bargaining*. De modo geral, seus detratores afirmam que ele teria surgido apenas no século XIX, condenando-o como uma invenção recente de um sistema criminal corrompido. Por outro lado, os partidários do instituto afirmam que suas raízes históricas são longínquas, existindo já nas sociedades tribais primitivas[9].

Há ainda os que identificam sua origem em momento intermediário, fornecendo exemplos de sua aplicação na Inglaterra medieval (a partir do século XIII), quando se permitia aos acusados, em determinadas situações, confessarem a prática delitiva em troca de punição mais branda[10].

Segundo Albert Alschuler, desde os primeiros dias da *common law* tem sido possível aos acusados confessarem a prática do crime. Porém, essa era uma prática incomum na Inglaterra no período medieval, e os tribunais, muitas vezes, hesitavam em receber a confissão, encorajando o condenado a retirá-la, ou buscavam corroborá-la com outros elementos[11].

Há registros de que, em meados do século XVIII, a corte inglesa ainda era recalcitrante em admitir a confissão. Exemplo disso foi o caso de

[8] AMARAL, Augusto Jobim do; GLOECKNER, Ricardo Jacobsen. A delação nos sistemas punitivos contemporâneos. *Revista Brasileira de Ciências Criminais*, p. 65- 89.

[9] SANBORN JR., Joseph B. A historical sketch of plea bargaining, *Justice Quarterly*, p. 111-138, 1986.

[10] *Op cit.*

[11] ALSCHULER, Albert. Plea bargaining and its history. *Columbia Law Review*, p. 7.

Stephen Wright (1743), que se declarou culpado por roubo e expressou o desejo de que fosse comutada a pena de morte. Em resposta, o tribunal informou que, justamente ao contrário do pretendido, não poderia considerar qualquer circunstância favorável, a menos que o acusado concordasse em ir a julgamento. Wright então se rendeu ao conselho da corte[12].

No início do século XIX, Jeremy Bentham criticou o costume judicial de orientar o acusado a se retratar da confissão, mas não chegou a propor uma aceitação ampla da admissão de culpa. Ao revés, defendeu a abolição das confissões e a sua substituição por um exame mais cuidadoso e rigoroso do caso, com o fim de "proteger o acusado de uma condenação indevida, provocada por sua própria imbecilidade e imprudência"[13].

Nos Estados Unidos, o panorama não era diferente. Em Massachusetts (1804), um homem foi acusado de estuprar e matar uma garota de 13 anos. Quando admitiu a prática do crime, a corte o informou que ele não era obrigado a confessar, concedendo-lhe tempo para repensar, sem registrar a sua declaração. Ao retornar ao tribunal, o acusado insistiu na confissão. A corte então, após examinar que o acusado era mentalmente são e havia se manifestado voluntariamente, admitiu e registrou a confissão[14].

Havia várias razões para a relutância dos tribunais em receber confissões durante o período de formação da *common law* e nos séculos que se seguiram. Dentre as razões, pode-se mencionar o fato de que os acusados não eram representados por advogado e que quase todos os crimes eram punidos com a morte. Quando a confissão é considerada um ato suicida, torna-se compreensível que a sua admissão provoque um sentimento de desconforto[15].

Foi somente após a Guerra Civil americana que os casos de *plea bargaining* começaram a aparecer nos relatórios das cortes de apelação. No primeiro caso, surgido em Tenessee em 1865, o acusado confessou duas acusações de jogo ilegal. Em troca, o promotor retirou outras oito acusações semelhantes[16].

---

12 *Op. cit.* p. 8-9.

13 *Op. cit.* p. 8.

14 *Op. cit.* p. 8.

15 *Op. cit.* p. 11.

16 SANBORN JR., Joseph B. A historical sketch of plea bargaining, *Justice Quarterly*, p. 111-133.

A partir de então, o *plea bargaining* começou a se difundir, gerando reação por parte daqueles contrários à sua prática.

Em 1877, a Suprema Corte de Wisconsin considerou esse tipo de acordo "difícil ou impossível de se distinguir de uma venda direta da justiça". Também pontuou que "tal tipo de barganha não poderia ser admitida em qualquer tribunal que não quisesse abdicar amplamente de suas funções". A Suprema Corte de Louisiana demonstrou preocupação com a possibilidade de erro judicial e com a admissão de culpa por inocentes que pensassem que seriam condenados[17].

Durante a década de 1920, vários Estados e cidades americanos realizaram pesquisas sobre o sistema de justiça criminal. Essas pesquisas, que forneceram um retrato bastante completo do funcionamento dos tribunais daquele país, relevaram uma grande dependência dos acordos: em Chicago, 85% de todas as condenações derivavam da confissão do acusado; em Detroit, 78%; em Denver, 76%; em Minneapolis, 90%, em Los Angeles, 81%; em Pittsburgh, 74%; e em St. Louis, 84%[18].

A partir do final do século XIX e início do século XX, os tribunais passaram a acolher amplamente o *plea bargaining*, considerando-o uma solução ágil e fácil de solução dos conflitos, sem necessidade de processo[19].

Em 1967, a American Bar Association (ABA) aceitou o instituto, afirmando que era benéfico ao sistema[20].

Em 1970, a Suprema Corte rejeitou alegações de inconstitucionalidade do *plea bargaining*, considerando-o "um componente essencial da administração da justiça"[21].

---

17 ALSCHULER, Albert. Plea bargaining and its history. *Columbia Law Review*, p. 20-21.

18 ALSCHULER, Albert. Plea bargaining and its history. *Columbia Law Review*, p. 20-26.

19 LEVENSON, Laurie L. Peeking Behind the Plea Bargaining Process: Missouri v. Frye & Lafler v. Cooper, *Loyola Law Review*, p. 467.

20 ABA Project on Minimum Standards for Criminal Justice, *Standards relating to Pleas of Guilty*, p. 1-4, fev. 1967.

21 Caso Santobello v. New York. Cf. SANBORN JR., Joseph B. A historical sketch of plea bargaining, *Justice Quarterly*, p. 112.

Atualmente, estima-se que a justiça criminal norte-americana solucione mais de 90% dos casos por meio do *plea bargaining*[22].

Afirma-se que, sem essa possibilidade, a justiça criminal americana ficaria tão sobrecarregada que entraria em colapso. Nos Estados Unidos, o *plea bargaining* não é mais um mero instituto do sistema criminal. Ele é próprio o sistema criminal[23].

2.2. Conceito e modalidades

Plea bargaining é o acordo entabulado entre a acusação e o réu, por meio do qual este confessa voluntariamente a prática de uma infração penal (*guilty plea*) ou deixa de contestá-la (*plea of nolo contendere*), em troca de um benefício oferecido pelo promotor, como o reconhecimento de um crime menos grave, a retirada de uma ou mais infrações imputadas ou a recomendação ao magistrado para a aplicação de uma sanção menos severa, evitando-se o processo.

Nos dizeres de Pedro Soares de Albergaria, é a "negociação entre o arguido e o representante da acusação, com ou sem a participação do juiz, cujo objecto integra recíprocas concessões e que contemplará, sempre, a declaração de culpa do acusado (*guilty plea*) ou a declaração dele de que não pretende contestar a acusação (*plea of nolo contendere*)"[24].

Com relação ao conteúdo do acordo, o *plea bargaining* divide-se em três modalidades:

a) *Charge bargaining*

Nesta modalidade, o acusado confessa ou deixa de contestar a prática delitiva, assumindo o promotor o compromisso de atenuar a acusação. Essa atenuação pode ocorrer de forma *vertical* ou *qualitativa*, na qual o delito é desclassificado para outro menos grave (ex.: de homicídio doloso para culposo), quer de forma *horizontal* ou *quantitativa*, em que a

---

22 Sourcebook of criminal justice statistics Online. Universidade de Albany, 2010. Disponível em: http://www.albany.edu/sourcebook/pdf/t5342010.pdf.

23 LEVENSON, Laurie L. Peeking Behind the Plea Bargaining Process: Missouri v. Frye & Lafler v. Cooper, *Loyola Law Review*, p. 460.

24 *Plea Bargaining: aproximação à Justiça Negociada nos E.U.A.* p. 19.

acusação abre mão de parte das imputações (ex.: processa o acusado pela prática de um roubo e não pela prática de dois).

A utilização abusiva do *charge bargaining* pode ensejar os denominados *vertical overcharging* ou *horizontal overcharging*. Nas duas hipóteses, o órgão acusatório agrava indevidamente a imputação feita em desfavor do acusado, com o objetivo de ficar em posição mais vantajosa durante a celebração do acordo. Diferem porque no *vertical overcharging* o promotor atribui ao acusado uma infração mais severa do que a efetivamente praticada, ao passo que no *horizontal overcharging* há a imputação de mais de um fato, mesmo sem base fática para tanto.

b) *Sentence bargaining*

Aqui, o acusado confessa a prática delitiva ou não a contesta, mediante o compromisso assumido pelo promotor de recomendar ao juiz a aplicação de uma sanção menos severa, incluindo a possibilidade de suspensão da pena, livramento condicional, encarceramento por um determinado período etc.

Este tipo de acordo é menos comum que o anterior e existe a possibilidade de o juiz não acatar as recomendações do promotor, devendo o acusado ser informado disso.

c) Forma mista

A terceira forma nada mais é que a combinação das duas anteriores, ou seja, *charge bargaining* e *sentence bargaining*.

Embora essas sejam as principais modalidades, existem vários tipos de acordos possíveis. Por exemplo, o promotor pode buscar leniência para um cúmplice do acusado, providenciar para que o réu seja enviado para uma instituição correcional específica, concordar com o livramento condicional, fornecer imunidade por crimes ainda não imputados etc.[25]

2.3. Procedimento

O procedimento do *plea bargaining* vem disciplinado nas Regras Federais de Procedimento Criminal (*Federal Rules of Criminal Procedure*),

---

[25] BEALL, George. Principles of plea bargaining. *Loyola University Chicago Law Journal*, p. 176-177. ALSCHULER, Albert. Plea bargaining and its history. *Columbia Law Review*, p. 3.

que disciplinam os trâmites da persecução criminal nos Estados Unidos. Passa-se a descrevê-lo sucintamente.

Conforme visto, o acordo é produto de discussões e concessões recíprocas feitas entre o promotor e a defesa, antes do julgamento.

Perante o tribunal, o acusado tem o direito de se declarar inocente (*not guilty*), culpado (*guilty*), ou, se a corte admitir, afirmar que não pretende contestar a acusação (*nolo contendere*)[26]. A depender dos termos firmados, o *plea agreement* implicará que o acusado confesse ou manifeste que não pretende contestar. Embora as duas hipóteses ensejem a condenação, o *nolo contendere*, ao contrário da confissão, não gera efeitos em outros processos[27].

As regras determinam que o tribunal não deve participar das discussões entre as partes para a formatação do acordo[28].

Para que o acordo tenha validade, o Tribunal deve zelar pela observância do *direito de informação, voluntariedade* e *existência de uma base fática para a declaração do acusado (guilty* ou *nolo contendere).*

Assim, antes de aceitar a confissão ou a alegação de *nolo contendere*, o tribunal deve:

1) *informar* o acusado a respeito de certos direitos e deveres e comprovar que ele efetivamente compreende. Deve ser cientificado, por exemplo, de que tem o direito de não se declarar culpado, direito a um julgamento com júri, direito de ser representado por um advogado (ainda que nomeado pelo Estado), direito ao contraditório, a pena mínima e a máxima previstas para o crime etc. Por outro lado, deve ser comunicado que suas afirmações podem usadas contra ele em futura acusação de perjúrio ou falso testemunho, de que renuncia ao direito a um julgamento de for aceita a admissão de culpa ou de *nolo contendere*[29].

---

26 Rule 11(a)(1) *In General*. A defendant may plead not guilty, guilty, or (with the court's consent) nolo contendere.

27 Rule 410(a)(2).

28 Rule 11(c)(1) *In General*. An attorney for the government and the defendant's attorney, or the defendant when proceeding pro se, may discuss and reach a plea agreement. The court must not participate in these discussions (...).

29 Rule 11(b)(1) *Advising and Questioning the Defendant*. Before the court accepts a plea of guilty or nolo contendere, the defendant may be placed under oath, and the court must address the defendant personally in open court. During this address, the court must in-

2) assegurar que a declaração do acusado é *voluntária*. O tribunal deve se dirigir pessoalmente ao acusado e verificar se sua manifesta não resulta de coação, ameaça ou qualquer tipo de promessa (exceto se integrante do acordo de *plea bargaining*)[30].

3) atestar a *existência de base fática para a acusação*. Antes de aceitar a confissão, o tribunal deve verificar se existe uma base fática que ampare a acusação feita em desfavor do acusado[31].

Os termos do acordo são, em regra, revelados em sessão pública, a menos que haja alguma razão justificável para que não haja publicidade[32].

Em seguida, o Tribunal pode aceitar ou rejeitar o acordo. Caso o acordo envolva uma recomendação feita pelo promotor a respeito da

---

form the defendant of, and determine that the defendant understands, the following: (A) the government's right, in a prosecution for perjury or false statement, to use against the defendant any statement that the defendant gives under oath; (B) the right to plead not guilty, or having already so pleaded, to persist in that plea; (C) the right to a jury trial; (D) the right to be represented by counsel—and if necessary have the court appoint counsel—at trial and at every other stage of the proceeding; (E) the right at trial to confront and cross--examine adverse witnesses, to be protected from compelled self-incrimination, to testify and present evidence, and to compel the attendance of witnesses; (F) the defendant's waiver of these trial rights if the court accepts a plea of guilty or nolo contendere; (G) the nature of each charge to which the defendant is pleading; (H) any maximum possible penalty, including imprisonment, fine, and term of supervised release; (I) any mandatory minimum penalty; (J) any applicable forfeiture; (K) the court's authority to order restitution; (L) the court's obligation to impose a special assessment; (M) in determining a sentence, the court's obligation to calculate the applicable sentencing-guideline range and to consider that range, possible departures under the Sentencing Guidelines, and other sentencing factors under 18 U.S.C. § 3553(a); (N) the terms of any plea-agreement provision waiving the right to appeal or to collaterally attack the sentence; and (O) that, if convicted, a defendant who is not a United States citizen may be removed from the United States, denied citizenship, and denied admission to the United States in the future.

30 Rule 11(b)(2) *Ensuring That a Plea Is Voluntary*. Before accepting a plea of guilty or nolo contendere, the court must address the defendant personally in open court and determine that the plea is voluntary and did not result from force, threats, or promises (other than promises in a plea agreement).

31 Rule 11(b)(3) *Determining the Factual Basis for a Plea*. Before entering judgment on a guilty plea, the court must determine that there is a factual basis for the plea.

32 Rule 11(c)(2) *Disclosing a Plea Agreement*. The parties must disclose the plea agreement in open court when the plea is offered, unless the court for good cause allows the parties to disclose the plea agreement in camera.

sanção a ser aplicada, o acusado deve ser informado de que o Tribunal pode não seguir essa recomendação[33].

Antes que o Tribunal aceite a confissão ou a arguição de *nolo contendere*, o acusado pode se retratar livremente. Após a aceitação e antes de proferida a sentença, essa retratação exige alguma razão justa. Depois de imposta a sentença, a declaração não pode mais ser retirada, podendo ser anulada mediante recurso[34].

Apesar da proibição federal, os Estados não são unânimes quanto à permissão ou proibição de participação judicial na negociação. Em todas as localidades, o magistrado participa do processo através da aceitação ou rejeição do próprio acordo. Contudo, alguns Estados permitem que o juiz vá além dessa atividade, aconselhando as partes ou atuando como mediador[35].

2.4. Vantagens e desvantagens

Há grande controvérsia envolvendo a aceitação do *plea bargaining* no sistema criminal. A seguir, estão relacionadas, sinteticamente, as principais vantagens e desvantagens relativas à sua utilização.

Vantagens:

a) *para o acusado* – recebimento de uma sanção mitigada e previamente conhecida, o que é benéfico especialmente nos casos em que se vislumbra grande probabilidade de condenação; abreviação do processo, reduzindo o custo financeiro e emocional do julgamento;

---

33 Rule 11(c)(3) *Judicial Consideration of a Plea Agreement.* (A) To the extent the plea agreement is of the type specified in Rule 11(c)(1)(A) or (C), the court may accept the agreement, reject it, or defer a decision until the court has reviewed the presentence report. (B) To the extent the plea agreement is of the type specified in Rule 11(c)(1)(B), the court must advise the defendant that the defendant has no right to withdraw the plea if the court does not follow the recommendation or request.

34 Rule 11(c)(5)(d) *Withdrawing a Guilty or Nolo Contendere Plea.* A defendant may withdraw a plea of guilty or nolo contendere: (1) before the court accepts the plea, for any reason or no reason; or (2) after the court accepts the plea, but before it imposes sentence if: (A) the court rejects a plea agreement under Rule 11(c)(5); or (B) the defendant can show a fair and just reason for requesting the withdrawal.

35 Mais detidamente em: BATRA, Rishi. Judicial Participation in Plea Bargaining: A. Dispute Resolution Perspective, *Ohio State Law*, p. 565-597.

b) *para a acusação* – certeza de que o réu não ficará impune, pois receberá algum tipo de sanção; redução da sobrecarga de trabalho, permitindo atuar com mais eficiência em casos de maior necessidade;

c) *para o Estado e para a sociedade* – economia de recursos e aumento de eficiência na prestação jurisdicional, pois as audiências de instrução exigem a alocação de juízes, promotores, defensores públicos, oficiais de justiça e serventuários em geral, além de policiais, que poderiam estar se dedicando a outros casos[36].

Desvantagens:

a) inocentes podem ser compelidos a confessarem falsamente, diante do risco de serem condenados e receberem pena mais severa[37];

b) para reduzirem sua carga de trabalho e obterem maior índices de condenação, promotores podem forçar os réus a aceitarem acordos desfavoráveis, ameaçando-os com acusações mais severas que as devidas (*overcharging*)[38];

c) aumenta-se a possibilidade de erro judicial, na medida em que inexiste instrução processual para validar a confissão[39];

d) é moralmente inadmissível que o Estado aplique a justiça com base em acordos, tal como um balcão de negócios[40];

---

36 A respeito da sobrecarga enfrentada pelos tribunais, confira-se excerto do relatório "Justiça em números" de 2017, elaborado pelo Conselho Nacional de Justiça (CNJ): "Os processos criminais representam 10,1% das ações do Poder Judiciário e 13,9% das ações da Justiça Estadual. Estão pendentes 6,5 milhões de processos, tendo havido um aumento de 3,3% com relação ao ano de 2015. As execuções penais iniciadas têm aumentado gradativamente, e totalizaram 444 mil processos em 2016, sendo que mais da metade delas foram privativas de liberdade (272 mil, 61,3%)" (p. 181).

37 DERVAN, Lucian E.; EDKINS, Vanessa A. The Innocent Defendant's Dilemma: An Innovative Empirical Study of Plea Bargaining's Innocence Problem, *Journal of Criminal Law and Criminology*, p. 1-48. YANT, Martin. *Presumed Guilty: When Innocent People Are Wrongly Convicted*, p. 172. LANGBEIN, John H. Torture and Plea Bargaining. *The University of Chicago Law Review*, p. 3-22.

38 BIBAS, Stephanos. Plea Bargaining Outside the Shadow of Trial, *Harvard Law Review*, p. 2471.

39 Mais detidamente em: LEVENSON, Laurie L. Peeking Behind the Plea Bargaining Process: Missouri v. Frye & Lafler v. Cooper, *Loyola Law Review*, p. 470-472.

40 *Op. cit.* p. 470-472.

e) advogados podem atuar contra os interesses dos seus clientes, quer por despreparo, quer intencionalmente, já que defensores públicos recebem um valor fixo do Estado e a realização de acordos é um meio mais rápido e cômodo para se livrar do caso[41];

f) o *plea bargaining* não necessariamente traz economia, porque, sem ele, muitos dos casos em que o acordo é feito resultariam em arquivamento[42].

2.5. Aplicabilidade no ordenamento jurídico brasileiro

Muitas das críticas referidas acimas são feitas – hoje com muito menos vigor – aos institutos da transação penal e da suspensão condicional do processo, trazidos pela Lei 9.099/1995, bem como às iniciativas de se ampliar a justiça negociada no país, a exemplo do acordo de não persecução penal (Resolução 181/2017 do CNMP) e da barganha prevista nos projetos do novo Código Penal e do novo Código de Processo Penal.

Contudo, a justiça negociada, desde que disciplinada e aplicada adequadamente, para casos menos graves, pode trazer bons resultados. Como observa Timothy Sandefur, referindo-se ao *plea bargaining*, o fato de um procedimento poder ser utilizado abusivamente não o torna inconstitucional ou imoral. Se ele apresenta falhas, o caso é de reforma, não de abolição[43].

De início, é preciso destacar que o *plea bargaining* e os acordos análogos são sempre uma faculdade para o acusado, que, devidamente orientado pelo advogado, detentor de conhecimentos técnicos, pode optar por simplesmente recusar a proposta e prosseguir com o julgamento, sem ônus adicional.

O argumento de que os defensores públicos e os advogados seriam inábeis ou, por comodismo, orientariam os clientes a aceitarem acordos contrários aos seus interesses, além de infundado, é desrespeitoso quanto a esses profissionais. Ao menos no Brasil, os defensores públicos são aprovados mediante rigoroso concurso público. Da mesma forma, a advocacia somente pode ser exercida por pessoas devidamente

[41] *Op. cit. p.* 2476-2486.

[42] KIPNIS, Kenneth. Plea bargainig: a critic´s rejoinder, *Law & Society Review*, p. 555-564.

[43] In Defense of Plea Bargaining. *Regulation*, p. 28.

habilitadas, tão capacitadas para o seu mister quanto são os promotores de justiça. Se o problema está na remuneração, que incentivaria advogados nomeados a realizaram acordos para se livrarem rapidamente dos processos, bastaria adequar o valor do pagamento ao trabalho desenvolvido. Esse não é um problema inerente à justiça negociada, nem ao *plea bargaining*. E, caso se parta do pressuposto que o acusado está sendo defendido por alguém inapto ou que age contra os seus interesses, ter-se-á de concluir que o prejuízo potencial em um julgamento pode ser ainda maior que num acordo.

O problema do *overcharging*, ou seja, exceder-se o promotor na acusação como meio para forçar o acusado a aceitar o acordo, não parece um problema tão recorrente no Brasil, notadamente porque os promotores daqui são concursados e vitalícios, não sofrendo o mesmo tipo de pressão por índices de condenação que os colegas eleitos americanos. Ademais, nos modelos de barganha previstos no Brasil, o poder de negociação do promotor é bem delimitado por regras pré-estabelecidas (princípio da discricionariedade regrada), muito diferente do que ocorre nos EUA.

O risco de erro judicial e de se acolher a confissão judicial emanada de inocentes, de fato, existe (assim como existe em julgamentos tradicionais). Daí a extrema importância de o julgador verificar, como ocorre nos Estados Unidos, se há uma base fática para a imputação e para a confissão.

Não se pode olvidar, por fim, que o Estado já vem adotando a justiça negociada há muitos anos, a exemplo da transação penal e da suspensão condicional do processo, e tem obtido bons resultados.

Atualmente, são poucos os que consideram tais institutos prejudiciais aos acusados. Nesse sentido, colacionamos a posição de Miguel Reale Jr.:

> Com dados absolutamente fluidos, inseguros, mesquinhos constantes do Termo Circunstanciado, o Ministério Público propõe ao indigitado autor do fato uma transação, na qual negocia com a sua liberdade. O que é indisfarçável, no entanto, é que se restringe a liberdade ao se reconhecer que houve a prática de um crime, do qual se considera alguém autor e que, sem prova produzida em juízo e sem participação da defesa, sofre, na transação, por sentença judicial, uma pena prevista no Código Penal. Não

> reconhecer o caráter condenatório desta decisão que homologa o acordo e impõe a pena é fechar os olhos para a realidade. Nos crimes de menor potencial ofensivo utiliza-se todo o potencial ofensivo do desrespeito aos direitos básicos do cidadão exemplarmente proclamados exatamente no processo penal, como única arma contra o autoritarismo, contra o pior dos autoritarismos, aquele que vem disfarçado como tutela dos vulneráveis para mais facilmente lhes cooptar a adesão passiva a uma punição sem provas e sem processo"[44].

Na mesma senda, Aury Lopes Jr. critica a justiça negociada e a sua utilização na Lei 9.099/1995:

> O pacto no processo penal é um perverso intercâmbio, que transforma a acusação em um instrumento de pressão, capaz de gerar autoacusações falsas, testemunhos caluniosos por conveniência, obstrucionismo ou prevaricações sobre a defesa, desigualdade de tratamento e insegurança. O furor negociador da acusação pode levar à perversão burocrática, em que a parte passiva não disposta ao 'acordo' vê o processo penal transformar-se em uma complexa e burocrática guerra.

Em síntese, a justiça negociada não faz parte do modelo acusatório e tampouco pode ser considerada como uma exigência do processo penal de partes. Resulta ser uma perigosa medida alternativa ao processo, sepultando as diversas garantias obtidas ao longo de séculos de injustiças[45].

Parece bastante exagerada a afirmação de que a mera recusa ao acordo, por parte da defesa, transforma o processo numa "guerra", ou de que a Lei 9.099/1995 tenha "sepultado garantias". Ao menos, não é o que se verifica no cotidiano forense, sendo bastante comum que a própria defesa tome a iniciativa de pugnar pela proposta de transação penal ou de suspensão condicional do processo e, mais recentemente, pelo acordo de não persecução penal, reconhecendo-os como benéficos aos réus.

Aqueles que consideram a transação penal e a suspensão condicional do processo prejudiciais aos réus, devem considerar, a *contrario sensu*, que a Lei 11.340/2006 trouxe um inesperado benefício no cenário da violência doméstica, justamente por proibir sua aplicação. Não faz o menor sentido.

---

44 Simplificação processual e desprezo ao direito penal. *Ciências Penais*, p. 289 – 310.

45 *Direito processual penal*. p. 783.

Por fim, é difícil supor que, mesmo o mais ávido detrator da justiça negociada, caso viesse a ser acusado da prática de algum delito, continuaria preferindo não ter a *opção* de celebrar tais acordos (como a transação penal, a suspensão condicional do processo ou o acordo de não persecução penal). Ou, se estivesse defendendo um cliente, sequer buscaria conhecer os termos de uma eventual proposta formulada pelo promotor, recusando-a de plano por considerá-la prejudicial aos interesses do acusado. E, se um instituto é benéfico para si, também há de ser para os outros.

CONCLUSÃO

a) A justiça consensual já é uma realidade no país. São cada vez mais numerosas as hipóteses que o réu tem a faculdade de abandonar a posição de resistência frente à pretensão acusatória, entabulando, mediante concessões recíprocas, algum tipo de acordo com a parte adversa. Como exemplos dessa tendência, pode-se mencionar a composição civil, a transação penal e a suspensão condicional do processo (Lei 9.099/1995), a colaboração premiada e os acordos de leniência (disciplinados em várias leis especiais e cada vez mais presentes no cotidiano forense) e até mesmo o crescente interesse pela justiça restaurativa.

b) Estando já estabelecidos no ordenamento pátrio os institutos da transação penal e da suspensão condicional do processo, e diante da sobrecarga de trabalho enfrentada pelos Tribunais, há uma nítida tendência de se buscar a ampliação da justiça negociada no país.

c) Fora do Brasil, um dos mais célebres representantes da justiça negociada é o *plea bargaining*, que serviu de inspiração para diversos institutos introduzidos no país e foi referência para a criação do acordo de não persecução penal (art. 28-A do CPP, introduzido pela Lei 13.964/2019).

d) O *plea bargaining* é um instituto controvertido. Para os seus entusiastas, ele traz vantagens para todos os envolvidos, evitando a morosidade e a incerteza do processo penal. O órgão acusatório tem a certeza de que a infração não passará impune, ao mesmo tempo em que reduz a própria sobrecarga de trabalho; a defesa tem a faculdade de obter uma sanção reduzida e previamente conhecida, o que é vantajoso sobretudo nos casos em que vislumbra uma grande probabilidade de condenação;

o Estado não tem de dispender os recursos inerentes ao julgamento tradicional, possibilitando uma prestação jurisdicional mais eficiente, o que beneficia a sociedade como um todo.

e) Por outro lado, seus detratores consideram-no uma odiosa criação do direito moderno, podendo levar inocentes a confessarem crimes que não cometeram, não raro por pressão exercida pelo promotor de justiça A justiça passaria a funcionar como um balcão de negócios.

f) Não se pode perder de vista que a adesão ao *plea bargaining* e, no caso do Brasil, a institutos análogos de justiça negociada, são uma faculdade do acusado, que, devidamente orientado pelo advogado, pode simplesmente recusar a proposta e prosseguir com o julgamento, sem qualquer ônus adicional.

g) Quando a Lei 9.099/1995 entrou em vigor, contemplando a transação penal e a suspensão condicional do processo, muitos consideraram se tratar de institutos nocivos, apontando, basicamente, os mesmos problemas dirigidos ao *plea bargaining*. Passados mais de vinte anos, são poucos os que ainda pensam assim. Aliás, isso fica bem claro no dia a dia forense, pois os advogados frequentemente pleiteiam efusivamente sua aplicação, aduzindo que os acusados preenchem os requisitos para tanto.

h) Há espaço para a ampliação da justiça negociada no país. Contudo, isso deve ser feito de modo criterioso, até para se evitar que essa prática assuma as proporções verificadas nos Estados Unidos, onde acaba se confundindo com o próprio sistema criminal.

i) Muitos dos problemas do *plea bargaining*, relatados pela doutrina americana, podem ser evitados ou, pelo menos, minimizados, quer pela fiscalização judicial, quer pelo estabelecimento de limites bem definidos para atuação do promotor, conforme relatado ao longo do trabalho.

REFERÊNCIAS BIBLIOGRÁFICAS

ABA Project on Minimum Standards for Criminal Justice, *Standards relating to Pleas of Guilty*, p. 1-4, fev. 1967.

ALBERGARIA, Pedro Soares de. *Plea Bargaining: aproximação à Justiça Negociada nos E.U.A*. Coimbra: Almedina, 2007.

ALSCHULER, Albert. Plea bargaining and its history. *Columbia Law Review*, v. 79, n. 1, p. 1-43, jan. 1979.

AMARAL, Augusto Jobim do; GLOECKNER, Ricardo Jacobsen. A delação nos sistemas punitivos contemporâneos. *Revista Brasileira de Ciências Criminais*, v. 128/2017, p. 65 – 89, fev. 2017.

BATRA, Rishi. Judicial Participation in Plea Bargaining: A. Dispute Resolution Perspective, *Ohio State Law*, v. 76, n. 3, p. 565-597, mai. 2015.

BEALL, George. Principles of plea bargaining. *Loyola University Chicago Law Journal*, v. 9, n. 1, p. 175-192, 1977.

BIBAS, Stephanos. Plea Bargaining Outside the Shadow of Trial, *Harvard Law Review*, v. 117, n. 8, p. 2463-2547, jun. 2004.

DERVAN, Lucian E.; EDKINS, Vanessa A. The Innocent Defendant's Dilemma: An Innovative Empirical Study of Plea Bargaining's Innocence Problem, *Journal of Criminal Law and Criminology*, v. 103, n. 1, p. 1-48, 2013.

GOMES, Luiz Flávio; MOLINA, Antonio García-Pablos de. *Direito penal: introdução e princípios fundamentais*. 2. ed. rev., atual. e ampl. São Paulo: Editora Revista dos Tribunais, 2009.

JUSTIÇA EM NÚMEROS 2017: ano-base 2016. Conselho Nacional de Justiça - Brasília: CNJ, 2017.

KIPNIS, Kenneth. Plea bargainig: a critic´s rejoinder, *Law & Society Review*, v. 13, n. 2, p. 555-564, 1979.

LANGBEIN, John H. Torture and Plea Bargaining. *The University of Chicago Law Review*, v. 46, n. 3, p. 3-22, 1978.

LEVENSON, Laurie L. Peeking Behind the Plea Bargaining Process: Missouri v. Frye & Lafler v. Cooper, *Loyola Law Review*, v. 46, n. 2, p. 457-490, 2013.

LOPES JR., Aury. *Direito processual penal*. 14. ed., São Paulo: Editora Saraiva, 2017.

NUCCI, Guilherme de Souza. *Código de Processo Penal Comentado*. 7. ed. rev., atual. e ampl. São Paulo: Editora Revista dos Tribunais, 2008.

PEREIRA, Cláudio José Langroiva. Justiça penal negociada a participação ativa da vítima na solução de conflitos penais, *Revista dos Tribunais*, v. 806/2002, p. 418 – 430, dez. 2002.

REALE JR. Miguel. Simplificação processual e desprezo ao direito penal. *Ciências Penais*, v. 9/2008, p. 289 – 310, jul-dez. 2008.

RIBEIRO, Cláudio Luiz Frazão. Obrigatoriedade e oportunidade no direito processual penal brasileiro e português. *Revista dos Tribunais*, v. 806/2002, São Paulo, p. 395 - 417, dez. 2002.

SANBORN JR., Joseph B. A historical sketch of plea bargaining, *Justice Quarterly*, v. 3, n. 2, p. 111-138, 1986.

SANDEFUR, Timothy, In Defense of Plea Bargaining. *Regulation*, v. 26, n. 3, p. 28-31, 2003.

SOURCEBOOK OF CRIMINAL JUSTICE STATISTICS ONLINE. Universidade de Albany, 2010. Disponível em: http://www.albany.edu/sourcebook/pdf/t5342010.pdf.

VENTURI, Elton. Transação de direitos indisponíveis. *Revista de Processo*, v. 251, p. 391-426, jan. 2016.

YANT, Martin. *Presumed Guilty*: When Innocent People Are Wrongly Convicted. New York: Prometheus Books, 1991.

CAPÍTULO 6

ALGUMAS RESPOSTAS SOBRE O ACORDO DE NÃO PERSECUÇÃO PENAL

Renee do Ó Souza[1]
Patrícia Eleutério Campos Dower[2]

---

[1] Doutorando e Mestre em Direito. Promotor de Justiça em Mato Grosso. Professor e autor de obras jurídicas. E-mail: reneesouza@hotmail.com.

[2] Pós-graduada em Direito Processual Civil, em Direito Civil, Difusos e Coletivos pela Escola Superior do MP de Mato Grosso. Promotora de Justiça em Mato Grosso. E-mail: patcampos79@hotmail.com.

INTRODUÇÃO

O incremento vertiginoso da criminalidade que assola a população brasileira e a evidente incapacidade do sistema judicial penal brasileiro de garantir, ainda que minimamente, a segurança dos jurisdicionados, vem desafiando diuturnamente os agentes do direito. Uma infinidade de feitos que se amontoam perante as varas judiciais criminais se arrastando por tempo demais impondo aos ofendidos, com a impunidade gritante, a absoluta falta de assistência e reparação pelo mal sofrido e, aos acusados, pela mesma forma, as consequências deletérias de ter contra si, por prazo tão longo e sempre indefinido, o peso de uma acusação criminal[3].

Nesse estado de coisas é que foi concebido o Acordo de Não Persecução Penal-ANPP, inicialmente modelado pela Resolução n.º 181/2017 (alterada pelas Resoluções 183/2018 e 289/2024) do Conselho Nacional do Ministério Público que, no exercício típico regulamentar, trouxe diretrizes para a *"instauração e tramitação do procedimento investigatório criminal a cargo do Ministério Público"*. Depois de ser questionado quanto a forma de implementação por meio das ADIs n.º 5.790 e 5.793, o Acordo de Não Persecução Penal foi normatizado pela Lei 13.964/2019 que o inseriu no art. 28-A do Código de Processo Penal, atual regulamentação vigente sobra a qual serão feitos os presentes comentários.

À guisa de uma definição legal, dadas as suas características, podemos entender o ANPP como negócio jurídico extrajudicial celebrado entre investigado, assistido por seu defensor, e órgão do Ministério Público em que são entabuladas, de um lado, a fixação de medidas ou condições de interesse social a serem prestadas pelo investigado, em troca, de outro lado, da descaracterização do interesse de agir para o exercício da demanda penal e consequente arquivamento do caso pelo Ministério Público.

Inegável que o ANPP visa a racionalidade o nosso sistema penal, assegurando, de um lado, resposta mais rápida aos crimes menos graves,

3 Dados de um levantamento recente feito pelo CNJ indicam que o processo criminal, na fase de conhecimento, dura, em média, três anos e três meses no juízo comum e dois anos e sete meses nos juizados especiais. Já o tempo de execução de punições não privativas de liberdade, em média, ficou em um ano e nove meses (juízo comum) e dois anos (juizados especiais). No caso de penas privativas, a média atingiu dois anos e quatro meses. Vide http://www.cnj.jus.br/noticias/cnj/83679-fase-de-execucao-e-a-que-mais-aumenta-tempo-de-tramitacao-de-processos. Acessado em 09/12/2020.

respeitando sempre a autonomia da vontade do investigado e a ampla defesa, garantida pela indispensabilidade da defesa técnica. Não se olvida que, sob o prisma dos investigados, a efetivação do acordo apresenta incontáveis vantagens. Primeiro, porque teriam mais uma chance de evitar uma condenação judicial, reduzindo os efeitos sociais prejudiciais da pena e desafogando os estabelecimentos prisionais; segundo, porque evitariam os custos financeiros e dissabores do simples fato de responderem a um processo criminal, atualmente lento, impondo aos acusados uma enorme e indefinida espera até que sejam finalmente chamados a responder por seus atos, período em que são sofridas socialmente as consequências de ostentar em seu desfavor processo criminal em andamento, especialmente no mercado de trabalho.

Sob o prisma das condições impostas pelo ajuste, verifica-se que as obrigações são significativamente melhores do que aquelas que poderiam ser impostas pela sentença penal, eis que há considerável redução do tempo de cumprimento (de um a dois terços) e o paradigma para tanto é a pena mínima prevista para o delito em apuração. "Igualmente, há de se destacar a satisfação do investigado, em razão da ausência de denunciação contra si, porquanto notórias as agruras de uma persecução penal, especialmente para as relações de trabalho e familiares do investigado[4]".

Trata-se de instituto alvissareiro que enseja indagações variadas, muitos delas decorrentes da sua pouca idade, bem como de sua aplicação prática. Neste trabalho, procuramos apontar algumas respostas sobre algumas dessas questões.

1. NEM DIREITO SUBJETIVO DO INVESTIGADO NEM FACULDADE DO PROMOTOR DE JUSTIÇA – SOLUÇÃO DE COMPROMISSO

O acordo de não persecução penal deve ser entendido como direito público subjetivo do investigado? Essa é a primeira consideração que nos cabe esclarecer. Para nós, o acordo de não persecução penal é solução de comprometimento, de consenso e não direito subjetivo do investigado.

---

4 MESSIAS, Mauro. Acordo de não persecução: teoria e prática. Rio de Janeiro: Lumen Juris. 2019. p. 56.

Relembre-se que semelhante discussão ocorreu à época da publicação da Lei Federal n.º 9.099/95, com o surgimento da transação penal e suspensão condicional do processo, concebidos por meio de requisitos legais que servem de norte para sua apreciação, mas não para torná-los unilateralmente concedíveis. Nessa senda, em que pese a inicial divergência jurisprudencial existente em relação ao tema, tanto o Superior Tribunal de Justiça, quanto o Supremo Tribunal Federal pacificaram a questão ao estabelecer a vedação de concessão dos benefícios da suspensão condicional do processo e da transação penal de ofício pelo magistrado ou a requerimento do autor do fato, frente a discordância fundamentada do Ministério Público, impondo-se, nesse caso, a aplicação analógica do art. 28 do Código de Processo Penal, com remessa dos autos ao Procurador-Geral de Justiça (enunciado 696 da Súmula do Supremo Tribunal Federal[5]).

E a razão para a consolidação desse entendimento é a mesma que deve servir para o caso do novo instituto do acordo de não persecução: a convergência de vontades e o consenso implicam na necessidade de participação ativa das partes. Ora, a privatividade da ação penal pelo Ministério Público impede sua substituição pelo Magistrado, de modo que ainda que o investigado preencha os requisitos estabelecidos, não poderá obter os benefícios do ANPP na via judicial, automaticamente. Vale dizer, a negativa de celebração do acordo não permite que o Judiciário o conceda substitutivamente à atuação ministerial, pena de afronta a estrutura acusatória do processo penal.

Nos casos em que o Judiciário entender cabível, mas o membro do Ministério não oferecer o acordo, a discordância desafia a providência revisional contida no art. 28 do CPP. Esta solução decorre do sistema processual de controle existente sobre a atuação do membro do Ministério Público que não pode agir sem qualquer tipo de moderação, sistemática presente § 6.º do art. 18 da Resolução que prevê a possibilidade de o juízo criminal provocar o Ministério Público ("ao procurador-geral ou

---

5 Reunidos os pressupostos legais permissivos da suspensão condicional do processo, mas se recusando o promotor de justiça a propô-la, o juiz, discordando, remeterá a questão ao procurador-geral, aplicando-se por analogia o art. 28 do CPP.

órgão superior interno responsável por sua apreciação") quando considerar incabível o acordo na espécie[6].

Além de violar pressuposto negocial umbilical do instituto, pensar diferente resultaria na negação da legitimidade do Ministério Público para traçar uma política criminal ínsita à própria instituição, ponto nodal de apoio à concepção do ANPP[7].

Assim, em algumas hipóteses (como investigado reincidente, crime perpetrado mediante violência, crimes praticados no âmbito de violência doméstica ou familiar, ou praticados contra a mulher por razões da condição de sexo feminino, em favor do agressor, etc.), assim como em certas circunstâncias (investigado com antecedentes muito negativos, consequências extremamente graves de determinado delito, etc.) a celebração do ANPP deve ser objeto de avaliação do Ministério Público que aquilatará a necessidade e suficiência da medida para a reprovação e prevenção do crime, à luz da compatibilidade do caso com as premissas da justiça consensuada ou despenalizadora.

Vem se consolidando o entendimento de que o ANPP não é direito público subjetivo do acusado, não sendo possível que ele seja concedido pelo Poder Judiciário, sem a participação ativa do Ministério Público. Neste sentido: "Por fim, conforme foi consignado pelo Tribunal de origem, como o Acordo de Não Persecução Penal ANPP foi negado pelas duas instâncias do Ministério Público, não há possibilidade legal de intervenção do Poder Judiciário nesse tema, o qual, volto a frisar, é prerrogativa da Justiça Pública" (STJ. HC nº 584843-SP (2020/0125656-7), Rel. Min. Reynaldo Soares da Fonseca, 24.06.2020).

Se não se olvida que o sistema brasileiro tem encampado (de maneira correta e necessária) a mitigação da obrigatoriedade da ação penal, não menos evidente que não se pode, em nenhum caso, impor ao Ministério Público a obrigação do acordo, sendo que tal instrumento somente

---

6 No caso de o órgão revisional entender cabível o Acordo de não persecução, deverá editar ato para suprir a atuação do *dominus litis*, designando outro membro da Instituição para oferecê-lo.

7 Neste sentido, vale conferir a nova categoria classificatória feita por André Epifanio Martins batizada como Política criminal ministerial: MARTINS, André Epifanio. Acordo de Não persecução penal: análise político criminal do alcance e das potencialidades. Curitiba: Juruá, 2025, p.116-117.

deverá ser utilizado, quando atenda ao princípio da proporcionalidade, considerada em concreto a infração penal.

2. ATUAÇÃO MINISTERIAL – ATO VINCULADO OU DISCRICIONÁRIO?

Uma vez assentado que o oferecimento do ANPP não é direito público subjetivo do acusado, resta esclarecer, então, no que toca à atuação ministerial nessa seara, se estamos diante de ato vinculado ou discricionário.

Insta de saída lembrar que o provimento ministerial, seja ele qual for, é sempre permeado por elementos significativos que moldam a própria maneira de agir do Estado, inclusive mediante opções políticas e jurídicas que lhe permitem atuar com uma liberdade relativa, típica das carreiras de estado. Em razão dessas características e da relativa liberdade funcional que, modernamente, a doutrina qualifica os membros do MP como agentes políticos, responsáveis pelo exercício e manejo de parcela da soberania estatal, sobretudo na atuação criminal. Nesta configuração, é conferida ao agente ministerial uma gama de opções lícitas e possíveis, subsumidas a uma autonomia decisória pautada, por óbvio, aos fins a que se destinam a norma jurídica.

Por isso que não se pode imaginar a realização do ANPP como ato vinculado, sob pena de se acabar com a pretendida consensualidade do instituto e mais, estabelecer-se um autêntico princípio da obrigatoriedade às avessas, hipótese que subtrairia do órgão a necessária liberdade de atuação estatal. Sobre o assunto, eis o teor do Enunciado n. 19 do Conselho Nacional de Procuradores-Gerais dos Ministérios Públicos dos Estados e da União (CNPG) e do Grupo Nacional de Coordenadores de Centro de Apoio Criminal (GNCCRIM): "O acordo de não persecução penal é faculdade do Ministério Público, que avaliará, inclusive em última análise (§14), se o instrumento é necessário e suficiente para a reprovação e prevenção do crime no caso concreto".

É certo, porém, que a doutrina menciona a existência de uma discricionariedade ou oportunidade regrada (que não se confunde com arbitrariedades), pois somente é lícito ao Ministério Público a celebração da avença, desde que previstos diversos requisitos expressamente previstos e detalhados pela própria resolução.

Não existe, portanto, absoluta liberdade discricionária, posto que necessariamente devem ser observados os requisitos mínimos para o acordo, quais sejam: (a) somente cabível em relação a delitos de média gravidade – quando cominada pena mínima inferior a 4 (quatro) anos; (b) confessado formal e circunstancialmente a prática de infração penal sem violência ou grave ameaça; (c) assunção de condições ajustadas entre as partes, etc.

Da mesma sorte, há hipóteses, pois, em que a realização do acordo é expressamente vedada, são elas: (a) se for cabível transação penal de competência dos Juizados Especiais Criminais, nos termos da lei; (b) se o investigado for reincidente ou se houver elementos probatórios que indiquem conduta criminal habitual, reiterada ou profissional, exceto se insignificantes as infrações penais pretéritas; (c) ter sido o agente beneficiado nos 5 (cinco) anos anteriores ao cometimento da infração, em acordo de não persecução penal, transação penal ou suspensão condicional do processo; (d) nos crimes praticados no âmbito de violência doméstica ou familiar, ou praticados contra a mulher por razões da condição de sexo feminino, em favor do agressor; (e) quando a celebração do acordo não atender ao que seja necessário e suficiente para a reprovação e prevenção do crime.

Essa moldura legal é complementada pela previsão do § 14 do art. 28-A do CPP que prevê uma espécie de pedido de revisão administrativo contra a decisão de recusa, pelo membro do MP, em propor o ANPP, dispositivo que completa a discricionariedade regrada do Ministério Público nesta etapa procedimental.

Claro que, excepcionalmente, eventual ANPP em flagrante descumprimento dos parâmetros legais, como por exemplo, em crime de homicídio doloso, pode implicar em nulidade do ato, visto que ultrapassados os nobres limites do princípio da independência funcional, incapaz de abonar atuação teratológica, eivada de erro grosseiro[8].

E porque não há que se falar em obrigatoriedade nem em direito público subjetivo do investigado ao ANPP é descabida a rejeição da denúncia motivada no seu não oferecimento pelo Ministério Público.

---

[8] MAZZILLI, Hugo Nigro. Os limites da independência funcional no Ministério Público. Disponível em www.mazzilli.com.br. Acessado em 09.12.2020.

Neste sentido já decidiu a 5ª Turma do STJ no Agravo Regimental no Recurso Especial 2.025.524-TO, Rel. Min. Joel Ilan Paciornik, sessão virtual de 30.5.2023 à 05.06.2023. O entendimento está correto, a nosso ver. O não oferecimento do Acordo de Não Persecução Penal (ANPP) não afeta nem as condições da ação, nem os pressupostos processuais, o que significa que tal omissão não constitui obstáculo para o recebimento da denúncia.

Além disso, como adiante será visto, a legislação estabelece um mecanismo eficaz para a correção de possíveis equívocos na decisão que recusou o ANPP, adstrito, todavia, à própria instituição do Ministério Público. Essa disposição está em consonância com o princípio acusatório, que preconiza a separação das funções de acusar e julgar, conferindo ao Ministério Público a responsabilidade de avaliar a conveniência e a oportunidade de celebrar o ANPP. Isso assegura a imparcialidade e a independência na condução do processo, reforçando a garantia dos direitos fundamentais dos envolvidos.

3. O REQUISITO SUBJETIVO NEGATIVO E A NECESSIDADE DE CRITÉRIOS INSTITUCIONAIS

O artigo 28-A do Código de Processo Penal estabelece, entre outros requisitos, que o Acordo de Não Persecução Penal (ANPP) deve ser celebrado apenas quando for considerado necessário e suficiente para a repressão e prevenção do crime. Este requisito possui natureza negativa, uma vez que impede o acesso ao ANPP, e sua avaliação é de caráter subjetivo, o que demanda uma apreciação normativa criteriosa. Além disso, ele autoriza a realização de um exame particularizado de cada caso concreto, levando em consideração razões político-criminais que possam indicar a incompatibilidade do ANPP com os princípios da justiça consensual, ou a insuficiência do acordo para a proteção do bem jurídico supostamente violado.

Ao harmonizar o ANPP à perspectiva preventiva e repressiva do crime, a lei indica sua feição funcionalista, inserida na concepção de um direito penal voltado às consequências de modo a impedir que sua aplicação automatizada e meramente formal crie situações de descrédito ao sistema de justiça. É uma verdadeira cláusula aberta de controle que visa impedir uma atuação meramente formal, robotizada e acrítica.

Como registrado no manual editado pelo Ministério Público do Rio Grande do Norte: "Por se tratar de um instituto de política criminal de eleição de prioridades, com o objetivo fundamental de agilização da resposta Estatal, muito importante que o binômio 'necessário e suficiente para reprovação e prevenção do crime' seja devidamente analisado pelo membro do Ministério Público. Se for verificado, por exemplo, que ao final de uma eventual condenação à pena privativa de liberdade, esta possa ser substituída por uma pena restritiva de direito, talvez o mais prudente seja propor o ANNP desde já; por outro lado, se preenchidos os requisitos, mas o grau de reprovabilidade da conduta for tamanho, não deve ser proposto o ANPP[9]".

Assim, por exemplo, embora preencha os requisitos formais, não atende aos critérios de necessidade e suficiência para a repressão e prevenção do crime, a celebração de ANPP em delitos hediondos[10].

É verdade que a textura aberta dessa norma pode potencialmente levar ao que Calsamiglia denomina como "desacordos valorativos", apontado pelo autor como um o problema decorrente não tanto da sua redação jurídica em si, mas sim do procedimento adotado por cada uma das instituições e seus agentes, pautados em critérios institucionais distintos entre si, que resultam em grandes discordâncias[11]. Essa divergente atuação institucional é potencialmente danosa à proteção dos direitos fundamentais, pelo que se faz necessária a tomada de medidas que busquem a correção do chamado desarranjo institucional que, segundo Antonio Suxberger, se refere a tecnologia jurídica, dimensão que responde pela institucionalidade do Estado e pela exteriorização da ação estatal[12]. Para

---

9 MINISTÉRIO PÚBLICO DO RIO GRANDE DO NORTE. Manual de Atuação e Orientação Funcional sobre o Acordo de Não Persecução Penal (ANPP). Natal: CAOP/CRIM. p. 24. Disponível em http://site1381759324.provisorio.ws/mprn-elabora-manual-de-atuacao-e-orientacao-funcional-sobre-o-acordo-de-nao-persecucao-penal. Acesso em 09.12.2020.

10 Neste sentido é o Enunciado 22 do GNCCRIM, aprovado pelo Conselho Nacional de Procuradores-Gerais (CNPG), que defende a não aplicação do ANPP aos crimes hediondos e equiparados, pois, em relação a este o acordo não seria suficiente para a reprovação e prevenção do crime.

11 CALSAMIGLIA, Albert. Teoría del participante versus teoria general del Derecho: una aproximación. In: Anuário de filosofia del derecho, n. 13-14. págs. 485-507. 1997, p. 499.

12 SUXBERGER, Antonio Henrique Graciano. O Direito nas políticas públicas: o déficit de efetividade dos direitos é um problema normativo ou institucional? In: CALHAO, Antônio Ernani Pedroso; MENEZES, Rafael Lessa Vieira de (Org.). Direitos Humanos e Democracia: es-

tanto, imprescindível uma atuação institucional minimamente pautada em planos de sistematicidade, com critérios bem ordenados capazes de assegurar um padrão uniforme de atuação concebido por racionalidade gerencial e de orientação pragmática.

Neste sentido, ganham relevo as orientações e protocolos administrativos e decisões emitidos pela cúpula dos órgãos ou instituições a que pertençam os agentes públicos, capazes de moldar, minimamente, os critérios, diretrizes e planos objetivos de sistematicidade que lhes assegurem um padrão de comportamento e atuação homogênea[13]. Por isso que a nova redação da Resolução CNMP 181/2017 dada pela Resolução 289/2024 dispõe no art. 18-J que: "Os órgãos de coordenação e revisão do Ministério Público editarão diretrizes, orientações, enunciados, súmulas e recomendações indicativas para a dosimetria das medidas fixadas na celebração do acordo, bem como casos para os quais o acordo não se revele medida suficiente e necessária para a reprovação ou prevenção do crime".

Forte nesta concepção, é digna de encômios a orientação conjunta n. 1/2020 - PGJ/SP e CGMP/SP do Ministério Público de São Paulo ao indicar pela incompatibilidade constitucional do ANPP com os crimes de racismo, compreendidos aqueles tipificados na Lei 7.716/89 e no art. 140, §3º, do Código Penal[14], medida que uniformiza o descabimento do ANPP nestes casos.

---

tudos em homenagem ao professor Vital Moreira. Rio de Janeiro: Lumen Juris, p. 111-127. 2018, p. 11.

13 Em obra escrita por um dos autores deste trabalho, é dado destaque funcional às orientações protocolares como importante instrumento de verificação do lídimo espaço de interpretação inerente aos agentes públicos em geral, ambiente indene de eventual imputação de abuso de autoridade ante a previsão do art. 1º, § 2º, da Lei 13.869/2019. SOUZA, Renee do Ó Souza. Comentários à nova Lei de Abuso de Autoridade. Salvador: Juspodivm, 2020.

14 A orientação foi escorada nas lições de Mariano Paganini, que sustenta: "Nada obstante, baseando-se nos requisitos subjetivos e tendo em vista as particularidades do caso concreto, o tratamento constitucional mais rigoroso dispensado aos crimes de racismo em razão do bem jurídico tutelado e o fato de recaírem sobre vítimas pertencentes a grupos historicamente vulneráveis, o membro do Ministério Público com atribuições para o feito, poderá entender que o acordo (instrumento extrajudicial de política criminal) não é adequado e suficiente para a prevenção e reprovação do crime, deixando, fundamentadamente, de propô-lo e, ato contínuo, formulando a denúncia em juízo." (LAURIA, Mariano Paganini. Capítulo 10 - Preconceito de Raça ou de Cor - Lei 7347/1985. In: Rogério Sanches Cunha;

4. PEDIDO DE REVISÃO NO CASO DE RECUSA EM PROPOR O ANPP

Cabe-nos examinar o disposto no § 14 do art. 28-A do CPP que dispõe que "No caso de recusa, por parte do Ministério Público, em propor o acordo de não persecução penal, o investigado poderá requerer a remessa dos autos a órgão superior, na forma do art. 28 deste Código".

Dada a natureza discricionária da atuação do membro do Ministério Público no tocante ao oferecimento do ANPP, deve-se compreender referido dispositivo como um autêntico pedido de revisão administrativa voltado àquelas situações em que houve recusa devidamente fundamentada, porque ausentes os requisitos objetivos para o ato. Isso significa que nos casos em que houve omissão pura e simples, sem qualquer justificativa para tanto, deverá o investigado requerer a propositura do ANPP, com vistas a evitar a supressão de atribuições do membro do Ministério Público natural.

O dispositivo também não é aplicável nos casos em que o investigado pretende (re)discutir as cláusulas contidas na proposta de ANPP formulada pelo membro do Ministério Público visto que se refere textualmente à recusa, entendida como a negativa expressa na propositura do acordo. Além disso, a discussão das cláusulas de ANPP deve ser feita na fase de negociação, regida que é pela autorreferência e voluntariedade negocial de modo que uma pretensão corretiva via Procurador-Geral de Justiça mostra-se contrária a esses elementos essenciais do ato. Assim, por exemplo, nos termos do que sustenta a nova Súmula n.º 190, editada pela Procuradoria-Geral de Justiça do Ministério Público do Estado de São Paulo, não se conhecerá de pedido de revisão de recusa de acordo de não persecução penal que tenha como pretensão o afastamento da condição de reparação do dano imposta pelo membro do Ministério Público oficiante, nas hipóteses em que houver prejuízo econômico para a vítima.

Observe-se que o Código de Processo Penal (CPP) não especifica detalhadamente o procedimento a ser adotado nesse caso. Assim, com o objetivo de regulamentar tal disposição, o Conselho Nacional do Ministério Público (CNMP), por meio da Resolução nº 181/2017, com a

Ronaldo Batista Pinto e Renee do Ó Souza. (Org.). Leis Penais Especiais Comentadas Artigo por Artigo. 01 ed. Salvador: Juspodivm, 2020, p. 436).

redação conferida pela Resolução nº 289/2024, estabeleceu, no artigo 18-G, um rito processual que define as formalidades e prazos para a interposição do pedido de revisão. Dessa forma, ficou estabelecido que:

> Art. 18-G. Não sendo o caso de proposição do acordo de não persecução penal, a recusa, que sempre será fundamentada, deverá constar nos autos do procedimento investigatório ou na cota da respectiva denúncia.
>
> § 1º. Em caso de recusa em propor o acordo de não persecução penal é cabível o pedido de remessa dos autos ao órgão superior previsto no § 14 do art. 28-A do Código de Processo Penal, no prazo de 10 (dez) dias.
>
> § 2º. No caso de recusa ao oferecimento do acordo de não persecução penal indicada na cota da denúncia, o prazo para o pedido de remessa ao órgão superior contará da citação para resposta à acusação.
>
> § 3º. Havendo recusa em propor o acordo de não persecução penal nos autos de procedimento investigatório, o prazo para o pedido de remessa ao órgão superior contará da comunicação da recusa ao interessado.
>
> § 4º. Apresentado o pedido acima junto ao órgão que recusou o acordo, o membro do Ministério Público deverá remetê-lo, caso não haja reconsideração, no prazo de 3 (três) dias, juntamente com cópia das principais peças da fase pré-processual e da decisão impugnada ao órgão superior para apreciação.
>
> § 5º. O denunciado poderá pleitear diretamente ao órgão superior a revisão da decisão que recusou o oferecimento do acordo de não persecução penal, obedecido o prazo mencionado no § 1º deste artigo.

Da análise do dispositivo supracitado, destaca-se a previsão de um juízo de retratação em relação à decisão que recusa a propositura do Acordo de Não Persecução Penal (ANPP), o que confere maior dinamismo ao fluxo procedimental do pedido de remessa à instância superior.

De todo modo, resta perceptível que o pedido de revisão não tem natureza suspensiva, o que pode provocar alguns transtornos processuais no caso de o mesmo ser provido já que a denúncia já terá sido oferecida. Neste caso, à luz do que vem decidindo o Supremo Tribunal Federal acerca do cabimento do ANPP para os casos praticados antes da Lei 13.964/2019[15], nos parece necessário que a decisão reformado-

[15] Tese fixada pela 1ª Turma STF no j. HC 191.464, Rel. Min. Roberto Barroso, sessão virtual de 30.10.2020 a 10.11.2020: "O Acordo de não persecução penal (ANPP) aplica-se a fatos ocor-

ra deverá ser tomada – e o acordo proposto – antes do recebimento da denúncia, fase a que se refere o art. 399 do CPP, isto é, após a defesa de mérito do art. 396-A do CPP.

Também deve-se anotar que, forte da natureza discricionária (regrada) do acordo de não persecução penal, que se não traduz em direito subjetivo do investigado, não é dado ao Poder Judiciário concedê-lo unilateralmente, em substituição à atuação ministerial, pelos motivos expostos acima.

5. ACORDO DE NÃO PERSECUÇÃO PENAL E AUDIÊNCIA DE CUSTÓDIA

As disposições do art. 28-A do CPP não tem previsão semelhante àquela contida no § 7º do seu art. 18 da Resolução 181/2017 do CNMP que previa a possibilidade de o Acordo ser celebrado na mesma oportunidade da audiência de custódia, o que criou algum estado de dúvidas sobre o assunto.

O tema voltou a ganhar algum destaque depois que o CNJ, por meio da resolução n.º 357/2020 que alterou o art. 19, § 3º, da Resolução 329/2020, passou a prever que na audiência de custódia "A participação do Ministério Público deverá ser assegurada, com intimação prévia e obrigatória, podendo propor, inclusive, o acordo de não persecução penal nas hipóteses previstas no artigo 28-A do Código de Processo Penal". Mesmo levando em conta que referida disposição foi revogada pela Resolução CNJ 481/22, remanesce o interesse de estudo no tema.

A questão passa pelo confronto entre a solução de mérito do ANPP e o objetivo a que se destina a audiência de custódia, absolutamente desconectado do mérito do caso, em que a prova da autoria e da materialidade colhida no auto de prisão em flagrante serve, quando muito, para dar justa causa para a decretação da prisão preventiva. Para alguns, a proximidade temporal da audiência de custódia com a prisão do acusado e com a própria prática delitiva, dada a possível alteração de ânimo,

ridos antes da Lei 13.964/2019, desde que não recebida a denúncia". (Embargos declaração no agravo regimental no recurso extraordinário com Agravo nº 1.278.286, Min. Luiz Fux, DJ de 18.12.2020).

agitação e estresse do preso pode prejudicar o consentimento adequado e voluntariedade necessários para a celebração do ANPP.

Há, entretanto, que se considerar que, em determinadas situações, sustentar uma inexorável quebra da voluntariedade e de discernimento do investigado porque o sujeito se encontra preso é uma presunção exagerada, além de ser incontestável que o aproveitamento da audiência de custódia para a propositura do ANPP representa medida de economia processual vez que a reunião do membro do Poder Judiciário, do Ministério Público, do Defensor do preso pode ser mais bem aproveitada para dar um desfecho social e processualmente útil ao caso. No mesmo sentido, sustenta Vladimir Aras: "não há incompatibilidade com o propósito dessa audiência, uma vez que, feito o acordo, não haverá processo penal. Por outro lado, o aproveitamento dessa etapa procedimental contribui para a duração razoável do processo e, concretamente, para que não exista processo penal algum, o que é, evidentemente, uma solução alternativa de processo penal muito benéfica ao suspeito preso em flagrante[16]".

Para tanto, é absolutamente necessário que seja assegurada qualidade informacional a respeito do ANPP e um consentimento consciente ao investigado, o que deverá ser feito após a análise da plenitude de suas condições e de seu estado emocional, além do pleno exercício de sua defesa no ato, realizado mediante exame do caso, acesso a todos os documentos e provas dos autos, aconselhamento reservado e negociação ativa no acordo.

Assim, em casos em que o preso esteja sob efeito de drogas ou tomado por forte emoção que prejudique a compreensão integral da proposta, ou em situações em que as partes não tenham tido o devido acesso amplo aos autos, o ANPP será incabível. Isso significa que caso a defesa postule, na audiência de custódia, pela realização do ANPP e o MP entenda necessária uma análise mais detalhada do caso, poderá prorrogar sua oferta para momento posterior (não há, nesse caso, verdadeira recusa definitiva em propor o ANPP).

---

16 ARAS, Vladimir. Acordo de Não Persecução Penal após a Lei 13.964/2019. In: Lei Anticrime Comentada. CAVALCANTE, Andre Clark Nunes. Et al (org.). Leme: JH Mizuno. 2020, p. 188.

Em qualquer caso, porém, não há vedação para que se aproveite a audiência de custódia para serem deflagradas as tratativas iniciais para a propositura posterior de um ANPP. Com alguma variação estrutural, é a posição de Renato Brasileiro: "Destarte, o ideal é concluir que o Ministério Público poderá aproveitar o deslocamento do preso à audiência de custódia e, em ato dela separado, porém na mesma oportunidade, eventualmente propor e celebrar o acordo, o que viria ao encontro dos princípios da economia processual, celeridade e razoável duração do processo. Para tanto, há de se verificar se o Promotor de Justiça responsável pela proposta e celebração do acordo, assim como o magistrado responsável pela homologação da avença, são, respectivamente, o promotor e o juiz natural do caso, sob pena de manifesta violação ao art. 5º, LIII, da CF. De todo modo, logrando-se êxito na celebração do acordo de não-persecução penal na mesma oportunidade da audiência de custódia, o preso deverá ser prontamente colocado em liberdade[17]".

6. ACORDO DE NÃO PERSECUÇÃO PENAL E DESCABIMENTO DA AÇÃO PENAL SUBSIDIÁRIA DA PÚBLICA

Como de trivial sabença, o que justifica a eventual propositura da ação subsidiária é a inércia do Ministério Público e não simplesmente o não oferecimento de denúncia. Em outras palavras, para que tenha cabimento o ajuizamento da ação subsidiária é necessário que se caracterize a omissão do Ministério Público, pela ausência de qualquer manifestação dentro do prazo previsto na lei para o oferecimento da denúncia. Nesse sentido, Superior Tribunal de Justiça, julgado em 2.12.2010, HC 175.141/MT, *Informativo STJ*, dez. 2010.

Esse, inclusive, o entendimento firmado por meio do enunciado 524 da Súmula do Supremo Tribunal Federal (vedado o oferecimento de ação penal após homologação do arquivamento pelo Poder Judiciário, salvo se surgirem novas provas).

Portanto, absolutamente sem razão supor ser cabível a ação penal subsidiária nos casos em que o Ministério Público deixar de oferecer denúncia face à realização do acordo de não persecução penal. Ora, em

[17] LIMA, Renato Brasileiro de. Manual de Processo Penal, 8ª ed., Salvador: Juspodivm, 2020. p. 276.

situações tais, por óbvio, não há que se falar em omissão ou inércia ministerial, mas em cumprimento do dever do agente político, desde que verificada a presença dos requisitos mínimos para tanto e ausência de hipóteses de vedação da avença.

A realização do acordo de não persecução, ao contrário do que se tem afirmado, não poderia ser entendida como inércia ou omissão do membro do Ministério Público, mas como cumprimento do mister ministerial na busca por aplicar os princípios constitucionais da eficiência (art. 37, *caput*, da Constituição Federal); da proporcionalidade (art. 5º, LIV, CF); da celeridade (art. 5º, LXXVIII, CF) e do acusatório (art. 129, incs. I, VI e VIII, CF)[18].

7. CONCURSO DE CRIMES – LIMITAÇÕES À REALIZAÇÃO DO ACORDO

Em que pese ainda remanesça certa divergência em relação ao tema, fundada no disposto pelo art. 119 do Código Penal ("no caso de concurso de crimes, a extinção da punibilidade incidirá sobre a pena de cada um, isoladamente"), é certo que a legislação optou por não se afastar do entendimento jurisprudencial amplamente predominante, ao prever, no § 1º do art. 28-A do CPP que "Para aferição da pena mínima cominada ao delito a que se refere o caput deste artigo, serão consideradas as causas de aumento e diminuição aplicáveis ao caso concreto."

Assim, na esteira daquilo que já foi sedimentado no que toca à transação penal e suspensão condicional do processo, não há que se falar em realização do acordo de não persecução penal quando a somatória das penas mínimas das infrações penais cometidas em concurso material ou o acréscimo decorrente do concurso formal ou continuidade delitiva, elevar o *quantum* mínimo para patamar superior a quatro anos. Neste sentido, o enunciado 243 da Súmula do Eg. Superior Tribunal de Justiça: "*O benefício da suspensão do processo não é aplicável em relação às infrações penais cometidas em concurso material, concurso formal ou continuidade delitiva, quando a pena mínima cominada, seja pelo somatório, seja*

---

18 Embora a lição seja referente ao procedimento do juizado especial, Afrânio Silva Jardim sustenta que o Ministério Público, ao oferecer proposta de aplicação de pena não privativa da liberdade, está exercendo a ação penal, ainda que de maneira informal (*Boletim do IBCCrim*04(48): 04 de novembro de 1996).

pela incidência da majorante, ultrapassar o limite de (01) um ano". Em sentido semelhante é a súmula 723 do Supremo Tribunal Federal, que dispõe: "Não se admite a suspensão condicional do processo por crime continuado, se a soma da pena mínima da infração mais grave com o aumento mínimo de um sexto for superior a um ano".

A questão foi definitivamente consolidada com as reformas introduzidas pela Resolução CNMP 181/2017, que, após a Resolução 289/2024, passou a prever, nos §§ 3º e 4º do art. 18, que além das hipóteses previstas no art. 28-A, § 2º, do Código de Processo Penal, também não será admitida a proposta de acordo de não persecução penal nas infrações penais cometidas em concurso material, concurso formal ou em continuidade delitiva, quando a pena mínima cominada, seja pelo somatório, seja pela incidência de majorantes, ultrapassar o limite de 4 (quatro) anos. Ademais, para fins de aferição da pena mínima cominada à infração penal, serão consideradas as causas de aumento e diminuição aplicáveis ao caso concreto, devendo-se aplicar abstratamente a maior diminuição e o menor aumento, uma vez que o parâmetro legal é o piso punitivo.

8. CRIMES PERPETRADOS EM CONCURSO DE PESSOAS COM PREENCHIMENTO DOS REQUISITOS PARA EFETIVAÇÃO DO ACORDO DE NÃO PERSECUÇÃO PENAL POR APENAS UM DOS AGENTES – DIVISIBILIDADE DA AÇÃO PENAL

A questão posta passa necessariamente pela necessidade de se assentar se o ordenamento jurídico brasileiro, no que toca à ação penal pública, é regido pelo princípio da indisponibilidade ou da disponibilidade.

Há intensa discussão doutrinária e jurisprudencial acerca da questão. Certo é que o princípio da indivisibilidade da ação penal é corolário do princípio da obrigatoriedade e, por meio daquele se estabelece que, nos dizeres de Renato Brasileiro de Lima, *"o processo criminal de um obriga ao processo de todos"*, pelo que *"havendo elementos probatórios quanto a coautores e partícipes, o Ministério Público está obrigado a oferecer denúncia em relação a todos"*[19].

[19] LIMA, Renato Brasileiro de. Manual de Processo Penal. Salvador: Juspodivm, 8ª ed., 2020, p. 328.

Enquanto a doutrina estabelece, em sua esmagadora maioria, que a ação penal pública é regida pelo princípio da indisponibilidade, a jurisprudência definiu-se no sentido de que é informada pelo princípio da divisibilidade, já que o membro do Ministério Público poderá aditar posteriormente a inicial acusatória.

Em verdade, são duas faces de uma mesma moeda, sendo apenas aparente a divergência. Ora, presentes os requisitos da denúncia e as condições da ação penal pública, bem como identificados todos os coautores e partícipes do delito, o Ministério Público deverá desencadear a ação penal contra todos eles. Por outro lado, caso não adequadamente identificados ou não comprovada suficientemente a participação de qualquer deles, poderão ser determinadas diligências para futuro aditamento da exordial acusatória.

Portanto, em caso de concurso de pessoas, se somente algum ou alguns dos investigados preencherem os requisitos para firmar o acordo de não persecução penal, ou quiserem fazê-lo, nada impede que a avença seja efetivada em relação a eles e os demais sejam denunciados. Trata-se de situação corriqueira nos crimes de menor potencial ofensivo praticados em concurso de pessoas, no caso em que um dos agentes não pode ou recusa a proposta de transação penal e tem, contra si, oferecida denúncia penal. Os demais, que podiam e aceitaram a transação penal terão extintas suas punibilidades.

Tampouco há impedimento para o aditamento da denúncia, em caso de descumprimento do acordo por algum dos beneficiados, com fito de incluí-lo no polo passivo da ação, porque inexiste preclusão neste caso, conforme se extrai do art. 569 do CPP.

O aditamento com a inclusão do corréu deve ser feito dentro da perspectiva de que a medida será mais útil para o julgamento conjunto de todos os réus na mesma ação penal. Caso o aditamento provoque tumulto processual ou retardamento indevido da marcha processual, como no caso de o processo original encontrar-se na fase decisória, mais recomendável seja evitado, de modo que o oferecimento de uma nova denúncia e, portanto, a deflagração de um novo processo penal, é a medida mais adequada. Essa é a teleologia do art. 80 do CPP.

Há ainda outro ponto importante a ser examinado. O investigado que celebra e cumpre um ANPP pode ser ouvido como testemunha no processo penal manejado contra as demais pessoas acusadas pelo mesmo fato criminoso?

De fato, não subsiste proibição para que a referida pessoa seja inquirida durante a fase instrutória, contudo, o seu depoimento será prestado na qualidade de testemunha não compromissada, de acordo com as disposições do art. 214 do Código de Processo Penal. Essa é a orientação consolidada pelo Superior Tribunal de Justiça (STJ). Conforme entendimento da Corte, "a despeito de um corréu não ter sido denunciado, por ter feito Acordo de Não Persecução Penal, inexiste impedimento para sua oitiva como informante, mas não como testemunha, por ter sido um agente na prática do crime em investigação" (STJ. AgRg no RHC n. 144.641/PR, Rel. Joel Ilan Paciornik, 5ª T., j. em 28/11/2022).

Trata-se, inclusive, do mesmo entendimento já consolidado no Superior Tribunal de Justiça no tocante a corréus que tenham pactuado a suspensão condicional do processo e foram convocados para prestar depoimento como testemunhas em relação aos demais acusados. Neste sentido prevê, textualmente, o art. 18-D da Resolução CNMP 181/2017, com redação dada pela Resolução 289/2024: "A celebração do acordo de não persecução penal não impede que o beneficiário seja chamado para prestar declaração em juízo sobre as imputações deduzidas em desfavor dos corréus, respeitadas as regras próprias da chamada de corréu".

9. INVESTIGADO INIMPUTÁVEL

Em princípio, a celebração do acordo de não persecução deve ocorrer com o investigado plenamente capaz. Em situações em que houver dúvidas quanto à sua integridade mental, a nosso ver, o acordo não pode ser efetuado. Isso se deve ao fato de que indivíduos inimputáveis ou semi-imputáveis não têm a capacidade de manifestar validamente sua vontade, mesmo por intermédio de um defensor ou curador, uma vez que se trata de um ato personalíssimo.

Nesse caso, é imprescindível a realização do exame de insanidade mental, o que anula a célere pretensão consensual do instituto, recomendando-se, então, o prosseguimento da persecução penal pelo rito comum.

Além disso, em casos assim, a prestação de serviços à comunidade ou à entidade pública pode não ser indicada ao estado de saúde do investigado, sendo ainda medida inconfundível com as medidas de segurança aplicadas aos inimputáveis pela legislação penal vigente, pelo que não podem – prestação de serviços e medida de segurança – serem tidas como equivalentes entre si.

Em sentido contrário defende Rodrigo Cabral para quem o ANPP pode ser celebrado mediante o regime da decisão apoiada (CC, art. 1.783-A) e desde que exista uma clara vantagem e seja respeitada a especial condição do investigado, fundamentalmente com relação às suas características, o modo e local de cumprimento[20].

10. ACORDO DE NÃO PERSECUÇÃO PENAL E IMPOSSIBILIDADE DE REPARAR O DANO

É certo, salvo algumas raras exceções ("infrações penais há que originam tão-somente a pretensão punitiva, como ocorre, por exemplo, em certos casos de tentativa branca, no crime impossível, nos crimes contra a paz pública, em alguns crimes contra a administração da justiça"[21]), que a prática de um delito acarreta não somente o surgimento da pretensão punitiva do Estado, mas também a obrigação de reparar os danos por ele gerados.

Trata-se de providência prioritariamente consagrada na legislação, porquanto figura como a primeira medida prevista em seus ditames. Cumpre observar que tal disposição, ao estabelecer a reparação do dano ou a restituição do bem à vítima, sempre que exequível, reveste-se de caráter imperativo. Essa norma materializa o que se convencionou denominar "terceira via" do Direito Penal[22], ao conferir protagonismo à vítima dentro da política criminal da justiça consensual, buscando restaurar o equilíbrio social e individual rompido pela prática criminosa. Nesse sentido, são dignas de louvor as novas Súmulas n.º 190 e 191, editadas pela Procuradoria-Geral de Justiça do Ministério Público do Estado de São Paulo, a qual dispõem:

---

20 CABRAL, Rodrigo Leite Ferreira. Manual do Acordo de Não Persecução Penal. Salvador: Juspodivm, 2020. p. 117 a 119.

21 TOURINHO FILHO, Fernando da Costa, Processo Penal, Vol. II, 20ª ed, São Paulo: Saraiva, 1998, p. 3.

22 ROXIN, Claus. Direito Penal: parte geral: tomo I: fundamentos: a estrutura da teoria do crime. Tradução: Luís Greco. São Paulo: Marcial Pons, 2024. p. 249.

> PROCESSO PENAL. ARTIGO 28-A, § 14, DO CPP. RECUSA DE ACORDO DE NÃO PERSECUÇÃO PENAL (ANPP). AFASTAMENTO DA CONDIÇÃO DE REPARAÇÃO DO DANO. OCORRÊNCIA DE PREJUÍZO ECONÔMICO DA VÍTIMA. INCOGNOSCIBILIDADE DO PEDIDO DE REVISÃO. Não se conhecerá de pedido de revisão de recusa de acordo de não persecução penal que tenha como pretensão o afastamento da condição de reparação do dano imposta pelo membro do Ministério Público oficiante, nas hipóteses em que houver prejuízo econômico para a vítima.
>
> PROCESSO PENAL. ARTIGO 28-A, INCISO I, DO CPP. ACORDO DE NÃO PERSECUÇÃO PENAL (ANPP). PREJUÍZO ECONÔMICO PARA A VÍTIMA. OBRIGATORIEDADE DA CLÁUSULA DE REPARAÇÃO DO DANO. A cláusula de reparação do dano no acordo de não persecução penal é obrigatória quando o delito resultar prejuízo econômico à vítima. A ressalva legal prevista no artigo 28-A, inciso I, do CPP, diz respeito à impossibilidade de ressarcimento no que refere às consequências patrimoniais do delito e não à eventual impossibilidade financeira do réu.

Mas como destacado pela norma, a impossibilidade de reparar o dano não é empecilho à ultimação do acordo de não persecução penal, o que se depreende da simples leitura do inciso I do art. 28-A do CPP. Assim, diante da inviabilidade de reparação do dano, serão fixadas condições outras, dentre aquelas previstas, de molde a assegurar a tutela do bem jurídico atingido no caso pela conduta do agente e a satisfação das expectativas sociais pela efetivação da justiça[23].

Nesse sentido, as pertinentes colocações de EMERSON GARCIA, ao afirmar que a *"possibilidade de os requisitos serem cumpridos de forma cumulativa, ou não, denota que devem apresentar uma relação de proporcionalidade em relação à infração penal, não estando submetidos apenas ao arbítrio do membro do Ministério Público."*[24]

Neste ponto, de toda sorte, há que se considerar alguns aspectos relevantes. Quando se poderia dizer que há impossibilidade de reparar o dano?

---

[23] Exatamente como ocorre, por exemplo, com a disposição do art. 27 da Lei 9.605/98, *in fine*.

[24] GARCIA, Emerson, O acordo de não-persecução penal passível de ser celebrado pelo Ministério Público: breves reflexões. Disponível em https://www.conamp.org.br/pt/biblioteca/artigos/item/1772-o-acordo-de-nao-persecucao-penal-passivel-de-ser-celebrado-pelo-ministerio-publico-breves-reflexoes.html. Acesso em 09/12/2020).

Assim, como primeira situação de impossibilidade de reparar o dano, de se citar os casos tais, em que não se verifica a ocorrência de um dano, em que pese tenha ocorrido o delito. Há situações outras, em que a reparação do dano é impossível em razão do perecimento do objeto tutelado, que não pode mais ser recomposto, típico caso de alguns crimes ambientais em que, uma vez ocorrida a degradação, não há mais possibilidade de retorno ao *status quo ante*.

Por fim, é importante destacar que a incapacidade financeira do investigado pode tornar impossível a reparação do dano. Nessas circunstâncias, semelhante ao que ocorre nos casos de suspensão condicional do processo, nas quais o acusado tem a oportunidade de evitar a revogação do benefício ao comprovar motivo justificado para a não reparação do dano, esse fator não seria necessariamente um obstáculo absoluto para a celebração do acordo.

Emergindo mencionada situação, pontos relevantíssimos devem ser considerados: (a) incumbe ao investigado a prova cabal de sua vulnerabilidade financeira, não bastando a mera alegação; (b) deve o agente ministerial, convencido e seguro da situação de insolvência do investigado, atentar-se para a conveniência de propor o cumprimento de outra condição, desde que proporcional e compatível com a infração penal aparentemente praticada.

Ademais, a vítima não fica, de todo modo, impedida de buscar o Juízo Cível, visando a reparação do dano sofrido. Nesse sentido:

> *"(...)1. A suspensão condicional do processo insere-se no âmbito dialogal do Processo Penal, inaugurado com a Lei 9.099/95. A reparação do dano é uma obrigação legal, a qual somente pode ser contornada na hipótese em que se comprovar a hipossuficiência do acusado. Caso não seja alcançado o consenso acerca dos termos da suspensão, segue o processo. In casu, não se convencendo o Parquet e o magistrado da precariedade financeira do réu, não se concretizou o sursis processual. Não há falar em violação do constitucional princípio da igualdade, nem do inciso I do 1.º do art. 89 da Lei 9.099/95, pois não foi condicionada cegamente a suspensão ao ressarcimento do dano, mas, antes, não se teria comprovado a situação de penúria do autor do fato. Ademais, não sendo a reparação do dano condição para a efetivação da suspensão, mas antes, pressuposto para a ulterior extinção da punibilidade, é inviável, de pronto, afastá-la; até mesmo porque haveria verdadeira aporia decorrente pronunciamento judicial, na seara penal, reconhecendo a*

impossibilidade do pagamento, a gerar embaraços à via reparatória no juízo cível(...)". (STJ. RHC: 20687 SP 2007/0005071-2, Rel. Min. Maria Thereza De Assis Moura. J.: 23/02/2010, 6ª T., DJe 15/03/2010).

Andrey Borges de Mendonça, de forma pertinente anota: "É de se questionar se a reparação do dano precisa ou não ser integral. Segundo nos parece, em princípio deve se estabelecer o completo retorno ao status quo ante, reparando-se todo o dano causado, sob pena de enriquecimento ilícito e de prejuízos à vítima. No entanto, excepcionalmente e de maneira fundamentada – e nesse ponto o ônus argumentativo é da defesa e do membro do MP que aceita firmar o acordo – pode-se excepcionar a reparação integral, caso demonstrada a sua impossibilidade e a viabilidade apenas da reparação parcial, se aplicada em conjunto com outras condições[25]".

Questão que também se coloca aqui é sobre a possibilidade de o acordo buscar eventual **dano moral coletivo**, sobretudo nos crimes vagos.

Depois da reforma trazida pela Lei 11.719/2008, consolidou-se a possibilidade de, na sentença penal, ser fixado um valor mínimo para a reparação civil do dano causado pela infração penal, conforme prevê o art. 387, IV, do CPP. Trata-se de sistemática que busca dar maior efetividade ao direito da vítima em ver ressarcido o dano sofrido, produzindo uma espécie de unidade de juízo, em que diferentes esferas de responsabilidade são, excepcionalmente, cumuladas por instâncias julgadoras diferentes. Embora a legislação fale em fixação de valor mínimo para reparação dos danos causados pelo delito, considerando os prejuízos sofridos pelo ofendido, a nova regra permite que, na sentença penal, haverá, mesmo que limitada, uma sanção cível líquida, apta a ser executada.

Como a norma não limitou, é possível a fixação de valor de dano moral sofrido pela vítima. Nesse sentido, já decidiu o STJ: REsp 1.585.684-DF, Rel. Min. Maria Thereza de Assis Moura, julgado em 9/8/2016, DJe 24/8/2016 (Informativo 588).

Nos delitos cujos interesses e bens jurídicos tutelados não são pessoas determinadas, porque são de interesses de todos, como crimes

[25] MENDONÇA, Andrey Borges de. Acordo de Não Persecução Penal e o Pacote Anticrime (Lei 13694/2019). In: GONÇALVES, Antonio Baptista. Lei Anticrime: Um olhar criminológico, político-criminal, penitenciário e judicial. São Paulo: RT, 2020, pp. 277-32. p. 16.

ambientais, crimes contra o sistema financeiro, do colarinho branco, etc., admite-se a fixação de indenização a título de danos morais coletivos. Trata-se de modalidade de dano moral ocorrido em meio à coletividade, violada no círculo de valores que deve nutrir com o Estado. "*Quando se fala em dano moral coletivo, está-se fazendo menção ao fato de que o patrimônio valorativo de uma certa comunidade (maior ou menor), idealmente considerado, foi agredido de maneira absolutamente injustificável do ponto de vista jurídico*[26]".

No mesmo sentido, já decidiu o STJ: o dano moral coletivo atinge interesse não patrimonial de classe específica ou não de pessoas, uma afronta ao sentimento geral dos titulares da relação jurídica-base (STJ. Resp. SP 201001051042 - 2ª T. Dje: 08/03/2012)[27].

Sendo assim, é possível que o acordo contemple a reparação do dano moral coletivo, devendo para tanto ser aferida uma adequada determinação do quantum indenizatório.

11. CONDIÇÕES POSSÍVEIS NO ACORDO DE NÃO PERSECUÇÃO PENAL

Uma vez cabível o Acordo de Não Persecução Penal devem ser ajustadas entre órgão do Ministério Público e investigado, cumulativamente ou alternativamente, as seguintes condições: I - reparar o dano ou restituir a coisa à vítima, exceto na impossibilidade de fazê-lo; II - renunciar voluntariamente a bens e direitos indicados pelo Ministério Público como instrumentos, produto ou proveito do crime; III - prestar serviço à comunidade ou a entidades públicas por período correspondente à pena mínima cominada ao delito diminuída de um a dois terços, em local a ser indicado pelo juízo da execução, na forma do art. 46 do Código Penal; IV - pagar prestação pecuniária, a ser estipulada nos termos do art. 45 do Código Penal, a entidade pública ou de interesse social, a ser indicada pelo juízo da execução, que tenha, preferencialmente, como função

---

[26] BITTAR FILHO, Carlos Alberto. Do dano moral coletivo no atual contexto jurídico brasileiro. Disponível em: <*egov.ufsc.br/portal/sites/default/files/anexos/30881-33349-1-PB.pdf*>. Acesso em 09/12/2020.

[27] A mesma 2ª Turma do STJ decidiu recentemente que é possível que a sentença condene o infrator ambiental ao pagamento de quantia em dinheiro a título de compensação por dano moral coletivo (REsp 1.328.753-MG, Rel. Min. Herman Benjamin, julgado em 28/5/2013).

proteger bens jurídicos iguais ou semelhantes aos aparentemente lesados pelo delito; ou V - cumprir, por prazo determinado, outra condição indicada pelo Ministério Público, desde que proporcional e compatível com a infração penal imputada.

Como se vê, a última hipótese legal amplia de maneira significativa as possibilidades de prestações ajustadas no acordo, o que enseja a análise acerca de seus limites jurídicos[28]. A questão então a saber é: podem ser fixadas condições não previstas em lei?

É importante lembrar que o Acordo de Não Persecução Penal possui a natureza de um negócio jurídico extrajudicial, no qual as partes autodeterminam suas vontades, gerando efeitos jurídicos permitidos e autorizados pelo ordenamento jurídico. Nesse modelo de resolução de litígios, a liberdade de negociação é considerada um ponto central, tanto por estar diretamente ligada à autonomia da vontade, quanto por ser parte integrante da convergência de vontades e da cooperação necessária para a proteção do bem jurídico almejada no caso concreto. Por esse motivo, afirma-se que, no modelo de justiça consensual, prevalece o princípio do devido processo consensual[29],

---

28 Essa disposição encontra relativo paralelo no art. art. 79 do Código Penal que prevê que: "A sentença poderá especificar outras condições a que fica subordinada a suspensão, desde que adequadas ao fato e à situação pessoal do condenado".

29 Vale reproduzir algumas considerações sobre o devido processo legal consensual feitas por Vítor Cunha: "O processo devido no âmbito da justiça criminal consensual deve ser compatível com o conteúdo mínimo do devido processo punitivo clássico, sem, contudo, deixar de ser informado pelas diretrizes que conformam qualquer modelo consensual. Logo, para ser devido, é necessário que o procedimento, de início, reforce sensivelmente a posição do acusado, exigindo a observância rigorosa de determinados direitos e garantias individuais constitucionais. Ao mesmo tempo, impõe-se que seja estruturado de modo a promover o diálogo entre as partes e facilitar o atingimento de soluções concertadas, condições sem as quais o modelo pouco tem a contribuir para o objetivo de reduzir os custos do processo penal. Em suma, pode-se afirmar que o devido processo consensual é a cláusula de conteúdo complexo e aberto que qualifica como devido o procedimento estruturado de modo a incentivar práticas leais de consenso para atender aos anseios político-criminais de aumento da celeridade e efetividade da justiça criminal, ao mesmo tempo que preserva a autonomia e liberdade das partes" (CUNHA, Vítor Souza. O Devido Processo Consensual E Os Acordos De Não Persecução Penal. In: Inovações da Lei nº 13.964, de 24 de dezembro de 2019. Andréa Walmsley, Lígia Cireno, Márcia Noll Barboza (org.). Brasília: MPF, 2020. p. 298-299).

estruturado pela autonomia da vontade, princípio da eficiência, da lealdade e da boa-fé objetiva[30].

A liberdade de negociar implica em uma relativa autonomia quanto ao conteúdo do acordo, que não pode ser equiparado a um tipo de contrato de adesão, marcado pela imposição padronizada e meramente formal das condições a serem cumpridas pelo investigado. Além disso, não são permitidas cláusulas que resultem em violações dos direitos fundamentais ou desamparo do bem jurídico protegido pela norma penal supostamente infringida no caso.

Neste sentido, sustenta Marcelle Rodrigues de Faria: "O que cabe analisar nesta oportunidade é que o Ministério Público, ao estabelecer as cláusulas do negócio jurídico extraprocessual, atendendo ao princípio da proporcionalidade, deverá ter a serenidade para não estabelecer condições excessivas aos direitos fundamentais do investigado e que, da mesma maneira, não resulte em proteção deficiente do bem jurídico tutelado, especialmente na hora de analisar o quantum da reparação à vítima, o tempo de prestação de serviço à comunidade, o valor da prestação pecuniária, e fixar outra condição proporcional e compatível com a infração penal imputada[31]".

Como primeiro limite às condições ajustáveis em um acordo, não são permitidas prestações que afetem os direitos de terceiros e/ou que sejam expressamente proibidas pelo ordenamento jurídico, como aquelas consideradas cruéis, executadas por outra pessoa que não o investigado,

---

30 Novamente, valem as reflexões de Vitor Cunha: "Se na justiça conflitual o princípio da boa-fé tem aplicação mais reduzida, essa situação se inverte no modelo de justiça consensual. Em virtude da sua natureza jurídica, os acordos penais devem ser obrigatoriamente celebrados em consonância com os princípios da boa-fé e cooperação. Isso significa que da avença nascem expectativas legítimas de que as partes vão adotar comportamentos que se conformem com o conteúdo do negócio jurídico. Ainda que o acordo não proíba expressamente determinados comportamentos não desejados por uma das partes, a boa-fé objetiva funciona como uma espécie de cláusula geral da qual decorrem deveres automaticamente assumidos no momento da celebração do negócio" (CUNHA, Vítor Souza. O Devido Processo Consensual E Os Acordos De Não Persecução Penal. In: Inovações da Lei nº 13.964, de 24 de dezembro de 2019. Andréa Walmsley, Lígia Cireno, Márcia Noll Barboza (org.). Brasília: MPF, 2020. p. 306).

31 FARIA, Marcelle Rodrigues da Costa. Acordo de não persecução penal como instrumento de política criminal e de reafirmação do sistema acusatório. 2020. 181 F. Tese de Dissertação de Mestrado. Universidade Federal de Mato Grosso. Faculdade de Direito. Cuiabá. p. 139.

envolvendo castigos físicos, entre outras. Além disso, não são aceitáveis prestações que resultem em violações aos valores sociais, de modo que o núcleo essencial da dignidade da pessoa humana deve ser preservado.

Neste contexto, dada a urgente necessidade de conciliar os interesses sociais com a autonomia da vontade, torna-se vital garantir uma decisão consciente e voluntária, que não vá contra o interesse público. Portanto, as prestações devem ser acompanhadas de medidas de garantia (*safeguards*) para evitar abusos. É aqui que se evidencia a principal função da decisão homologatória, na qual o judiciário exerce um verdadeiro papel de proteção dos direitos fundamentais.

Respeitados aqueles limites acima, há, todavia, necessidade de a decisão ser autocontida, de modo a permitir que as condições sejam fixadas a partir das livres escolhas das partes, o que desloca a análise acerca da legalidade do ajuste para as particularidades do caso concreto, de modo a assegurar a solução mais conveniente e oportuna, exatamente como prevê o art. 723, parágrafo único, do CPC. O *standard* decisório é pautado pelo exame do atendimento aos interesses específicos das partes envolvidas, pois, caso não atendidas, evidenciar-se-ia desinteresse pelo acordo ou criação de situações ineficientes ou injustas. Sobreleva-se, neste aspecto, a análise a partir do princípio da juridicidade que permite sejam levados em consideração os elementos materiais contidos no sistema jurídico em seu aspecto substancial, de modo que devem ser admitidas as prestações sociais que levem a tutela penal do bem jurídico contido na infração penal imputada ao investigado.

Respeitados os limites acima, nem sempre claros, é verdade, podem ser fixadas outras condições ou medidas de interesse social que atendem a tutela do direito subjacente à infração penal praticada, embora seja recomendável a utilização de condições prestacionais semelhantes àquelas penas alternativas já previstas na legislação penal como, por exemplo, limitação de final de semana, interdição temporária de direitos, proibição de frequentar determinados lugares (por exemplo, nos casos de investigados abusadores de álcool e outras drogas, ajusta-se a frequência e comprovação a entidade de atendimento de saúde para essa situação), etc. As prestações também podem abranger obrigações que produzam efeito prático equivalente os efeitos extrapenais, tais como perda do cargo, inabilitação para exercício de cargo, etc., e, ainda, aqueles de natureza extrapatrimonial.

Por isso que no ANPP é admitida cláusula de **renúncia à fiança**, cujo valor pode ser revertido como prestação pecuniária para entidade social, sem prejuízo de serem fixadas outras medidas ou de ser fixado valor superior ao da fiança. O ANPP também poderá conter cláusula de renúncia à propriedade de objetos apreendidos ou não, como aqueles definidos no **confisco penal** (seja o comum, por equivalência ou mesmo o confisco alargado (CP, arts. 91 e 91-A).

Assim sendo, de forma resumida, a variedade e adaptabilidade das condições a serem estipuladas no acordo de não persecução podem experimentar relativas inovações e ampliações desde que i) a prestação avençada não seja proibida; ii) não atinja direito de terceiros; iii) não viole valores sociais e nem a dignidade da pessoa humana; iv) seja resguardada a consciência e voluntariedade do investigado; v) seja amparada pela juridicidade que permite sejam levados em consideração os elementos materiais contidos no sistema jurídico em seu aspecto substancial e vi) implique em recomposição social do bem jurídico tutelado pela norma penal aparentemente violada.

12. ACORDO DE NÃO PERSECUÇÃO NOS CRIMES CONTRA ADMINISTRAÇÃO PÚBLICA E FUNCIONAIS

Anote-se que os parâmetros legais do art. 28-A do CPP não impedem a celebração do ANPP nos casos de delitos praticados contra a administração pública que são alcançados pelo instituto. Esse amplo alcance, todavia, não pode levar a destutela da administração pública, situação possível no caso de as condições fixadas no acordo serem insuficientes para uma adequada proteção da probidade administrativa.

Assim, especialmente em casos de elevada gravidade do fato, grande extensão do dano causado, ou significativo proveito patrimonial obtido pelo agente, pode-se pensar na utilização do disposto no inciso V do art. 28-A do CPP para a estabelecimento de outras condições específicas, desde que proporcionais e compatíveis com a infração penal aparentemente praticada. Podem, desse modo, ser avençadas condições como i) compromisso de não contratar com o Poder Público ou receber benefícios ou incentivos fiscais ou creditícios, direta ou indiretamente, ainda que por intermédio de pessoa jurídica da qual seja sócio majoritário, por determinado período; ii) exoneração ou renúncia do cargo, função pública ou mandato eletivo; iii) renúncia ao direito de candidatar-se a cargos públicos eletivos, por determinado período.

Trata-se de condições que resguardam o efeito prático equivalente a alguns dos efeitos penais secundários e extrapenais de uma sentença penal condenatória proferida em processos que versem crimes contra a administração e funcionais, como a perda do cargo, função pública ou mandato eletivo, suspensão dos direitos políticos e inelegibilidade ou inabilitação para outro cargo público. É certo que as condições acima exemplificadas também podem ser inseridas no inciso II do art. 28-A do CPP que prevê a possibilidade de previsão de condição com renúncia voluntária de direitos que serviram de instrumentos do crime.

A proporcionalidade e a compatibilidade da condição, atributos mencionados no inciso V, especialmente nos crimes contra a administração pública, deve pautar-se pela necessidade de conferir ao ANPP feição instrumental suficientemente protetiva do direito fundamental a probidade administrativa. Por isso devem ser engendradas condições que reforçam a confiança nos serviços públicos mediante a produção de efeitos preventivos (específicos e gerais) semelhantes àqueles previstos nas sanções da Lei 8.429/1992 e Lei 12.846/2013, que embora não sejam normas de direito penal, devem conformar uma coerente política pública de proteção a probidade administrativa em todos os sistemas sancionatórios vigentes.

De outro lado, os acordos penais não devem transacionar, negociar e acordar efeitos sancionadores de modo inadequado, desnecessário e insatisfatório, de modo a vulnerar o direito fundamental à probidade administrativa porque a ultrapassagem desse limite mínimo enseja violação ao princípio da proporcionalidade na vertente proibição da proteção deficiente. Os acordos devem assim compatibilizar a proteção normativa pretendida pelo projeto constitucional decorrente do art. 37, § 4º, da CF razão pela qual comportam, com criatividade e atendimento ao caso concreto, medidas e condições suplementares a serem inseridas no ajuste negocial.[32]

[32] Sobre o assunto, vale a leitura da obra "Corrupção ativa empresarial e o acordo de não persecução penal: linhas sobre a atuação do Ministério Público" de autoria de David Kerber de Aguiar, disponível em https://site.mppr.mp.br/sites/hotsites/arquivos_restritos/files/migrados/File/Publicacoes/Corrupcao_Ativa-David_Kerber.pdf.

13. HOMICÍDIO CULPOSO E HOMICÍDIO CULPOSO DE TRÂNSITO (COM PENA MÍNIMA INFERIOR A QUATRO ANOS) – CABIMENTO DO ACORDO DE NÃO PERSECUÇÃO PENAL

Interessa-nos, neste tópico, apontar a possibilidade de realização do acordo de não persecução penal em caso de crimes de homicídio culposo previstos pelo Código Penal e pelo Código de Trânsito Brasileiro (excetuada sua forma qualificada, prevista pelo parágrafo terceiro – em razão se ser superior a quatro anos a pena mínima cominada), os quais são caracterizados pela produção do resultado em razão da conduta imperita, negligente ou imprudente do agente.

A polêmica aqui decorre da possível incidência da vedação legal em celebrar o ANPP em crimes praticados mediante violência, circunstância aparentemente existente nos crimes letais, ainda que culposos. Para uma resposta adequada, é necessário repontuar que a voluntariedade nos crimes culposos se relaciona à conduta e não ao resultado que é não querido, não pretendido pelo agente.

Para nós, no caso de delitos de homicídio culposo, por conseguinte, no que toca à conduta em si, não há violência – a violência está no resultado, característica que autoriza esta espécie de delito ser objeto do acordo de não persecução. Este raciocínio aplicado é, inclusive, facilmente depreendido da redação do art. 44 do Código Penal[33] que, há um só tempo, veda a substituição de pena em casos de aplicação de pena superior a quatro anos e em crimes praticados com violência e grave ameaça mas autoriza a sua aplicação em relação a todos os crimes culposos, independentemente da pena fixada – o que dá indicativos claros de que o critério legal para a aplicação das sanções alternativas é o desvalor da ação (infinitamente menor em relação aos crimes culposos) e não do resultado, que pode ser gravíssimo (como a perda de uma vida).

É cabível o ANPP nos crimes culposos com resultado violento, uma vez que nos delitos desta natureza a conduta tem em si uma violação de

---

[33] "Art. 44. As penas restritivas de direitos são autônomas e substituem as privativas de liberdade, quando:
I – aplicada pena privativa de liberdade não superior a quatro anos e o crime não for cometido com violência ou grave ameaça à pessoa ou, qualquer que seja a pena aplicada, se o crime for culposo."

um dever de cuidado objetivo por negligência, imperícia ou imprudência, cujo resultado é involuntário, não desejado e nem aceito pelo agente, apesar de previsível. Neste sentido Enunciado 23 do Grupo Nacional de Coordenadores de Centro de Apoio Criminal (GNCCRIM), aprovado pelo Conselho Nacional de Procuradores-Gerais (CNPG) que assim dispõe: "É cabível o ANPP nos crimes culposos com resultado violento, uma vez que nos delitos desta natureza a conduta consiste na violação de um dever de cuidado objetivo por negligência, imperícia ou imprudência, cujo resultado é involuntário, não desejado e nem aceito pelo agente, apesar de previsível".

Assim, excetuado o delito qualificado previsto pelo Código de Trânsito Brasileiro em seu art. 302, § 3º, cuja pena mínima fixada é superior a quatro anos, temos que perfeitamente possível a realização do acordo de não persecução penal em relação aos homicídios culposos, desde que presentes todas as demais condições de admissibilidade (investigados primários e com bons antecedentes; confissão formal e minuciosa da prática do delito; antecedentes, conduta social, personalidade do agente, motivos e circunstâncias do delito indicarem que o acordo é resposta necessária e suficiente a fim de alcançar tudo aquilo que se alcançaria com o processo criminal) e ausentes as hipóteses impeditivas (quando admissível a transação penal; o investigado incorra em alguma das hipóteses previstas no art. 76, § 2º, da Lei n. 9.099/95; o aguardo para o cumprimento do acordo possa acarretar a prescrição da pretensão punitiva estatal; nos casos de incidência da Lei nº 11.340, de 7 de agosto de 2006; a celebração do acordo não atender ao que seja necessário e suficiente para a reprovação e prevenção do crime).

Rodrigo Cabral diverge e sustenta que a violência expressa no *caput* do art. 28-A é "tanto a violência dolosa (*v.g.* crime de roubo), quanto a violência culposa (*v.g.* homicídio culposo). Isso porque, o legislador não delimitou a restrição a uma determinada modalidade de imputação subjetiva (o dolo), como o fez, por exemplo, no parágrafo único do art. 71, do Código Penal, nem previu expressamente a possibilidade de ANPP para todos dos delitos culposos, como feito no caso do art. 44, I, *in fine*, CP[34]".

---

[34] CABRAL, Rodrigo Leite Ferreira. Manual do Acordo de Não Persecução Penal. Salvador: Juspodivm, 2020. p. 91.

14. A AMPLA DEFESA E A AUTONOMIA DA VONTADE NO ACORDO

Ao contrário de uma conclusão apressada, o ANPP não viola garantias constitucionais do acusado como a de permanecer em silêncio, contida no art. 5º, LXIII, da Constituição Federal. Isso porque o investigado não é compelido a dizer a verdade ou de não permanecer em silêncio, e a escolha pela intervenção ativa, isto é, de prestar declarações fidedignas sobre os fatos, é baseada na liberdade consciente de uma escolha constitucionalmente permitida.

O direito de escolher entre o exercício ou não do direito ao silêncio ou de confessar detalhadamente um ilícito é amparado pela linha de entendimento que admite que os direitos fundamentais, embora inalienáveis, sejam livremente contidos em prol de uma finalidade acolhida ou tolerada pela ordem constitucional[35], como ocorre em hipóteses de contratos privados envolvendo direitos da personalidade. Nesses casos, a livre restrição a direitos fundamentais é constitucional, desde que (i) não seja permanente nem geral, (ii) decorra de voluntariedade e (iii) represente proporcional aumento do direito à liberdade do investigado, condições que ficarão sob a fiscalização do Ministério Público, do defensor e do próprio acusado[36].

Essa liberdade de apreciação sinalagmática inerente ao ANPP decorre da liberdade de escolhas inerente à autonomia da pessoa, sabidamente um dos pilares da dignidade da pessoa humana que, nas lições de Luís Roberto Barroso, pressupõe *"a capacidade de autodeterminação do indivíduo, de decidir os rumos da própria vida e de desenvolver livremente a sua personalidade. Significa o poder de fazer valorações morais e escolhas existenciais sem imposições externas indevidas*[37]*"*. Por isso que a renúncia

---

35 UNIÃO EUROPEIA, European Court of Human Rights. Grand Chamber. **Case Hermi v. Italy** (application nº 18114/02), p. 24-25.

36 Anota-se que o art. 457, §, 2º, do CPP admite que o acusado reste dispensado de comparecer para a sessão de julgamento perante o Tribunal do Júri, desde que o pedido seja subscrito por ele e seu defensor. O direito de se fazer presente e ser ouvido perante seu julgador é considerado expressão do direito fundamental ao contraditório. Mas nem por isso o dispositivo citado foi inquinado de ilegal ou inconstitucional, mesmo não oferecendo ao acusado qualquer tipo de vantagem penal.

37 BARROSO, Luís Roberto. Curso de direito constitucional contemporâneo: os conceitos fundamentais e a construção do novo modelo. 4. ed. São Paulo: Saraiva, 2013. Item 1.2. (conteúdo jurídico da dignidade da pessoa humana).

a um direito fundamental deve sempre ocorrer em respeito à própria vontade de seu titular por mais que esse ato motive a discordância ou a reprovação moral dos demais, como ensinam Dimoulis e Martins[38].

Anote-se que embora não expressamente mencionada pelo CPP, a autonomia da vontade individual, princípio central da justiça consensuada, está prevista no art. 166 do CPC, art. 2º, inciso V, da Lei 13.140/2015 e art. 2º, inciso II, Anexo III, da resolução 125/2010 do CNJ, fundamentos que penetram no processo penal pela cláusula de extensão do art. 3º do CPP.

Inegavelmente, o acordo de não persecução é fruto de uma nova sistemática que valoriza a autonomia da vontade individual e prestigia a ampla defesa. Impedir que o investigado celebre ANPP e alcance benefícios estatais, mesmo querendo e podendo, nos afigura paradoxal na medida em que implica a assunção de pena maior que aquela resultante da celebração do acordo.

Como ensina Vítor Cunha, a primeira e inafastável condição para assegurar a manifestação livre da autonomia da vontade, livre de influências externas, é a assistência material em todo o decurso do procedimento por defensores técnicos, sob pena de vício insanável[39].

Por isso que o papel da defesa do investigado não é diminuído, mas configurado de forma diferente, uma vez que a ela caberá analisar a conveniência no acordo e as correspondências comutativas entre os direitos fundamentais mitigados e os prêmios negociados/obtidos. Em última análise, caberá à defesa escolher entre a tradicional preservação de todos os direitos fundamentais do colaborador, naquilo que podemos nominar como uma defesa convencional, ou escolher entre avaliar a pertinência de mitigação de alguns direitos fundamentais em troca de prêmios penais que podem aumentar a liberdade e o bem-estar do colaborador.

A ampla defesa resta, assim, prestigiada pelo instituto do acordo de não persecução. Na verdade, ousamos afirmar que, frente à liberdade de escolha franqueada à defesa, seu exercício reclama maturidade superior

---

38 DIMOULIS, Dimitri. MARTINS, Leonardo. Teoria geral dos direitos fundamentais. 5.ª ed. São Paulo: Atlas, 2014. p. 140.

39 CUNHA, Vítor Souza. O Devido Processo Consensual E Os Acordos De Não Persecução Penal. In: Inovações da Lei nº 13.964, de 24 de dezembro de 2019. Andréa Walmsley, Lígia Cireno, Márcia Noll Barboza (org.). Brasília: MPF, 2020. p. 302.

àquela exercida no sistema processual tradicional. Há uma emancipação, verdadeiro rompimento com um certo paternalismo estatal que, desconfiado da ineficiência da ampla defesa e do grau de autonomia do indivíduo, impede que o cidadão realize, livremente, escolhas conscientes que podem favorecer ambos, cidadão e estado.

Também não vislumbramos violação ao princípio da paridade de armas, que se encontra prestigiado na liberdade de apreciação e conveniência em celebrar o acordo e na análise do custo-benefício entre a redução das penas trocadas pela mitigação desses direitos. Por isso a legislação exige, textualmente, a presença do defensor durante a negociação e para a formalização do acordo (art. 28-A, §§ 3º e 4º, do CPP).

15. O PAPEL DA CONFISSÃO CIRCUNSTANCIADA, INEXISTÊNCIA DE *PLEA BARGAINING* NO ACORDO DE NÃO PERSECUÇÃO E OUTRAS QUESTÕES

Principalmente por causa de pouca prática de um sistema de justiça negocial, e por causa de inexigência parecida nos acordos da Lei 9.099/1995, a exigência de confissão do investigado para celebração do ANPP foi objeto de algumas perplexidades. Importa então deixar claro o papel desse requisito essencial para compreender sua exigência.

Inicialmente, deve-se destacar que o texto legal do art. 28-A do CPP é introduzido pela expressão "Não sendo o caso de arquivamento", a qual indica que, antes da propositura do ANPP, já devem existir elementos suficientes nos autos que forneçam suporte mínimo sobre a materialidade e a autoria delitiva, permitindo a formação da opinio delicti por parte do Ministério Público. Nesse sentido, dispõe o § 2º do art. 18 da Resolução CNMP 181/2017, recentemente reformada pela Resolução 289/2024: "Não se proporá o acordo de não persecução penal quando o membro do Ministério Público não verificar, desde logo, a justa causa para o ajuizamento da ação penal". Isso significa que devem estar preenchidas as condições para a propositura da ação penal, tais como: legitimidade; prescrição; justa causa – indícios mínimos que apontem a probabilidade de autoria e materialidade; bem como eventuais pressupostos processuais aplicáveis à espécie, como a representação do ofendido ou a requisição do Ministério da Justiça nas ações penais públicas condicionadas.

O trecho faz referência a uma formulação redacional similar à do artigo 76 da Lei nº 9.099/1995, que estabelece que a transação penal só é possível quando há base suficiente para a instauração de uma ação penal. Isso significa que a confissão não é propriamente um elemento essencial para a formação do opinio delicti ou para a proposição do Acordo de Não Persecução Penal. Na verdade, a confissão desempenha uma função de proteção ao interesse público, pois, com base nas informações fornecidas pelo confitente, busca-se garantir que o ANPP seja celebrado com a pessoa contra a qual as provas até então obtidas já indicam como autora da infração penal.

Por isso, a legislação menciona a confissão deve ser circunstancial, que é aquela que apresenta uma narrativa detalhada dos eventos, com informações que se mantêm logicamente coerentes, compatíveis e em acordo com as demais provas presentes nos autos. Essa confissão possibilita, em uma avaliação comparativa com os demais elementos dos autos, versões oportunísticas e falsas, identificadas a partir da falta de conexão lógica com outras circunstâncias fática envolvendo o caso, como de tempo, local, modo, entre outras.

Por meio deste mecanismo, procura-se evitar que o ANPP seja banalizado e que o investigado confesse falsamente a prática do crime apenas para obter o benefício do ANPP. Na lição precisa de Antonio Suxberger: "Afinal, pretende-se evitar o uso abusivo do acordo como 'comodidade' para a solução do caso. Decerto que tais desvios institucionais podem ocorrer, mas a previsão normativa busca justamente prevenir o acordo como solução fácil: a avença que evita a sanção penal deve derivar de uma compreensão adequada e cabível ao caso, e não de uma compreensão sobre o que seja mais 'fácil' ou 'cômodo' no caso. Cuida-se, pois, de ferramenta que previne o uso indevido e abusivo do acordo[40]".

Além de impedir a celebração de acordos por interpostas pessoas (ou laranjas) a confissão produz um efeito de ordem psicológica muito valorizado em outros países praticantes da justiça negocial, que parte da ideia de que a alteração de comportamento deve assentar-se em uma nova disposição psíquica (novo *mindset*) de arrependimento pela prática da infração penal. Trata-se de sentimento necessário para uma mudança

40 SUXBERGER, Antônio Henrique Graciano. Acordo de Não Persecução: exercício da ação penal e a questão prisional como problema público. Brasília: Fundação Escola. 2019, p. 106.

de atitude que parte da ideia de que para corrigir um erro é necessário que o responsável o admita, o que aumenta seu senso de responsabilidade e comprometimento com o ato, atributos que reforçam a confiança no cumprimento integral do Acordo[41]. Por isso, por exemplo, que não parece adequado o Ministério Público recusar a proposta de ANPP por entender que a confissão é inútil, afinal, ela não se destina essencialmente para a formação de sua *opinio delict*.

A lei também exige que a confissão seja formal, o que deve ser compreendido como aquela tomada, se possível, por meios ou recursos de gravação audiovisual, destinados a obter maior fidelidade das informações.

Importa também deixar assentado que a confissão do ANPP não enseja assunção de culpa. Precisa, neste sentido, a lição de Rogério Sanches Cunha: "Importante alertar que, apesar de pressupor sua confissão, não há reconhecimento expresso de culpa pelo investigado. Há, se tanto, uma admissão implícita de culpa, de índole puramente moral, sem repercussão jurídica. A culpa, para ser efetivamente reconhecida, demanda o devido processo legal. Não sem razão, diz o § 12 que 'A celebração e o cumprimento do acordo de não persecução penal não constarão de certidão de antecedentes criminais, exceto para os fins previstos no inciso III do § 2º deste artigo'[42]". Na verdade, neste ponto, entendemos que a confissão é garantia de responsabilização atenuada contra o autor do fato, que serve para produzir alguns dos efeitos dissuasórios semelhantes ao da sanção aplicada em uma condenação penal. Daí porque na grande maioria dos países, a confissão é exigida como pressuposto inarredável.

---

41 Com esta perspectiva, é a precisa lição de Andrey Borges de Mendonça: "Outra hipótese - que também nos parece coerente - é que a confissão foi exigida pelo legislador como fator de estímulo para a manutenção do acordo firmado, desestimulado a sua rescisão e reforçando o seu cumprimento. Realmente, em caso de descumprimento do acordo, não se pode executar as condições previstas (a prestação de serviços, por exemplo), sendo imprescindível o oferecimento de denúncia após a rescisão. Ademais, não há qualquer outra sanção processual prevista em face do descumprimento do acordo. Justamente para evitar que a rescisão seja desprovida de efeitos, previu-se ao menos uma consequência desfavorável: haverá em desfavor do investigado uma confissão extrajudicial, com todas as ressalvas inerentes a esta." (MENDONÇA, Andrey Borges de. Acordo de Não Persecução Penal e o Pacote Anticrime (Lei 13694/2019). In: GONÇALVES, Antonio Baptista. Lei Anticrime: Um olhar criminológico, político-criminal, penitenciário e judicial. São Paulo: RT, 2020, pp. 277-32. p. 07).

42 CUNHA, Rogério Sanches. Pacote Anticrime. Salvador: Ed. Juspodivm, 2020, p. 129.

Porque a confissão aqui não é considerada assunção de culpa é que não se pode confundir o ANPP com o instituto conhecido como *plea bargaining*, que segundo Albergaria é: "*a negociação entre arguido e o representante da acusação, com ou sem participação do juiz, cujo objecto integra recíprocas concessões e que contemplará, sempre, a declaração de culpa do acusado (guilty plea) ou a declaração dele de que não pretende contestar a acusação (plea of nolo contendere)*"[43]. Ao contrário do ocorre no *plea bargaining*, em que a admissão de culpa é irreversível e constitui-se a base para o cumprimento imediato da pena ajustada, no ANPP, a confissão é meramente indiciária, retratável e, mesmo depois de iniciada eventual ação penal, não leva, por si só, à condenação, até porque, à luz do art. 155 do CPP, colhida na fase inquisitiva. De outro lado, depois de cumprido o acordo, a confissão exaure-se em si mesma, visto que o procedimento será arquivado[44].

Ainda quanto a confissão, resta anotar que a lei exige seja ela colhida presencialmente pelo membro do MP, no momento da celebração do ANPP ainda que não haja antes confissão no interrogatório policial. Isso acontece em razão da diferença de funções entre elas, visto que a confissão prestada perante a polícia funciona como um elemento informativo destinado ao conjunto de indícios de autoria e materialidade de uma conduta delituosa enquanto a outra, essencialmente voltada ao ANPP,

---

[43] ALBERGARIA, Pedro Soares de. *Plea Bargaining*: Aproximação à justiça negociada nos E.U.A. Coimbra: Almedina. 2007, p. 20.

[44] Cabe aqui fazer a distinção entre o ANPP e o acordo de imunidade previsto na Lei 12.850/2013 traçada por um dos autores em outra oportunidade: "Diferença para o acordo de não persecução penal: o acordo de não oferecimento de denúncia não se confunde com acordo de não persecução penal, previsto no art. 28-A do CPP e no art. 18 da Resolução 181 do CNMP. Embora ambos sejam espécie de acordos penais que implicam o não oferecimento da denúncia em favor do investigado e, portanto, encerram o processo contra ele, diferenciam-se porque o acordo de imunidade é uma espécie de colaboração premiada, caracterizada essencialmente pela natureza instrumental probatória de modo a permitir a ampliação da atuação persecutória, notadamente em casos de criminalidade organizada. Já o acordo de não persecução é caracterizado pela celebração de um negócio jurídico extrajudicial cabível em situações de média gravidade, somente em casos de crimes cometidos sem violência ou grave ameaça. Nele são entabuladas, de um lado, a fixação de medidas ou condições de interesse social a serem prestadas pelo investigado, em troca, de outro lado, da descaracterização do interesse de agir para o exercício da demanda penal e consequente arquivamento do caso pelo Ministério Público" (CUNHA, Rogério Sanches. PINTO, Ronaldo Batista. SOUZA, Renee do Ó Souza. Crime organizado. 5ª ed. Salvador: Juspodivm, 2020. P. 183).

tem as finalidades acima citadas. Nesse sentido, alinha-se o novo artigo 18-A da Resolução CNMP nº 181/2017, bem como o Enunciado nº 03 da I Jornada de Direito e Processo Penal do Conselho da Justiça Federal (CEJ/CJF), que estabelece: "A inexistência de confissão do investigado antes da formação da opinio delicti pelo Ministério Público não deve ser interpretada como desinteresse em formalizar eventual acordo de não persecução penal.".

Por este motivo, a confissão deverá ser integral, ou seja, deve referir-se a toda a prática delituosa de modo que a omissão parcial (de algum crime, por ex.) pode justificar a recusa ou até a rescisão do ANPP, por descumprimento do requisito.

E vale ainda lembrar o disposto no art. 18-F da Resolução CNMP 181/2017, com redação dada pela Resolução 289/2024, que prevê que havendo descumprimento de qualquer das condições do acordo, a denúncia a ser oferecida poderá utilizar como suporte probatório a confissão formal e circunstanciada do investigado, prestada voluntariamente na celebração do acordo. Claro que neste caso, a confissão extrajudicial poderá servir como meio de obtenção de provas, indicando à polícia ou ao Ministério Público possíveis fontes de outras provas na persecução, conforme inclusive restou assentado recentemente pela 3ª Seção do Superior Tribunal de Justiça, isto é, para (STJ – 3ª Seção. AREsp 2.123.334-MG. Agravo em Recurso Especial. Rel.: Ribeiro Dantas. J. 20/06/2024. Publicação: 02/07/2024).

Por fim, resta discorrer sobre a possibilidade de compartilhamento dessa confissão com outras instâncias de responsabilidade, como na esfera da improbidade administrativa ou disciplinar. Sobre o tema, concordamos com Andrey Borges de Mendonça, que ensina: "Conforme antecipado, há quem entenda que a expressão 'circunstancialmente', prevista no caput do art. 28-A, indicaria que a confissão teria por única finalidade permitir o ANPP e deveria se limitar a ele, pontualmente. Assim, haveria uma restrição ao compartilhamento da confissão para outras esferas ou para outras instituições. Nada obstante seja desejável a coordenação entre as instâncias estatais, o legislador não vedou que haja o compartilhamento da confissão com outras esferas e outros órgãos públicos. E, diante da ausência de limitação, o compartilhamento segue as normas gerais, sendo possível a sua admissão, ao menos como regra. Andou mal o legislador ao não disciplinar o tema, pois há grande chance de esse compartilhamento se tornar um fator de desestímulo para que o agente firme o ANPP[45]".

16. REALIZAÇÃO DO ACORDO E SEGURANÇA JURÍDICA – PERSPECTIVA DO INVESTIGADO

Ao prever que "O acordo de não persecução penal será formalizado por escrito e será firmado pelo membro do Ministério Público, pelo investigado e por seu defensor" (§ 3º do art. 28-A), a legislação procura conferir imutabilidade às condições fixadas de modo que nem os agentes ministeriais que vierem a suceder aquele que originalmente firmou a avença, nem o próprio Procurador-Geral de Justiça ou órgão de revisão, no exercício das atribuições decorrentes do art. 28 do Código de Processo Penal, podem contrariar o disposto por suas cláusulas originais.

Fosse permitida a alteração ou retratação, sem motivo justo, do acordo celebrado anteriormente não haveria ambiente de confiança e segurança jurídica necessário para o investigado celebrá-lo. Aqui, como ocorre com os negócios jurídicos em geral, a estabilidade e a confiança no cumprimento das avenças, do modo como celebradas, criam expectativas legítimas que animam as partes em celebrar o acordo. Trata-se de ambiente jurídico cultivado e já praticado nos Termos de Ajustamento de Conduta, Acordos de Leniência e Colaboração Premiada, em que o Ministério Público, uma vez celebrados esses ajustes, em regra, mantêm-se comprometido com suas cláusulas originais, em nome do próprio prestígio e unidade da instituição.

O incremento à segurança jurídica dá-se pela necessidade de homologação judicial a seguir comentada.

17. CONTEÚDO E CLÁUSULAS MÍNIMAS DO ACORDO

O novo artigo 18-B da Resolução CNMP 181/2017, com redação dada pela Resolução 289/2024 estabelece que o ANPP será formalizado nos autos, por escrito, vinculará toda a instituição e deverá conter as seguintes cláusulas:

---

45 MENDONÇA, Andrey Borges de. Acordo de Não Persecução Penal e o Pacote Anticrime (Lei 13694/2019). In: GONÇALVES, Antonio Baptista. Lei Anticrime: Um olhar criminológico, político-criminal, penitenciário e judicial. São Paulo: RT, 2020, pp. 277-320.

I – qualificação completa do investigado, principalmente quanto ao endereço, número de telefone, e-mail, data de nascimento e número de inscrição no cadastro de pessoas físicas da Receita Federal do Brasil;

II – exposição do fato criminoso, com todas as suas circunstâncias e sua adequação típica;

III – estipulação clara das condições ajustadas e o prazo para seu cumprimento;

IV – indicação das entidades beneficiárias das medidas ajustadas ou de que estas serão indicadas no juízo competente pela execução do acordo;

V – a obrigação do investigado em informar, prontamente, qualquer alteração de endereço, número de telefone ou e-mail;

VI – a obrigação do investigado em comprovar, mensalmente, o cumprimento das condições acordadas, independente de notificação ou aviso prévio;

VII – as consequências para o descumprimento das condições acordadas;

VIII – o prazo para apresentar, por iniciativa própria, a justificativa de eventual descumprimento de quaisquer das condições ajustadas;

IX – declaração formal do investigado de que não foi condenado a prisão, não tem antecedentes criminais, não foi beneficiado por acordos semelhantes ou transação penal, com advertência de que se faltar com a verdade sobre esses fatos o acordo será rescindido e a denúncia oferecida de imediato.

18. DESTINAÇÃO DAS PRESTAÇÕES PECUNIÁRIAS DECORRENTES DE ACORDOS DE NÃO PERSECUÇÃO PENAL

Relativa controvérsia sobre a destinação das prestações pecuniárias decorrentes de acordos de não persecução penal surgiu partir da decisão do Excelentíssimo Ministro do Supremo Tribunal Federal, Relator Alexandre de Moraes, em 10 de fevereiro de 2021, em sede de medida cautelar interposta nos autos da ADPF n.º 569/DF. Essa decisão determinou que os valores ou bens oriundos de condenações criminais ou acordos penais devem observar o disposto no art. 91, II, “b”, do Código Penal, no art. 4º, IV, da Lei n.º 12.850/13, e no art. 7º, I, da Lei n.º 9.613/98.

Em síntese, tal decisão impede a distribuição vinculada desses montantes pelo Ministério Público ou por determinação judicial, salvo quando há previsão legal expressa. Todavia, a restrição se aplica apenas aos casos especificamente previstos nesses dispositivos, como valores resultantes de condenações penais ou destinados à reparação de danos ao Estado quando este é a vítima.

Distinções importantes devem ser feitas entre as previsões legais citadas e as prestações pecuniárias decorrentes de acordos de não persecução penal, suspensões condicionais do processo e transações penais. Esses institutos possuem regulação própria, a qual prevê a destinação dos valores à vítima ou a entidades com finalidade social, conforme o art. 45, § 1º, do Código Penal, combinado com o art. 28-A, IV, do Código de Processo Penal e os arts. 76, caput, e 89, § 2º, da Lei n.º 9.099/95.

Observe-se ainda que a Resolução CNJ n.º 558/2024, que estabelece diretrizes para a gestão e destinação de valores oriundos de condenações criminais e acordos penais, também deixa claro no seu art. 33 que as disposições nela contidas não se aplicam às prestações pecuniárias decorrentes de acordos de não persecução penal, suspensão condicional do processo e transações penais, que continuam sendo regidas pelos respectivos dispositivos legais que lhes são próprios.

19. DA HOMOLOGAÇÃO JUDICIAL

A legislação prevê uma fase de homologação judicial do acordo, momento em que o magistrado analisa a estrita observância ao regramento legal, as formalidades indispensáveis do ajuste, respeito às vedações impostas e compatibilidade das condições fixadas com o necessário e suficiente para a reprovação e prevenção do crime. É verdade que este exame dá ao juiz uma função quase meritória do caso, marcada por um juízo de cognição sumário destinado a chancelar à presença de um consentimento informado, respeito à equivalência prestacional do acordo e ao interesse público. Como explica Andrey Borges de Mendonça: "A fiscalização do Judiciário deve ser no tocante: (a) à base fática, para analisar se há justa causa para a denúncia (função cognitiva do Judiciário); (b) à voluntariedade, ou seja, verificar se o acordo foi feito livre de coações e com consentimento informado pelo investigado. Deve o juiz, assim, constatar se o investigado está devidamente ciente dos termos do acordo, das condições que assumiu e, ainda, das consequências em caso de descumprimento do acordo. Inclusive, para tanto, designa-se uma audiência em que o juiz irá ouvir pessoalmente o investigado, na presença de seu defensor. Há divergência se o membro do MP deve ou não estar presente nesta audiência, pois a lei não previu a sua participação. Para parte da doutrina, a ausência do MP seria para garantir a voluntariedade do acordo; (c) à legalidade do acordo, o que inclui a análise sobre o cabimento do acordo (se preenche os requisitos positivos e negativos) e sobre as condições acordadas[46]."

Sobre este ponto, relacionado a participação do membro ministerial, cumpre destacar que o novo § 1º do art. 18 da Resolução CNMP 181/2017, com redação dada pela Resolução 289/2024, esclarece: "O oferecimento da proposta de acordo, bem como sua negociação, é ato privativo do Ministério Público, devendo ser realizado em suas dependências, seja na modalidade presencial ou na virtual, cabendo ao juízo sua homologação em audiência que prescinde da participação do membro ministerial".

Esse juízo positivo desta análise dá-se em uma decisão judicial meramente homologatória, circunscrita à regularidade, legalidade e voluntariedade do ato que pode, inclusive, ser aferida mediante a realização de uma audiência para oitiva do investigado acompanhado de seu defensor (§ 4º do art. 28-A do CPP). Cabe anotar que não há vedação na participação do Ministério Público neste ato.

De todo modo, não é adequado dizer que a decisão homologatória foi concebida porque o Poder Judiciário exerce a função de fiscal de obrigatoriedade da ação penal, concepção que não guarda compatibilidade com sistema acusatório. Como afirmado em outra oportunidade por um dos autores deste trabalho: "Isso significa que uma análise meritória motivada por preferências pessoais ou discordâncias acessórias, além de representar uma subversão ao sistema acusatório vez que não é dado ao judiciário impor ou rever a formulação de uma acusação, produz uma sensível diminuição na estabilidade do acordo. Isso acontece porque o acordo é fruto de um exercício de negociações entre as partes que deve manter-se hermeticamente protegido contra intervenções de terceiros

---

46 MENDONÇA, Andrey Borges de. Acordo de Não Persecução Penal e o Pacote Anticrime (Lei 13694/2019). In: GONÇALVES, Antonio Baptista. Lei Anticrime: Um olhar criminológico, político-criminal, penitenciário e judicial. São Paulo: RT, 2020, pp. 277-320.

que delas não participaram, sob pena de violação à boa-fé, ao ato jurídico perfeito e à celeridade inerente ao instituto[47]".

A decisão que homologa o ANPP não tem natureza condenatória porque não contém "juízo sobre a responsabilidade criminal do aceitante", razão pela qual o descumprimento do acordo não enseja a sua conversão em pena privativa de liberdade ou restritiva de direitos e nem sequer pode ser executada diretamente como se título executivo judicial fosse. Trata-se de decisão meramente declaratória de legalidade e regularidade, que produz efeito extintivo da punibilidade submetido às condições e impeditivo temporário (de celebrar novo ANPP pelo prazo de cinco anos).

Dada a sua função meramente homologatória, não é possível que essa decisão reveja e altere os termos ou condições do ANPP, fixados pelas partes a partir de suas convenções autorreferenciadas. Neste sentido, recentemente decidiu o STJ que não é possível rediscutir cláusulas de ANPP já celebrado e homologado, sob pena de violação do princípio da boa-fé objetiva e da vedação ao comportamento contraditório (HC n. 969.749/RJ, rel. Min. Sebastião Reis Júnior, 6ª T., j. em 18/3/2025, DJEN de 28/3/2025). Eventual discordância do juiz quanto a adequação e suficiência das condições dispostas no ANPP ensejará, excepcionalmente, apenas sua devolução para eventual reformulação (§ 5º do art. 28-A), mas jamais a sua alteração por ato judicial.

Releva destacar que serão duas, pois, as oportunidades de apreciação judicial do procedimento em caso de realização de acordo de não persecução penal: (1) realizada a avença o feito será remetido ao Juiz para apreciar a sua regularidade, legalidade e voluntariedade. Considerando o magistrado que o acordo é de fato cabível e são adequadas as condições previstas, o homologará e devolverá os autos ao Ministério Público, quando então se passará à fase de implementação e fiscalização de seu cumprimento. Uma vez adimplidas suas cláusulas, o Parquet promoverá o arquivamento do caso e (2) encaminhará novamente o feito para o Poder Judiciário a fim de submetê-lo à homologação judicial, nos termos do art. 18 do CPP.

---

47 SOUZA, Renee do Ó. Acordo de não persecução penal previsto no novo art. 28-A do Código de Processo Penal, inserido pela Lei 13.964/2019. In: Lei anticrime: comentários à Lei 13.964/2019 / Renee do Ó Souza. Belo Horizonte, São Paulo: D'Plácido, 2020, p. 132.

A legislação prevê, com a alteração trazida pela Lei n. 13.964/2019, no artigo 3º-B, XVII, do CPP, que a homologação do acordo de não persecução será de competência do juiz de garantias. Contudo, se o investigado tiver foro por prerrogativa de função, ambas as decisões judiciais, a de homologação do acordo e depois, a de homologação do arquivamento do procedimento, serão de competência do respectivo Tribunal.

20. RECUSA À HOMOLOGAÇÃO JUDICIAL

Da leitura do § 5º e § 7º do art. 28-A do CPP verifica-se a possibilidade de o juiz recusar a homologação do ANPP por considerar inadequadas, insuficientes ou abusivas as suas condições, juízo de conteúdo excepcional visto que a decisão homologatória tem como função principal chancelar a regularidade, legalidade e voluntariedade do ato. Assim sendo, a recusa deve ser feita em situações teratológicas, em que as condições foram entabuladas sem qualquer espécie de metodologia e compatibilidade com o sistema de dosimetria de penas vigente, adotável como parâmetro geral, ou, como dito acima, no caso de a condição avençada produzir algum resultado proibido, atingir direito de terceiros, violar valores sociais e a dignidade da pessoa humana, violar juridicidade e, manifestamente, não recompor o bem jurídico tutelado pela norma penal aparentemente violada.

Mas como afirmado, esse exame, pelo juiz, do conteúdo das condições do ANPP há de ser excepcional, porque essa etapa é feita dentro de um espaço de conformação discricionário e razoavelmente elástico, principalmente porque moldadas a partir das peculiaridades do caso e das convenções autorreferenciadas pelas partes, quase indevassáveis ao juiz. Eventual decisão revisionista sobre o conteúdo do acordo e de suas cláusulas desafia correição parcial visto que cria evidente tumulto à tramitação do procedimento legal.

De todo modo, feita a recusa, caso MP concorde com a decisão, pode reformular as condições e com anuência do investigado e seu Defensor, submeter o ANPP com as novas condições ao crivo do Juiz para sua homologação. Contudo, caso não concorde com a recusa, a proposta inicial será mantida e submetida a novo pedido de homologação judicial.

Como se pode observar, até este momento, a regulamentação procedimental do ANPP é razoavelmente bem feita porque permite um controle mínimo do conteúdo do acordo pelo Poder Judiciário e estabelece mecanismos excepcionais de ajustes que privilegiam a solução negocial.

Mas a partir daí, lamentavelmente, especialmente quando o juiz recusa definitivamente a homologação, a solução legal é lacunosa e confusa. Com efeito, o § 8º do art. 28-A prevê que "Recusada a homologação, o juiz devolverá os autos ao Ministério Público para a análise da necessidade de complementação das investigações ou o oferecimento da denúncia.".

Como a lei não difere, o dispositivo acima deve ser aplicado para todos os casos de recusa definitiva da homologação, seja porque o juiz considerou inadequadas, insuficientes ou abusivas as condições que não foram adequadas pelo MP, seja porque entendeu que a proposta não atendeu aos requisitos legais. Assim, diante da decisão de recusa do ANPP, cabe ao MP:

a) interpor recurso em sentido estrito (art. 581, XXV, do CPP);
b) complementar as investigações para posterior oferecimento de denúncia;
c) ou ainda oferecer de plano a denúncia.

> "A alternativa a ser adotada pelo membro do Ministério Público dependerá do caso concreto. Por exemplo, se o magistrado entender faltar justa causa para o acordo, poderá ser o caso de complementar as investigações. Se o membro do Ministério Público entender que a decisão de não homologação está correta (por faltar um requisito objetivo, por exemplo), poderá oferecer denúncia. Será possível, ainda, reformular a proposta, em conjunto com a defesa, caso o juiz discorde de alguma condição ou cláusula estipulada. Se o juiz não homologar o acordo, será ainda possível interpor recurso em sentido estrito (art. 581, XXV), que não possuirá efeito suspensivo. Nesse caso, deverá o membro do MP formar instrumento (ou seja, extrair cópia das principais peças), com o intuito de permitir que o tribunal conheça da questão e decida. Enquanto isso, o membro do MP poderá promover a complementação das investigações ou oferecer denúncia, pois o recurso não terá efeito suspensivo.[48]"

[48] MENDONÇA, Andrey Borges de. Acordo de Não Persecução Penal e o Pacote Anticrime (Lei 13694/2019). In: GONÇALVES, Antonio Baptista. Lei Anticrime: Um olhar criminológico, político-criminal, penitenciário e judicial. São Paulo: RT, 2020, pp. 277-320.

21. DESCUMPRIMENTO DO ACORDO DE NÃO PERSECUÇÃO PENAL

O § 10 do art. 28-A do CPP dispõe que descumpridas quaisquer das condições estipuladas no acordo de não persecução penal, o Ministério Público deverá comunicar ao juízo, para fins de sua rescisão e posterior oferecimento de denúncia. Segue o parágrafo décimo primeiro prevendo que o descumprimento do acordo de não persecução pelo investigado, também poderá ser utilizado pelo membro do Ministério Público como justificativa para o eventual não oferecimento de suspensão condicional do processo.

Isso significa que o ANPP não faz coisa julgada material, de modo que o descumprimento das condições firmadas enseja apenas a sua rescisão, com posterior ajuizamento de denúncia por parte do MP, sistemática igualmente estabelecida à transação penal pela súmula vinculante 35.

Assim prevê a legislação que descumprido o acordo deverá imediatamente ser ofertada a denúncia, que é consequência natural decorrente da desavença do ajuste, com a retomada do caso exatamente do ponto em que se encontrava antes de sua celebração. Por outro lado, bom que se ressalte, não possuindo as condições fixadas natureza de sanções penais, posto que pactuadas e não impostas pelo Estado, uma vez descumprido o pacto, não há que se falar em detração do tempo de efetivo cumprimento parcial do acordo de não persecução penal no tempo de pena devido. A perda do tempo de cumprimento parcial da medida é, pois, consequência natural do descumprimento, ônus da desídia e deslealdade do investigado[49].

Cabe ressaltar a conveniência de fazer constar expressamente no termo de acordo as consequências do descumprimento das condições acordadas bem como o compromisso do investigado em comprovar o cumprimento das condições, independente de notificação ou aviso prévio, devendo apresentar, imediatamente e de forma documentada, eventual justificativa para o não cumprimento de qualquer condição, sob pena de imediata rescisão e oferecimento da denúncia em caso de inércia (§ 10). Neste sentido dispõe o Enunciado 26 do GNCCRIM/CNPG.

---

49 Em sentido contrário: BADARÓ, Gustavo Henrique. Processo penal. 10ª ed., São Paulo: Thomson Reuters, 2022, p. 198.

Exatamente por não serem consideradas sanções penais, as medidas contidas no ajuste não se sujeitam à execução forçada, sendo que a única consequência para o seu descumprimento é o oferecimento da denúncia. Por isso é incabível a fixação de multas diárias ou *astreintes* no acordo, que busquem compelir o compromissário a cumprir as obrigações compactuadas.

Deve-se anotar ainda que, como bem elucidado pelo Enunciado 27 GNCCRIM/CNPG: "Havendo descumprimento dos termos do acordo, a denúncia a ser oferecida poderá utilizar como suporte probatório a confissão formal e circunstanciada do investigado (prestada voluntariamente na celebração do acordo)".

Uma outra consequência decorrente do descumprimento do ANPP está prevista no art. 28-A, §11, do CPP, que é causa justificadora para eventual não oferecimento de suspensão condicional do processo, norma que resgata a ideia da lealdade e boa-fé no processo penal brasileiro. Como explica Renato Brasileiro: "A justificativa para esse dispositivo é evidente: se o investigado não demonstrou autodisciplina e senso de responsabilidade para o cumprimento das condições avençadas por ocasião da celebração do acordo de não-persecução penal, é bem provável que terá idêntico comportamento se acaso lhe for oferecida a proposta de suspensão condicional do processo, até mesmo pelo fato de as condições pactuadas serem bastante semelhantes em ambos os institutos[50]".

22. PARTICIPAÇÃO DA VÍTIMA NO ANPP

O Acordo de Não Persecução Penal, como importante instrumento da justiça consensual, tem também por objetivo a valorização crescente da participação da vítima no processo penal. Em conformidade com essa diretriz, o Código de Processo Penal estabelece como primeira condição para a celebração do ANPP a reparação do dano ou a restituição do bem à vítima, além de prever que a vítima seja devidamente intimada tanto da homologação quanto de eventual descumprimento do acordo.

Nesse mesmo sentido, o novel § 4º do artigo 17 da Resolução CNMP nº 181/2017 determina que o membro do Ministério Público diligencie

50 LIMA, Renato Brasileiro de. Manual de Processo Penal, 8ª ed., Salvador: Juspodivm, 2020. p. 287.

para garantir a participação da vítima ou, na sua ausência, de seus familiares no acordo, com o intuito de assegurar a reparação dos danos decorrentes da infração penal.

Trata-se de uma nova política criminal orientada ao atendimento da vítima, em consonância com o direito penal contemporâneo, que, sem abandonar suas funções repressivas tradicionais, assume um caráter mais dialógico. Esse modelo busca conciliar as expectativas do cidadão lesado, proporcionando-lhe não apenas a reparação dos danos sofridos, mas também a realização de aspectos da justiça restaurativa.

Essa nova fase do direito penal, focada na proteção da vítima, reconhece, no entanto, que a participação da vítima não pode significar uma total subordinação das agências de persecução aos seus desejos ou interesses. Por essa razão, embora a vítima deva ser ouvida e envolvida no ANPP, sua concordância não é requisito indispensável para a validade do acordo, garantindo-se, assim, um equilíbrio entre a promoção da justiça restaurativa e a autonomia do Ministério Público na condução do processo penal.

De todo modo, a norma acima citada possui um interessante roteiro, voltado a efetivação dessa participação da vítima no ANPP.

Assim, antes da apresentação da proposta ao investigado, o Ministério Público notificará a vítima, informando-a sobre os danos sofridos e apresentando elementos para sua estimativa, bem como a capacidade econômica do investigado. A vítima poderá, acompanhada de advogado, figurar como interveniente no ANPP no que diz respeito à reparação civil.

O não comparecimento ou a discordância da vítima em relação à composição civil não impede a celebração do ANPP, mas o valor pactuado deverá ser considerado como mínimo, sem prejuízo do direito da vítima de buscar a reparação integral por outras vias.

Bastante inovadora é a previsão de que a cláusula relativa à composição civil poderá ser pactuada com caráter de irrevogabilidade, constituindo título executivo autônomo, o que lhe assegura uma maior celeridade na reparação dos danos, especialmente em casos de descumprimento do ANPP.

Para o cumprimento dessas providências, o órgão de execução ministerial poderá requisitar à autoridade policial elementos de convicção sobre o dano e a capacidade econômica do investigado como laudos periciais sobre os danos materiais, relatórios bancários ou fiscais do investigado para avaliar sua capacidade econômica, e comprovantes de despesas da vítima. Caso não haja documentos formais, também podem ser requisitados depoimentos de terceiros sobre a situação financeira do investigado, etc.

Em síntese, o Acordo de Não Persecução Penal (ANPP) configura-se como um significativo avanço na política criminal, ao proporcionar respostas mais ágeis e adequadas para os delitos cometidos. Ademais, o ANPP promove uma integração mais efetiva da vítima no processo penal, estabelecendo um equilíbrio entre a reparação dos danos e os princípios da justiça restaurativa. Esse instrumento não apenas agiliza a resolução dos conflitos, mas também reforça a importância da participação da vítima, refletindo uma evolução no paradigma do direito penal que valoriza a restauração e a equidade na resposta penal.

23. ANPP APÓS DESCLASSIFICAÇÃO DO CRIME PELA SEGUNDA INSTÂNCIA

Excepcionalmente, desde que atendidos os requisitos e pressupostos previstos em lei, o Acordo de Não Persecução Penal pode ser oferecido pelo Ministério Público mesmo em fase processual já instaurada, desde que antes do trânsito em julgado da condenação.

Todavia, uma questão específica tem suscitado controvérsias doutrinárias e jurisprudenciais: nos casos em que, em grau recursal, o Tribunal opera a desclassificação da infração penal, passando esta a admitir a incidência do instituto, a quem compete a iniciativa da proposta e a atribuição da homologação do acordo?

Para ilustrar, imagine-se o caso em que um réu seja condenado em primeira instância por tráfico ilícito de entorpecentes, na forma do caput do artigo 33 da Lei nº 11.343/2006, cuja gravidade inviabiliza a aplicação do ANPP. Em sede recursal, contudo, o Tribunal reconhece a incidência da causa de diminuição prevista no § 4º do mesmo dispositivo, desclassificando a conduta para o chamado tráfico privilegiado, que possui natureza jurídica de crime de menor gravidade. Nessa nova classificação, abre-se a possibilidade de celebração do Acordo de Não Persecução Penal – e, justamente nesse ponto, emerge a indagação sobre quem deve oferecer a proposta e qual órgão jurisdicional detém competência para homologá-la.

A resposta foi dada pelo Supremo Tribunal Federal (STF), em decisão paradigmática no HC 185.913/DF, e reafirmada mais recentemente na Reclamação nº 81.909/RS, relatada pelo Ministro Dias Toffoli.

Segundo a tese firmada pelo Plenário do STF, a avaliação da viabilidade do ANPP deve ser realizada pelo membro do Ministério Público oficiante na instância e no estágio em que o processo se encontrar. Em outras palavras, se o feito já estiver tramitando em segundo grau, cabe ao Procurador de Justiça que atua no caso conduzir a análise, a negociação, a eventual propositura do acordo e o encaminhamento para homologação - que também será feita pelo próprio Tribunal de Justiça, por meio da câmara criminal competente.

Na Reclamação 81.909, o STF reiterou que a remessa do processo à primeira instância para análise ou homologação do ANPP configura afronta direta ao precedente vinculante. Conforme destacou o Ministro Dias Toffoli, o deslocamento dos autos ao juízo de origem para essa finalidade viola a autoridade da decisão proferida no HC 185.913, ao fragmentar injustificadamente a competência institucional do Ministério Público e comprometer os princípios da celeridade e da racionalidade processual.

A *ratio decidendi* firmada pelo Supremo é inequívoca: evitar retrocessos procedimentais, conferir máxima efetividade ao instituto e assegurar que o mesmo membro do Ministério Público oficiante conduza, de forma una e contínua, a avaliação, a negociação e a formalização do acordo, com subsequente submissão ao órgão jurisdicional competente. Trata-se, em suma, de uma regra funcional de competência que repele qualquer tentativa de cisão entre instâncias, pois não há fundamento jurídico que justifique a divisão dessas atribuições entre graus distintos de jurisdição.

Além disso, o STF reconheceu expressamente que a tese do HC 185.913/DF projeta efeitos *erga omnes*, nos termos do artigo 927, V, do Código de Processo Civil, sendo vinculante para todos os juízos e tribunais do país. Dessa forma, não cabe aos Tribunais locais deliberarem em sentido contrário, sob pena de violação à autoridade da Suprema Corte.

A lógica adotada pelo Supremo Tribunal Federal segue uma linha de coerência com a estrutura processual penal brasileira: operada a desclassificação do crime em grau recursal, abre-se a possibilidade de suspensão da persecução penal mediante ANPP, mas não há reinício do processo. O feito permanece no ponto em que se encontra. Caso o acordo seja descumprido, retoma-se a persecução penal exatamente do estágio em que foi suspensa, ou seja, no próprio grau recursal em que se julgou a desclassificação.

Trata-se de uma regra funcional de competência, estabelecida pelos precedentes do STF, com natureza absoluta. Como tal, sua inobservância gera nulidade absoluta. A cisão entre a instância que julga e a instância que analisa ou homologa o ANPP compromete não apenas a eficácia do processo, mas afronta diretamente a autoridade das decisões da Corte Suprema.

A observância rigorosa dessa competência funcional é indispensável para garantir a uniformidade, a celeridade e a racionalidade no sistema de justiça criminal.

CONCLUSÃO

Não há a menor dúvida de que o ANPP representa evidentes vantagens para o Estado e para os cidadãos em geral (investigado e vítima) uma vez que os crimes por ele alcançados, em razão das penas cominadas, são diuturnamente afastados da prioridade de tramitação processual face ao acúmulo de feitos perante as varas judiciais criminais ou, quando raramente objetos de condenação, resultam na aplicação de penas restritivas de direitos.

Ora, realizar uma avença que possibilite a reparação dos danos causados à vítima determinada e do dano moral coletivo, que acarrete a mesma proteção penal decorrente de uma sentença penal, sem movimentar a máquina judicial, com redução de custos e otimização do tempo são finalidades que habilitam o Acordo de Não Persecução Penal como um lúcido instrumento da justiça social e de combate à impunidade.

REFERÊNCIAS BIBLIOGRÁFICAS

AGUIAR, David Kerber de. Corrupção ativa empresarial e o acordo de não persecução penal: linhas sobre a atuação do Ministério Público. Curitiba: Escola Superior do MPPR, 2022. Disponível em https://site.mppr.mp.br/

sites/hotsites/arquivos_restritos/files/migrados/File/Publicacoes/Corrupcao_Ativa-David_Kerber.pdf.

ALBERGARIA, Pedro Soares de. *Plea Bargaining*: Aproximação à justiça negociada nos E.U.A. Coimbra: Almedina. 2007.

ARAS, Vladimir. Acordo de Não Persecução Penal após a Lei 13.964/2019. In: Lei Anticrime Comentada. CAVALCANTE, André Clark Nunes. Et al (org.). Leme: JH Mizuno. 2020.

BADARÓ, Gustavo Henrique. *Processo penal.* 10ª ed., São Paulo: Thomson Reuters, 2022.

BARROSO, Luís Roberto. Curso de direito constitucional contemporâneo: os conceitos fundamentais e a construção do novo modelo. 4. ed. São Paulo: Saraiva, 2013.

BITTAR FILHO, Carlos Alberto. Do dano moral coletivo no atual contexto jurídico brasileiro. Disponível em: <egov.ufsc.br/portal/sites/default/files/anexos/30881-33349-1-PB.pdf>. Acessado em 09/12/2020.

CABRAL, Rodrigo Leite Ferreira. Manual do Acordo de Não Persecução Penal. Salvador: Juspodivm, 2020.

CALSAMIGLIA, Albert. Teoría del participante versus teoria general del Derecho: una aproximación. In: Anuário de filosofia del derecho, n. 13-14. págs. 485-507. 1997.

CAPEZ, Fernando. Curso de Direito Penal - Parte Geral. 6.ed. São Paulo: Saraiva, 2003.

CUNHA, Rogério Sanches. Pacote Anticrime. Salvador: Ed. Juspodivm, 2020.

CUNHA, Rogério Sanches. PINTO, Ronaldo Batista. SOUZA, Renee do Ó Souza. Crime organizado. 5ª ed. Salvador: Juspodivm, 2020.

CUNHA, Vítor Souza. O Devido Processo Consensual E Os Acordos De Não Persecução Penal. In: Inovações da Lei nº 13.964, de 24 de dezembro de 2019. Andréa Walmsley, Lígia Cireno, Márcia Noll Barboza (org.). Brasília: MPF, 2020.

DIMOULIS, Dimitri. MARTINS, Leonardo. Teoria geral dos direitos fundamentais. 5.ª ed. São Paulo: Atlas, 2014.

FARIA, Marcelle Rodrigues da Costa. Acordo de não persecução penal como instrumento de política criminal e de reafirmação do sistema acusatório. 2020. 181 F. Tese de Dissertação de Mestrado. Universidade Federal de Mato Grosso. Faculdade de Direito. Cuiabá.

GARCIA, Emerson. O acordo de não-persecução penal passível de ser celebrado pelo Ministério Público: breves reflexões. Disponível em https://www.conamp.org.br/pt/biblioteca/artigos/item/1772-o-acordo-de-nao-persecucao-penal-passivel-de-ser-celebrado-pelo-ministerio-publico-breves-reflexoes.html. Acessado em 25/08/2020.

GRECO, Rogério. Curso de Direito Penal – Parte Geral. 4. ed. rev. ampl. atual. Rio de Janeiro: Editora Impetus, 2004.

HASSEMER, Winfried. *Crítica al derecho penal de hoy*. Trad. Patricia Ziffer. Bogotá: Universidad Externado de Colómbia. 2003.

JARDIM, Afrânio Silva. Boletim do IBCCrim 04(48):04 de novembro de 1996.

LAURIA, Mariano Paganini. Capítulo 10 - Preconceito de Raça ou de Cor - Lei 7347/1985. In: Rogério Sanches Cunha; Ronaldo Batista Pinto e Renee do Ó Souza. (Org.). Leis Penais Especiais Comentadas Artigo por Artigo. 01 ed. Salvador: Juspodivm, 2020.

LIMA, Renato Brasileiro de. Manual de Processo Penal, 8ª ed., Salvador: Juspodivm, 2020.

MARTINS, André Epifanio. *Acordo de Não persecução penal:* análise político criminal do alcance e das potencialidades. Curitiba: Juruá, 2025.

MAZZILLI, Hugo Nigro. Os limites da independência funcional no Ministério Público. Disponível em www.mazzilli.com.br. Acessado em 25.08.2020.

MENDONÇA, Andrey Borges de. Acordo de Não Persecução Penal e o Pacote Anticrime (Lei 13694/2019). In: GONÇALVES, Antonio Baptista. Lei Anticrime: Um olhar criminológico, político-criminal, penitenciário e judicial. São Paulo: RT, 2020, pp. 277-320.

MESSIAS, Mauro. Acordo de não persecução: teoria e prática. Rio de Janeiro: Lumen Juris. 2019.

MINISTÉRIO PÚBLICO DO RIO GRANDE DO NORTE. Manual de Atuação e Orientação Funcional sobre o Acordo de Não Persecução Penal (ANPP). Natal: CAOP/CRIM. p. 24. Disponível em http://site1381759324.provisorio.ws/mprn-elabora-manual-de-atuacao-e-orientacao-funcional-sobre-o-acordo-de-nao-persecucao-penal. Acesso em 09.12.2020.

NUCCI, Guilherme de Souza. Manual de Direito Penal – Parte Geral e Especial. São Paulo: Editora Revista dos Tribunais, 2005.

ROXIN, Claus. Direito Penal: parte geral: tomo I: fundamentos: a estrutura da teoria do crime. Tradução: Luís Greco. São Paulo: Marcial Pons, 2024.

SOUZA, Renee do Ó. Acordo de não persecução penal previsto no novo art. 28-A do Código de Processo Penal, inserido pela Lei 13.964/2019. In:

Lei anticrime: comentários à Lei 13.964/2019 / Renee do Ó Souza. Belo Horizonte, São Paulo: D'Plácido, 2020.

_______. Comentários à nova Lei de Abuso de Autoridade. Salvador: Juspodivm, 2020.

SUXBERGER, Antônio Henrique Graciano. Acordo de Não Persecução: exercício da ação penal e a questão prisional como problema público. Brasília: Fundação Escola. 2019.

_______. O Direito nas políticas públicas: o déficit de efetividade dos direitos é um problema normativo ou institucional? In: CALHAO, Antônio Ernani Pedroso; MENEZES, Rafael Lessa Vieira de (Org.). Direitos Humanos e Democracia: estudos em homenagem ao professor Vital Moreira. Rio de Janeiro: Lumen Juris, p. 111-127. 2018.

TOURINHO FILHO, Fernando da Costa. Processo Penal, Vol. II, 20ª ed. São Paulo: Saraiva, 1998.

CAPÍTULO 7

ÓRGÃO RESPONSÁVEL PELA SOLUÇÃO DE CONFLITOS ENTRE MINISTÉRIO PÚBLICO E JUIZ NA AVALIAÇÃO DO ACORDO DE NÃO PERSECUÇÃO PENAL

Rogério Sanches Cunha[1]

Sumário • 1. ANPP. Introdução – 2. ANPP. Conceito e natureza jurídica – 3. ANPP. Intervenção do Judiciário, sua necessidade e limites – 4. Conclusão – Referências.

1. ANPP. INTRODUÇÃO

É sabido que o acordo de não persecução penal (ANPP) foi criado, de forma pioneira e corajosa, pelo Conselho Nacional do Ministério Público (CNMP), mais precisamente através da Res. 181/17, depois alterada pela Res. 183/18, cujos contornos, em grande parte, foram repetidos no art. 28-A do Código de Processo Penal (CPP), e, mais recentemente, pela Res. 289/24, que adequou o instituto aos termos do Pacote Anticrime e resultado dos julgamentos das ADIs 6.298, 6.299, 6.300 e 6.305, que analisaram vários dispositivos do referido pacote.

Mesmo depois de anos mostrando eficiência na promoção de justiça, nos deparamos aqui e acolá com vozes no sentido de que o ANPP viola o princípio da obrigatoriedade. Para essa corrente crítica, o ANPP

[1] Membro do Ministério Público de São Paulo (Promotor de Justiça). Professor de Penal e Processo Penal. Coordenador pedagógico do RSConline.com.br. Autor de obras jurídicas pela Ed. Juspodivm.

ignora o dever de o Ministério Público, diante de lastro probatório mínimo, agir, oferecendo a denúncia. Referido princípio, contudo, há tempos merece ser revisitado e melhor compreendido. Vejamos.

De fato, a maioria dos manuais ensina que, de acordo com o princípio da obrigatoriedade, o Ministério Público, presentes as condições da ação, é obrigado a agir, a ingressar com a ação penal, a não ser em determinados casos expressamente previstos em lei, como na possibilidade de transação penal nas infrações penais de menor potencial ofensivo (art. 76 da Lei 9.099/95).

Para corrente diversa, mais moderna, a obrigatoriedade deve ser revisitada, não podendo ser encarada como uma imposição cega de fazer a mesma coisa sempre e a todo custo, inclusive contra os próprios objetivos que fundamentaram o princípio da legalidade. O promotor de Justiça Rodrigo Cabral alerta que a ideia importante da obrigatoriedade é a que não pode o Ministério Público, sem justa causa, simplesmente abrir mão de dar uma resposta às investigações penais maduras e viáveis que se encontram em seu poder (Acordo de não persecução penal – Um panorama sobre o acordo de não persecução penal. 1ª. ed. Salvador: Ed. Juspodivm. 2018 p. 40).

Assim, tal interpretação deixa claro que o Ministério Público não pode conceder favores ilegítimos para determinadas pessoas. Tem o promotor de Justiça o dever de agir. Mas como agir? A resposta vai depender da política criminal eventualmente adotada pela instituição. Agir pode ser oferecendo transação penal ao autor de uma infração de menor potencial ofensivo (art. 76, Lei 9.099/95). Ou propondo acordo de não persecução penal. Ou, por fim, ajuizando a ação penal (denúncia-crime). Em qualquer caso, contudo, o Ministério Público agiu, buscando a solução mais promissora para tornar nosso sistema penal um pouco mais efetivo e com respostas mais adequadas.

Em suma, o Ministério Publico, titular do direito de agir, ao oferecer o ANPP, age, decidindo pelo instrumento de consenso. Sim, o Ministério Público deve ser gestor de políticas criminais e tenho "erguido essa bandeira" desde o nascimento da Resolução 181/17. Para não pairar dúvidas, o seu art. 18-J, incluído pela Res. 289/24 anuncia:

> "Os órgãos de coordenação e revisão do Ministério Público editarão diretrizes, orientações, enunciados, súmulas e recomendações indicativas

para a dosimetria das medidas fixadas na celebração do acordo, bem como casos para os quais o acordo não se revele medida suficiente e necessária para a reprovação ou prevenção do crime".

2. ANPP. CONCEITO E NATUREZA JURÍDICA

Importante, para bem compreender o objeto deste capítulo, recordar no que consiste o ANPP.

Tomado pelo espírito de justiça consensual, compreende-se o acordo de não persecução penal como sendo o ajuste obrigacional celebrado entre o órgão de acusação e o investigado (assistido por advogado), devidamente homologado pelo juiz, no qual o indigitado assume sua responsabilidade, aceitando cumprir, desde logo, condições menos severas do que a sanção penal aplicável ao fato a ele imputado.

É evidente que os instrumentos negociais, há tempos presentes no processo cível, cumprem expectativas dos indivíduos e agentes político-econômicos, porque abreviam o tempo para a solução do conflito, e atendem um prático cálculo de utilidade social. O consenso entre as partes se estabelece em um ambiente de coparticipação racional, mediante vantagens recíprocas que concorrem para uma aceitabilidade no cumprimento da medida mais efetiva, sentimento que eleva o senso de autorresponsabilidade e comprometimento com o acordo, atributos que reforçam a confiança no seu cumprimento integral.

O processo penal carecia de um instrumento como o ANPP. Inegavelmente, o acordo de não persecução penal trará economia de tempo e recursos para que o sistema de justiça criminal exerça, com a atenção devida, uma tutela penal mais efetiva nos crimes que merecem esse tratamento.

E devo alertar que não se trata de direito subjetivo do investigado. O critério de aferição da conveniência de oferecer a proposta de acordo, com vistas à prevenção e repressão do delito, é tarefa do Ministério Público, no exercício de seu monopólio da ação penal pública (ROXIN, Claus; SCHÜNEMANN, Bernd. Strafverfahrensrecht. 27ª ed. München: Beck, 2012, p. 75).

Com efeito, o acordo de não persecução penal assemelha-se a um termo de ajustamento de conduta (TAC), mas aplicado no campo criminal. Tratando-se de modalidade de justiça negocial, assemelha-se aos princípios e postulados básicos da transação penal e da suspensão condicional do processo. Portanto, tal como já pacificado pelo Superior Tribunal de Justiça e Supremo Tribunal Federal no caso da transação penal e o "sursis" processual, também o acordo de não persecução deve ser encarado como poder-dever do Ministério Público e não um direito público subjetivo do investigado[2].

A respeito da obrigatoriedade de propositura de acordo pelo Ministério Público, vale ressaltar o voto do então Ministro do Tribunal Constitucional, Ayres Britto, em julgado que tratava de suspensão condicional do processo e que, pela natureza do instituto, pode ser aqui utilizado: "não há que se falar em obrigatoriedade do Ministério Público quanto ao oferecimento do benefício da suspensão condicional do processo. Do contrário, o titular da ação penal seria compelido a sacar de um instrumento de índole tipicamente transacional, como é o sursis processual. O que desnaturaria o próprio instituto da suspensão, eis que não se pode falar propriamente em transação quando a uma das partes (o órgão de acusação, no caso) não é dado o poder de optar ou não por ela." (HC 84.342/RJ, 1ª Turma).

Nesse sentido é também a lição de Ada Pellegrini Grinover, Antônio Magalhães Gomes Filho, Antônio Scarance Fernandes e Luiz Flávio Gomes:

> "(...) Pensamos, portanto, que o 'poderá' em questão não indica mera faculdade, mas um poder-dever, a ser exercido pelo acusador em todas as hipóteses em que não se configurem as condições do § 2.° do dispositivo" (in Juizados Especiais Criminais. 5ª ed. RT, 2005, p. 153 – *grifei*).

Entender o acordo de não persecução como obrigatoriedade seria o mesmo que "estabelecer-se um autêntico princípio da obrigatoriedade às avessas" (Renee do Ó Souza e Patrícia Eleutério Campos Dover. Algumas respostas sobre o acordo de não persecução penal, in Acordo de não persecução penal, organizadores Rogério Sanches Cunha e outros, Salvador: Juspodivm, 2017, p. 123).

---

2 Apesar de ato discricionário do Ministério Público, deve seu representante fundamentar a eventual recusa. Nesse tanto, enxergamos aqui verdadeiro direito subjetivo do investigado: é direito dele saber as razões que levaram o órgão de execução do Ministério Público a não trabalhar o instrumento de consenso no caso concreto.

No novo instituto, no espaço de discricionariedade regrada (poder--dever) que lhe concede a legislação e a própria concepção do instituto sob o foco, o MP poderá se negar a formular proposta ao investigado, pois deverá ponderar previamente e fundamentar se o acordo "é necessário e suficiente para a reprovação e prevenção do crime" (condição subjetiva e cláusula aberta de controle), no caso concreto.

E tem mais. No sistema acusatório, entende-se que não pode o juiz emitir decisão a respeito de tal conveniência, razão pela qual, em caso de divergência de opinião com o órgão ministerial deve encaminhar o caso ao órgão revisional do próprio Ministério Público.

Esse entendimento nem é propriamente novo, visto ser de há muito seguido nos casos da suspensão condicional do processo e da transação penal. Nesse sentido, o enunciado da Súmula 696 do E. Supremo Tribunal Federal ("Reunidos os pressupostos legais permissivos da suspensão condicional do processo, mas se recusando o promotor de justiça a propô-la, o juiz, dissentindo, remeterá a questão ao procurador-geral, aplicando-se por analogia o art. 28 do Código de Processo Penal")[3].

E aqui chego no centro do presente trabalho.

3. ANPP. INTERVENÇÃO DO JUDICIÁRIO, SUA NECESSIDADE E LIMITES

O ANPP, de acordo com o art. 28-A do CPP, será formalizado nos autos do procedimento investigatório conduzido pelo Ministério Público (PIC) ou do inquérito policial (IP), devendo conter a qualificação completa do investigado, bem como as suas condições, eventuais valores a serem restituídos e as datas para cumprimento. O ajuste deve ser firmado pelo membro do Ministério Público, pelo investigado e seu defensor[4].

---

[3] Antes do Pacote Anticrime, o princípio da obrigatoriedade que norteio da ação do Ministério Público era fiscalizado pelo juiz, capaz de provocar o órgão superior do Parquet com atribuição para rever a promoção de arquivamento da investigação. Com o advento do Pacote Anticrime, o art. 28 do CPP foi alterado, oportunidade em que a fiscalização deixou de ser do juiz, sendo transferida para a vítima, acompanhada de reexame necessário.

[4] O art. 18-B da Res. 181/17, incluído pela Res. 289/24, demanda: O acordo de não persecução penal será formalizado nos autos, por escrito, vinculará toda a instituição, e deverá conter as seguintes cláusulas: I – qualificação completa do investigado, principalmente quanto ao endereço, número de telefone, e-mail, data de nascimento e número de inscrição no ca-

Firmado o ajuste, o art. 28-A prevê verdadeira solenidade para seu julgamento. Vejamos.

O juiz marca audiência para verificar a sua voluntariedade, por meio da oitiva do investigado na presença de seu defensor, bem como sua legalidade. A "ratio legis" fica bem clara. Confere-se ao juiz, com a oitiva do investigado (compromissário) e de seu defensor, a salutar possibilidade de avaliar, por exemplo, se o acordo foi ou não forçado, contra a vontade do investigado.

Daí porque, na audiência a que se refere o dispositivo, não haver previsão quanto à presença do proponente do acordo (Ministério Público), mas somente do indigitado e seu defensor. Mas a não previsão da participação do Ministério Público significa que não pode ele estar presente?

Entendeu, pioneiramente, o Tribunal de Justiça do Rio Grande do Sul que a presença do Ministério Público, por ser um dos acordantes, mostra-se necessária, mesmo que não possa intervir durante a solenidade. E a simples presença não parece ser ameaça à condução da solenidade, em especial pelo disposto nos §5º e §8º do art. 28-A do CPP, nem mesmo ao indiciado, uma vez que obrigatória a presença de seu defensor.

De outra banda, a questão gravita sobre a realização de audiência para homologação de acordo, no qual uma das partes não estaria presente, o que parece não ser crível, e fere o Princípio da Isonomia. E mais, a averiguação da voluntariedade e da legalidade pelo juiz, não se presume prejudicada pela presença de ambos os acordantes na solenidade homologatória. E "sendo uma atribuição conferida ao Ministério

---

dastro de pessoas físicas da Receita Federal do Brasil; II – exposição do fato criminoso, com todas as suas circunstâncias e sua adequação típica; III – estipulação clara das condições ajustadas e o prazo para seu cumprimento; IV – indicação das entidades beneficiárias das medidas ajustadas ou de que estas serão indicadas no juízo competente pela execução do acordo; V – a obrigação do investigado em informar, prontamente, qualquer alteração de endereço, número de telefone ou e-mail; VI – a obrigação do investigado em comprovar, mensalmente, o cumprimento das condições acordadas, independente de notificação ou aviso prévio; VII – as consequências para o descumprimento das condições acordadas; VIII – o prazo para apresentar, por iniciativa própria, a justificativa de eventual descumprimento de quaisquer das condições ajustadas; IX – declaração formal do investigado de que não foi condenado a prisão, não tem antecedentes criminais, não foi beneficiado por acordos semelhantes ou transação penal, com advertência de que se faltar com a verdade sobre esses fatos o acordo será rescindido e a denúncia oferecida de imediato.

Publico, isto é, sendo ele uma das partes do acordo da não persecução penal, é inadmissível que ele não possa participar da audiência para homologação do referido acordo, sob pena de nulidade do ato. Não há qualquer vedação legal neste sentido como pode se observar do teor do artigo 28-A, § 4° do CPP" (Correição Parcial n. 70084972850 – n. CNJ: 0010838-60.2021.8.21.7000).

Ao analisar o ANPP, o juiz pode:

I) homologar o acordo de não persecução penal, devolvendo os autos ao Ministério Público para que inicie sua execução perante o juízo de execução penal (§6º.)[5].

II) se considerar inadequadas, insuficientes ou abusivas as condições dispostas no acordo de não persecução penal, devolver os autos ao Ministério Público para que seja reformulada a proposta do acordo, com concordância do investigado e seu defensor (§5º.).

Tendo a concordância do investigado, a hipótese é de retratação. Logo, diante desse cenário, ou o Ministério Público reabre as negociações, ou oferece a denúncia-crime.

III) se entender que não é caso de acordo, devolverá os autos ao Ministério Público para análise da necessidade de complementação das investigações ou o oferecimento da denúncia (§8º.).

Mas e se o Ministério Público discordar do juiz e insistir no acordo já assinado? Reparem que, aqui, nesta situação posta, apenas o juiz se recusa a seguir. As partes (inclusive investigado e defensor) insistem. Não se confunde com anterior.

Percebe-se, portanto, um indisfarçável conflito entre o promotor de Justiça e o juiz. E quem resolve o impasse?

---

[5] E, nesse tanto, um alerta, mesmo que alheio ao tema principal do nosso trabalho, deve ser feito. No ANPP ajustam-se condições, cláusulas que estabelecem a realização de uma situação ou de uma ação, para que ocorra o negócio jurídico. Não se trata de sanção penal. Tanto que, se descumprida alguma condição ajustada, não pode o Ministério Público executá-la, mas oferecer denúncia e perseguir a devida condenação. Diante desse quadro, fica fácil perceber o equívoco do legislador ao determinar que a concretização do acordo se dê no juízo das execuções penais. Erro crasso. Na VEC executa-se sanção penal. No ANPP não temos sanção penal imposta (e nem poderia, pois impede o devido processo legal). A sua execução deveria ficar a cargo do Ministério Público (como determina a Res. 181/17) ou do juízo do conhecimento.

De acordo com a Res. 181/17 do CNMP, na versão inicial, não sem razão, tratando-se de divergência envolvendo o juiz e o titular da ação penal, responsável pela implementação da política criminal adotada pela instituição ministerial, a solução deve ser dada pelo órgão superior do Ministério Público (PGJ, nos estados, Câmara de Revisão, no âmbito da União).

A Lei 13.964/19, contudo, preferiu "escalar" para a solução desse conflito o próprio Judiciário. O juiz deve recusar a homologação (§7º.), desafiando essa decisão recurso em sentido estrito (RESE, art. 581, XXV, CPP). Essa arquitetura, entretanto, é equivocada e inconstitucional, violando não somente o sistema acusatório, mas a independência do Ministério Público brasileiro (arts. 127, caput, 127, §1º., e 129, I, todos da CF). Importante destacar, nesse ponto, a sempre pertinente lição de Ferrajoli, citada pelo STF na ADI 4.414 Alagoas:

> "A separação entre as funções de acusar, defender e julgar é o signo essencial do sistema acusatório de processo penal (art. 129, I, CRFB), tornando a atuação do Judiciário na fase pré-processual somente admissível com o propósito de proteger as garantias fundamentais do investigado" (FERRAJOLI, Luigi. Derecho y Razón – Teoría del Garantismo Penal. 3ª ed., Madrid: Trotta, 1998. p. 567).

Diante desse quadro (e preocupação), sugeri, desde o início, por analogia, aplicar o art. 28-A, §14, do CPP[6].

É esse o espírito, como já alertado acima, da Súmula 696 do STF, que trata da suspensão condicional do processo:

> "Reunidos os pressupostos legais permissivos da suspensão condicional do processo, mas se recusando o promotor de justiça a propô-la, o juiz, dissentindo, remeterá a questão ao Procurador-Geral, aplicando-se por analogia o art. 28 do Código de Processo Penal".

O Conselho Nacional dos Procuradores Gerais (CNPG) e a Associação Nacional dos Membros do Ministério Público (CONAMP)

6 "No caso de recusa, por parte do Ministério Público, em propor o acordo de não persecução penal, o investigado poderá requerer a remessa dos autos a órgão superior, na forma do art. 28 deste Código".

questionaram no Supremo Tribunal Federal (STF), dentre outros dispositivos trazidos pela Lei 13.964/19, exatamente esse, que confere ao Judiciário a tarefa de dirimir o conflito entre o titular da ação e o juiz em matéria que reflete a "opinio delicti". Destaco o seguinte trecho da inicial:

> "(...) por violar o sistema acusatório, a independência funcional do membro do Ministério Público e a própria imparcialidade objetiva do Magistrado, refere-se aos conteúdos normativos contidos nos parágrafos 5º, 7º e 8º, que estabelecem o controle inadequado e inconstitucional do acordo por parte do Magistrado.
>
> É que, conforme se depreende dos textos, a atuação da magistratura foge da dimensão homologatória e fiscalizatória no plano da legalidade formal, para invadir um patamar de mérito indevido, estabelecendo um controle que não encontra mais base no sistema constitucional brasileiro, por desafiar a ideia do sistema processual acusatório. Nesta concepção do sistema acusatório, as atividades dos sujeitos processuais são repensadas e ajustadas conforme a essência dos seus respectivos papeis constitucionais, alterando, progressivamente, a ordem jurídica vigente. Uma destas alterações é, justamente, a atuação do juiz na temática de arquivamento do inquérito policial, retirando, como já dito anteriormente, a iniciativa do magistrado para entregá-la à vítima (novo art. 28 do CPP).
>
> Este regramento está devidamente estabelecido também no próprio art. 28-A, parágrafo 14, que estabelece: "no caso de recusa, por parte do Ministério Público, em propor o acordo de não persecução penal, o investigado poderá requerer a remessa dos autos a órgão superior, na forma do art. 28 deste Código." A solução harmoniosa do texto legislativo deveria ser a mesma estabelecida nas normas citadas nos parágrafos anteriores, que confiam a revisão da atividade ministerial ao órgão revisional do próprio Ministério Público, o que deve ser reconhecido e declarado por esta r. Corte Constitucional.
>
> Por isto mesmo, a escolha do legislador de conferir ao magistrado esse papel de controlador do acordo de não persecução penal, da forma como foi posta, é medida flagrantemente inconstitucional, por violar o sistema acusatório, a autonomia do membro do Ministério Público e a imparcialidade objetiva do magistrado".

Contudo, encerrado o julgamento das ADIs 6.298, 6.299, 6.300 e 6.305, o Supremo Tribunal deixou de analisar o assunto e, ao que parece, também não aparece como objeto de embargos de declaração. A discussão, então, permanece. E para fomentar o debate, peço licença ao leitor e demais colegas que participam dessa obra para trabalhar um caso hipotético, sem querer infantilizar o raciocínio, mas sim torná-lo mais claro: Imaginemos que Fulano, primário e portador de bons antecedentes, está sendo investigado pelo crime do art. 306 do Código de Trânsito Brasileiro (embriaguez ao volante). Trata-se de infração penal cometida sem violência ou grave ameaça, com pena mínima inferior a 4 anos. Em tese, admite o ANPP. O ajuste, assinado pelo promotor de Justiça, investigado e seu advogado, é encaminhado ao juiz que se recusa homologar, julgando descabido o acordo em crimes dessa natureza. Esse conflito, como previsto no CPP, deve ser resolvido pelo Tribunal (art. 581 do CPP).

Suponhamos que a Corte dê razão ao juiz, retornando os autos ao promotor de Justiça natural para o oferecimento da denúncia. Este, contudo, insiste em não oferecer e promove o arquivamento. Ao juiz, convicto de que o órgão de execução do MP deve agir de outra forma, resta qual postura? Não existe alternativa: deve submeter à revisão do PGJ (art. 28 do CPP).

No tema divergência entre promotor de Justiça e juiz, em sede de ANPP, apenas num caso me parece pertinente o recurso em sentido estrito (RESE) como instrumento de resolução do conflito: quando o magistrado recusar homologar o ANPP fundamentado na falta de justa causa para o acordo, prenúncio de que também não receberá eventual denúncia-crime pelo Ministério Público.

Também por meio de exemplo pretendo ilustrar meu raciocínio: suponhamos que o MP celebra acordo num crime de falsidade documental, tendo a confissão do investigado, mas carecendo de perícia.

O juiz, convicto de que a prova da materialidade em crimes dessa natureza depende de perícia, recusa homologar o acordo, assim fundamentando. O magistrado já deixa evidente que rejeita não apenas essa forma de agir do MP, mas qualquer outra, inclusive o oferecimento da inicial. Diante desse quadro, o RESE parece fazer sentido.

4. CONCLUSÃO

Espero que as conclusões que compartilho neste trabalho sejam interpretadas como expedientes de respeito ao sistema acusatório – inspiração da Lei 13.964/19, com gênese constitucional –, independência funcional do membro do Ministério Público e a própria imparcialidade objetiva do Magistrado, e jamais como disputa entre Instituições irmanadas na consecução do mesmo fim: promoção da Justiça.

REFERÊNCIAS

CABRAL. Rodrigo Leite Ferreira. Acordo de não persecução penal - Um panorama sobre o acordo de não persecução penal. 1ª. ed. Salvador: Ed. Juspodivm, 2018.

FERRAJOLI, Luigi. Derecho y Razón - Teoría del Garantismo Penal. 3ª ed., Madrid: Trotta, 1998.

GRINOVER. Ada Pellegrini Grinover; GOMES FILHO. Antônio Magalhães; FERNANDES. Antônio Scarance e GOMES. Luiz Flávio. Juizados Especiais Criminais. 5ª ed. São Paulo: RT, 2005.

ROXIN, Claus; SCHÜNEMANN, Bernd. Strafverfahrensrecht. 27ª ed. München: Beck, 2012.

SOUZA. Renee do Ó e DOVER. Patrícia Eleutério Campos. Algumas respostas sobre o acordo de não persecução penal, in Acordo de não persecução penal, organizadores Rogério Sanches Cunha e outros, Salvador, Juspodivm, 2017.

CAPÍTULO 8

A REPARAÇÃO DO DANO NO ACORDO DE NÃO PERSECUÇÃO PENAL

Rodrigo Leite Ferreira Cabral[1]

1. INTRODUÇÃO

A relação entre o Sistema Penal e a vítima é de idas e vindas, marchas e contramarchas. Sobre esse movimento, é possível citar, de forma bastante resumida, que: **(i)** nos sistemas primitivos de justiça, a vítima ostentava posição central na estrutura punitiva, que era baseada na vingança privada e o ofendido era o responsável por dar impulso à Administração da Justiça; **(ii)** nos ordenamentos germânicos, havia um sistema de compensações, em que a vítima, o agressor e suas famílias debatiam e negociavam a fixação de contrapartidas em dinheiro ou em bens; **(iii)** com o nascimento dos sistemas mais organizados de persecução penal, dá-se fim às aplicações de justiça privada, deslocando o eixo do *ius puniendi* do ofendido para o Estado, que passa a ser quem reage ao delito,

---

[1] Doutor em Ciências Jurídicas e Políticas pela Universidad Pablo de Olavide/Espanha. Mestre em Criminología y Ciencias Forenses pela mesma Instituição. Foi pesquisador-visitante do *Max-Planck-Institut* para Direito Penal Estrangeiro e Internacional em Freiburg/Alemanha. É Professor do mestrado da Universidade Estadual de Ponta Grossa e Professor Substituto da Universidade Federal do Paraná. É Promotor de Justiça do Ministério Público do Estado do Paraná.

ficando a vítima relegada a uma posição de esquecimento, com o que se inicia uma larga fase histórica da denominada neutralização da vítima[2].

Foi somente depois da Segunda Guerra Mundial que o Direito Penal, o Processo Penal e a Criminologia (com a vitimologia) mudaram novamente essa orientação, adentrando, aos poucos, no período que se denomina de redescobrimento da vítima[3].

Nesse desenrolar, passa-se a entender que a proteção à vítima substancia a pretensão de Justiça que deve ser ínsita ao Sistema Penal, que não é realizada a plenos pulmões sem o respeito a seus direitos. Concebe-se que a punição efetiva e justa também esvazia sentimentos de vingança e movimentos de retaliação privada e extrajudicial. Como diz Hassemer, o Estado que processa e pune interrompe esse ciclo de violência e contraviolência. O Estado deve desarmar a vítima e impedir a vingança privada. Ao mesmo tempo, deve colocar-se no lugar dela e oferecer, de forma crível, uma resposta adequada ao delito – uma solução justa para o conflito –, protegendo tanto os direitos da vítima quanto os do autor do crime. O Estado, continua Hassemer, *"não é o capanga da vítima, nem tampouco seu vingador: é um terceiro poderoso, desinteressado, mas preocupado com a equidade, justiça e com a paz"*[4].

Esse movimento de redescobrimento da vítima propugna, portanto, a necessidade se realizar um giro paradigmático em direção à proteção dos interesses do ofendido, tendo como ponto de partida a ideia de que é imprescindível, como dito, realizar-se, também, Justiça para as vítimas,

---

2 ALASTUEY DOBÓN, M. Carmen. La reparación a la víctima en el marco de las sanciones penales. Tirant lo Blanch; Valencia, 2000, pp. 35-36.

3 Sobre essa evolução, afirma SCHÜNEMANN, desde uma perspectiva alemã: *"(...) a Alemanha se encontra no final de um caminho milenário, que começou com a substituição da justiça penal puramente privada (originalmente através dos Fehde, ou seja, da vingança privada exercida pelo lesionado ou por seu clã) por um processo decisório, que, ainda que iniciado pelo ofendido como acusador, estava nas mãos da autoridade; foi seguido de um procedimento completamente organizado por tribunais estatais e terminou substituindo um Direito Penal retributivo por um Direito Penal preventivo."* SCHÜNEMANN, Bernd. El Fortalecimiento de La Posición de la Víctima en el Proceso Penal, ¿Dicha o Desgracia?, in Obras. Buenos Aires, Rubinzal-Culzoni, 2009, vol. 2, pp. 485-486. A respeito do início do movimento de redescobrimento da vítima, cf.: GARCÍA ÁLVAREZ, Pastora. La víctima en el Derecho Penal español. Tirant lo Blanch; Valencia, 2014, pp. 25-29.

4 HASSEMER, Winfried. *Warum Strafe sein muss*: Ein Plädoyer, 2ª ed. Berlim: Ullstein, 2009, pp. 244-255.

aprimorando seus mecanismos de participação ativa no processo penal, incrementando as vias de reparação do dano e da conciliação entre autor e ofendido[5].

2. A REPARAÇÃO DO DANO COMO CONDIÇÃO DO ACORDO DE NÃO PERSECUÇÃO PENAL

Foi na esteira desse pensamento que o legislador – dentre várias outras determinações – impôs, no inciso I, do art. 28-A, CPP, como primeira condição a ser estabelecida no acordo de não persecução penal a de que o investigado deve *"reparar o dano ou restituir a coisa à vítima, exceto na impossibilidade de fazê-lo"*, buscando, inclusive, como horizonte interpretativo, o inciso I, do art. 91 do Código Penal.

Trata-se de uma das condições mais importantes do ANPP, uma vez que dá voz e vez à vítima no processo penal[6], cujos contornos pretende-se estudar no presente artigo.

Um dos temas centrais quando se debate a reparação do dano é precisamente a identificação de quem deve ser indenizado, o que, muitas vezes, não é uma tarefa fácil.

É certo que, desde uma perspectiva puramente material de Direito penal, tem-se um conceito restrito de ofendido, caracterizado precisamente pelo sujeito que é o titular do bem jurídico violado ou colocado em perigo com a realização do crime cometido. Em poucas palavras, é a vítima direta do delito[7].

Sem embargo, quando o Código de Processo Penal, no inciso I, do art. 28-A, fala em reparar o dano, não limita essa reparação à vítima direta. No âmbito da responsabilidade civil *ex delicto*, propugnada no acordo

---

5 HIRSCH, Hans Joachim. *Wiedergutmachung des Schadens im Rahmen des materiellen Strafrechts, in* Zeitschrift für die gesamte Strafrechtswissenschaft, *ZStW 102 (1990), Heft 3,* pp. 534-535.

6 O Superior Tribunal de Justiça assentou que: *"2. A rejeição da cláusula de reparação de danos sem comprovação da impossibilidade de ressarcimento justifica a continuidade da ação penal. 3. A análise das condições financeiras do acusado para ressarcir o prejuízo não pode ser feita na via do habeas corpus."* (STJ - AgRg no RHC n. 212.012/GO, relator Ministro Ribeiro Dantas, Quinta Turma, julgado em 30/4/2025, DJEN de 8/5/2025).

7 GALAIN PALERMO, Pablo. La reparación del daño a la víctima del delito. Valencia: Tirant lo Blanch, 2010, p. 125.

de não persecução penal, é de rigor a adoção de um conceito amplo de vítima, incluindo toda pessoa, física ou jurídica, que tenha sido diretamente atingida pela ação delitiva ou tenha figurado como prejudicada indireta dessa prática[8] (prejudicado aqui pode ser compreendido como aquele que sofreu dano civil, material ou moral, em virtude da infração penal, ainda que não seja titular do bem jurídico violado[9]), o que pode incluir, por exemplo, eventuais familiares (cônjuge, descendentes, ascendentes, irmãos, etc.), *bystanders* atingidos pelo fato ou outro terceiro afetado civilmente (v.g. seguradora que reparou civilmente o dano).

Aliás, nesse sentido é possível adotar-se aqui - por ser completo e constar de recomendação com caráter de *soft law* ao Brasil - o conceito apresentado pelas Nações Unidas na Declaração dos Princípios Básicos de Justiça Relativos às Vítimas da Criminalidade e de Abuso de Poder (Resolução 40/34, de 29.11.85), *verbis*:

> "A. Vítimas de crime
>
> 1. 'Vítimas' refere-se a pessoas que, individual ou coletivamente, tenham sofrido dano, seja mental seja físico, sofrimento emocional e perda econômica, ou que sofreram dano substancial de seus direitos fundamentais, por meio de ações ou omissões que violam a lei penal vigente nos Estados-Membros, incluindo as leis que condenam o abuso de poder criminal."

Portanto, é possível afirmar que o conceito de vítima - para fins de reparação do dano, como condição do acordo de não persecução penal - abrange pessoas físicas, jurídicas e entes coletivos, ainda que

---

[8] Como afirma GALAIN PALERMO: *"A efectos de la responsabilidad civil ex delicto debe aceptarse un concepto amplio de víctima, incluyendo a todo aquel que se haya visto directa o indirectamente perjudicado por el daño que el delito ha causado, esto es: como el perjudicado por el delito."* GALAIN PALERMO, Pablo. La reparación del daño a la víctima del delito. Valencia: Tirant lo Blanch, 2010, p. 126. Veja-se que referido autor sustenta que a vítima a ser indenizada no âmbito de acordos deve ser apenas a vítima diretamente atingida pelo delito, pois somente ela pode chegar a uma resolução do conflito jurídico-penal. No entanto, no caso do acordo de não persecução penal, o acordo não é realizado pelo ofendido, mas sim pelo Ministério Público, que, no âmbito penal, deve representar os interesses de todos os prejudicados para, como diz a lei, "reparar o dano" causado pelo crime, o que sinaliza a necessidade de reparação completa.

[9] ROIG TORRES, Margarita. La responsabilidad civil derivada de los delitos y faltas. Valencia: Tirant lo Blanch, 2010, p. 167.

despersonalizados, que tenham sido atingidos direta ou indiretamente pela prática do delito.

3. DANOS MATERIAIS E MORAIS INDENIZÁVEIS

A reparação deve incluir os danos materiais ou morais, conforme preceitua, inclusive, o art. 5º, incisos V e X, da Constituição da República.

Os **danos materiais** incluem duas figuras (CC, art. 402)[10]: (i) **lucros cessantes**, substanciados pela perda ou diminuição de ingressos financeiros de uma pessoa física ou jurídica e daqueles que eventualmente delas dependem; e (ii) **dano emergente**, consistente nos gastos e custos decorrentes do próprio fato, como é caso de gastos com tratamentos médicos, fisioterapêuticos, psicológicos, odontológicos, custos do enterro, funeral, dentre outros[11].

Os **danos morais** incluem: (i) o **dano indiretamente econômico**, que não são propriamente materiais, mas atingem negativamente o patrimônio do prejudicado, como é o caso da perda de prestígio, que diminui ou afasta os clientes; e (ii) o **dano puramente moral**, consistente no sofrimento, no pesar, na amargura, tristeza, no luto, inclusive a dor física, psíquica ou espiritual, o ultraje à honra, decorrente do delito e que deve ser indenizado à luz da *pecunia doloris*, o preço da dor[12].

Ademais, conforme também preconiza o inciso I, do art. 28-A do Código de Processo Penal, caso a vítima tenha sido desapossada de algum bem que lhe pertence, deve ser estabelecida a necessidade de imediata restituição desse bem, o que pode incluir a devolução da posse sobre bens móveis ou imóveis, fungíveis ou infungíveis. Caso tenha ocorrido alguma deterioração ou menoscabo do bem, deve-se prever, também, a reparação do dano material correspondente (além do eventual moral).

---

[10] Art. 402. Salvo as exceções expressamente previstas em lei, as perdas e danos devidas ao credor abrangem, além do que ele efetivamente perdeu, o que razoavelmente deixou de lucrar.

[11] AGUERO RAMÓN-LLIN, Elena Las Indemnizaciones de las Víctimas de Accidentes de Tráfico. Valencia: Tirant lo Blanch, 2015, p. 17.

[12] ROIG TORRES, Margarita. La responsabilidad civil derivada de los delitos y faltas. Valencia: Tirant lo Blanch, 2010, pp. 211-212.

É possível, também, a previsão de juros e correção monetária eventualmente decorrentes da demora na restituição[13].

A reparação do dano penal, não se confunde com a responsabilidade puramente civil. Esta tem uma configuração iluminada apenas por interesses privados, enquanto a reparação do dano de natureza penal tem subjacente também um interesse público decorrente da própria danosidade social (*Sozialschädlichkeit*) do delito. A decisão pela reparação do dano, no âmbito civil, decorre tão somente dos interesses pessoais de reparação da vítima, não estando relacionada à gravidade do delito (injusto e culpabilidade) ou às necessidades preventivas. No Direito Penal a consideração desses elementos (gravidade do crime e função preventiva) é imprescindível[14].

Precisamente por esses motivos, o acordo de não persecução não deve se limitar à pura reparação do dano, mas sim incluir as outras medidas previstas no art. 28-A, II a V, CPP, pois a avença, como equivalente funcional da pena, deve também cumprir sua função preventiva, que é reforçada pela previsão dessas outras obrigações.

Aliás, na esteira da distinção entre dano civil e dano penal, é possível estipular-se indenização criminal em crimes contra a coletividade, em crimes de perigo e, inclusive, crimes sem vítima[15], substanciando, assim, o denominado conceito normativo de reparação, como explica GALAIN PALERMO:

> Un concepto amplio de reparación la considera como "el restablecimiento, dentro de lo posible, del orden jurídico perturbado por la comisión de una infracción penal". La amplitud de un concepto como este permite una mayor libertad de movimiento dentro del campo del Derecho penal, puesto

[13] Para um panorama sobre esse tema da devolução do bem, cf.: ROIG TORRES, Margarita. La responsabilidad civil derivada de los delitos y faltas. Valencia: Tirant lo Blanch, 2010, pp. 114-148.

[14] FREUND, Georg; GARRO CARRERA, Enara. Strafrechtliche Wiedergutmachung und ihr Verhältnis zum zivilrechtlichen Schadensersatz: Zu den gemeinsamen materiellen Grundlagen eines Europäischen Strafrechtssystems in Zeitschrift für die gesamte Strafrechtswissenschaft, ZStW 118 (2006) Heft 1, p. 81-82.

[15] FREUND, Georg; GARRO CARRERA, Enara. Strafrechtliche Wiedergutmachung und ihr Verhältnis zum zivilrechtlichen Schadensersatz: Zu den gemeinsamen materiellen Grundlagen eines Europäischen Strafrechtssystems in Zeitschrift für die gesamte Strafrechtswissenschaft, ZStW 118 (2006) Heft 1, p. 89.

que no puede ser emparentado con ninguna concepción civil que la limite a la indemnización de los daños al ofendido (o en el exclusivo beneficio de los perjudicados por el delito). El contenido material de la reparación va más allá que el de la responsabilidad civil ex delicto y permite abarcar, no solo la reparación material de la víctima directa o de la colectividad (v. gr., a través de pagos a Fondos de ayuda a las víctimas, Organismos de Beneficencia, etcétera), sino también la reparación simbólica (dirigida a la víctima directa y la sociedad en general [víctima potencial], v. gr., a través de disculpas y explicaciones o trabajos en beneficio de la víctima o de la colectividad, etcétera). La función que cumple la reparación en el sistema penal se emparienta, entonces, con los fines que se pretenden obtener con la imposición y (eventual) ejecución de la pena y no con la indemnización del daño derivado como consecuencia del delito.[16]

Nessa toada, como referido, é possível afirmar que a indenização, especialmente nos delitos contra a coletividade, pode ocorrer, em alguns casos específicos, por meio de manifestações simbólicas que não se limitem à reparação financeira, envolvendo, inclusive, qualquer comportamento que mostre a disposição do agressor em assumir a responsabilidade por suas ações, como, por exemplo, um pedido de desculpas, alguma forma de envolvimento social do agente[17], a declaração oficial da verdade, um compromisso de não reiteração das condutas, o restabelecimento da dignidade das vítimas, o compromisso de buscar os restos de desaparecidos, a construção de memoriais ou monumentos em homenagens às vítimas, etc.[18]

Resumindo tudo o que foi dito, a reparação do dano deve ser integral[19]. Impõe-se a apuração da extensão dos danos e dos atingidos direta ou indiretamente pelo delito.

---

16 GALAIN PALERMO, Pablo. La reparación del daño a la víctima del delito. Valencia: Tirant lo Blanch, 2010, pp. 99-100.

17 FREUND, Georg; GARRO CARRERA, Enara. Strafrechtliche Wiedergutmachung und ihr Verhältnis zum zivilrechtlichen Schadensersatz: Zu den gemeinsamen materiellen Grundlagen eines Europäischen Strafrechtssystems in Zeitschrift für die gesamte Strafrechtswissenschaft, ZStW 118 (2006) Heft 1, p. 89.

18 GALAIN PALERMO, Pablo. La reparación del daño a la víctima del delito. Valencia: Tirant lo Blanch, 2010, pp. 100-102. Nesse sentido, são vários julgados da CIDH: Caso "massacre de Mapiripán" vs. Colombia. Sentença de 15 setembro de 2005; Caso Myrna Mack Chang Vs. Guatemala. Sentencia de 25 de novembro de 2003, dentre outros.

19 Nesse sentido, em caso em que o Brasil foi demandado pelos Trabalhadores da Fazenda Rio Verde, a Corte Interamericana de Direitos Humanos, em julgado de 20 de outubro de

Por fim, o inciso I do art. 28-A do CPP estabelece o dever de "reparar o dano ou restituir a coisa à vítima, salvo impossibilidade de fazê-lo".

É dizer, caso seja impossível essa reparação, poderá ser dispensado o cumprimento dessa obrigação por parte do investigado, no acordo de não persecução penal.

Aqui, porém, não basta a mera alegação do agente de que não pode reparar o dano ou restituir a coisa à vítima. Deve-se fazer presente, como diz a lei, uma "impossibilidade" de reparação do dano, palavra essa que tem significado com contornos bastante contundentes.

Desse modo, deverá o investigado cumprir ou indicar elementos de informação bastante robustos que comprovem essa impossibilidade, não sendo suficiente a mera alegação de dificuldades financeiras[20].

Além disso, deve-se tomar o cuidado de consignar expressamente no termo de acordo de não persecução, de forma clara e transparente, os valores ou bens que deverão ser entregues, o modo como deve ser reparado o dano, a data limite para essa reparação, eventuais juros de mora e a perfeita identificação da vítima. Isso tudo para facilitar que o investigado – de boa vontade – possa efetivamente cumprir essa parte do acordo.

4. A PARTICIPAÇÃO DA VÍTIMA NO ANPP

A participação da vítima na fase das tratativas e celebração do acordo de não persecução penal é extremamente importante. Nessa perspectiva, sempre que possível, na delegacia ou no próprio momento da celebração do acordo, deve-se tomar as medidas para que a vítima se faça presente, indagando-a qual foi o prejuízo causado a ela (e as razões que a

2016, a CIDH assentou – depois de assegurar o direito à indenização para as vítimas de delitos – que: *"A reparação do dano causado pela infração de uma obrigação internacional requer, sempre que seja possível, a plena restituição (restitutio in integrum), que consiste no restabelecimento da situação anterior."*

20 Como afirmam SOUZA e DOWER: *"incumbe ao investigado a proba cabal de sua vulnerabilidade financeira, não bastando a mera alegação"*. SOUZA, Renee do Ó; DOWER, Patrícia Eleutélio Campos. Algumas Respostas sobre o Acordo de Não Persecução Penal *in* Acordo de Não Persecução, Resolução n. 181 do CNMP, 3ª ed., CUNHA, Rogério; BARROS, Francisco; SOUZA, Renne, CABRAL, Rodrigo Leite Ferreira (orgs.). Salvador: Juspodivm, 2020, p. 162. Ademais, a existência de ação civil não impede a reparação do dano no âmbito do ANPP (STJ - AgRg nos EDcl no RHC n. 213.379/MG, relator Ministro Ribeiro Dantas, Quinta Turma, julgado em 1/7/2025, DJEN de 4/7/2025).

levam a concluir por esse prejuízo), como ela entende que deve ser feita essa reparação e, também, como seria a melhor forma de pagamento ou reparação (v.g. depósito em conta corrente, devolução do bem e em que local isso deve ocorrer).

Além disso, nada impede – é inclusive recomendável, em decorrência do dever de informação a ela devido – que a vítima tenha oportunidade de participar da negociação do acordo de não persecução penal, auxiliando o Membro do Ministério Público (ainda que não na qualidade de assistente de acusação, por não existir ainda processo) a identificar como deverá ser feita a reparação do dano, mesmo porque o ofendido é diretamente interessado nesse tema.

Nesse sentido, a Resolução 181/2017 do Conselho Nacional do Ministério Público (com a alteração dada pela Resolução 289/24), em seu art. 18, §4º, estabelece que o membro do Ministério Público deve diligenciar para que a vítima ou, na sua ausência, seus familiares participem do acordo de não persecução penal, especialmente no tocante à reparação dos danos causados pela infração.

Todos esses aspectos deverão ser tomados em conta pelo Membro do MP no momento da celebração do acordo e, sempre que razoáveis e adequados, devem ser atendidos pelos Promotores de Justiça.

Sem embargo, o Ministério Público não atua como um advogado da vítima. Ele está vinculado ao interesse público de realizar Justiça, evitando-se, portanto, eventuais pretensões indenizatórias abusivas e destituídas de lastro probatório nos autos. Assim entende também o art. 18, § 4º, da Resolução 181/17-CNMP, que corretamente não exige a aquiescência da vítima como requisito de validade ou eficácia do ajuste, preservando-se o equilíbrio entre a necessária tutela dos interesses do ofendido e a função pública do ANPP.

Caso a vítima entenda insuficiente a reparação do dano constante do acordo de não persecução penal, nada impede que ela postule em juízo cível valor complementar, salvo se ela assinou, também, o termo de acordo de não persecução, hipótese em que fica vinculada ao seu teor.

5. CONCLUSÃO

O Ministério Público, como protagonista dessa política criminal, deve, portanto, conceder uma especial atenção para esse requisito da reparação à vítima, que ganha enorme potencialidade com o acordo de não persecução penal, pois: (i) a reparação à vítima deve ser efetiva para se ter o ANPP como cumprido, não bastando a mera declaração formal de compromisso de ressarcimento; e (ii) a indenização, por via de acordo, é muito mais célere, efetiva e adequada, dando a resposta necessária de forma justa, sem custos para o ofendido e acessível a todos os ofendidos[21].

Com essas e outras medidas, o legislador adota essa nova política criminal, que parte da ideia de que a atenuação ou reparação dos danos causados pelas práticas penais redundam em uma evidente celebração de justiça, o que indubitavelmente constitui um dos principais objetivos da pretensão de legitimidade que o nosso sistema penal deve sempre perseguir.

Em síntese, a reparação no âmbito do ANPP não se esgota em uma transação civil: ela cumpre função penal e político-criminal, preventiva, restaurativa e legitimadora do sistema. A participação informada da vítima, a fixação criteriosa do valor mínimo e a exigência de prova robusta da impossibilidade de reparar conferem efetividade e legitimidade ao instituto, promovendo justiça material, desestímulo à reiteração delitiva e pacificação social.

6. REFERÊNCIAS BIBLIOGRÁFICAS

AGUERO RAMÓN-LLIN, Elena Las Indemnizaciones de las Víctimas de Accidentes de Tráfico. Valencia: Tirant lo Blanch, 2015.

ALASTUEY DOBÓN, M. Carmen. La reparación a la víctima en el marco de las sanciones penales. Tirant lo Blanch; Valencia, 2000.

FREUND, Georg; GARRO CARRERA, Enara. Strafrechtliche Wiedergutmachung und ihr Verhältnis zum zivilrechtlichen Schadensersatz: Zu den gemein-

[21] Essa, aliás, foi a recomendação expedida pela Resolução 40/34, de 29.11.85, da Assembleia das Nações Unidas, da qual o Brasil é signatário, em que se preconiza: *"Acesso à justiça e a tratamento justo. 4. As vítimas devem ser tratas com compaixão e respeito por sua dignidade. Terão acesso aos mecanismos de justiça e de reparação imediata, conforme previsto na legislação nacional, pelo dano sofrido. 5. Mecanismos judiciais e administrativos devem ser estabelecidos e reforçados, quando necessário, para permitir às vítimas obterem reparação, por meio de processos formais ou informais rápidos, justos, de baixo custo e acessíveis. As vítimas devem ser informadas sobre seus direitos de buscar reparação por meio de tais mecanismos."*

samen materiellen Grundlagen eines Europäischen Strafrechtssystems in Zeitschrift für die gesamte Strafrechtswissenschaft, ZStW 118 (2006) Heft 1.

GALAIN PALERMO, Pablo. La reparación del daño a la víctima del delito. Valencia: Tirant lo Blanch, 2010.

GARCÍA ÁLVAREZ, Pastora. La víctima en el Derecho Penal español. Tirant lo Blanch; Valencia, 2014.

HASSEMER, Winfried. Warum Strafe sein muss: Ein Plädoyer, 2ª ed. Berlim: Ullstein, 2009.

HIRSCH, Hans Joachim. Wiedergutmachung des Schadens im Rahmen des materiellen Strafrechts, in Zeitschrift für die gesamte Strafrechtswissenschaft, ZStW 102 (1990), Heft 3.

ROIG TORRES, Margarita. La responsabilidad civil derivada de los delitos y faltas. Valencia: Tirant lo Blanch, 2010.

SCHÜNEMANN, Bernd. El Fortalecimiento de La Posición de la Víctima en el Proceso Penal, ¿Dicha o Desgracia?, in Obras. Buenos Aires, Rubinzal-Culzoni, 2009, vol. 2.

SOUZA, Renee do Ó; DOWER, Patrícia Eleutélio Campos. Algumas Respostas sobre o Acordo de Não Persecução Penal *in* Acordo de Não Persecução, Resolução n. 181 do CNMP, 3ª ed., CUNHA, Rogério; BARROS, Francisco; SOUZA, Renne, CABRAL, Rodrigo Leite Ferreira (orgs.). Salvador: Juspodivm, 2020.

CAPÍTULO 9

IMPUTABILIDADE PENAL E O ACORDO DE NÃO PERSECUÇÃO PENAL: ENSAIO SOBRE A APLICAÇÃO DA JUSTIÇA PENAL NEGOCIADA PARA INIMPUTÁVEIS E SEMI-IMPUTÁVEIS

Flávio Eduardo Turessi[1]

Alexandre Rocha Almeida de Moraes[2]

INTRODUÇÃO

Penalistas e processualistas de todo ocidente já reconhecem uma realidade consolidada: há, efetivamente, diferentes modelos de política

1 Doutor em Direito Político e Econômico pela Universidade Presbiteriana Mackenzie (UPM), Mestre em Direito Penal pela PUC-SP, Especialista em Direito Penal pela Escola Paulista da Magistratura. Promotor de Justiça do Ministério Público do Estado de São Paulo.
Ministério Público do Estado de São Paulo – São Paulo/SP, Brasil
feturessi@terra.com.br
http://lattes.cnpq.br/5898785179672242
http://orcid.org/0000-0003-3413-2362

2 Doutor e Mestre em Direito Penal pela PUC-SP. Professor de Direito Penal na PUC-SP. Promotor de Justiça do Ministério Público do Estado de São Paulo.
Pontifícia Universidade Católica de São Paulo – São Paulo/SP, Brasil
aram.mp@gmail.com
http://lattes.cnpq.br/9309967566132792
https://orcid.org/0000-0002-8374-5694

criminal, de dogmática penal e processual penal. Com efeito, novas e diferentes disfunções sociais demandaram novas e diferentes dogmáticas, mecanismos de investigação e persecução penal.

Dentre as diferentes políticas criminais que foram inseridas na América Latina e Europa continental (distinta da Grã-Bretanha) está o novo modelo de Direito Penal e Processo Penal de "segunda velocidade": flexibilização de garantias clássicas, conjugadas com um processo cada vez mais oral, célere, informal e orientado pelo modelo de negociação em sentido amplo, como alternativa menos custosa socialmente e mais eficiente, dada a agilidade na resposta à sociedade e aos próprios autores de crimes de pequeno e médio potencial ofensivos.

Nesse contexto de uma política criminal mais célere e menos litúrgica se insere a resolução alternativa dos conflitos e a justiça penal negociada. Há de se reconhecer, como bem ressalta Vasconcellos, um

> [...] emblemático momento de tensão no campo jurídico-penal, ao passo que a caracterização ampla de um modelo de justiça criminal negocial – já recorrente em diversos ordenamentos internacionalmente e alegadamente inevitável no Brasil – expõe a dúvida entre a ocorrência do "fim do Estado de Direito" ou o desvelamento de um "novo princípio". Ou seja, o discurso doutrinário acerca da recepção de mecanismos negociais varia do extremo da caracterização de uma "revolução", ou "a nova panaceia do processo penal", até o desvelamento de uma decorrente "crise do processo penal continental" e de um "golpe mortal ao Estado de Direito liberal.[3]

De qualquer modo, inevitável reconhecer o enfraquecimento do princípio da obrigatoriedade da ação penal e o afastamento paulatino, ao menos para certas modalidades criminosas não violentas, do modelo tradicional de processo adversarial.

Com efeito, essa tem sido a tendência na Europa continental e em países que, assim como o Brasil, nunca tiveram propriamente uma tradição em justiça penal negociada.

3 VASCONCELLOS, Vinicius G. *Barganha e Justiça Criminal Negocial*: análise das tendências de expansão dos espaços de consenso no processo penal brasileiro. 2ª ed. Belo Horizonte: D'Plácido, 2019, p. 26.

No processo penal italiano, por imperativo constitucional[4], não se permite a renúncia absoluta ao procedimento, ao contrário do que ocorre nos modelos norte-americano e inglês, que permitem que o *guilty plea* do acusado seja somado à decisão de *nolle prosequi* do *dominus litis* em relação à parcela ou à totalidade da imputação, prolatando-se imediatamente a sentença condenatória. O direito italiano, em verdade, com os institutos do *giudizio abbreviato*, do *giudizio direttissimo* e do *patteggiamento*, desenhou formas de rito abreviado, nos quais a confissão não implica renúncia total ao procedimento. Trata-se, pois, de simplificação procedimental.[5]

Em outros sistemas, o princípio da obrigatoriedade não encontra amparo constitucional, apresentando-se como consectário de opções feitas pelo legislador ordinário ou, ainda, de construções doutrinárias. Nesse quadro esteve inserido o processo penal brasileiro, prevalecendo, na doutrina nacional, a orientação de que o princípio da obrigatoriedade não teria caráter constitucional, sendo decorrência da interpretação dos artigos 28, 42 e 576 do Código de Processo Penal Brasileiro[6].

Aliás, a própria Constituição Federal de 1988 desenhou a discricionariedade regrada, por exemplo, em seu art. 98, I, permitindo que institutos como a transação penal, composição civil, além do instituto da suspensão condicional do processo passassem a figurar como hipóteses despenalizadoras na disciplina dada pela Lei nº 9.099/95.

Nesse sentido, como decorrência do enfraquecimento do princípio da obrigatoriedade da ação penal, emergiram mecanismos de solução consensual no processo penal pátrio, como o visto, por exemplo, na Lei nº 12.850/2013, com a disciplina da colaboração premiada, e na Lei nº 12.529/2011, que, ao tratar do acordo de leniência, em seu artigo 87, *caput*, impede o oferecimento de denúncia em desfavor do agente leniente beneficiário do ajuste.

---

4 "Artigo 112. II. Il pubblico ministero há l'obbligo di esercitare l'azione penale".

5 MORAES, Alexandre Rocha Almeida de; SMANIO, Gianpaolo Poggio, PEZZOTTI, Olavo Evangelista. A discricionariedade da ação penal pública. *Argumenta Journal Law*, Jacarezinho, n. 30, p. 359.

6 MORAES, Alexandre Rocha Almeida de; SMANIO, Gianpaolo Poggio, PEZZOTTI, Olavo Evangelista. A discricionariedade da ação penal pública. *Argumenta Journal Law*, Jacarezinho, n. 30, p. 359.

Mas a Lei nº 13.964, de 24 de dezembro de 2019, conhecida como Lei Anticrime, foi além e promoveu sensíveis mudanças no sistema de aplicação da lei penal no Brasil, as quais se encontram em pleno vigor.

Dentre tantas outras, o novel legislador cuidou de inserir, no Código de Processo Penal, o art. 28-A, que prevê o denominado *acordo de não persecução penal*, esvaziando em larga medida a aplicabilidade e o alcance da suspensão condicional do processo, instituto despenalizador previsto no art. 89, *caput*, da Lei nº 9.099/95.

Trata-se de medida extrajudicial de natureza marcadamente negocial que, outrora prevista no art. 18 da Resolução nº 181, de 07 de agosto de 2017, do Conselho Nacional do Ministério Público (com a redação que lhe foi dada pela Resolução nº 183, de 24 de janeiro de 2018), agora com nova e reformulada modelagem, indiscutivelmente flexibiliza a obrigatoriedade da ação penal pública, oportunizando ao Ministério Público, no exercício de suas atribuições constitucionais, que deixe de oferecer denúncia diante de delitos praticados sem o emprego de violência ou grave ameaça à pessoa, cuja pena mínima seja inferior a 4 (quatro) anos, sem qualquer limitação à pena máxima prevista em abstrato às infrações penais, desde que necessário e suficiente para reprovação e prevenção do crime.

O art. 28-A, § 2º, do Código de Processo Penal, veda expressamente a aplicação do acordo quando: I - cabível a transação penal, nas hipóteses de infrações penais de menor potencial ofensivo, de competência dos Juizados Especiais Criminais, silenciando a respeito da sua aplicabilidade no âmbito das Justiças especializadas Militar e Eleitoral; II – o investigado for reincidente ou se houver elementos probatórios que indiquem conduta habitual, reiterada ou profissional, salvo se insignificantes as infrações penais pretéritas; III – o agente tiver sido beneficiado nos 5 (cinco) anos anteriores ao cometimento da infração, em acordo de não persecução penal, transação penal ou suspensão condicional do processo, e IV – nos crimes praticados no âmbito de violência doméstica ou familiar, ou praticados contra a mulher por razões da condição de sexo feminino, em favor do agressor.

De todas as *condições* exigidas pela lei para a celebração do negócio, aquela que merece especial atenção e detida análise para os fins aqui buscados é justamente a necessidade da *confissão formal* e *circunstancial* (ou circunstanciada) pelo investigado da prática da infração penal, prevista no art. 28-A, *caput*, do Código de Processo Penal, naquelas hipóteses em que o agente não tenha higidez mental.

Em 2016, ao julgar o AgRg no REsp 1.497.542, a 1ª Turma negou o pedido de um homem que, após ter confessado a participação em esquema fraudulento de saques do FGTS, alegou que a confissão violaria o artigo 8, item 2, "g", do Pacto de San José, devendo, portanto, ser desconsiderada como prova[7].

O relator do recurso no STJ, ministro Benedito Gonçalves, explicou que o princípio *nemo tenetur se detegere* (vedação à autoincriminação, ou o direito ao silêncio) veio a ser expressamente reconhecido no Pacto de San José, no qual se resguarda a toda pessoa acusada de um delito o direito de não ser obrigada a depor ou a produzir provas contra si mesma, garantindo que o seu silêncio não seja interpretado em prejuízo da defesa e isso tem gerado, portanto, uma discussão quanto à confissão como pressuposto necessário para a celebração do acordo de não persecução penal, embora entendamos que, por se tratar de um negócio jurídico extraprocessual, é uma escolha do investigado celebrar ao acordo e confessar circunstanciadamente.

Não obstante a celeuma, nos termos da lei, a confissão é requisito e, portanto, presentes os requisitos legais, a ausência da capacidade de entender e de agir do investigado impediria a propositura e aceitação do negócio jurídico pelas partes? Nesses casos, é possível falar-se em válida *confissão* da prática delitiva, formal e circunstancial, de forma voluntária, para fins de não persecução penal? Como lidar com as falsas confissões, em especial diante de uma patologia que pode afetar cognitivamente a essência do ato de reconhecimento do erro praticado?

---

7 O documento entrou em vigor no Brasil em 25 de setembro de 1992, com a promulgação do Decreto 678/1992 e o Supremo Tribunal Federal, a partir da entrada em vigor da Emenda Constitucional 45/04, que acrescentou o §3º ao art. 5º, no julgamento do RE 466.343, com repercussão geral (Tema 60), decidiu que os tratados e as convenções internacionais sobre direitos humanos, se não incorporados como emenda constitucional, têm natureza de normas supralegais, paralisando, assim, a eficácia de todo o ordenamento infraconstitucional em sentido contrário.

A lei nada fala a esse respeito e o enfrentamento dessas e de outras questões correlatas certamente não tardará a acontecer no dia a dia forense.

Assim, em linhas gerais, são esses os questionamentos que, a partir de uma pesquisa jurídico-teórica da legislação, pelo método indutivo, o presente ensaio tem o objetivo de enfrentar.

1. CULPABILIDADE EM DIREITO PENAL

O vocábulo *culpabilidade*, largamente difundido no discurso jurídico-penal desde o final do século XIX, impulsionado, sobretudo, pela espetacular difusão das lições de Franz von Liszt e do seu *Tratado de Direito Penal Alemão*[8], carrega diversos significados, com diversas implicações, em diferentes contextos dogmáticos.

Na leitura de Busato, resumidamente, pode-se dizer que há três sentidos distintos para a locução: a culpabilidade como princípio fundamental do Direito Penal, contrapondo-se à responsabilidade penal objetiva; a culpabilidade como limite de pena, refletindo a reprovabilidade da conduta na fixação e individualização da sanção penal; e a culpabilidade enquanto elemento estrutural do delito, traduzida pelo conjunto de características pessoais do sujeito que conduzem ao seu reconhecimento, como juízo de censura.[9]

De todas as variações acima indicadas, nos estreitos limites deste estudo, a acepção da culpabilidade como elemento do delito é a que mais importa destacar, dado o seu caráter pessoal e imprescindível para a reprovação do indivíduo, a partir da sua capacidade de compreensão do injusto praticado e autodeterminação. Aliás, como afirma Figueiredo Dias, culpa é censurabilidade do comportamento humano, por ter o culpado querido atuar contra o dever quando podia ter querido atuar de acordo com ele.[10]

---

8 Ver: LISZT, Franz von. *Tratado de direito penal allemão*. Trad. José Hygino Duarte Pereira. Rio de Janeiro: F. Briguiet, 1889, t. I.

9 BUSATO, Paulo César. *Direito penal*: parte geral. 2ª ed. São Paulo: Atlas, 2015, p. 523.

10 FIGUEIREDO DIAS, Jorge de. *Liberdade-culpa-direito penal*. 3ª ed. Coimbra: Coimbra Editora, 1995, p. 22.

Portanto, enxerga-se na evitabilidade do fato e na voluntariedade do agente verdadeiros pressupostos para a imposição da pena. Na síntese de Bacigalupo:

> O *nível correspondente à culpabilidade* desenvolve-se em dois momentos: a comprovação de que o autor do ilícito poderia saber se o fato estava ou não proibido jurídico-penalmente (problemática do *erro de proibição*). Se afirmativo, deve-se verificar se o autor podia compreender a ilicitude de sua ação e comportar-se de acordo com essa compreensão (problemática da *capacidade de culpabilidade*). Ambos os momentos se levam em prática por intermédio da *teoria da culpabilidade.*[11]

A construção da culpabilidade na teoria geral do delito, como elemento dogmático, experimentou marcantes transformações ao longo dos séculos, passando do sistema clássico para o neoclássico, deste para o finalista, e do finalista para o pós-finalista, com importantes implicações.

Com isso, formataram-se seus elementos e, por via reflexa, todo um sistema particular de aplicação de sanções penais para aqueles que, tendo praticado o injusto penal, sejam desprovidos, *total* ou *parcialmente*, da capacidade de entendimento da ilicitude e autodeterminação – as *medidas de segurança* -, que, à toda evidência, escapam do âmbito de aplicação pela via negociada, máxime porque aplicáveis por tempo indeterminado, com finalidade curativa, para os reconhecidamente perigosos.

Entretanto, como se buscará demonstrar ao longo deste estudo, a *parcial higidez mental* do investigado, ausente a periculosidade real e concreta, não deve impedir, com algumas ressalvas, a celebração do acordo de não persecução penal, excluindo-se o processo e, no limite, extinguindo-se sua punibilidade.

A evolução científica da dogmática penal revela a existência de três importantes teorias que buscaram conferir concretude ao conteúdo da culpabilidade: a *psicológica*, a *psicológico-normativa*, e a *normativa pura*. A teoria psicológica, idealizada no curso do positivismo jurídico que

---

[11] BACIGALUPO, Enrique. *Direito penal*: parte geral. Trad. André Estefam. São Paulo: Malheiros, 2005, p. 194.

predominou no início do século XIX, encontra correspondência na teoria causal da ação e identifica na culpabilidade uma ligação de ordem psíquica entre o indivíduo e o fato criminoso por ele praticado, sendo suas espécies o dolo e a culpa em sentido estrito.

Essa vertente teórica, como se sabe, encontra sérias dificuldades para tratar da culpa em sentido estrito e, mais amiúde, da quebra do dever objetivo de cuidado. Na constatação de Damásio, o erro dessa teoria consiste em reunir como espécies fenômenos absolutamente distintos – dolo e culpa –, um caracterizado pelo querer e o outro pelo não querer, conceitos positivo e negativo que não encontram na culpabilidade seu denominador comum.[12]

Já a teoria psicológico-normativa da culpabilidade, também denominada teoria normativa, cujo precursor foi Reinhard Frank[13], em 1907, com a publicação da obra *Über den Aufbau des Schuldbegriffs*, posteriormente revisitada por Edmund Mezger[14], com seu *Tratado de Direito Penal*, refuta a ideia de que a culpabilidade possa se resumir a um mero liame psicológico entre o indivíduo e o fato por ele praticado.

Frank introduz no conceito de culpabilidade um juízo de valor, a reprovabilidade da conduta. O dolo e a culpa *stricto sensu* deixam de ser espécies da culpabilidade e passam a ser seus elementos.

A culpabilidade, na acepção psicológico-normativa, ao mesmo tempo subjetiva e normativa, é composta dos seguintes elementos estruturais: imputabilidade; dolo ou culpa em sentido estrito (negligência, imprudência e imperícia); exigibilidade, nas circunstâncias, de um comportamento conforme ao direito.[15]

Contrapondo-se à formulação psicológico-normativa, a teoria normativa pura da culpabilidade, que se relaciona com a teoria finalista da ação, de Hans Welzel, entende a culpabilidade como o juízo de reprovabilidade do autor de um fato típico e ilícito. Na formulação de Welzel,

---

12 JESUS, Damásio E. de. *Direito penal*. v. 1. Parte geral. 20ª ed. São Paulo: Saraiva, 1997, p. 456.

13 Ver: FRANK, Reinhard. *Sobre la estructura del concepto de culpabilidad*. Buenos Aires: Editorial B de F, 2004.

14 Ver: MEZGER, Edmund. *Tratado de Derecho Penal*. Madri: Editorial Revista de Derecho Privado, Tradução: Rodriguez Muñoz, Tomo I, 1955.

15 TOLEDO, Francisco de Assis. *Princípios básicos de direito penal*. 5ª ed. São Paulo: Saraiva, 1994, p. 223.

bem observa Tavares, a culpabilidade assenta-se na falta de autodeterminação conforme o sentido, em um sujeito que era capaz disso; o importante não é a decisão em favor do mal, mas a omissão com relação à condução por impulsos contrários ao valor.[16]

No sistema finalista, o dolo é retirado da culpabilidade e inserido no tipo penal, fazendo com que a culpabilidade passe a contar com os seguintes elementos: imputabilidade, potencial consciência da ilicitude, e exigibilidade de conduta diversa.

Contudo, lembra Reale Júnior que a teoria normativa pura da culpabilidade apresenta duas vertentes, *extremada* e *limitada*.

Na lição do penalista, para a teoria extrema da culpabilidade, adotada por Welzel, na legítima defesa putativa, a errônea compreensão de um dos elementos da situação, representando-a equivocadamente como situação de defesa, constitui um erro sobre a legitimidade da ação, não se tendo consciência da ilicitude da ação; a teoria limitada da culpabilidade considera, ao contrário, que o erro sobre circunstância de fato, que se existisse faria a ação ser legítima, é um erro de tipo.[17]

De toda a forma, como já adiantado, no finalismo, dolo e culpa não integram a culpabilidade, dela não fazendo parte.

Nas palavras do próprio Welzel:

> El error fundamental de la teoria causal de la acción consiste en que no sólo desconoce la función constitutiva, por antonomásia, de la voluntad rectora respecto de la acción, sino que incluso la destruye y convierte en un mero proceso causal desencadenado por un acto de voluntad cualquiera ('acto de voluntariedad'). El contenido de la voluntad, que anticipa mentalmente las consecuencias posibles de un acto de voluntad y que dirige, conforme a un plan y sobre la base del saber causal, el proceso del acontecer externo, se convierte en un mero 'reflejo' del fenómeno causal externo en el alma del actor.[18]

---

16 TAVARES, Juarez. *Teorias do delito*: variações e tendências. São Paulo: RT, 1980, p. 77.

17 REALE JÚNIOR, Miguel. *Instituições de direito penal*: parte geral. 4ª ed. Rio de Janeiro: Forense, 2012, pp. 200-201.

18 WELZEL, Hans. *Derecho penal alemán*. Parte general. 11ª ed. Santiago de Chile: Editorial Jurídica de Chile, 1970, p. 63.

É inegável que a sistematização welziana da teoria do delito equacionou o problema da separação assistemática dos elementos subjetivos que informam o ilícito, juntando-os em um bloco único e aprimorando a análise do erro de tipo e de proibição.

No ponto, vale a pena sublinhar que, mesmo adeptos da teoria finalista da ação, há autores, como o próprio Welzel, que, tripartidos, enxergam no delito um fato típico, ilícito e culpável, enquanto outros finalistas, chamados bipartidos, limitam-se a conceituá-lo como fato como fato típico e ilícito, enxergando na culpabilidade um pressuposto de aplicação da pena.

Na observação de Nucci, o mais importante, nesse contexto, é perceber que a estrutura analítica do crime não se liga necessariamente à adoção da concepção finalista, causalista ou social da ação delituosa.[19] Não obstante, assim como no causalismo, o sistema finalista também apresenta incompletudes, não resolvendo de forma satisfatória, por exemplo, a questão dos crimes culposos e da infinita causalidade. Bem por isso, a ciência do Direito Penal passou a sentir os reflexos e influxos de uma nova linha de pensamento com vistas à sua legitimação social.

Ao lado das críticas intrassistêmicas formuladas em desfavor do finalismo, notadamente à extensiva cadeia causal verificada com a adoção da teoria da equivalência das condições (*conditio sine qua non*) e à inconsistência dos crimes culposos, passaram a ser questionadas, com maior contundência, as próprias bases dogmático-filosóficas as quais serviram de sustentação às ideias apresentadas por Welzel, no período do pós-Guerra Mundial.

Esse novo movimento, denominado funcionalismo ou pós-finalismo, e que encontra em Claus Roxin[20] e Günther Jakobs[21] dois dos seus principais interlocutores, passa a abordar a dogmática penal de forma conjunta e sistematizada com critérios de política criminal, descortinando para o Direito Penal uma função político-criminal.

---

19 NUCCI, Guilherme de Souza. *Código penal comentado*. 14ª ed. Rio de Janeiro: Forense, 2014, p. 102.

20 ROXIN, Claus. *Política Criminal e Sistema Jurídico-Penal*, Rio de Janeiro: Renovar, 2000.

21 JAKOBS, Günther. *Fundamentos do Direito Penal*. Tradução de André Luís Callegari. São Paulo: Revista dos Tribunais, 2003.

Na metodologia funcionalista, do ponto de vista analítico, o delito continua sendo compreendido como o injusto (fato típico + ilicitude) culpável, mas com a utilização da imputação na relação de causalidade construída pela teoria da equivalência dos antecedentes.

Já a culpabilidade, até então traduzida na reprovabilidade da conduta, transmuda-se para a concepção de responsabilidade. Nas palavras de Roxin:

> [...] para a imputação subjetiva da ação injusta devem concorrer a culpabilidade do autor e a necessidade preventiva de pena. Por isso proponho chamar a categoria do delito que sucede ao injusto não de "culpabilidade", mas "responsabilidade". Afinal, na teoria da imputação subjetiva devem ser integradas, ao lado da culpabilidade, aspectos preventivos, de maneira que a culpabilidade representa somente um aspecto – de qualquer maneira essencial – daquilo que denomino "responsabilidade".[22]

Com essa criação, não só em casos de falta de culpabilidade pode-se deixar de aplicar a pena, mas, também, quando a sanção penal se revelar desnecessária preventivamente; a categoria responsabilidade refere-se ao autor do fato e à necessidade concreta de aplicação de pena, sendo a culpabilidade em sentido estrito apenas um dos elementos que implicam na responsabilidade penal.[23]

Especificamente no que toca ao seu elemento imputabilidade, sabe-se que o Código Penal de 1940 não ofereceu um conceito legal, cabendo à doutrina estabelecer o seu conteúdo. Na conhecida lição de Bruno, identifica-se na imputabilidade o conjunto de condições pessoais que conferem ao agente a capacidade para lhe ser juridicamente imputada a prática de um fato punível.[24]

Em linhas gerais, pode-se dizer que penalmente imputável é aquele que apresenta capacidade de querer e de entender o caráter ilícito do fato, o que exige do agente certo grau de desenvolvimento mental,

---

22 ROXIN, Claus. *Estudos de direito penal*. Trad. Luís Greco. Rio de Janeiro: Renovar, 2006, p. 154.

23 CALLEGARI, André Luís; LINHARES, Raul Marques. *Direito penal e funcionalismo*: um novo cenário da teoria geral do delito. Porto Alegre: Livraria do Advogado, 2017, p. 133.

24 BRUNO, Aníbal. *Direito penal*: parte geral. T. 2º. 3ª ed. Rio de Janeiro: Forense, 1967, p. 39.

maturidade, normalidade psíquica, entendimento ético-jurídico e faculdade de autodeterminação.[25]

De outro vértice, verifica-se que os casos de inimputabilidade penal estão expressamente previstos na Constituição Federal de 1988, em seu art. 228, e no Código Penal, em seu art. 26, *caput*, art. 27, e art. 28, § 1º. Como regra, o Código Penal adota o critério *biopsicológico* para a aferição da inimputabilidade ao estabelecer, em seu art. 26, *caput*, que "é isento de pena o agente que, por doença mental ou desenvolvimento mental incompleto ou retardado, era, ao tempo da ação ou da omissão, *inteiramente* incapaz de entender o caráter ilícito do fato ou de determinar-se de acordo com esse entendimento".

Ensina Hungria que o método biopsicológico reclama a constatação da efetiva existência de um nexo causal entre o anômalo estado mental do sujeito e o crime por ele praticado, isto é, que esse estado contemporâneo à conduta o tenha privado completamente de qualquer das capacidades psicológicas, quer a intelectiva, quer a volitiva.[26]

Criticando o emprego da locução, já empregada pelo Código Penal antes mesmo da reforma de 1984, em seu art. 22, Carvalho, Bruno e Segre afirmam que, nos meios psiquiátricos e médico-legais, há preferência para se empregar a expressão *alienação mental* para indicar aquele transtorno geral e persistente das funções psíquicas, cujo caráter patológico é ignorado ou mal compreendido pelo enfermo e que impede a adaptação lógica e ativa à normas do meio ambiente sem proveito para si mesmo e nem para a sociedade, abrangendo, pois, quatro elementos: (i) um transtorno global e persistente das funções psíquicas; (ii) falta de autoconsciência; (iii) inadaptabilidade, e (iv) ausência de utilidade, para si mesmo ou para os demais, na perda de adaptação.[27]

Já por desenvolvimento mental retardado, na lição da mesma literatura médico-legal especializada, pode-se entender aquele estado mental patológico denominado oligofrenia, aqui compreendida como uma deficiência intelectual permanente, congênita ou sobrevinda nos primeiros

---

25 PONTE, Antonio Carlos da. *Inimputabilidade e processo penal*. 3ª ed. São Paulo: Saraiva, 2012, p. 29.

26 HUNGRIA, Nelson. *Comentários ao Código Penal*. Rio de Janeiro: Forense, 1949, v. I, p. 485.

27 CARVALHO, Hilário Veiga de; BRUNO, Antônio Miguel Leão; SEGRE, Marco. *Lições de medicina legal*. 3ª ed. São Paulo: Saraiva, 1965, pp. 20-21.

anos de vida, distribuindo-se os oligofrênicos em três grupos distintos: os idiotas, os imbecis e os débeis mentais propriamente ditos.[28]

Seja como for, sabe-se que, exceção feita aos menores de dezoito anos de idade, dada a excepcional adoção do critério biológico, sujeitos ao Estatuto da Criança e do Adolescente, os inimputáveis sujeitam-se à jurisdição penal tanto quanto os penalmente imputáveis.

Praticado o fato típico e ilícito, os inimputáveis são regularmente processados, mas, ao final, caso comprovadas a autoria e a materialidade da infração penal, justamente pela ausência de culpabilidade, devem ser absolvidos – absolvição imprópria –, sendo-lhes aplicada *medida de segurança*, nos termos do art. 386, parágrafo único, inc. III, do Código de Processo Penal, em razão de presumida periculosidade.

Contudo, ao lado da isenção de pena para os inimputáveis, o Código Penal, em seu art. 26, parágrafo único, estabelece uma *causa obrigatória de diminuição de pena*, de um a dois terços, para aquele que, em razão de perturbação de saúde mental ou por desenvolvimento mental incompleto ou retardado, não era *inteiramente* capaz de entender o caráter ilícito do fato ou de determinar-se de acordo com esse entendimento, denominado semi-imputável.

O parágrafo único, do art. 26, do Código Penal, emprega a locução "perturbação mental", referindo-se aos transtornos mentais de menor gravidade que, justamente por serem mais fracos, não eliminam totalmente a capacidade de entendimento e autodeterminação do agente, apenas reduzindo-a, o que se dá, por exemplo, com personalidades neuróticas.

Com isso, verifica-se que, pela sistemática adotada no Código Penal, nas hipóteses de semi-imputabilidade, não há exclusão da culpabilidade do agente que, ao final do processo, caso demonstrada a prática da infração penal, deverá ser regulamente condenado, com pena diminuída, sendo o montante de diminuição proporcional ao grau de deficiência intelectiva do acusado.

Entretanto, caso necessite de tratamento curativo, dado que reconhecidamente perigoso pelo juízo (periculosidade real), ao semi-imputável deverá ser aplicada medida de segurança, em substituição à pena

---

28 CARVALHO, Hilário Veiga de; BRUNO, Antônio Miguel Leão; SEGRE, Marco. *Lições de medicina legal*. 3ª ed. São Paulo: Saraiva, 1965, p. 21.

privativa de liberdade fixada, afastado que foi o sistema duplo binário. Portanto, nos casos de semi-imputabilidade, a fixação de pena é a regra, a sujeição à medida de segurança, a exceção.

E aqui reside o problema central da discussão que se pretende estabelecer, já que, nas hipóteses de semi-imputabilidade em que não haja necessidade de especial tratamento ao réu, isto é, nos casos de condenação criminal com redução de pena, o novo art. 28-A do Código de Processo Penal não enfrenta a possibilidade de celebração do acordo de não persecução penal por parte do investigado.

Nesse sentido, cabe perguntar: a reduzida capacidade de entender o caráter ilícito do fato e de determinar-se de acordo com esse entendimento impede a celebração do ajuste, pelo investigado, caso presentes os requisitos legais? A condição de ter o investigado confessado, formal e circunstanciadamente, a prática da infração penal, pode ser verificada e exigida nos casos de semi-imputabilidade?

Parece não haver dúvidas a respeito da vedação da negociação penal para os inimputáveis, para os quais se presume a periculosidade, já que comprometida a obtenção de sua válida confissão, sendo necessária a efetiva aplicação de medidas de segurança, por tempo indeterminado, até a cessação da periculosidade.[29]

Parte-se, evidentemente, da hipótese em que a incapacidade mental foi constatada por ocasião da prática criminosa, eis que, como é cediço, no caso de superveniência de doença mental, nos termos do art. 152 do Código de Processo Penal, haveria suspensão da investigação criminal e, inclusive, do acordo de não persecução celebrado e eventualmente não cumprido, observando-se, ainda, a suspensão a prescrição, nos termos do art. 116, inciso IV, do Código Penal.

Já para os semi-imputáveis, como se verá, não sendo o caso de substituição da pena privativa de liberdade por medida de segurança,

---

[29] Aos inimputáveis por enfermidade mental, ainda que exista alguma dificuldade inicial da celebração do acordo, a medida se afigura excepcionalmente possível para Cabral, que sugere o negócio, por exemplo, quando tiverem recursos para indenizar a vítima ou caso seja possível cumprir outra condição (art. 28-A, V, CPP), como uma forma qualquer de tratamento ambulatorial. (CABRAL, Rodrigo Leite Ferreira. *Manual de Acordo de Não Persecução Penal à luz da Lei n. 13.964/2019*. Salvador: Juspodivm, 2020, p. 121).

respeitadas as peculiaridades de cada caso concreto, tem-se por possível o ajuste, observadas algumas cautelas especiais.

2. JUSTIÇA PENAL NEGOCIADA

Atualmente, o Brasil e o mundo inteiro vivenciam forte debate sobre a necessidade de ampliação, ou não, do consenso e das hipóteses de autocomposição para a solução das controvérsias penais.

A adoção de instrumentos, ferramentas e políticas alternativas e consensuais permeia todo o ordenamento jurídico e atividade forense nacional: justiça terapêutica, justiça restaurativa, direito sistêmico, constelação familiar, termo de ajustamento de conduta, autocomposiçao no âmbito da administração pública, acordo de leniência, acordo de não persecução civil, mediação, conciliação, arbitragem, dentre outros, revelam uma tendência de resolução de conflitos cada vez mais distante das práticas tradicionais judicializadas.

Criticado por não ser suficientemente dotado de instrumentos céleres e eficazes para a prestação jurisdicional e pacificação de conflitos, o sistema de Justiça Penal das sociedades pós-industriais tem buscado fugir da mácula de ser caro, lento, pouco efetivo e descumpridor das finalidades básicas do fundamento do direito de punir: esperar algum tipo de arrependimento, retribuição proporcional pelo mal causado, reinserção gradual ao convívio social com o mínimo de garantias e expectativas normativas de que não voltará a delinquir.

Nesse sentido, Rusconi chega a apontar o Direito Penal como um dos mecanismos mais ineficientes de controle social, inclusive do ponto de vista do seu custo-benefício, com índices inusitados de violência diante de tão escassos resultados.[30]

Nos dias atuais, em que se ampliou o acesso à Justiça, flexibilizou-se a ideia de que a via judicial é a única e necessária via para a pacificação de conflitos, e, paulatinamente, conferiu-se maior visibilidade ao sistema judicial, a crise do sistema de Justiça Penal remete a uma crise de cultura na aplicação da lei penal ao caso concreto. A composição de interesses

---

30 RUSCONI, Maximiliano. *Las fronteras del poder penal*. Buenos Aires: Ciudad Argentina, 2005, p. 2.

e a distribuição equilibrada de poderes entre os atores do processo na solução por meio do consenso ocorre, nesses moldes, pela garantia de que as negociações estariam livres de intervenção judicial e a validade do acordo, condicionada à homologação do magistrado.[31]

Na leitura de Silva Sánchez, "*es ésta una crisis de identidad, en la que lo cuestionado es el próprio modelo de adoptar y su auténtica utilidad social, y también una crisis de "legitimidad epistemológica", de validez científica*".[32] De fato, a lentidão do aparato judicial coloca em xeque a paz social, e a necessária transparência que se busca conferir ao sistema de Justiça Penal traz com ela a justa cobrança por resultados socialmente adequados.

Nesse cenário, flagrantemente influenciados pelo sistema legal da *Common Law* anglo-saxão, vários ordenamentos jurídicos mundo afora têm incorporado, em seus sistemas da *Civil Law*, medidas voltadas à simplificação e rapidez da prestação da tutela jurisdicional, com especial destaque para a ampliação dos horizontes de consenso entre acusação e defesa na esfera penal.

A título de ilustração, Andrade destaca que, nesse contexto de crise dos sistemas de justiça criminal, revelando suas deficiências e diminuindo sua credibilidade, o Conselho de Ministros de Justiça da Europa expediu a Recomendação nº 18, de 17 de setembro de 1987, aconselhando aos Estados-membros a realização de reformas rumo ao consenso e à simplificação de ritos, e que, na América Latina, ante as elevadas taxas de criminalidade, os legisladores passaram a adotar procedimentos simplificados e soluções alternativas orientadas pelo consenso para a solução de conflitos penais.[33]

Em solo brasileiro, operando suas bases sobre o dogma da obrigatoriedade da ação penal pública, o sistema de Justiça Penal, de cariz

---

31 MORAES, Alexandre Rocha Almeida de, SMANIO, Gianpaolo Poggio, PEZZOTTI, Olavo Evangelista. A discricionariedade da ação penal pública. *Argumenta Journal Law*, Jacarezinho – PR, Brasil, n. 30, p. 353-390, 2019.

32 SILVA SÁNCHEZ, Jesús-María. *Aproximación al derecho penal contemporâneo*. 2ª ed. ampliada y actualizada. Montevideo: B de F, 2012, p. 5.

33 ANDRADE, Flávio da Silva. *Justiça penal consensual*: controvérsias e desafios. Salvador: Juspodivm, 2019, p. 61.

romano-germânica, sempre prestigiou a ideia de que o Estado deve perseguir toda e qualquer infração penal.

Entretanto, como anota Scarance Fernandes, percebeu-se, com o apoio dos estudos de criminologia, que o sistema não tem condições de dar vazão à intensa demanda da criminalidade, sendo utópica a ideia de que possa perseguir todos os infratores e puni-los adequadamente, o que fez crescer movimentos tendentes a estimular aberturas na rigidez do princípio da indisponibilidade, manifestados por duas vias alternativas: o avanço da oportunidade e alterações procedimentais que evitem o processo, suspendendo-o ou encerrando-o antecipadamente.[34]

Não por acaso, sentindo os influxos desse novo modelo de aplicação da lei penal, o legislador constituinte originário previu, no art. 98, inc. I, da Constituição Federal de 1988, a criação dos Juizados Especiais Criminais, competentes para o julgamento das infrações penais de menor potencial ofensivo e orientados, dentre outros vetores, pela mitigação da obrigatoriedade da ação penal pública, por meio do instituto da transação penal.

Dessa forma, a partir da criação dos Juizados Especiais Criminais pela Lei nº 9.099/95, com a ampliação que lhe foi promovida pela Lei nº 10.259/2001, subdividiu-se o sistema penal brasileiro em dois subsistemas, a saber: (i) subsistema clássico, conflituoso, dedicado às infrações penais de grande potencial ofensivo e voltado à aplicação da pena privativa de liberdade, e (ii) subsistema consensual, dedicado às infrações penais de menor e médio potencial ofensivo e voltado à não aplicação da pena privativa de liberdade, com a instituição de medidas despenalizadoras.

Ocorre que, dentro deste subsistema consensual de aplicação de Justiça Penal, há mais de um modelo de aplicação da lei penal; dentro do amplo espaço de consenso, há múltiplas formas de resolução de conflitos de natureza penal; consenso não se restringe à transação penal entre acusação e acusado, tal como preconizado na Lei dos Juizados Especiais Criminais.

34 SCARANCE FERNANDES, Antonio. *Processo penal constitucional*. 3ª ed. São Paulo: RT, 2002, p. 202.

Portanto, não é equivocado distinguir Justiça Penal consensual de Justiça Penal negociada: enquanto na Justiça consensual as partes dispõem de pouquíssima margem de discussão e conformação da resolução do conflito, o modelo negocial confere maior autonomia à acusação e defesa para a formulação da resposta penal ao caso concreto.[35]

Contudo, se é certo que o modelo de Justiça Penal negociada é uma espécie do gênero Justiça Penal consensual, um ponto deve ser desde logo aclarado: a negociação penal não se esgota no *plea bargaining system* estadunidense. Reconhece-se, entretanto, que parte da doutrina não queira inserir o acordo de não persecução penal como espécie de política de barganha, sob o argumento de que nesta há uma decisão condenatória e, naquele, um mero negócio jurídico-processual sem qualquer juízo de culpabilidade.[36]

Contudo, como ressalta Albergaria, mesmo no sistema legal da *Common Law* há diversas hipóteses que contemplam aquilo que ele denomina *poliédrico fenômeno da justiça negociada*, algumas delas mais antigas do que o próprio *plea bargaining*, como o *approvement*, por meio do qual as autoridades negociam com o arguido a sua impunidade em troca do testemunho contra um corréu, e a *compounding*, caso em que o titular da ação penal privada renuncia à perseguição penal em troca de uma soma em dinheiro.[37]

De toda a forma, mais do que uma simples tendência, a ampliação do espectro consensual nos sistemas penais ocidentais, notadamente com a aplicação de uma sentença penal negociada entre as partes, parece ser um caminho sem volta, uma medida de política criminal que busca, via concessões mútuas, a aplicação da lei penal de forma mais célere, eficiente, com menor custo financeiro ao erário e com menor custo social para os envolvidos.

---

[35] TURESSI, Flávio Eduardo. *Justiça penal negociada e criminalidade macroeconômica organizada*: o papel da política criminal na construção da ciência global do Direito Penal. Salvador: Juspodivm, 2019, p. 186.

[36] SOUZA, Renee do Ó. *Acordo de não persecução penal:* o papel da confissão e a inexistência de plea bargain. Consultor Jurídico - Conjur, 2019. Disponível em: <https://www.conjur.com.br/2019-jan-07/renee-souza-papel-confissao-inexistencia-plea-bargain>. Acesso em: 25 jul. 2020.

[37] ALBERGARIA, Pedro Soares de. *Plea bargaining*: aproximação à justiça negocial nos E.U.A. Coimbra: Almedina, 2007, p. 13.

2.1. O acordo de não persecução penal

A pena, não obstante as suas inúmeras concepções teóricas e classificações, sempre buscou um elo entre passado e futuro. A sanção penal, ao menos para o Direito Penal do fato e para a delinquência de média gravidade, sempre foi aplicada no presente aguardando um arrependimento (olhar pretérito) e a consolidação de garantias mínimas de aptidão para o retorno do convívio social (olhar prospectivo).

Aliás, o próprio fundamento do direito de punir, com a ideia de relativização do caráter absoluto das penas e adoção de teorias relativas pautadas pela prevenção, passou a orientar um novo modo de pensar a dogmática penal, como se infere nas escolas funcionalistas. No ponto, inevitável reconhecer a pertinência dos questionamentos a respeito: "os acordos entre acusação e defesa para imposição de sanção penal a partir do reconhecimento de culpabilidade em troca de benefícios são opções legítimas à justiça penal de um Estado Democrático de Direito?"[38]

Como já destacou Hassemer, "não somente as ciências penais, mas principalmente elas, viram-se expostas nesses últimos anos a fortes pressões de legitimação e mudança. Antes mesmo do início da década de setenta, já se delineavam novas tendências na sociedade da República Federal da Alemanha".[39]

No mesmo caminho traçado, por exemplo, pelo Ministério Público alemão, inovando na organização de Ministério Público nacional, a Emenda Constitucional nº 45, de 8 de dezembro de 2004, com indisfarçável viés neoliberal, criou o Conselho Nacional do Ministério Público – CNMP –, órgão colegiado composto por quatorze membros nomeados pelo Presidente da República, depois de aprovada a escolha pela maioria absoluta do Senado Federal, para um mandato de dois anos, admitida uma recondução, e confiando-lhe a atribuição de controle (externo) da

[38] VASCONCELLOS, Vinicius G. *Barganha e Justiça Criminal Negocial*: análise das tendências de expansão dos espaços de consenso no processo penal brasileiro. 2ª ed. Belo Horizonte: D'Plácido, 2019, p. 24.

[39] HASSEMER, Winfried. *Três Temas de Direito Penal*. Porto Alegre: Publicações Fundação Escola Superior do Ministério Público, 1993, p. 27-28.

atuação administrativa e financeira da Instituição e do cumprimento dos deveres funcionais de seus membros.

Como órgão administrativo, o CNMP não fiscaliza a atividade-fim dos membros do Ministério Público brasileiro, restando absolutamente preservada a independência funcional que lhes é organicamente conferida para o desempenho de suas graves funções, nos termos do art. 127, § 1º, da Constituição Federal de 1988, como, aliás, já pontuado pelo próprio Órgão Colegiado ao editar seu Enunciado nº 6/09.

De todas as funções originariamente confiadas ao Colegiado, aquela que interessa mais de perto para o presente estudo é a atribuição normativa prevista no art. 130-A, § 2º, inc. I, da Constituição Federal de 1988, função de natureza primária da qual podem emanar atos de caráter geral, abstrato e impessoal.[40]

Foi justamente no exercício dessa relevante função que o CNMP, buscando conferir maior agilidade ao sistema penal brasileiro, editou a Resolução nº 181, de 7 de agosto de 2017, publicada no dia 08 de setembro daquele mesmo ano, posteriormente alterada pela Resolução nº 183, de 24 de janeiro de 2018, dispondo sobre a instauração e tramitação do procedimento investigatório criminal, procedimento administrativo a cargo do órgão do Ministério Público, e introduzindo, em nosso ordenamento jurídico, a figura do *acordo de não persecução penal* para infrações penais de média gravidade.

Na leitura de Suxberger, o acordo de não persecução penal, formalizado e cumprido, materializa a oportunidade no exercício da ação penal, consistente na aferição de que o exercício da ação penal, nesse caso concreto, não contém mais o necessário interesse processual, seja porque a pretensão estatal foi atendida em campo extrapenal, seja porque o interesse social relevante já foi satisfeito.[41]

---

40 CARVALHO FILHO, José dos Santos. Conselhos Nacionais da Justiça e do Ministério Público: perplexidades e hesitações. *Interesse Público*, v. 63, pp. 15-38.

41 SUXBERGER, Antonio Henrique Graciano. *O acordo de não persecução penal*: reflexão a partir da inafastabilidade da tutela jurisdicional. In: CUNHA, Rogério Sanches; BARROS, Francisco Dirceu; SOUZA, Renee do Ó; CABRAL, Rodrigo Leite Ferreira. Acordo de não persecução penal. 2ª ed. Salvador: Juspodivm, 2018, p. 110.

Todavia, não obstante os avanços proporcionados e a aceitação do acordo por respeitados setores do Ministério Público brasileiro, como o visto no judicioso voto nº 2958/2018, proferido nos autos do Procedimento nº 2017.50.01.501767-5, da 2ª Câmara de Coordenação e Revisão do Ministério Público Federal, relator o Subprocurador-Geral da República Nicolao Dino, e no consistente posicionamento externado pela Procuradoria-Geral de Justiça do Estado de São Paulo, nos autos do Inquérito Policial nº 1500213-15.2018.8.26.0417 – 3ª Vara Judicial da Comarca de Paraguaçu Paulista, tem-se que a inconstitucionalidade da Resolução nº 181/2017, por vício de forma, é objeto das ADIs 5.790, proposta pela Associação dos Magistrados Brasileiros (AMB), e 5.793, aforada pelo Conselho Federal da Ordem dos Advogados do Brasil, ainda pendentes de julgamento de mérito quando da conclusão do presente estudo.

Poder-se-ia, em tese, argumentar que o respaldo da regulamentação está nas Regras de Tóquio, Convenção Internacional que disciplina as Regras Mínimas Padrão das Nações Unidas para a elaboração de medidas não privativas de liberdade (anexo da Resolução n. 45/110, da Assembleia Geral da ONU); aduzir o caráter normativo primário das Resoluções do CNMP[42]; ou traçar um paralelo com outros países de mesma tradição jurídica – como Alemanha, Portugal e França – e que passaram a fazer acordos de natureza similar sem respaldo legal.

De toda a forma, malgrado a ausência de decisão judicial a respeito da legalidade, constitucionalidade e legitimidade das Resoluções, tem-se que, com a entrada em vigor da Lei nº 13.964/2019, não será possível a convivência, em nosso ordenamento jurídico, de duas disciplinas diferentes para o mesmo instituto – *acordo de não persecução penal* –, máxime por serem as disposições legais mais favoráveis ao investigado e, por terem natureza jurídica híbrida, serem passíveis de aplicação retroativa ratificando, legalmente, os acordos até então celebrados.

[42] O Supremo Tribunal Federal já reconheceu que as resoluções do CNJ (e, portanto, também, as do CNMP) ostentam "caráter normativo primário" (STF-ADC 12 MC). Assim, o CNJ e o CNMP, "no exercício de suas atribuições administrativas" ostentam o poder de "'expedir atos regulamentares'. Esses, por sua vez, são atos de comando abstrato que dirigem aos seus destinatários comandos e obrigações, desde que inseridos na esfera de competência do órgão." (STF - MS 27621).

No tocante ao Código de Processo Penal, disciplina agora o novo art. 28-A:

> Não sendo o caso de arquivamento e *tendo o investigado confessado circunstanciadamente a prática de infração penal,* sem violência ou grave ameaça, e com pena máxima inferior a quatro anos, o Ministério Público poderá propor acordo de não persecução penal, desde que necessário e suficiente para a reprovação e prevenção do crime, mediante as seguintes condições, ajustadas cumulativa ou alternativamente: I - reparar o dano ou restituir a coisa à vítima, salvo impossibilidade de fazê-lo; II - renunciar voluntariamente a bens e direitos, indicados pelo Ministério Público como instrumentos, produto ou proveito do crime; III - prestar serviço à comunidade ou a entidades públicas por período correspondente à pena mínima cominada ao delito, diminuída de um a dois terços, em local a ser indicado pelo Ministério Público; IV - pagar prestação pecuniária, a ser estipulada nos termos do art. 45 do Código Penal, a entidade pública ou de interesse social a ser indicada pelo Ministério Público, devendo a prestação ser destinada preferencialmente àquelas entidades que tenham como função proteger bens jurídicos iguais ou semelhantes aos aparentemente lesados pelo delito; e V - cumprir, por prazo determinado, outra condição indicada pelo Ministério Público, desde que proporcional e compatível com a infração penal imputada. (grifo dos autores)

Uma das premissas para a celebração do acordo é a confissão circunstanciada, mecanismo similar aos sistemas *guilty plea* inglês e *plea bargaining* estadunidense, ratificando um dos elementos essenciais do fundamento do direito de punir no direito penal do fato: a visão, pelo investigado, para o fato praticado sob a forma de remorso e arrependimento.

Na ponderação de Brandalise, cabe pontuar que o princípio do *in dubio pro reo* não impede o reconhecimento explícito, consciente e voluntário da autoria delitiva por parte do acusado e da sua defesa técnica, não sendo novidade a conclusão de que a confissão possa levar à negociação de sentença e à consequência particular de que venha a originar uma condenação mais branda em relação aos demais, pois retrata a reconciliação entre o arguido, a ordem jurídica e a necessidade de prevenção especial.[43]

---

[43] BRANDALISE, Rodrigo da Silva. *Justiça penal negociada: negociação de sentença criminal e princípios processuais relevantes*. Curitiba: Juruá, 2016, p. 200.

É preciso consignar, no entanto, que, com natureza de negócio jurídico de direito público, o acordo de não persecução penal se submete aos pressupostos de existência, validade e eficácia típicos da sistemática Teoria Geral do Negócio Jurídico, disciplinado pelo Código Civil.[44] Nesse sentido, no plano de existência, será imprescindível a manifestação de vontade das partes com consentimento livre e informado, sendo que, na assertiva de Cabral,

> [...] o induzimento ao erro, o vício do dolo ou excesso de acusação (seja para acusação mais grave, seja para incluir em votação de fatos adicionais, assim como é proibido o *bluffing* ou blefe, como ocorre no direito americano, quando acusação informa investigado que tem mais elementos de informação para realizar acusação do que efetivamente tem), e o acordo não pode ser celebrado por meio de coação (seja física, psicológica ou qualquer outro meio que macule a validade do acordo).[45]

No que diz respeito ao plano de validade de negócios jurídicos, nos termos do artigo 104 do Código Civil, será fundamental o agente ser capaz, o objeto lícito e a forma prescrita ou não defesa em lei.[46] Como conciliar essa premissa e característica intrínseca, contudo, para quem não tem a plena capacidade de compreender o caráter ilícito do fato ou de se autodeterminar? Quais cuidados deveriam ser adotados para se evitar uma possível confissão falsa ou parcialmente verdadeira, em especial quando se trata de pessoa com parcial capacidade de compreensão do caráter ilícito do fato criminoso ou de autodeterminação?

3. CONFISSÃO E HIGIDEZ MENTAL PARA A CELEBRAÇÃO DO ACORDO: POSSIBILIDADES E DESAFIOS

Como alertado, tanto a disciplina do acordo de não persecução penal promovida pelo CNMP, quanto pela própria Lei nº 13.964/2019 exigem, como uma das condições para o negócio, que o investigado tenha *confessado formal e circunstanciadamente a prática da infração penal.*

44 CABRAL, Rodrigo Leite Ferreira. *Manual de Acordo de Não Persecução Penal à luz da Lei n. 13.964/2019*. Salvador: Juspodivm, 2020, p. 114.

45 Ibidem, p. 119.

46 Ibidem, p. 120.

O principal propósito da confissão, bem ressalta Souza, é permitir o confronto entre a versão contida nos autos e apresentada pelo investigado, de modo a verificar sua coerência lógica, compatibilidade e concordância com as demais provas contidas no procedimento: "Do contraste entre as versões é que se pode aferir se a confissão é real ou oportunista/mentirosa, atributos identificáveis por meio de declarações desconexas com as outras circunstâncias de tempo, local, modo, etc., quando então a celebração do acordo deve ser refutada".[47]

A confissão, nesse sentido, tem o condão de evitar que o acordo seja celebrado por um inocente, além de gerar o mecanismo ínsito ao fundamento do direito de punir de arrependimento e remorso:

> Inegável, assim, que a confissão produz dois efeitos práticos: a) impede que um acordo de não persecução seja celebrado por pessoa cujas provas não indicam ou convirjam para sua participação no delito; b) produz, no confitente, um novo *mindset* de efeito psíquico de arrependimento pela prática da infração penal, sentimento apto a produzir uma mudança de atitude e comportamento que parte da ideia de que para corrigir um erro é necessário que o responsável o admita, o que aumenta seu senso de responsabilidade e comprometimento com o ato, atributos que reforçam a confiança no cumprimento integral do Acordo de não persecução.[48]

Sabe-se que, em um sistema penal acusatório, orientado pelo princípio do livre convencimento motivado do julgador na valoração das provas, a confissão do acusado não implica presunção absoluta de sua culpabilidade.

Para que seja validamente admitida no processo penal, a confissão deve ser orientada a partir da plena liberdade e autonomia da vontade do confesso, assistido por sua defesa técnica, após devidamente esclarecida a acusação que lhe pesa em determinada ação penal. Bem por isso, parcela da doutrina critica a distinção promovida pelo art. 199 do Código de Processo Penal em *judicial* e *extrajudicial*, afirmando que somente pode ser valorada, como prova, a confissão feita em juízo.[49]

---

47 SOUZA, Renee do Ó. Acordo de não persecução penal previsto no novo art. 28-A do Código de Processo Penal, inserido pela Lei 13.964/2019. In, SOUZA, Renne do Ó (Org.). *Lei Anticrime:* comentários à lei 13.964/2019. Belo Horizonte, São Paulo: D'Plácido, 2020, p. 129.

48 Ibidem, p. 130.

49 LOPES JR., Aury. *Direito processual penal.* 11ª ed. São Paulo: Saraiva, 2014, p. 664.

Sem prejuízo da objeção, verifica-se que o novel legislador expressamente exige, como condição para a válida celebração do acordo de não persecução penal, com a consequente exclusão do processo, a confissão extrajudicial do investigado. Ainda que extrajudicial, a confissão aqui destacada indiscutivelmente deverá revestir-se de todas as garantias naturalmente exigidas para sua aceitação, no processo, como prova válida da autoria criminosa, notadamente autonomia da vontade.

Assim, havendo fundada suspeita, pelo órgão do Ministério Público, da falta de higidez mental por parte do investigado, nada impede seja requerido ao juízo a instauração do devido incidente de insanidade mental, previsto no art. 149, *caput*, do Código de Processo Penal, notadamente por ser possível (e devida) a aferição da integridade mental do investigado ainda na fase extrajudicial da persecução penal.

Ademais, como salienta Lima, prevalece o entendimento de que, salvo hipótese de ilegalidade manifesta, o acusado não pode se negar a se submeter ao exame médico-legal, visto que a análise de seu estado de saúde mental é de fundamental importância para a persecução penal, inexistindo qualquer ofensa ou violação do direito de não produzir prova contra si mesmo.[50] Dessa forma, reconhecida a imputabilidade do investigado, presentes as demais condições, a confissão formal e circunstanciada da prática do crime proporcionará o oferecimento do acordo de não persecução penal, submetendo-se o agente aos requisitos legais.

De outro vértice, comprovada a inimputabilidade do investigado, à luz do art. 26, *caput*, do Código Penal, inviabiliza-se a proposta do acordo de não persecução penal, devendo ser oferecida denúncia e, ao final, comprovadas a autoria e a materialidade da infração penal, ser prolatada sentença absolutória imprópria, submetendo o acusado ao cumprimento de internação ou tratamento ambulatorial.

Há caminhos distintos, contudo, na hipótese de semi-imputabilidade do investigado. Caso seja reconhecida a semi-imputabilidade do investigado, dado como "fronteiriço" pela perícia oficial, não sendo constatada sua periculosidade concreta (caso em que deverá ser aplicada

50 LIMA, Renato Brasileiro de. *Manual de processo penal*: volume único. 8ª ed. Salvador: Juspodivm, 2020, p. 1.297.

medida de segurança, nos termos do art. 98 do Código Penal), nada impede a análise do cabimento do acordo de não persecução penal, sendo oportuno consignar, inclusive, que, para a aferição da condição objetiva relativa à quantidade de pena, isto é, infração penal punida com pena mínima inferior a quatro anos, deve incidir a causa de diminuição de pena, na fração de um a dois terços, prevista no art. 26, parágrafo único, do Código Penal, consoante orientação traçada pelo art. 28-A, § 1º, do Código de Processo Penal.

Contudo, diante da regra do art. 182 do CPP, que aduz que o juiz não ficará adstrito ao laudo, podendo aceitá-lo ou rejeitá-lo, no todo ou em parte, diferente do papel do magistrado de mero espectador e homologador do acordo, exige-se uma avaliação com antecipação parcial do mérito para aferir se seria razoável ou não a vinculação à proposta do perito no sentido de não recomendar a aplicação de qualquer espécie de medida de segurança.

Ademais, no que toca aos semi-imputáveis, outras condições merecem ser verificadas. Evidente que o ajuste somente poderá ser celebrado caso exista uma clara vantagem ao investigado em relação à opção de responder ao curso normal do processo penal e "deverá respeitar a especial condição de investigado, fundamentalmente com relação às suas características, o modo e o local de cumprimento".[51]

Outrossim, é fundamental a cautela na obtenção da confissão para se evitar qualquer tipo de falsidade. Neste aspecto, Vasconcellos ressalta justamente o problema da coercibilidade de propostas no âmbito da política de barganha, a qual, inquestionavelmente, pode implicar na confissão de inocentes por medo de punições mais severas em caso de utilização do direito ao julgamento.[52]

Redlich, Summers e Hoover apontam que, ao lado do aumento das taxas de reincidência e de oportunidades, pessoas portadoras de doenças mentais, justamente em razão de suas patologias, correm maior risco de

---

51 CABRAL, Rodrigo Leite Ferreira. *Manual de Acordo de Não Persecução Penal à luz da Lei n. 13.964/2019*. Salvador: Juspodivm, 2020, p. 123.

52 VASCONCELLOS, Vinicius G. *Barganha e Justiça Criminal Negocial*: análise das tendências de expansão dos espaços de consenso no processo penal brasileiro. 2ª ed. Belo Horizonte: D'Plácido, 2019, p. 23-24.

apresentarem falsas admissões de culpa às autoridades públicas incumbidas da persecução penal.[53]

Silva, no mesmo sentido, ressalta que os clássicos estudos do *Innocence Project* – fundado nos EUA (1992), dedicado à exoneração de condenações injustas e reforma do sistema de justiça criminal – demonstram que as falsas confissões estão presentes em aproximadamente um quarto dos casos de pessoas injustamente condenadas que tiveram suas condenações revogadas.[54]

Kassin, didaticamente, distingue as falsas confissões da seguinte maneira:

> Um primeiro grupo é o das *falsas confissões voluntárias*. Nelas um sujeito confessa por vontade própria um crime que não cometeu. De modo geral, estão envolvidas motivações relacionadas ao desejo de beneficiar alguém – principalmente o verdadeiro autor do delito –, assim como possibilidade de ter ganho tangível com a assunção da autoria. Ademais, pode haver motivações relacionadas a psicopatologias ligadas à necessidade de atenção, autopunição, sentimento de culpa ou delírio.[55]

Em síntese, segundo Kassin, constatam-se falsas confissões por pessoas inocentes, seja coerção, ingenuidade, pessoas que inconscientemente desencadeiam interrogatórios agressivos, o que os faz parecer ansiosos

---

53 REDLICH, Alisson D; SUMMERS, Alicia; HOOVER, Steven. *Self-reported false confessions and false guilty pleas among offenders with mental illness*. Law Hum Behav (2010) 34: 79-90. DOI 10.1007/s10979-009-9194-8.

54 SILVA, Juliana Ferreira da. O plea bargain e as falsas confissões: uma discussão necessária no sistema de justiça criminal. *Boletim IBCCRIM*, n. 318 - Esp. Pac. Anticrime. Disponível em <https://arquivo.ibccrim.org.br/boletim_artigo/6331-O-plea-bargain-e-as-falsas-confissoes-uma-discussao-necessaria-no-sistema-de-justica-criminal>. Acesso em 25 jul 2020.

55 KASSIN, Saul M. On the Psychology of Confessions. Does Innocence Put Innocents at Risk?. *American Psychologist,* v. 60, n. 3, p. 215–228, 2005, p. 222. Segundo ele: "The problem of false confessions is complex and multifaceted, and it indicates that there may be holes in the various "safety nets" built into the criminal justice system. One might argue that because human beings are imperfect, innocent people will sometimes be targeted for interrogation, presumed guilty, and subjected to excessively persuasive tactics, and that many will naively and in opposition to their own self-interest waive their rights. However, one might also argue that these problems are tolerable to the extent that the resulting false confessions are detected by authorities and corrected. Essential to this presumed safeguard, then, is a commonsense assumption, built on blind faith, that "I'd know a false confession if I saw one".

e defensivos e exacerba julgamentos errôneos de culpa e por inocentes induzidos a confessar crimes que não cometeram por métodos enganosos e psicologicamente orientados de interrogatório.[56]

Acrescente-se a isso as peculiaridades de uma confissão formulada por um sujeito semi-imputável. Seria crucial, pois, que, para além de fornecer o diagnóstico natural da doença ou enfermidade que relativiza sua capacidade penal, o perito fosse instado a esclarecer quanto à vontade livre do agente para celebrar o ajuste, como medida de cautela face a uma falsa confissão.

Outro aspecto muito importante a ser estabelecido no acordo de não persecução penal, no destaque de Cabral, é a necessidade explícita de que, caso não haja homologação judicial, a confissão realizada pelo investigado exclusivamente por ocasião da celebração do negócio não seja utilizada no processo penal a ser instaurado, sem o seu consentimento.[57] Sendo negócio jurídico e, sabendo-se que a confissão contida no ajuste não tem a mesma função e consequência daquela contida no *plea bargain* em sentido estrito[58], defende-se que ela somente possa ser utilizada quando livremente pactuada como cláusula específica entre investigado e Ministério Público.

Superada tais cautelas e considerações, preenchidos os requisitos legais e sendo o caso, pois, de potencial aplicação de pena com redução segundo um duplo juízo de valoração (do Ministério Público e do Magistrado, que pode ou não se basear em sugestão do perito oficial), parece razoável que o Ministério Público, com fundamento no art. 28-A, inciso V, do Código de Processo Penal, cumule as propostas de reparação do dano e restritiva de direitos com a sujeição do investigado a um acompanhamento médico especializado periódico, inclusive para se aferir se faz

---

56 KASSIN, Saul M. On the Psychology of Confessions. Does Innocence Put Innocents at Risk?. American Psychologist, Vol. 60, N. 3, pp. 215–228, 2005, Disponível em https://media.law.wisc.edu/s/c_649/zmgvm/kassin_article_american_psychologist.pdf. Acesso em 25 jul 2020, p. 223-224, tradução livre.

57 CABRAL, Rodrigo Leite Ferreira. *Manual de Acordo de Não Persecução Penal à luz da Lei n. 13.964/2019*. Salvador: Juspodivm, 2020, pp. 147-148.

58 SOUZA, Renee do Ó. *Acordo de não persecução penal: o papel da confissão e a inexistência de plea bargain*. Consultor Jurídico - Conjur, 2019. Disponível em: <https://www.conjur.com.br/2019-jan-07/renee-souza-papel-confissao-inexistencia-plea-bargain>. Acesso em: 25 jul. 2020.

sentido a continuidade do cumprimento das medidas ou, caso agravada a situação que recomende a aplicação vicariante de uma medida de segurança, seja rescindido o contrato e oferecida imediata denúncia.

4. CONSIDERAÇÕES FINAIS

1. O tratamento dogmático conferido à culpabilidade pelos sistemas penais no decorrer dos séculos demonstra que o completo entendimento da imputabilidade penal, suas causas e consequências, continua sendo um enorme desafio para o Direito Penal e Processual Penal.

2. Assim, como se não bastassem os naturais desafios apresentados ao sistema de Justiça Criminal tradicional para o tratamento do agente violador da norma que, no caso concreto, seja desprovido, total ou parcialmente, da capacidade de entendimento e de autodeterminação, convive-se, agora, com um novo modelo de aplicação da lei penal, a via negociada, expressamente incorporada ao Código de Processo Penal pela Lei nº 13.964/2019, com a instituição do acordo de não persecução penal, em seu art. 28-A.

3. Defende-se a absoluta impossibilidade de aplicação do acordo de não persecução penal para os agentes inimputáveis que, à época da conduta, já eram absolutamente incapazes.

4. A *parcial* capacidade de entender, querer e de autodeterminação do agente semi-imputável, *por si só*, não pode excluí-lo da celebração do acordo de não persecução penal, sendo de todo recomendada, inclusive, a submissão do investigado provido de parcial higidez mental, como condição do ajuste, a acompanhamento médico especializado periódico, medida que, além de atender o interesse público, não implica em privação da sua liberdade.

5. Na hipótese de semi-imputabilidade, além das cautelas tradicionais, deve-se exigir avaliação sobre a capacidade plena para a confissão e o ajuste, de modo e evitar falsas confissões.

REFERÊNCIAS

ALBERGARIA, Pedro Soares de. *Plea bargaining*: aproximação à justiça negocial nos E.U.A. Coimbra: Almedina, 2007.

ANDRADE, Flávio da Silva. *Justiça penal consensual*: controvérsias e desafios. Salvador: Juspodivm, 2019.

BACIGALUPO, Enrique. *Direito penal* – parte geral. Trad. André Estefam. São Paulo: Malheiros, 2005.

BITENCOURT, Cezar Roberto. *Tratado de direito penal:* parte geral, 1. 19ª ed. São Paulo: Saraiva, 2013.

BRANDALISE, Rodrigo da Silva. *Justiça penal negociada*: negociação de sentença criminal e princípios processuais relevantes. Curitiba: Juruá, 2016.

BRUNO, Aníbal. *Direito penal*: parte geral. Tomo 2º. 3ª ed. Rio de Janeiro: Forense, 1967.

BUSATO, Paulo César. *Direito penal*: parte geral. 2ª ed. São Paulo: Atlas, 2015.

CABRAL, Rodrigo Leite Ferreira. *Manual de Acordo de Não Persecução Penal à luz da Lei n. 13.964/2019*. Salvador: Juspodivm, 2020.

CALLEGARI, André Luís; LINHARES, Raul Marques. *Direito penal e funcionalismo*: um novo cenário da teoria geral do delito. Porto Alegre: Livraria do Advogado, 2017.

CARVALHO, Hilário Veiga de; BRUNO, Antônio Miguel Leão; SEGRE, Marco. *Lições de medicina legal*. 3ª ed. São Paulo: Saraiva, 1965.

CARVALHO FILHO, José dos Santos. Conselhos Nacionais da Justiça e do Ministério Público: perplexidades e hesitações. *Interesse Público*, v. 63, pp. 15-38.

FRANK, Reinhard. *Sobre la estructura del concepto de culpabilidad*. Buenos Aires: Editorial B de F, 2004.

HASSEMER, Winfried. *Três Temas de Direito Penal*. Porto Alegre: Publicações Fundação Escola Superior do Ministério Público, 1993.

HUNGRIA, Nélson. *Comentários ao Código Penal*. Rio de Janeiro: Forense, 1949, v. I.

JAKOBS, Günther. *Fundamentos do Direito Penal*. São Paulo: Revista dos Tribunais, Tradução: André Luís Callegari, 2003.

JESUS, Damásio E. de. *Direito penal*. v. 1. Parte geral. 20ª ed. São Paulo: Saraiva, 1997.

KASSIN, Saul M. On the Psychology of Confessions. Does Innocence Put Innocents at Risk?. *American Psychologist*, Vol. 60, N. 3, p. 215–228, 2005. https://doi.org/10.1037/0003-066x.60.3.215.

LIMA, Renato Brasileiro de. *Manual de processo penal*: volume único. Salvador: Juspodivm, 2020.

LISZT, Franz von. *Tratado de direito penal allemão*. Tradução José Hygino Duarte Pereira. Rio de Janeiro: F. Briguiet, 1889, t. I.

LOPES JR., Aury. *Direito processual penal*. 11ª ed. São Paulo: Saraiva, 2014.

MEZGER, Edmund. *Tratado de Derecho Penal*. Madri: Editorial Revista de Derecho Privado, Tradução: Rodriguez Muñoz, Tomo I, 1955.

MORAES, Alexandre Rocha Almeida de; SMANIO, Gianpaolo Poggio, PEZZOTTI, Olavo Evangelista. A discricionariedade da ação penal pública. *Argumenta Journal Law*, Jacarezinho, n. 30, p. 353-390, 2019. http://dx.doi.org/10.35356/argumenta.v0i30.

NUCCI, Guilherme de Souza. *Código penal comentado*. 14ª ed. Rio de Janeiro: Forense, 2014.

PONTE, Antonio Carlos da. *Inimputabilidade e processo penal*. 3ª ed. São Paulo: Saraiva, 2012.

REDLICH, Allison D; SUMMERS, Alicia; HOOVER, Steven. *Self-reported false confessions and false guily pleas among offenders with mental illnes*. Law Hum Behav (2010) 34: 79-90. DOI 10.1007/s10979-009-9194-8.

RUSCONI, Maximiliano. *Las fronteras del poder penal*. Buenos Aires: Ciudad Argentina, 2005.

SCARANCE FERNANDES. Antonio. *Processo penal constitucional*. 3ª ed. São Paulo: RT, 2002.

SILVA, Juliana Ferreira da. O plea bargain e as falsas confissões: uma discussão necessária no sistema de justiça criminal. *Boletim IBCCRIM*, n. 318 - Esp. Pac. Anticrime. Disponível em <https://arquivo.ibccrim.org.br/boletim_artigo/6331-O-plea-bargain-e-as-falsas-confissoes-uma-discussao-necessaria-no-sistema-de-justica-criminal>. Acesso em 25 jul 2020.

SILVA SÁNCHEZ, Jesús-María. *Aproximación al Derecho Penal contemporâneo*. 2ª ed. ampliada y actualizada. Montevideo: B de F, 2012.

SOUZA, Renee do Ó. *Acordo de não persecução penal:* o papel da confissão e a inexistência de plea bargain. Consultor Jurídico - Conjur, 2019. Disponível em: <https://www.conjur.com.br/2019-jan-07/renee-souza-papel-confissao-inexistencia-plea-bargain>. Acesso em: 25 jul. 2020.

SOUZA, Renee do Ó. Acordo de não persecução penal previsto no novo art. 28-A do Código de Processo Penal, inserido pela Lei 13.964/2019. In,

SOUZA, Renee do Ó (Org.). *Lei Anticrime:* comentários à lei 13.964/2019. Belo Horizonte, São Paulo: D'Plácido, 2020, p. 121-136.

SUXBERGER, Antonio Henrique Graciano. O acordo de não persecução penal: reflexão a partir da inafastabilidade da tutela jurisdicional. In, CUNHA, Rogério Sanches; BARROS, Francisco Dirceu; SOUZA, Renee do Ó; CABRAL, Rodrigo Leite Ferreira (Orgs.). *Acordo de não persecução penal.* 2ª ed. Salvador: Juspodivm, 2018, p. 101-121.

TAVARES, Juarez. *Teorias do delito*: variações e tendências. São Paulo: RT, 1980.

TOLEDO, Francisco de Assis. *Princípios básicos de direito penal.* 5ª ed. São Paulo: Saraiva, 1994.

TURESSI, Flávio Eduardo. *Justiça penal negociada e criminalidade macroeconômica organizada*: o papel da política criminal na construção da ciência global do Direito Penal. Salvador: Juspodivm, 2019.

VASCONCELLOS, Vinicius G. *Barganha e Justiça Criminal Negocial*: análise das tendências de expansão dos espaços de consenso no processo penal brasileiro. 2ª ed. Belo Horizonte: D'Plácido, 2019.

WELZEL, Hans. *Derecho penal alemán.* Parte general. 11ª ed. Santiago de Chile: Editorial Jurídica de Chile, 1970.

CAPÍTULO 10

O ACORDO DE NÃO PERSECUÇÃO PENAL NO PROJETO DE NOVO CPP

Andrey Borges de Mendonça[1]

Sumário • 1. Introdução – 2. Alterações em relação aos requisitos e pressupostos – 2.1. Requisitos do acordo – 2.2. Pressupostos do acordo – 3. Inovações no tocante ao procedimento – 4. Conclusões.

1. INTRODUÇÃO

O objeto do presente estudo será realizar breve análise e apresentar as impressões iniciais sobre as alterações propostas pelo projeto de Código de Processo Penal (CPP)[2] no tocante ao Acordo de Não Persecução Penal (ANPP), sugerindo algumas melhorias em alguns aspectos.

No projeto, o ANPP está disciplinado no artigo 39, contendo 19 parágrafos. Está situado dentro da Seção VI, intitulada "Do relatório e da remessa dos autos ao Ministério Público", no Capítulo III, que trata "Do Inquérito Policial".

Segundo o parecer do relator Deputado João Campos, apresentado em 26 de abril de 2021, considerando "os avanços trazidos pela Lei nº 13.964, de 2019, já é uma realidade normativa o acordo de não

---

[1] Procurador da República desde 2004. Graduado, Mestre e Doutor em processo penal pela Universidade de São Paulo. Mestre em Direitos Humanos pela Universidade Pablo de Olavide, na Espanha. Assessorou o Procurador Geral da República entre os anos de 2015 e 2016. Professor da Escola Superior do Ministério Público da União. E-mail: andreyborges@yahoo.com.br.

[2] A análise se baseará no substitutivo apresentado pelo Deputado João Campos em 13 de abril de 2021 e submetido à Câmara dos Deputados, submetido à Comissão Especial para discutir e votar o projeto e as emendas com os pareceres. Para análise do ANPP previsto no art. 28-A do CPP, cf. MENDONÇA, Andrey Borges de. Acordo de Não Persecução Penal e o Pacote Anticrime (Lei 13694/2019). In: GONÇALVES, Antonio Baptista. *Lei Anticrime: Um olhar criminológico, político-criminal, penitenciário e judicial.* São Paulo: RT, 2020.

persecução penal, conhecido como *plea bargaining*". Ademais, segundo o relator, o "instituto é disciplinado de maneira mais consentânea com suas origens, assegurando a iniciativa da negociação ao imputado. Demais disso, são feitas alterações pontuais no texto já em vigor, a fim de privilegiar os interesses da vítima, e os da sociedade".

De início, necessário definir o que é o ANPP, inclusive para afastar a confusão comum – na qual incidiu o relator do projeto – entre o ANPP e o *plea bargaining*. O ANPP é um acordo firmado entre o MP e o investigado, por meio de seu defensor, em que se evita o processo, pelo cumprimento de determinadas condições acordadas. Não há condenação e nem cumprimento de pena. Trata-se de um filtro à persecução penal, em que o investigado não reconhece culpa, mas apenas deixa de resistir à pretensão estatal, aceitando o cumprimento de determinadas condições, consensualmente estabelecidas, com o objetivo de solucionar infrações penais de média e baixa gravidade, sem a necessidade de percorrer o longo e tortuoso caminho da persecução penal. Referido acordo deve ser submetido ao controle judicial, como verdadeira condição de sua eficácia.

Desta análise já se verifica que o ANPP se afasta do *plea bargaining* basicamente por dois motivos: (i) não há condenação e nem aplicação de pena; (ii) não há coercibilidade ou imperatividade, de sorte que, uma vez descumprido o acordo, o caminho a ser trilhado é o oferecimento da denúncia – e não a execução forçada do acordo.

Analisando as alterações indicadas no projeto, podemos separá-las em dois grandes grupos. No primeiro, foram introduzidas modificações quanto aos requisitos e pressupostos do ANPP. No segundo, no tocante ao procedimento. Vejamos separadamente.

2. ALTERAÇÕES EM RELAÇÃO AOS REQUISITOS E PRESSUPOSTOS

O projeto faz distinção entre requisitos do acordo e seus pressupostos. Os requisitos devem estar presentes – requisitos positivos – ou ausentes – negativos - para a propositura do ANPP. Por sua vez, os pressupostos são elementos essenciais ao acordo, aquilo que necessariamente deve ser abrangido e tratado pelo ANPP, sob pena de não poder ser firmado. Vejamos separadamente.

2.1. Requisitos do acordo

O projeto manteve as linhas estruturais do cabimento do ANPP já previstas no atual art. 28-A do CPP. Previu que cabe para crimes com pena mínima inferior a quatro anos, cometidos sem violência ou grave ameaça, se houver justa causa (ou seja, se não for o caso de arquivamento), desde que o investigado tenha confessado "formal e circunstanciadamente" a prática de infração penal e se o acordo for necessário e suficiente para reprovação e prevenção do crime.

No tocante à confissão, o projeto continua a exigi-lo como requisito para o ANPP. Houve apenas a substituição da expressão "circunstancialmente" – prevista atualmente no art. 28-A – por "circunstanciadamente" no projeto. Segundo nos parece, as duas expressões são sinônimas e significam que a confissão deve ser detalhada, indicando todas as suas circunstâncias, tanto no aspecto subjetivo quanto objetivo. Embora alguns doutrinadores entendam que haveria diferença de significado entre as expressões – sendo que a expressão "circunstanciadamente" significaria que a confissão somente serviria para firmar o ANPP, não podendo ser usada em outras instâncias ou esferas – assim não nos parece. Além de etimologicamente não haver diferença, o art. 28-A do CPP usa a expressão "circunstancialmente" e o art. 1º, § 3º, da Lei nº 8.038/1990 (ao prever o ANPP nos crimes de competência originária dos Tribunais) "circunstanciadamente". Recorde-se que ambos os dispositivos foram incluídos pela Lei nº 13.964, de 2019 e possuem o mesmo conteúdo. Assim, também no projeto se busca que a confissão seja destalhada. Não pode ser uma confissão genérica, com o investigado declarando apenas "*Eu confesso os fatos investigados*", mas sim deve indicar todos os detalhes do crime, respondendo às perguntas essenciais (*Quem*", "*o que*", "*onde*", "*quando*", "*por que*" e "*como*"), com o intuito de verificar se o agente está ou não dizendo a verdade. No projeto a confissão no ANPP continua a ter como função relevante – embora não única – de evitar que acordos sejam feitos com pessoas inocentes.

De qualquer forma, uma falha grave do projeto é não disciplinar melhor a finalidade da confissão, especialmente a possibilidade de sua utilização em caso de descumprimento do acordo ou em outras esferas. Caso rescindido o acordo, pode o MP utilizar a confissão extrajudicial em desfavor do imputado no processo penal iniciado contra ele? A confissão do ANPP poderia ser utilizada em uma ação de improbidade administrativa ou em um processo administrativo disciplinar? Seria possível compartilhar a confissão com outros órgãos, como a Receita Federal e o Banco Central? O texto do projeto continua omisso nestes pontos e mantém em aberto divergências já existentes que trazem insegurança para os operadores e, ao final, para a própria aplicação do instituto. A falta de disciplina legal pode impactar na própria aceitação do instituto pelo investigado e em sua eficácia geral. Por exemplo, para algum servidor público que cometeu infração penal em que for cabível o ANPP, diante da falta de regulamentação legal sobre as questões envolvendo a confissão, pode ser mais vantajoso firmar a suspensão condicional do processo – em que não é necessária a confissão – do que firmar o ANPP, embora naquele benefício haja o oferecimento de denúncia e neste não. Assim, sobre o compartilhamento da confissão com outras esferas, a sugestão é que o projeto a autorize, como regra, mas podendo ser limitado e modulado pelas partes no bojo do ANPP, com base na autonomia da vontade.

Por sua vez, dentre os requisitos negativos do ANPP, o §6º do art. 39 do projeto previu que não será cabível em seis situações. Foram mantidas as principais vedações atuais. Continua não sendo cabível o ANPP se for possível a transação penal ou se tiver sido beneficiado, nos cinco anos anteriores ao cometimento da infração, em acordo de não persecução penal, transação penal ou suspensão condicional do processo. Em relação a este último requisito, manteve-se o lapso temporal previsto no art. 28-A do CPP, mas, segundo nos parece, melhor seria utilizar o mesmo parâmetro temporal da transação penal – que a veda se o agente se beneficiou nos últimos cinco anos. (art. 76, §2º, II, da Lei 9099). Veja que as situações são diferentes. A transação penal não é permitida se o agente se beneficiou nos últimos cinco anos anteriores à *data da assinatura do acordo*, enquanto no ANPP os cinco anos se computam retroativamente à *data do crime*. Acaba havendo, assim, uma incoerência entre os marcos temporais, com a possibilidade, em tese, de haver ANPPs sucessivos no tempo, com menos de cinco anos entre eles, desde que o agente não tenha sido beneficiado nos cinco anos anteriores ao cometimento da infração. Recomendável – especialmente porque há um microssistema entre os benefícios consensuais da transação penal, do ANPP e da suspensão condicional do processo – que seja utilizado o mesmo marco temporal da transação penal.

No projeto continua a ser vedado o ANPP se o agente for "reincidente ou possuir maus antecedentes". Excluiu-se a atual vedação, constante do art. 28-A, §2º, inc. II, em caso de "conduta criminal habitual, reiterada ou profissional, exceto se insignificantes as infrações penais pretéritas". A supressão, no entanto, não parece ter maior eficácia prática pois nestes casos o ANPP não se mostra adequado e suficiente para prevenir e reprimir a infração penal. Por sua vez, manteve-se a vedação do ANPP já existente, relacionada a "infrações penais praticadas no âmbito de violência doméstica ou familiar, ou praticadas contra a mulher por razões da condição de sexo feminino".

Uma previsão nova, incluída pelo projeto, foi a vedação do ANPP para os "crimes hediondos e assemelhados, ressalvada a hipótese do § 4º do art. 33 da Lei nº 11.343, de 23 de agosto de 2006". Realmente, a vedação é bem-vinda, pois o ANPP não se mostra necessário e suficiente para prevenir e reprimir tais infrações. A isso se soma a incompatibilidade lógica do instituto com crimes que são considerados os mais graves do ordenamento jurídico, inclusive em razão de mandamento constitucional que impõe tratamento mais severo para tais delitos (art. 5º, inc. XLIII). A ressalva ficou por conta do tráfico privilegiado (art. 33, § 4º, da Lei 11.343/2006[3]), uma vez que o STF afastou a sua hediondez[4]. Nesse caso, o membro do MP deve verificar se estarão ou não presentes os requisitos para o cabimento do ANPP, à luz das circunstâncias concretas do caso.

Outra inovação do projeto foi vedar o ANPP "quando se tratar de delito de lavagem de dinheiro, de organização criminosa, e de crimes que afetem os interesses patrimoniais da Administração Pública, direta ou indireta, ressalvada a hipótese do art. 20 da Lei nº 10.522, de 19

---

3 "Nos delitos definidos no *caput* e no § 1º deste artigo, as penas poderão ser reduzidas de um sexto a dois terços (...) desde que o agente seja primário, de bons antecedentes, não se dedique às atividades criminosas nem integre organização criminosa".

4 Decidiu o STF que o "tráfico de entorpecentes privilegiado (art. 33, § 4º, da Lei n. 11.313/2006) não se harmoniza com a hediondez do tráfico de entorpecentes definido no *caput* e § 1º do art. 33 da Lei de Tóxicos. O tratamento penal dirigido ao delito cometido sob o manto do privilégio apresenta contornos mais benignos, menos gravosos, notadamente porque são relevados o envolvimento ocasional do agente com o delito, a não reincidência, a ausência de maus antecedentes e a inexistência de vínculo com organização criminosa. Há evidente constrangimento ilegal ao se estipular ao tráfico de entorpecentes privilegiado os rigores da Lei n. 8.072/90. Ordem concedida" (STF, HC 118.533-MS, Rel.(a) Min. Cármen Lúcia, Tribunal Pleno, julgado em 23/06/2016).

de julho de 2002" (art. 39, §5º, inc. VI). O projeto, dentro da margem de conformação concedida ao legislador, entendeu que o ANPP não se mostra adequado para prevenir e reprimir tais infrações, em especial considerando os compromissos internacionais assumidos pelo Brasil, de reprimir e punir os crimes de corrupção, de lavagem de dinheiro e de organização criminosa, como se verifica nas Convenções das Nações Unidas contra a Corrupção (conhecida como Convenção de Mérida) - Decreto 5687/2006 - e contra o Crime Organizado transnacional (Convenção de Palermo) - Decreto 5015/2004 -, entre outras.

De início, excluiu-se o ANPP em relação ao delito de lavagem de dinheiro, o que inclui todas as condutas tipificadas no artigo 1º da Lei 9613/1998, inclusive em seus parágrafos. Também afastou o cabimento do ANPP quando se tratar de delito de organização criminosa. Embora o projeto não esclareça, certamente está abrangido pela vedação o crime previsto no *caput* do art. 2º da Lei 12850.[5] Mas como o projeto não elucida se outros crimes previstos na Lei 12.850 estão abrangidos pela vedação, haverá divergência sobre esse ponto, em especial se o crime de impedir ou embaraçar a investigação de infração penal que envolva organização criminosa, previsto no art. 2º, §1º, da Lei 12.850, está ou não abrangido pela proibição.[6] Como o projeto fala apenas em delito de organização criminosa, poder-se-ia entender que o tipo equiparado de obstrução não estaria abrangido. Por outro lado, seria possível argumentar que a conduta de obstrução à justiça está equiparada ao delito de organização criminosa pela própria lei, inclusive sendo tratada no mesmo tipo penal, e também que o art. 23 da Convenção de Palermo o inclui em seu âmbito de aplicação. Exatamente por isto, ideal seria que o projeto indicasse expressamente a quais crimes está se referindo a vedação. De qualquer sorte, as condutas indicadas nos artigos 18 a 21 da Lei 12.850 parecem não estar incluídas na vedação do projeto, pois distantes do conceito de organização criminosa. Por fim, também se veda o ANPP no caso de "crimes que afetem os interesses patrimoniais da Administração Pública, direta ou indireta". Aqui a expressão legal é de

---

5 "Art. 2º Promover, constituir, financiar ou integrar, pessoalmente ou por interposta pessoa, organização criminosa: Pena - reclusão, de 3 (três) a 8 (oito) anos, e multa, sem prejuízo das penas correspondentes às demais infrações penais praticadas".

6 "Art. 2º, § 1º Nas mesmas penas incorre quem impede ou, de qualquer forma, embaraça a investigação de infração penal que envolva organização criminosa".

todo criticável, pois não há uma categoria de crimes "Dos crimes contra os interesses patrimoniais da Administração Pública". Pelo que se infere, a expressão se refere a condutas que causem alguma lesão patrimonial à Administração Pública, direta ou indireta. Alguns crimes certamente estão abrangidos pela vedação, como o peculato, o estelionato previdenciário e o crime de dano. Também estará vedado o ANPP para os crimes de sonegação fiscal e outros crimes tributários, em que não houver repasse de valores ao Fisco. Isto é reforçado pela remissão ao art. 20 da Lei 10.522, conforme veremos abaixo. No entanto, diante da falta de clareza, haverá muitas discussões sobre a abrangência da norma, com uma ampla zona cinzenta em que haverá discussão se há ou não lesão patrimonial à Administração, como nos delitos de contrabando, descaminho, apropriação indébita previdenciária etc. Aparentemente está fora da vedação o crime de corrupção, ativa ou passiva, pois não lesiona, por si só, os interesses patrimoniais da Administração, já que a vantagem indevida não traz uma redução patrimonial à Administração. No entanto, parece incoerente que o crime de corrupção fique fora da vedação, pois um dos mais graves e perniciosos crimes praticados contra a Administração Pública. É necessário, assim, clarear o que o dispositivo busca vedar, notadamente à luz da multiplicidade de situações que podem estar abrangidas. No entanto, o dispositivo ressalva que, mesmo que se atinjam os interesses patrimoniais da Administração Pública, caberá o ANPP na hipótese do art. 20 da Lei nº 10.522, de 19 de julho de 2002, que dispõe que serão arquivados os autos das execuções fiscais de débitos inscritos em dívida ativa da União pela Procuradoria-Geral da Fazenda Nacional ou por ela cobrados, de valor consolidado igual ou inferior àquele estabelecido em ato do Procurador-Geral da Fazenda Nacional. Atualmente esse valor é de R$ 20.000,00, nos termos do art. 1º, inc. II, da Portaria MF nº 75, de 22 de março de 2012. Assim, mesmo que o crime atinja os interesses patrimoniais da União, seria possível o ANPP se o valor do débito estiver abaixo desse patamar. No entanto, ao menos na esfera federal, a ressalva é ineficaz, pois o STJ entende que incide o princípio da insignificância aos crimes tributários federais e de descaminho quando o débito tributário verificado não ultrapassar o limite de R$ 20.000,00 (STJ, REsp 1709029/MG, 3ª Seção, DJe 4/4/2018). Ou seja, não será caso de propositura do ANPP, mas de arquivamento do feito. Não bastasse, há dúvida se a ressalva – cabimento do ANPP nos crimes contra os interesses patrimoniais da Administração em casos de delitos abaixo de

R$ 20.000,00 – também se aplicará para crimes não tributários, como o delito de dano e de estelionato previdenciário, por exemplo. Mais uma vez, verifica-se que a pouca clareza do dispositivo prejudicará a perfeita compreensão da vedação.

2.2. Pressupostos do acordo

Por sua vez, o projeto transformou em pressupostos do ANPP o que atualmente seriam condições do acordo. Pressuposto deve ser entendido no sentido de algo que necessariamente deve ser tratado no bojo do ANPP, sob pena de não poder ser firmado.

O primeiro pressuposto reflete maior preocupação com a vítima, buscando a reparação do dano causado. Conforme asseverou o relator do projeto, um dos objetivos da nova regulamentação do ANPP foi "privilegiar os interesses da vítima". Estabeleceu-se que é pressuposto para a celebração do acordo "a assinatura de termo de confissão de dívida em favor da vítima, que constituirá título executivo extrajudicial" (§2º). Assim, sem o reconhecimento da dívida por parte do ofensor o ANPP não pode ser firmado. Em verdade, o termo de confissão de dívida é um acordo de vontades entre o autor do fato e a vítima e, como se trata de título executivo extrajudicial, deve ter os requisitos da certeza, liquidez e exigibilidade. Por isto, já deve estar individualizado o valor do dano que o ofensor se obrigou a reparar e deve se tratar de obrigação não condicional, com marcos temporais definidos. Segundo o §3º do art. 39 do projeto, a "insuficiência de recursos não inviabiliza a assinatura do termo de confissão de dívida, cuja exequibilidade civil ulterior poderá ocorrer". Desta forma, o fato de o investigado não ter recursos para pagar imediatamente o dano não impede a assinatura do ANPP, desde que haja ao menos a assinatura do termo de confissão de dívida e o estabelecimento de marcos temporais claros. Embora não se assegure o pagamento imediato, garante-se à vítima que o valor assumido não será questionado ou negado futuramente, abrindo-se a possibilidade de execução forçada, caso não cumprido pelo autor do fato na data aprazada. Assim, é importante destacar que a reparação do dano, embora deva ser buscada sempre que possível, em si não é pressuposto do ANPP, bastando o reconhecimento da dívida. O projeto ainda previu, nos casos em que houver vítima determinada, um momento para que a vítima e o ofensor possam realizar uma audiência de composição de danos, que será intermediada pelo membro do MP, que atuará visando auxiliar e estimular as partes a chegar ao acordo. Nos casos em que a vítima for difusa e a infração penal afetar interesse transindividual, como o meio ambiente, por exemplo, é o MP "que proporá a composição civil", nos termos do §1º do art. 39. A expressão "proporá a composição civil" deve ser entendida como negociará a composição do dano. No entanto, em caso de interesses transindividuais, o MP não possui legitimidade exclusiva para a propositura de eventuais ações civis públicas, havendo diversos outros colegitimados. Justamente por isto, eventual acordo entre o MP e o autor do fato em caso de interesses transindividuais somente poderá ser um valor *mínimo*, que não impedirá que outros legitimados busquem, em outras vias, valores além daquele acordado. Ademais, nos casos de interesses transindividuais, nem sempre haverá a fixação de um valor monetário, podendo se acordar com o autor do fato a reparação do dano, com a restituição ao *status quo ante*, como é especialmente importante em caso de delitos ambientais.

Nesse tema, inovação importante do projeto foi prever que a rescisão do ANPP não afasta a natureza de título executivo extrajudicial da confissão de dívida. A parte final do §15 dispõe: "A rescisão [do acordo] não afeta o termo de confissão de dívida".

Importa questionar o que ocorrerá caso a vítima não quiser negociar, não for encontrada ou se ela e o ofensor não chegarem a um denominador comum no tocante ao valor do termo de confissão de dívida. Seria possível firmar o ANPP nesse caso ou estaria vedado? O projeto é omisso e deveria tratar de todos estes pontos. Como o legislador colocou o termo de confissão de dívida como pressuposto do ANPP, parece apontar no sentido de que, se não houver referido termo, o acordo está vedado. Ou seja, o MP, mesmo que preenchidos os demais requisitos legais, deverá deixar de firmar o ANPP se não se chegar a um acordo ou mesmo se a vítima não quiser negociar.

Mas veja que essa posição pode dar à vítima um direito potestativo de impedir o ANPP, pois bastaria não concordar com o valor do dano, pedindo, propositadamente, um montante excessivo. Seria suficiente, em verdade, que a vítima não queira negociar com o autor do fato para que esteja vedada a possibilidade de firmar o ANPP. Nesse caso, pelo que se infere, o MP não poderá propor o ANPP ao autor do fato. Essa posição parte para o extremo oposto, com o pêndulo indo totalmente para o outro lado, concedendo-se à vítima um direito potestativo de impedir que seja firmado o ANPP, inclusive em detrimento de eventual posição do MP e do autor do fato. Como conciliar a necessidade de reparar o dano e privilegiar a vítima sem prejudicar os interesses do autor do fato e o interesse público? A solução é difícil e deve ser tratada de maneira mais detalhada e adequada pelo legislador. É certo que, da forma como está redigido o projeto, sempre que houver uma vítima determinada poderá haver impedimento ao acordo apenas em razão de sua vontade, por motivos alheios à reparação do dano.

Assim, embora seja bastante louvável a consideração dos interesses da vítima, a forma como o projeto disciplinou o tema pode trazer problemas tanto para o autor do fato quanto para o próprio MP, manietando-os e impossibilitando o ANPP em razão da vontade da vítima.

Alternativa possível para tutelar os relevantes interesses em jogo seria estabelecer que o ANPP somente pode ser firmado se houver reparação do dano ou, em caso de impossibilidade, que o autor do fato firme o termo de confissão de dívida. No entanto, deve-se autorizar o MP a negociar um valor mínimo de reparação do dano, caso o autor do fato e a vítima não cheguem a um acordo ou se a vítima não for encontrada ou não quiser negociar. Isto sem prejuízo de a vítima buscar, na esfera cível, valor além daquele firmado pelo MP, caso entenda que não foi suficiente. Imprescindível, portanto, que o projeto discipline melhor esse tema, evitando futuros, graves e recorrentes problemas.

O projeto estabelece também outro pressuposto para o ANPP: o termo de renúncia de bens e direitos indicados pelo Ministério Público como instrumentos, produto ou proveito do crime. Ou seja, o que o art. 28-A atualmente trata como uma das condições possíveis do ANPP passa a ser seu pressuposto. De qualquer sorte, trata-se de pressuposto que depende da existência de instrumento, produto ou proveito no caso concreto. Caso não haja instrumento, produto ou proveito, obviamente não se impedirá o ANPP. Nesse caso, isto deve ser explicitado no acordo.

3. INOVAÇÕES NO TOCANTE AO PROCEDIMENTO

No tocante ao procedimento, o legislador estabeleceu algumas previsões novas. Segundo o art. 39, *caput*, do projeto, se não for o caso de arquivamento, havendo confissão e se tratando de infração cometida sem violência ou grave ameaça, com pena mínima inferior a 4 anos, o suposto autor do fato poderá propor ao MP a celebração do ANPP, desde que necessário e suficiente para reprovação e prevenção do crime. A intenção do legislador foi permitir que o investigado tenha a iniciativa para o ANPP, procurando o MP para celebrar o acordo. Conforme o relator asseverou, buscou-se assegurar "a iniciativa da negociação ao imputado". Atualmente essa possibilidade já existe, não havendo qualquer vedação que a defesa procure o MP para negociar o ANPP. No entanto, a redação do dispositivo pode permitir interpretação no sentido de que o MP estaria proibido de propor o ANPP de ofício, a depender sempre de iniciativa do autor do fato. Ou seja, transformaria o ANPP em instituto espontâneo, a depender exclusivamente da iniciativa da defesa. Essa interpretação é claramente inconstitucional e contrária à própria natureza do ANPP. Como é o titular exclusivo da ação penal pública por disposição constitucional e por se tratar de instituto consensual, evidentemente o MP pode tomar a iniciativa de propor o ANPP, ainda que a defesa não o faça. E não há qualquer risco para o investigado nessa iniciativa ministerial. O simples fato de o MP tomar a iniciativa de propor o acordo não significa qualquer obrigação da defesa em aceitá-lo ou pressão nesse sentido. Basta à defesa indicar desinteresse no acordo. Nesse caso, o único caminho ao MP será o oferecimento da denúncia. Ademais, o ANPP em geral é benéfico ao investigado, já que poderá levar à extinção da punibilidade, evitando-se o processo penal. Em verdade, sempre que presentes os requisitos legais, o membro do MP deve se manifestar sobre o cabimento do acordo, por se tratar de hipótese de discricionariedade regrada. Portanto, a iniciativa para o ANPP é dúplice: pode vir tanto da defesa ou do MP. Ademais, embora o dispositivo, na forma como ficou redigido, pareça indicar que a iniciativa para análise do preenchimento dos requisitos seria do investigado, é evidente que somente será firmado o acordo se o MP e o investigado, por seu defensor, chegarem a um consenso sobre o preenchimento dos requisitos legais. Isto deflui não apenas na natureza consensual do instituto, mas também do próprio §1º, que fala em "consenso entre o suposto autor do fato e o Ministério Público quanto à viabilidade de celebração do acordo". Se o MP entender não cabível o ANPP, poderá negá-lo motivadamente. Caso o investigado entenda indevida a recusa, poderá impugnar a decisão ministerial, submetendo o caso aos órgãos superiores do MP, conforme §19 do art. 39.

Inovação do projeto foi o §7º, que previu: "O Delegado de Polícia, observando o preenchimento dos requisitos legais, sugerirá ao suposto autor do fato e seu defensor a possibilidade de formulação do acordo. Em caso positivo, relatará o inquérito, encaminhando-o, com a proposta de acordo ao Ministério Público". Esse dispositivo deve ser analisado com bastante cautela. O ponto louvável é que coloca o Delegado de Polícia – que tem contato direto e pessoal com o investigado e eventualmente com seu defensor – como estimulador do ANPP, ao informar a defesa sobre a possibilidade de consenso e até mesmo a encaminhando ao MP, para que sejam iniciadas as tratativas.

No entanto, a forma como foi redigido o dispositivo exige que sejam afastadas possíveis interpretações, que podem deturpar o instituto.

O primeiro ponto a esclarecer é que o Delegado de Polícia não pode negociar, em hipótese alguma, o ANPP e o seu conteúdo, tampouco iniciar tratativas com o autor do fato. Trata-se de instituto diversionista, que visa evitar o processo, e que não possui finalidade probatória. Por isso, ainda que o Delegado possa firmar acordo de colaboração premiada, conforme decidiu o STF, o fundamento principal (*ratio decidendi*) que justificou tal decisão foi a finalidade instrutória do instituto e a sua compatibilidade com as funções constitucionais exercidas pela autoridade policial[7]. Nada disso se aplica ao ANPP, que se liga a outra lógica, de evitar persecuções penais em determinadas situações. Nesse sentido, somente o titular da ação penal pública – no caso o MP – pode negociar o ANPP, por decorrência constitucional. O Delegado não pode, portanto, fazer qualquer tipo de proposta concreta ao autor do fato ou à defesa, sob pena de invadir a atribuição constitucional do MP. O que o Delegado pode fazer– e essa é a única interpretação viável e constitucional do dispositivo – é orientar a defesa sobre a existência do ANPP, explicando em que consiste, e que, naquele caso, o acordo é cabível *em tese*, diante dos requisitos objetivos indicados na lei (especialmente se tratar de delito cometido sem violência ou grave ameaça e com pena mínima abaixo de 4 anos). Como consequência da titularidade da ação penal, somente ao MP cabe a *análise concreta* do preenchimento ou não dos requisitos, positivos e negativos, do ANPP, em especial naquelas situações tênues, que exijam alguma margem de interpretação. Conferir ao Delegado essa

[7] STF, ADI 5.508/DF, rel. Min. Marco Aurélio, Plenário, julgamento em 20/06/2018.

prerrogativa é, além de invadir as atribuições do MP, criar problemas e dificuldades que não trarão qualquer vantagem à persecução penal e ao interesse público, tampouco para o autor do fato e sua defesa.

Outro ponto importante é que, ao contrário do que pode sugerir o dispositivo, o Delegado não pode sumarizar a investigação caso o autor do fato aceite a possibilidade de firmar o acordo. A expressão "em caso positivo", prevista na segunda parte do dispositivo, parece indicar que se a sugestão de acordo, feita pelo Delegado à defesa, for aceita, a autoridade policial poderia relatar o feito e encaminhar a proposta ao MP. No entanto, essa interpretação não se sustenta. Primeiro, porque um dos requisitos positivos do ANPP é a existência de justa causa, ou seja, que *não se trate de hipótese de arquivamento do feito*. Extrai-se da frase inicial do art. 39, *caput*, do projeto ("Não sendo caso de arquivamento..."), assim como do atual art. 28-A. Somente é possível o acordo se a investigação estiver madura, com a demonstração de que há justa causa para o exercício da ação penal – ou seja, lastro probatório mínimo a indicar que houve um crime e que o investigado é provavelmente o seu autor. Por isto, somente quando este *standard* probatório para o oferecimento da denúncia for alcançado é que podem ser iniciadas eventuais negociações para o ANPP, caso preenchidos os demais requisitos. Não antes. É inviável utilizar o ANPP para casos em que o caminho natural seria o arquivamento do feito, para "salvar" investigações incompletas ou, ainda, para abreviar ou sumarizar investigações. É um mecanismo de simplificação do procedimento, não da investigação. Tanto assim que, caso o investigado não aceite o ANPP ou se frustradas as tratativas, o caminho natural deve ser o oferecimento da denúncia. E é importante perceber que a justa causa deve advir da investigação – e não da confissão decorrente do acordo. Dito de outra forma, a confissão feita em razão do acordo não deve suprir eventuais falhas da investigação. Assim sendo, o simples fato de o Delegado indicar que é possível o ANPP e a defesa se interessarem pela sua celebração, não autorizam que o inquérito seja relatado em momento anterior ao que seria natural, abreviando-se a investigação. O interesse da defesa em firmar o acordo, aceitando a sugestão do Delegado, não é suficiente para que haja sumarização da investigação e o feito seja relatado antes da hora. Portanto, essa interpretação – com a criação de um tipo de "ANPP precoce" – desvirtuaria um dos requisitos mais essenciais do ANPP, que é a existência de justa causa. Ademais, traria outros riscos. Primeiro, acabaria por estimular investigações sumaríssimas, com desvirtuamento da finalidade do ANPP (que é impedir a persecução judicial, não a extrajudicial). Segundo, aumentaria a chance de firmar acordos com pessoas inocentes. Terceiro, o acordo poderia ser feito pelo investigado com o intuito de abortar investigações com grande potencial, que poderiam levar ao desvelamento de outros agentes ou outras condutas delitivas mais amplas. Por isto, ainda que o Delegado anteveja que é cabível, em tese, o ANPP e mesmo que o investigado demonstre interesse nele, somente é possível relatar o inquérito e encaminhar ao MP para análise se a investigação tiver finalizado, demonstrando-se que houve um crime e que o investigado é o provável autor do delito. Apenas então é que será possível o início das tratativas pelo MP e pela defesa do investigado. Inclusive, o MP, ao pedir a homologação do ANPP ao Judiciário, deverá demonstrar ao magistrado a justa causa para a ação penal, sob pena de não homologação do acordo por ausência de base fática suficiente para o oferecimento da denúncia – e, consequentemente, para o oferecimento do ANPP. Tanto assim que o projeto – assim como o atual art. 28-A, §8º – continua a prever a possibilidade de devolução do acordo para complementação das investigações, caso não seja homologado pelo juiz (§13), a ser aplicada exatamente em situações nas quais ainda não há base fática suficiente para o acordo. Ademais, conforme antecipado, embora o dispositivo afirme que o Delegado "relatará o inquérito, encaminhando-o, com *a proposta de acordo* ao Ministério Público", é absolutamente inviável que o Delegado faça uma proposta concreta de acordo, pois isto afrontaria claramente a titularidade da pretensão acusatória. A única interpretação admissível do §7º do art. 39 do Projeto é que o Delegado, entendendo que, *em tese*, é cabível o ANPP, poderá esclarecer o autor do fato e sua defesa sobre o cabimento em tese do benefício e, após relatado o inquérito, caso haja prova da materialidade e indícios de autoria, orientá-los a procurar o MP para iniciar tratativas sobre o ANPP. A expressão "proposta de acordo" deve ser entendida, assim, como encaminhamento para início de tratativas, jamais como uma proposta concreta por parte da Autoridade Policial. Veja que a quantidade de ressalvas e a falta de clareza do dispositivo demonstram a importância de se melhorar a sua redação, para deixar clara sua finalidade, ou de se suprimir a norma. Embora o Delegado possa ser um estimulador do ANPP, a Autoridade Policial não pode: (i) invadir a discricionariedade do MP em analisar o preenchimento dos requisitos legais, em especial naqueles casos em que há uma margem valorativa; (ii) iniciar tratativas e muito menos negociar com o autor do fato ou com sua defesa; (iii) formular qualquer proposta concreta de ANPP; (iv) basear-se no suposto interesse da defesa em firmar o ANPP como forma de sumarizar a investigação e antecipar seu encerramento.

O projeto, ainda no tocante ao procedimento, previu uma audiência de composição de danos com a vítima, a ser realizada na sede do MP (art. 39, §1º). Esse dispositivo é elogiável, ao reconhecer que as negociações do ANPP devem se dar no âmbito do MP, de maneira horizontal, como é próprio de um instituto consensual. Afasta-se corretamente que as discussões ocorram no ambiente vertical do Poder Judiciário, que somente deve ser chamado após a celebração do acordo, para a sua homologação. Antes disso, as negociações devem ocorrer na sede do MP ou até mesmo por videoconferência, como tem sido comum durante a pandemia. Ademais, a audiência de composição dos danos ocorre somente se houver preenchimento dos requisitos legais e concordância entre a defesa e o MP quanto à viabilidade da celebração do acordo. No caso de dano transindividual, o MP proporá a composição civil. Sempre defendemos que a vítima deve participar ativamente das negociações do ANPP, à luz da tendência de lhe conceder um papel de mais destaque na persecução penal. Nesse sentido que se coloca a audiência de conciliação no procedimento do ANPP, prevista no projeto. O intuito dessa audiência é buscar a composição dos danos causados pela infração, seja pela reparação ou, no mínimo – já que pressuposto do acordo – pela assinatura do termo de confissão de dívida. É muito relevante esse momento, pois a própria vítima poderá apontar quais os prejuízos que sofreu, a melhor forma de reparação do dano etc.

No entanto, conforme se antecipou, o projeto não esclarece o que ocorre se a vítima se recusar a participar da audiência ou, ainda, se não quiser a composição dos danos ou, por fim, se as partes não chegarem a um consenso sobre o valor do dano. Remetemos o leitor ao que foi dito quando tratamos deste pressuposto do ANPP.

Superada essa etapa, caso seja firmado o acordo, as partes estabelecerão o conteúdo do acordo. O §4º do art. 39 do projeto assevera quais são as condições do acordo, indicando três (embora haja falha na redação do projeto, que manteve os incisos I, II e V, pulando os incisos III e IV): prestação de serviços à comunidade, prestação pecuniária e outra condição indicada pelo MP. Excluiu-se a contraditória expressão "cumulativa e alternativamente" constante do art. 28-A, *caput*, do atual CPP, mas não esclareceu se é possível cumular ou não as condições previstas. Recomenda-se que o legislador esclareça que as condições podem ser aplicadas "isolada ou cumulativamente", visando afastar interpretações no sentido de que somente seria possível a aplicação isolada de uma das três condições. Ademais, não se previu mais a reparação do dano e a renúncia voluntária a bens como condições do ANPP, pois elevadas à categoria de pressupostos do acordo.

Sobre as condições, a prestação de serviços teve o desconto passível de aplicação diminuído pelo projeto. Ao invés de o tempo de prestação ser o da pena mínima cominada diminuída de 1/3 a 2/3, como é atualmente, o projeto previu um desconto menor, de 1/6 a 1/3. No mais, não houve alterações no tocante ao conteúdo do acordo e às condições aplicadas. Manteve-se prerrogativa do juiz da execução de indicar em qual entidade o agente irá prestar serviços e qual será a beneficiária da prestação pecuniária, o que, se por um lado facilita a execução do acordo – considerando que as entidades já são previamente cadastradas perante a Vara de Execução Penal –, por outro pode dificultar a negociação do acordo pelas partes, pois o autor do fato pode ficar em uma situação menos segura, ao não saber onde e de que forma cumprirá o acordo.

O §8º do art. 39 afirma que o acordo será formalizado por escrito e assinado pelo MP, pelo investigado e seu defensor. O projeto de lei é omisso em relação à assinatura do acordo pela vítima. Pelo que se infere, o termo de confissão de dívida será assinado pela vítima, por se tratar de um acordo, e deverá ser formalizado em instrumento próprio, que acompanhará o ANPP. A vítima aparentemente só assinará a confissão de dívida, que é pressuposto do ANPP, mas não este. No entanto, caso o termo de confissão de dívida for tratado no bojo do ANPP, a vítima deve assiná-lo.

Sobre o procedimento de homologação pelo juiz, não houve alterações em relação ao regime atual, inclusive sobre a análise a ser feita pelo juiz e os incidentes que podem ocorrer. No entanto, há uma falha no projeto que precisa ser suprida. Não se previu nenhum recurso em caso de não homologação do ANPP pelo juiz. Não há equivalente, no projeto, ao art. 581, inc. XXV, do CPP, que dispõe que cabe recurso em sentido estrito da decisão "que recusar homologação à proposta de acordo de não persecução penal, previsto no art. 28-A desta Lei". Tal situação não está prevista dentre as hipóteses de cabimento do agravo no projeto de CPP, embora esteja previsto o agravo em caso de não homologação da transação penal (inc. VI). Como não será cabível a apelação, por não se tratar de decisão que extingue o processo, nos termos do art. 541 do projeto, necessário que se inclua, no artigo 535 do projeto, o cabimento do agravo no caso de não homologação do ANPP pelo juiz.

No projeto manteve-se, também, a execução e fiscalização do ANPP perante a Juízo de execução penal. No tocante à rescisão, a única novidade fica por conta da parte final do §15, já mencionada, que assevera que a "rescisão não afeta o termo de confissão de dívida". No entanto, o projeto é omisso no tocante à renúncia aos bens que forem considerados instrumentos, produto e proveito do crime – outro pressuposto do ANPP, segundo o projeto. Segundo nos parece, na mesma linha do primeiro pressuposto e para manter coerência, a rescisão do acordo não deve afetar a renúncia a tais bens. Sugere-se, portanto, que a parte final do §15 passe a ser redigido da seguinte forma: "A rescisão não afeta o termo de confissão de dívida e nem o termo de renúncia a bens e direitos indicados pelo Ministério Público como instrumentos, produto ou proveito do crime".

Em caso de cumprimento do acordo e de sua rescisão, na mesma linha do atual art. 28-A, o projeto não esclarece qual juiz será o competente para declarar a extinção da punibilidade ou rescindi-lo: o juiz que homologou o acordo ou o da execução. O projeto, para evitar futuras discussões, poderia esclarecer qual juiz possui competência para tais decisões.

O §19 do art. 39 do projeto, nos termos do atual art. 28, §14º, garante ao autor do fato, no "caso de recusa indevida, por parte do Ministério Público, em celebrar o acordo" a possibilidade de requerer a remessa dos autos ao órgão superior do MP, para eventual revisão. A única novidade do projeto é que inclui a palavra "indevida" na recusa do MP e não faz mais menção ao art. 28 do CPP. No entanto, o projeto é muito sucinto sobre essa impugnação pelo autor do fato. Não esclarece qual é o prazo para o investigado fazer essa impugnação, se deve pedir isso diretamente ao órgão de revisão ou ao juiz do caso, se o MP precisa intimar o investigado sobre a recusa em propor antes de oferecer a denúncia ou se pode notificá-lo apenas quando do oferecimento da denúncia e se essa impugnação possui ou não efeito suspensivo. Esse procedimento precisa ser mais bem disciplinado pelo projeto, para dar segurança aos operadores. Já seria melhor se houvesse ao menos remissão ao art. 40, §1º e 2º do Projeto, que trata da submissão da promoção de arquivamento aos órgãos superiores do MP, com prazo de 30 dias do recebimento da comunicação. Mas ainda assim outras questões devem ser tratadas.

Por fim, embora o projeto de CPP tenha tratado da Justiça Restaurativa nos artigos 114 a 123, seria relevante que o ANPP pudesse ser uma porta de entrada para tal política pública, inclusive com possibilidade de extinção da punibilidade, caso houvesse o cumprimento das condições acordadas.[8]

4. CONCLUSÕES

Após analisar o projeto de CPP no tocante ao ANPP, percebe-se que manteve as linhas estruturais do ANPP já delineadas no atual art. 28-A do CPP. Trouxe, no entanto, alterações no tocante aos requisitos e pressupostos, bem como no procedimento. No geral, o projeto traz alterações interessantes – como evidenciar maior preocupação com a vítima e indicar que as negociações devem ocorrer no âmbito do MP –, embora haja dispositivos que mereçam maior atenção e melhor disciplina e haja omissão em relação a temas que deveriam ser disciplinados. Os pontos a seguir indicados demandam maior atenção e, inclusive, possíveis alterações:

1. A projeto falha em não disciplinar, de maneira mais adequada, a confissão no ANPP, especialmente por se omitir sobre a possibilidade ou não de sua utilização no processo penal em caso de descumprimento do acordo e, ainda, em outras esferas. Sugere-se que seja definida, de maneira clara, se a confissão pode ser usada no processo penal posterior, em

---

8 Nesse ponto, para uma análise da possibilidade de compatibilização do ANPP com a Justiça Restaurativa, buscando preservar a principiologia própria de cada instituto, cf. MENDONÇA, Andrey Borges de; CAMARGO, Fernão Pompêo de; RONCADA, Katia Herminia Martins Lazarano. Acordo de Não persecução penal e a Justiça Restaurativa: mais um passo no caminho da transformação social. In: ESMPU. *Direitos fundamentais em processo – Estudos em comemoração aos 20 anos da Escola Superior do Ministério Público da União*, Brasília: 2020, p. 65-93. Disponível em http://escola.mpu.mp.br/publicacoes/obras-avulsas/e-books-esmpu/direitos-fundamentais-em-processo-2013-estudos-em-comemoracao-aos-20-anos-da-escola-superior-do-ministerio-publico-da-uniao/4_acordo-de-nao-persecucao-penal.pdf.

caso de rescisão, e, ainda, que seja admitido o compartilhamento com outras esferas e instituições, embora seja possível deliberação diversa no bojo do ANPP, com base na autonomia da vontade;

2. Houve a inclusão da vedação do ANPP para determinados crimes. Para o crime de organização criminosa seria importante apontar claramente quais tipos penais previstos na Lei 12850 estão abrangidos pela vedação, em especial se o crime de obstrução à investigação de organização criminosa está ou não abrangido. Ademais, não é claro o que se entende "por crimes que afetem os interesses patrimoniais da Administração Pública", a recomendar que o projeto esclareça quais os crimes que se incluem na vedação e incluir crimes graves como o de corrupção. Seria recomendável, ainda, aclarar se a ressalva do art. 20 da Lei nº 10.522, de 19 de julho de 2002 se aplicaria mesmo para crimes não tributários (como peculato ou estelionato previdenciário, por exemplo). Nossa sugestão é que esse limite somente se aplique, até mesmo por coerência, aos crimes tributários;

3. O projeto demonstra, corretamente, maior preocupação com os interesses da vítima. Transforma em pressuposto do ANPP o compromisso do autor do fato em reparar o dano, ou seja, que seja firmado o termo de confissão de dívida. Nesse ponto, a dificuldade será definir o que ocorre se a vítima não for encontrada, não quiser negociar com o autor do fato, recusar a firmar o termo ou mesmo o que fazer caso o autor do fato e a vítima não cheguem a um acordo sobre o valor do dano. Será possível à vítima negar, potestativamente, ao autor do fato a possibilidade de assinar o ANPP, ao se recusar a aceitar o termo de confissão de dívida? E se o autor do fato e a vítima realmente não chegarem a um consenso sobre o valor do dano, por exemplo? Tais questões devem ser enfrentadas pelo projeto, para que seja assegurada a participação da vítima e a atenção aos seus interesses e, ao mesmo tempo, não se prejudique o autor do fato por mero capricho da vítima, nem se impeça o MP de propor o ANPP em situações em que seria cabível e recomendável. Alternativa interessante seria manter a participação direta da vítima na negociação e subsidiariamente – se não houver acordo entre o autor do fato e a vítima ou se este for inviável (a vítima não é encontrada por exemplo) - o MP pudesse negociar um valor mínimo a título de reparação do dano, que valeria como título executivo, mas não impediria a vítima de buscar, nas vias comuns, valor acima do acordado. Sugere-se que a parte final do §1º

passe a ser redigida da seguinte forma: "Em caso de infração penal que afete interesse transindividual, ou se for inviável o acordo entre o autor do fato e a vítima, o Ministério Público negociará o valor mínimo a título de reparação do dano ou outra forma para sua composição";

4. No tocante ao procedimento, conferiu-se expressamente ao autor do fato a iniciativa do ANPP. No entanto, a redação do dispositivo permite interpretação no sentido de que o MP estaria proibido de propor o ANPP de ofício, sem que houvesse iniciativa do autor do fato – interpretação claramente inconstitucional. Necessário que fique expresso no projeto a inciativa dúplice do ANPP, consentânea não apenas com o caráter consensual do instituto, mas com a titularidade constitucional da ação penal pública pelo MP;

5. O §7º do projeto é um dos dispositivos do projeto relativos ao ANPP que merece mais atenção, em razão das implicações que pode ter. É louvável ao colocar o Delegado de Polícia como estimulador do ANPP, em especial por ter contato com o autor do fato e seu defensor durante a investigação. Nessa qualidade, o Delegado de Polícia pode orientar a defesa sobre a possibilidade de consenso e até mesmo encaminhá-la ao MP, para que sejam iniciadas as tratativas do ANPP. No entanto, a forma como foi redigido o dispositivo traz diversas questões que exigem muita atenção, pois podem deturpar o instituto e invadir as atribuições constitucionais do MP. Assim, embora o Delegado possa ser um estimulador do ANPP, não pode: (i) invadir a discricionariedade do MP em analisar o preenchimento dos requisitos legais, em especial naqueles casos em que há uma margem valorativa; (ii) iniciar tratativas e muito menos negociar com o autor do fato ou com sua defesa; (iii) formular qualquer proposta concreta de ANPP; (iv) se valer do suposto interesse da defesa em firmar o ANPP como forma de sumarizar a investigação e antecipar seu encerramento;

6. Sobre o conteúdo do acordo, o §4º do art. 39 indica três tipos de condições já previstas atualmente. Excluiu-se a contraditória expressão "cumulativa e alternativamente" constante do art. 28-A, *caput*, do atual CPP, mas não se esclareceu a possibilidade de cumular as condições previstas. Recomenda-se que o projeto esclareça que as condições podem ser aplicadas "isolada ou cumulativamente";

7. No tocante ao procedimento de homologação do acordo e sua execução não houve alterações em relação ao regime atual. No entanto,

não se previu nenhum recurso no projeto em caso de não homologação do ANPP pelo juiz, equivalente ao atual art. 581, inc. XXV, do CPP, que dispõe que cabe recurso em sentido estrito da decisão "que recusar homologação à proposta de acordo de não persecução penal, previsto no art. 28-A desta Lei". Como não cabe apelação de tal decisão no regime no projeto, necessária a inclusão de tal possibilidade no artigo 535 do projeto, que trata das hipóteses de cabimento do agravo;

8. Em relação à rescisão do acordo, a única novidade fica por conta da parte final do §15, que prevê que a "rescisão não afeta o termo de confissão de dívida". No entanto, o projeto é omisso no tocante à renúncia aos bens que forem considerados instrumentos, produto e proveito do crime – outro pressuposto do ANPP, segundo o projeto. Na mesma linha do primeiro pressuposto, a rescisão do acordo também não deve afetar a renúncia a tais bens. Sugere-se, portanto, que a parte final do §15 seja redigida da seguinte forma: "A rescisão não afeta o termo de confissão de dívida e nem o termo de renúncia a bens e direitos indicados pelo Ministério Público como instrumentos, produto ou proveito do crime";

9. O §19 do art. 39 do projeto, nos termos do atual art. 28, §14º, garante ao autor do fato a possibilidade de requerer a remessa dos autos ao órgão superior do MP, para revisão da recusa indevida, por parte do membro do MP, em firmar o ANPP. No entanto, o projeto é muito sucinto sobre essa impugnação pelo autor do fato. Não esclarece qual é o prazo que a defesa pode fazer essa impugnação, se deve pedir isso diretamente ao órgão de revisão ou ao juiz do caso, se essa impugnação possui ou não efeito suspensivo e se o MP precisa intimar o investigado sobre a recusa em propor o acordo antes de oferecer a denúncia ou se pode notificá-lo apenas quando do oferecimento da denúncia. Esse procedimento de impugnação precisa ser mais bem disciplinado pelo legislador, para dar segurança aos operadores.

Estas são apenas algumas impressões iniciais em relação ao projeto, com o intuito de estimular o debate legislativo e acadêmico, buscar suprir algumas lacunas e propor soluções para melhorar este instituto, que cada dia vem se mostrando mais relevante para todos aqueles que atuam na persecução penal.

SEGUNDA PARTE – ACORDO DE NÃO PERSECUÇÃO CÍVEL

CAPÍTULO 1

ACORDO DE NÃO PERSECUÇÃO CIVIL

Wallace Paiva Martins Junior[1]

Sumário • 1. Consensualidade e resolutividade de conflitos – 2. A Lei n. 8.429/92 e o combate à improbidade administrativa – 3. A proibição da composição na repressão à improbidade administrativa – 4. A permissão da composição na repressão à improbidade administrativa – 5. Objeto – 6. Formalidades – 7. Parâmetros e proibições – 8. Cláusulas – 9. Momento – Referências.

1. CONSENSUALIDADE E RESOLUTIVIDADE DE CONFLITOS

Como já discorri em outro estudo[2], um dos mais agudos e sensíveis problemas da tutela jurisdicional de direitos difusos e coletivos (e por que não dizer, de quaisquer direitos) é a sua efetividade. A garantia de acesso à justiça para esses direitos da segunda onda renovatória do processo não se esgota em si mesma, não podendo ser avaliada apenas sob o aspecto formal. Há inúmeros fatores incidentes no sistema judiciário-processual brasileiro (morosidade, onerosidade etc.) que impedem ou retardam a realização concreta e eficiente dos resultados e colocam em risco essa importante conquista democrática. O estudo dos motivos dessa disfunção auxilia para o aprimoramento da legislação processual e desperta a necessidade de adoção de opções para resolução dos conflitos de interesse. Em outras palavras, a modernização do processo e de sua

[1] 25º Procurador de Justiça da Procuradoria de Justiça de Interesses Difusos e Coletivos e Subprocurador-Geral de Justiça Jurídico (MPSP), Bacharel em Direito, Mestre e Doutor em Direito do Estado (USP), Professor nos cursos de graduação (Direito Administrativo) e pós-graduação *stricto sensu* (Direito Ambiental) da Faculdade de Direito da Universidade Católica de Santos (Unisantos).

[2] "A consensualidade na tutela de interesses difusos e coletivos: do compromisso de ajustamento de conduta ao acordo de não persecução cível", *in Ação civil pública após 35 anos*. São Paulo: Revista dos Tribunais, 2020, pp. 167-181 (coordenação Édis Milaré).

liturgia não exclui a disponibilização *a latere* de outras vias com maior ou idêntico grau de resolutividade.

É sabido que é intenso o nível de conflitualidade provoca a sobrecarga da jurisdição para solução de litígios (exposta a um verdadeiro curto-circuito no acesso), e encontra entre suas variegadas origens o culto ao desrespeito da lei, algo que já foi diagnosticado, há muito tempo, por Sérgio Buarque de Hollanda ao gizar que "as constituições feitas para não serem cumpridas, as leis existentes para serem violadas, tudo em proveito dos indivíduos e oligarquias, são fenômeno recorrente em toda a história da América do Sul"[3].

As reformas legislativas das últimas décadas exibem a intensidade do desejo de mudanças operacionais no sentido da efetividade do processo e, ainda, de maiores níveis de isonomia e segurança jurídica. Além da molecularização processual pela via da ação coletiva e de outros instrumentos similares, da inscrição da celeridade e duração razoável do processo administrativo e judicial como regra na Constituição (art. 5º, LXXVIII, na redação da Emenda n. 45/04), das modificações procedimentais do processo judicial, e da expansão dos juizados especiais, da introdução de expedientes de jurisdição centralizada e verticalizada com eficácia qualificada (como súmula vinculante, julgamento de recursos repetitivos ou com repercussão geral, incidente de resolução de demandas repetitivas, incidente de assunção de competência), foram concebidas medidas para solução alternativa de conflitos, estimulando a composição extrajudicial em alinhamento à diretriz de desjudicialização, movimento que se articula por variegados institutos autocompositivos e heterocompositivos: referendo a acordo por organismos estatais essenciais à Justiça; arbitragem; mediação; conciliação; compromisso de ajustamento de conduta; resolução de conflitos entre particulares por órgãos ou entidades da Administração Pública; acordo de leniência; compromisso de cessação de prática; resolução administrativa por composição e compromisso de ajustamento de conduta; mediação coletiva; transação por adesão; transação penal; suspensão condicional do processo; colaboração premiada (Código de Processo Civil e Leis nˢ. 7.347/85, 9.099/95, 9.307/96, 12.529/11, 12.846/13, 12.850/13, 13.140/15). Essa tônica de

3 Sérgio Buarque de Holanda. *Raízes do Brasil*. São Paulo: Companhia das Letras. 26. ed. 2009. p. 182.

consensualidade foi reiterada na Lei n. 13.964, de 24 de dezembro de 2019, com os acordos de não persecução penal e civil, operacionalizados, respectivamente, pela introdução do art. 28-A no Código de Processo Penal e pela modificação do § 1º do art. 17 da Lei n. 8.429/92 e acréscimo do § 17-B pela Lei n. 14.230/21.

A consensualidade como pressuposto da resolutividade de conflitos de interesses não é apenas uma diretriz assumida no Código de Processo Civil (art. 3º, § 2º), mas, uma tendência de agilização, racionalização, resolutividade e efetividade que não exclui a jurisdição, atuando paralelamente. Não se trata de novidade no direito brasileiro. A inovação é a sua difusão a vários setores do ambiente jurídico nacional, e o grau de percolação precisa inclusive alcançar outras esferas, como o processo administrativo disciplinar.

No âmbito do Direito Administrativo, a consensualidade – também compreendida como um dos novos princípios jurídicos a balizar a administração pública[4] – é uma técnica de compartilhamento decisório, não somente para prevenção e solução de conflitos, senão para a atividade decisória em geral da Administração Pública. Constitui um método técnico de meios consensuais de gestão, afinado à noção de governança. Como expõe Maria Sylvia Zanella Di Pietro, "o consenso tem o mérito de reduzir o lado autoritário da administração pública, contribuindo para a sua democratização"[5]. Não se trata do abandono puro e simples das prerrogativas unilaterais e extroversas do regime jurídico público, pois, o consenso deve ser entendido "não como superação da competência de a AP emitir atos unilaterais cogentes para terceiros, mas como um aperfeiçoamento desta, que passa a ser manejada somente após diálogo com os potenciais destinatários de uma dada medida, atendendo-se, o quanto possível, às suas expectativas quanto ao exercício da autoridade pública"[6]. A doutrina brasileira contemporânea apreciando a

---

[4] Diogo de Figueiredo Moreira Neto. *Mutações do Direito Administrativo*, Rio de Janeiro: Renovar, 2000, pp. 17-28.

[5] Maria Sylvia Zanella Di Pietro. *Tratado de direito administrativo: teoria geral e princípios do direito administrativo*, São Paulo: Revista dos Tribunais, vol. I, 2014, p. 229 (coordenação Maria Sylvia Zanella Di Pietro).

[6] Alexandre Jorge Carneiro da Cunha Filho. *Governança pública: um ensaio sobre pressupostos e instrumentos de uma ação estatal juridicamente eficiente*, São Paulo: Quartier Latin, 2019, p. 189.

complexidade do fenômeno contratual da Administração, por exemplo, vislumbra no compromisso de ajustamento de conduta (assim como o compromisso de cessação de conduta) um módulo convencional substitutivo de decisão administrativa unilateral, pois, pelo instrumento resultante de acordo de vontades a Administração Pública "substitui sua decisão unilateral de não tomar certa medida visando à aplicação de sanção jurídica à outra parte"; ela "lança mão como alternativa a uma decisão unilateral – a cujo poder de edição, entretanto, não renuncia".[7]

O consenso é arrimado sobre a ideia de utilidade ao interesse público no exercício do poder sancionador estatal em razão da complexidade e multiplicação das infrações administrativas, das dificuldades e custos inerentes ao exercício da competência punitiva e fiscalizadora, e da necessidade de concretização de interesses públicos primários[8]. O Estado celebra composição para imposição de sanção mediante negociação; ele não abdica de seu poder sancionador.

Nas convenções sujeitas ao Direito Público, é assaz relevante timbrar como argumento basal a inexistência de desvalia ao princípio do interesse público nem ao seu predicado de indisponibilidade, senão uma releitura de sua compreensão fomentada por princípios como eficiência, razoabilidade, proporcionalidade, que oferecem outras perspectivas baseadas na consensualidade, e cujo fim é a efetividade. Persiste a indisponibilidade do interesse público, embora seja diferente o modo de seu exercício. Neste sentido, é conveniente destacar a adoção mais sistemática da consensualidade no âmbito das relações da Administração Pública pelas modificações havidas na Lei de Introdução às Normas do Direito Brasileiro pela Lei n. 13.655/18. Assim, por exemplo, o compromisso de ajustamento de conduta previsto no art. 26, emergindo como instrumento de solução negociada para eliminação de irregularidade, incerteza jurídica ou situação contenciosa na aplicação do Direito Público (inclusive nos casos de licenciamento). O art. 27, por sua vez, prevê compensação por benefícios indevidos ou prejuízos anormais, preventiva ou não, mediante compromisso processual. Também converge a compreensão da

---

7 Fernando Dias Menezes de Almeida. *Contrato administrativo*, São Paulo: Quartier Latin, 2012, pp. 297, 303-305.

8 Thiago Marrara. *Lei Anticorrupção comentada*, 3. ed., Belo Horizonte: Fórum, 2021, p. 194 (coordenação Maria Sylvia Zanella Di Pietro e Thiago Marrara).

indisponibilidade compatível com a transigibilidade dentro dos limites normativos, de modo que há direitos absolutamente indisponíveis assim como há direitos indisponíveis, porém, transigíveis. Em outras palavras, deve ser promovida a distinção entre a indisponibilidade de fim e de meio: aquele é absolutamente indeclinável e irrenunciável enquanto este comporta opção dentre as alternativas lícitas existentes, salvo quando a lei não fornece escolha[9].

Outra premissa de igual jaez é a voluntariedade, princípio que exclui qualquer método teórico ou prático de coerção à negociação. Nessa análise tampouco é possível obliterar a vinculação (positiva e negativa) da Administração ao ordenamento jurídico. Não há espaço para a consensualidade quando o sistema normativo impõe obrigações ao poder público que, pelo princípio do interesse público, ele não é dotado de disponibilidade de meios, bem como por haver resistência ou desinteresse do administrado à solução por essa via. Outras situações também têm a potencialidade de alijamento dessa opção como urgência, emergência, inadequação, desproporcionalidade etc. Em tais casos, a Administração Pública deverá recorrer às decisões unilaterais com as prerrogativas e restrições plasmadas nas normas jurídicas.

Envolvendo num dos polos do concerto atores que se guiam pelo interesse público, como as pessoas jurídicas de direito público (União, Estados, Distrito Federal, Municípios, autarquias, fundações públicas) e órgãos constitucionais autônomos (Ministério Público), a voluntariedade não é absoluta, e não tem o mesmo grau de intensidade que os particulares gozam sob os auspícios da autonomia da vontade. O conteúdo e o sentido do princípio da legalidade, a observância dos vetores da impessoalidade (em especial, a igualdade e a finalidade pública), a incidência da imparcialidade e da moralidade, entre outros, são hígidas limitações objetivas que introduzem parâmetros genéricos, aos quais é salutar a adição da eficiência, da razoabilidade, da proporcionalidade, da segurança, e, com maior ênfase, da própria compreensão do princípio de interesse público.

---

9 Recorre-se a ideia de formalismo moderado como consta, por exemplo, da Lei Geral do Processo Administrativo Federal ao estabelecer que "os atos do processo administrativo não dependem de forma determinada senão quando a lei expressamente a exigir" (art. 22, Lei n. 9.784/99).

Em linhas iniciais, é possível fincar a utilidade, a conveniência e a oportunidade do interesse público do módulo convencional como balizas para justificativa de sua opção. Ou seja, deve ser o meio de melhor alcançar o interesse público no caso concreto, operacionalizando o *dovere di buonna amministrazione*, transmissor da obrigação de adoção da melhor solução e não de qualquer uma, como pontua Guido Falzone[10]. A composição deve ser o meio eficiente para aplicação da justiça. Não pode ser mobilizada por capricho ou favor, nem impelida por ingenuidade, desídia ou desleixo, ou mero interesse financeiro ou estatístico. Deve ser uma alternativa escolhida conscientemente porque alcança o bem material cuja salvaguarda colima, sem menoscabo ou malbaratamento. A eficiência que ela alcança não deve ser um fim em si mesma, senão um meio. Bem por isso a oportuna advertência de Alexandre Alberto de Azevedo Magalhães Junior ressalta "a preservação do núcleo essencial do direito processual fundamental e, em especial, a intangibilidade do direito material tutelado"[11] nas convenções processuais referentes à tutela da probidade administrativa. Destarte, o móvel que deve inspirar a composição na repressão à improbidade administrativa não é outro senão a utilidade para o interesse público sob os prismas material (punição) e processual (celeridade).

Nesse sentido, interessante pesquisa de direito comparado se contém no estudo desenvolvido por Christiano Jorge Santos e Silvio Antonio Marques, enfocando o *plea bargaining* norte-americano e a *convention judiciaire d'intêret public* francesa e gizando que "os principais objetivos perseguidos pelos legisladores com a instituição de ajustes entre os órgãos de persecução e os responsáveis pelos atos ilícitos são a obtenção de provas, que em muitos casos é extremamente difícil sem a cooperação do acusado, e a rápida solução de processos, que poderiam durar anos sem a colaboração do agente delitivo. Portanto, com a flexibilização do princípio da obrigatoriedade da ação penal, o autor do ato ilícito é beneficiado pela redução das possíveis sanções penais, enquanto o Estado gasta menos recursos para obter um resultado útil"[12].

---

10 Guido Falzone. *Il dovere di buonna amministrazione*. Milano: Giuffrè, 1953, pp. 55-72.

11 Alexandre Alberto de Azevedo Magalhães Junior. *Convenção processual na tutela coletiva*, Salvador: Juspodivm, 2020, p. 276.

12 "Pacote Anticrime" (lei 13.964/2019) e acordo de não persecução cível na fase pré-processual: entre o dogmatismo e o pragmatismo, in *Revista de Processo*, vol. 303, 2020, pp. 291-314, maio/2020, Revista dos Tribunais, São Paulo.

Assim é que, de acordo com as inovações legais, ao lado do processo judicial, cujo objetivo é a imposição das sanções legais, desponta a possibilidade de aprimoramento na luta contra a improbidade a adoção de soluções negociadas, orientadas pela consensualidade e pelo interesse público.

2. A LEI N. 8.429/92 E O COMBATE À IMPROBIDADE ADMINISTRATIVA

A Lei n. 8.429/92 tutela a probidade administrativa, dando exequibilidade no patamar normativo infraconstitucional à regra do § 4º do art. 37 da Constituição de 1988, resultante do princípio da moralidade administrativa constante do *caput* desse dispositivo e que é descendente direto e predileto do princípio republicano.

Improbidade administrativa é grave violação do dever de probidade (no sentido de honestidade) que demonstra a inabilitação ética para o exercício de função pública ou para estabelecer relação com o poder público, substanciando-se pelo descumprimento de balizas como moralidade, boa-fé, honestidade, lealdade, fidelidade, vocação institucional. É o desvio da pauta ética da função estatal. Não se reduz a simples ilegalidades ou meras irregularidades. Demanda, ademais, a existência pronunciada do elemento anímico da conduta, consistente no dolo.

Com efeito, improbidade significa desonestidade no exercício de função pública (*lato sensu*)[13] e tem a ver com a grave violação dos deveres de boa administração e de ética funcional e do princípio da moralidade administrativa. Em outras palavras, ela consiste na violação do dever de

---

[13] A literatura especializada, sem embargo das contribuições de Hely Lopes Meirelles e José Afonso da Silva, oferece conceitos de probidade e de improbidade administrativa e sua relação com o princípio da moralidade, como se capta de vários estudos temáticos (Emerson Garcia e Rogério Pacheco Alves. *Improbidade Administrativa*, Rio de Janeiro: Lumen Juris, 2006, 3ª ed., pp. 46-49, n. 17; Sérgio Turra Sobrane. *Improbidade Administrativa: aspectos materiais, dimensão difusa e coisa julgada*, São Paulo: Atlas, 2010, pp. 24-28; Fábio Medina Osório. *Improbidade Administrativa*, Porto Alegre: Síntese, 1997, pp. 55-58; Silvio Antonio Marques. *Improbidade Administrativa: ação civil e cooperação jurídica internacional*, São Paulo: Saraiva, 2010, pp. 38-41; Marcelo Figueiredo. *O Controle da Moralidade na Constituição*, Malheiros: São Paulo, 2003, pp. 47-53; José Guilherme Giacomuzzi. *A moralidade administrativa e a boa-fé da Administração Pública: o conteúdo dogmático da moralidade administrativa*, São Paulo: Malheiros, 2002, pp. 285-288; Wallace Paiva Martins Junior. *Probidade Administrativa*, São Paulo: Saraiva, 2009, 4ª ed., pp. 101-120, ns. 21-23.

probidade e que, segundo Juarez Freitas, é "aquele que veda a violação de qualquer um dos princípios, independentemente da caracterização de dano material, desde que tal violação se mostre causadora concomitante de um dano mensurável, num certo horizonte histórico, à moralidade administrativa"[14]. Improbidade não se reduz a corrupção malgrado sua indevida (e vulgar) assimilação – em verdade, esta é figura de uma das espécies daquela (o enriquecimento ilícito no exercício de função pública)[15], como esclarece a Lei n. 8.429/92. Neste sentido, decisão do Supremo Tribunal Federal giza que "atos de improbidade administrativa são aqueles que, possuindo natureza civil e devidamente tipificados em lei federal, ferem direta ou indiretamente os princípios constitucionais e legais da administração pública, independentemente de importarem enriquecimento ilícito ou de causarem prejuízo material ao erário; podendo ser praticados tanto por servidores públicos (improbidade própria), quanto por particular – pessoa física ou jurídica – que induzir, concorrer ou se beneficiar do ato (improbidade imprópria)"[16].

Por sua importância à vitalidade dos valores éticos e republicanos, elementares ao adequado e reto exercício de função pública *lato sensu*, que repugna seu uso para amealhar vantagens indevidas ou distribui-las, ou para perseguições e favorecimentos, o combate à improbidade deve ser orgânico, sistemático e eficiente. É uma política pública permanente e não uma bandeira partidária. Os mecanismos para preservação da moralidade nas relações do poder público, tão comprometidas pelo vício do patrimonialismo, devem ser os mais profícuos e efetivos, constitucional e juridicamente adequados, para que os resultados sejam satisfatórios no prélio contra a cultura da improbidade, tradicionalmente arraigada na estrutura das relações de poder. Não é ocioso resgatar o diagnóstico longevo da vocação de expropriação particular de recursos públicos[17].

---

14 Juarez Freitas. "Do Princípio da Probidade Administrativa e sua máxima efetivação" *in Revista de Direito Administrativo, nº 204*, p. 71.

15 Tecnicamente corrupção é crime (art. 317, Código Penal) e sua descrição normativa assimila-se a uma das figuras da espécie de enriquecimento ilícito do gênero atos de improbidade administrativa (art. 9º, I e X, Lei n. 8.429/92).

16 STF, AO 1.833-AC, 1ª Turma, Rel. Min. Alexandre de Moraes, 10-04-2018, DJe 08-05-2018.

17 "Deste modo se hão os povoadores, os quais, por mais arraigados que na terra estejam e mais ricos que sejam, tudo pretendem levar a Portugal (...) E isto não têm só os que de lá vieram, mas ainda os que cá nasceram, que uns e outros usam da terra, não como senhores, mas como usufrutuários, só para a desfrutarem e a deixarem destruída. Don-

A origem da improbidade administrativa se radica no patrimonialismo – a confusão entre as esferas dos espaços público e privado. No Brasil, ele tem origens atávicas na colonização lusitana: a formação cultural da nação brasileira é fortemente influenciada pelo domínio doméstico e, como observou Sérgio Buarque de Holanda, "não era fácil aos detentores das posições públicas de responsabilidade, formados por tal ambiente, compreenderem a distinção fundamental entre os domínios do privado e do público"[18]. Esse caldo de cultura se enreda por diversos mecanismos de apropriação de vantagens públicas nas ligações perigosas entre os setores público e privado: o *mercado del favor legal*[19], a criação de dificuldades para venda de facilidades, a tendência congênita ao desvio de poder e ao amesquinhamento da ética e da boa-fé, a falta ou o menor grau de transparência agregada à atuação oculta do *lobby*, a facilitação do *blanchiment de l´argent sale*, as deficiências do sistema político-partidário com a captação de *fondi neri* para financiamento de campanhas eleitorais, a pluralização excessiva de cargos comissionados (sujeitos, em geral, ao aparelhamento ou se prestando à moeda de troca nas coalizões partidárias de ocasião), o nepotismo, a burocratização, a excessiva intervenção estatal, o clientelismo, o apadrinhamento, a percepção da posição pública como fonte de riqueza, a compreensão da *res publicae* como *res nullius* etc. O patrimonialismo deturpa o poder como fonte de favorecimento (pessoal ou alheio).

Impera no Brasil uma verdadeira cultura da improbidade, difundida capilarmente no tecido social como uma epidemia. Ela é marcada pela "Lei de Gerson" ("o importante é levar vantagem em tudo"), é conhecida por aforismos ("rouba, mas faz") e integra o cancioneiro popular ("são 300 picaretas com anel de doutor"; "dormia a nossa Pátria-mãe tão distraída sem perceber que essa subtraída em tenebrosas transações"). Residente no estabelecimento de ligações perigosas entre o mau uso do poder por agentes públicos e os interesses particulares escusos, por ela se arquiteta o exercício da função pública como fonte de criação ou distribuição

de nasce também que nem um homem nesta terra é repúblico, nem zela ou trata do bem comum, senão cada um do bem particular" (Frei Vicente do Salvador. *História do Brasil*, 1627).

18 Sérgio Buarque de Holanda. *Raízes do Brasil*, São Paulo: Companhia das Letras, 26ª ed., 2009, pp. 145-146.

19 Alfonso Sabán Godoy. *El marco jurídico de la corrupción*, Madrid: Civitas S.A., p. 25.

de renda, favores e mercês. Atuando no atacado e no varejo das relações públicas, ela instaura um mecanismo paralelo à estrutura estatal formal que é derruída por singelos esquemas ou sofisticadas organizações arquitetadas para abusar do poder, locupletar-se ilicitamente e saquear o erário. Um dos fatores que fomenta a cultura da improbidade administrativa é a difusão generalizada da má-fé (bilateral) nas relações públicas, não obstante a tutela preventiva e repressiva aos comportamentos ilícitos, as potencialidades decorrentes de maior grau de transparência e controlabilidade, e a (progressiva) independência dos órgãos controladores. Neste contexto, é indispensável gizar a necessidade de incidência bilateral do princípio da boa-fé nas relações entre Administração e administrados, como o fez a Lei do Processo Administrativo Federal (Lei n. 9.784/99): se é exigido aos agentes públicos e à Administração Pública atuação segundo padrões éticos de probidade, decoro e boa-fé (art. 2º, IV), esse diploma legal enuncia, em fórmula ampla, que é dever do administrado perante a Administração Pública proceder com lealdade e boa-fé (art. 4º, II), o que neutraliza qualquer intenção de contenção do dever de boa-fé ao domínio do comportamento da Administração Pública e seus agentes, como se possível afirmar que em relações bilaterais uma parte estaria dele exonerada. Embora a boa-fé seja presumível como máxima da experiência ordinária e princípio geral, e constitua conceito normativo indeterminado, ela não admite nem comporta meio-termo: ou há boa-fé ou há má-fé. Decerto aquele que é movido pela denominada “Lei de Gerson” boa-fé não tem.

Em linhas gerais, e sem prejuízo das esferas de responsabilidade administrativa, eleitoral, penal e política-administrativa, esse diploma legal reprime, na jurisdição civil, atos de improbidade administrativa classificados como enriquecimento ilícito na função pública, prejuízo ao erário ou atentado aos princípios da Administração Pública, e aos quais foram adicionados os atos decorrentes de concessão ou aplicação indevida de benefício financeiro ou tributário, com sanções pecuniárias (multa civil), restritivas de direitos (suspensão temporária de direitos políticos e proibição transitória de contratação pública ou de fomento público) e extintivas de relações jurídicas (perda de bens e da função pública) além do ressarcimento do dano. Suas sanções se aplicam tanto aos agentes públicos que, por ação ou omissão, dolosa ou excepcionalmente culposa, praticam improbidade quanto a outros, estranhos aos quadros ou as funções da Administração, na condição de partícipes ou beneficiários diretos ou indiretos.

3. A PROIBIÇÃO DA COMPOSIÇÃO NA REPRESSÃO À IMPROBIDADE ADMINISTRATIVA

Antes de discorrer sobre o atual ambiente jurídico-normativo, compete dissertar sobre a etapa antecedente, em que o § 1º do art. 17 da Lei da Improbidade Administrativa em sua redação originária expressamente vedava transação, acordo ou conciliação.

Essa fórmula normativa foi criticada por inviabilizar os graus de efetividade e eficiência do combate à improbidade, de tal maneira que "seria lícito até oferecer alguns mecanismos mais adequados e modernos, como a barganha ou a transação, com isenção ou redução das reprimendas para aquele que, espontaneamente, confessa e delata os partícipes da improbidade administrativa. (...) é forçoso reconhecer que, *de lege ferenda*, fosse útil e mais eficiente à repressão da improbidade administrativa a dotação de institutos que, mitigando o princípio da indisponibilidade, favorecerem autores, beneficiários, cúmplices, ou partícipes de atos de improbidade administrativa que espontaneamente denunciassem o fato, seus autores, e beneficiários, possibilitando, assim, com a delação premiada a redução de sanções, ou mesmo instituindo uma válvula para inacumulabilidade, nestas hipóteses"[20].

Não obstante, e isso é importante obtemperar, não havia, então, empecilho à celebração de composição se descartada a ocorrência de improbidade administrativa e fosse conveniente sua tomada para eliminação ou correção de mera irregularidade ou ilegalidade ou ressarcimento de danos, ou, ainda, se prescritas as sanções da Lei n. 8.429/92 e fosse útil para a recomposição de prejuízo.

Em 18 de dezembro de 2015 veio a lume a Medida Provisória n. 703 revogando no inciso I de seu art. 2º o § 1º do art. 17 da Lei n. 8.429/92, abolindo a proibição de transação, acordo ou conciliação na ação civil pública que objetive a repressão de atos de improbidade administrativa. A constitucionalidade da medida provisória era, no mínimo,

[20] Wallace Paiva Martins Junior. *Probidade administrativa*, São Paulo: Saraiva, 2001, ns. 51 e 68, pp. 265, 312-313.

controversa, por conter normas processuais, à luz da vedação do art. 62, § 1º, I, *b*, da Constituição de 1988 na redação dada pela Emenda n. 32/01. Referida medida provisória teve seu prazo de vigência encerrado em 29 de maio de 2016, conforme Ato Declaratório do Presidente da Mesa do Congresso Nacional n. 27, de 30 de maio de 2016, o que repristinou a norma proibitiva revogada.

Posteriormente, o Conselho Nacional do Ministério Público editou em 26 de julho de 2017 a Resolução n. 179 que no § 2º de seu art. 1º admitiu "o compromisso de ajustamento de conduta nas hipóteses configuradoras de improbidade administrativa, sem prejuízo do ressarcimento ao erário e da aplicação de uma ou algumas das sanções previstas em lei, de acordo com a conduta ou o ato praticado". Esse ato normativo também padecia de fundada dúvida sobre sua constitucionalidade, pois, a resolução permitia aquilo que a Lei n. 8.429/92 explicitamente proibia no § 1º de seu art. 17. Nesse sentido, o Superior Tribunal de Justiça havia negado validade a acordo por força da vedação legal[21], e, posteriormente, reafirmou essa orientação ao rechaçar a invocação da compensação prevista na Lei de Introdução às Normas do Direito Brasileiro acrescida pela Lei n. 13.655/18[22].

---

21 STJ, REsp 1217554/SP, 2ª Turma, Rel. Min. Eliana Calmon, 15-08-2013, DJe 22-08-2013.

22 "1. Prevalece em nosso sistema jurídico o princípio da especialidade, segundo o qual, diante de um eventual conflito aparente entre normas, a lei especial deverá prevalecer em relação à norma geral. Precedentes: AgRg no REsp 1.359.182/RJ, Rel. Ministro HUMBERTO MARTINS, SEGUNDA TURMA, DJe 10/06/2013; AgRg no Ag 1.327.071/SP, Rel. Ministro BENEDITO GONÇALVES, PRIMEIRA TURMA, DJe 08/04/2011.
2. Conforme Ato Declaratório do Presidente da Mesa do Congresso Nacional nº 27, de 30/05/2016, publicado no DOU de 31/05/2016, a MP 703, de 18/12/2015, publicada no DOU de 21/12/2015, teve seu prazo de vigência encerrado no dia 29/05/2016, o que importou no restabelecimento da vigência do art. 17, § 1º, da Lei 8.429/1992, que veda a transação, acordo ou conciliação nas ações de improbidade administrativa.
3. É inviável o acolhimento do pedido de suspensão do processo, a fim de que sejam buscados os meios de compensação da conduta ímproba praticada, à luz da Lei 13.655/2018, uma vez que deve prevalecer a regra especial contida no art. 17, § 1º, da Lei 8.429/1992.
4. Na forma da jurisprudência do STJ, "tratando-se de ação de improbidade administrativa, cujo interesse público tutelado é de natureza indisponível, o acordo entre a municipalidade (autor) e os particulares (réus) não tem o condão de conduzir à extinção do feito, porque aplicável as disposições da Lei 8.429/1992, normal especial que veda expressamente a possibilidade de transação, acordo ou conciliação nos processos que tramitam sob a sua égide (art. 17, § 1º, da LIA)» (REsp 1.217.554/SP, Rel. Ministra ELIANA CALMON, SEGUNDA TURMA, DJe 22/08/2013)" (STJ, AgInt no REsp 1654462/MT, 1ª Turma, Rel. Min. Sérgio Kukina, 07-06-2018, DJe 14-06-2018).

4. A PERMISSÃO DA COMPOSIÇÃO NA REPRESSÃO À IMPROBIDADE ADMINISTRATIVA

Em 24 de dezembro de 2019 foi editada a Lei n. 13.964 cujo art. 6º (a) modificou o § 1º do art. 17 da Lei da Improbidade Administrativa e (b) acrescentou o § 10-A ao mencionado art. 17. O art. 17-A que disciplinava o acordo por aquelas regras instituído foi vetado[23]. O § 1º do art. 17 da Lei n. 8.429/92 na redação dada pelo art. 6º da Lei n. 13.964/19 enuncia que "as ações de que trata este artigo admitem a celebração de acordo de não persecução cível, nos termos desta Lei", e o § 10-A acrescentado a esse art. 17 preceitua que "havendo a possibilidade de solução consensual, poderão as partes requerer ao juiz a interrupção do prazo para a contestação, por prazo não superior a 90 (noventa) dias".

Seguiu-se em 25 de outubro de 2021 a edição da Lei n. 14.230 que alterou substancialmente a Lei n. 8.429/92. No particular, além de revogar o § 1º do art. 17 adicionou ao texto o art. 17-B[24], com nova disciplina do acordo de não persecução civil. Em comparação ao art. 17-A da Lei

---

23 "Art. 17-A. O Ministério Público poderá, conforme as circunstâncias do caso concreto, celebrar acordo de não persecução cível, desde que, ao menos, advenham os seguintes resultados:
I - o integral ressarcimento do dano;
II - a reversão, à pessoa jurídica lesada, da vantagem indevida obtida, ainda que oriunda de agentes privados;
III - o pagamento de multa de até 20% (vinte por cento) do valor do dano ou da vantagem auferida, atendendo a situação econômica do agente.
§ 1º Em qualquer caso, a celebração do acordo levará em conta a personalidade do agente, a natureza, as circunstâncias, a gravidade e a repercussão social do ato de improbidade, bem como as vantagens, para o interesse público, na rápida solução do caso.
§ 2º O acordo também poderá ser celebrado no curso de ação de improbidade.
§ 3º As negociações para a celebração do acordo ocorrerão entre o Ministério Público e o investigado ou demandado e o seu defensor.
§ 4º O acordo celebrado pelo órgão do Ministério Público com atribuição, no plano judicial ou extrajudicial, deve ser objeto de aprovação, no prazo de até 60 (sessenta) dias, pelo órgão competente para apreciar as promoções de arquivamento do inquérito civil.
§ 5º Cumprido o disposto no § 4º deste artigo, o acordo será encaminhado ao juízo competente para fins de homologação."

24 Art. 17-B. O Ministério Público poderá, conforme as circunstâncias do caso concreto, celebrar acordo de não persecução civil, desde que dele advenham, ao menos, os seguintes resultados:
I - o integral ressarcimento do dano;
II - a reversão à pessoa jurídica lesada da vantagem indevida obtida, ainda que oriunda de agentes privados.

n. 8.429/92 introduzido pela Lei n. 13.964/19, o art. 17-B inserido pela Lei n. 14.230/21 supre a carência fornece alguns parâmetros e requisitos para a composição, porém, não articula suas finalidades ou cláusulas essenciais e obrigatórias, o que demandará esforços para construção de normas no Ministério Público visando à disciplina uniforme, previsível, objetiva, impessoal e transparente, que atenda segurança jurídica, legalidade, interesse público, e isonomia.

Houve remoção do obstáculo à composição na repressão dos atos de improbidade administrativa. Sua forma é o acordo de não persecução civil. Assim, em face de ato de improbidade administrativa assiste ao legitimado ativo a opção entre promover a ação civil ou celebrar o acordo. Da comparação entre o compromisso de ajustamento de conduta e o acordo de não persecução civil são detectadas as diferenças entre

---

§ 1º A celebração do acordo a que se refere o *caput* deste artigo dependerá, cumulativamente:

I - da oitiva do ente federativo lesado, em momento anterior ou posterior à propositura da ação;

II - de aprovação, no prazo de até 60 (sessenta) dias, pelo órgão do Ministério Público competente para apreciar as promoções de arquivamento de inquéritos civis, se anterior ao ajuizamento da ação;

III - de homologação judicial, independentemente de o acordo ocorrer antes ou depois do ajuizamento da ação de improbidade administrativa.

§ 2º Em qualquer caso, a celebração do acordo a que se refere o *caput* deste artigo considerará a personalidade do agente, a natureza, as circunstâncias, a gravidade e a repercussão social do ato de improbidade, bem como as vantagens, para o interesse público, da rápida solução do caso.

§ 3º Para fins de apuração do valor do dano a ser ressarcido, deverá ser realizada a oitiva do Tribunal de Contas competente, que se manifestará, com indicação dos parâmetros utilizados, no prazo de 90 (noventa) dias.

§ 4º O acordo a que se refere o caput deste artigo poderá ser celebrado no curso da investigação de apuração do ilícito, no curso da ação de improbidade ou no momento da execução da sentença condenatória.

§ 5º As negociações para a celebração do acordo a que se refere o *caput* deste artigo ocorrerão entre o Ministério Público, de um lado, e, de outro, o investigado ou demandado e o seu defensor.

§ 6º O acordo a que se refere o caput deste artigo poderá contemplar a adoção de mecanismos e procedimentos internos de integridade, de auditoria e de incentivo à denúncia de irregularidades e a aplicação efetiva de códigos de ética e de conduta no âmbito da pessoa jurídica, se for o caso, bem como de outras medidas em favor do interesse público e de boas práticas administrativas.

§ 7º Em caso de descumprimento do acordo a que se refere o *caput* deste artigo, o investigado ou o demandado ficará impedido de celebrar novo acordo pelo prazo de 5 (cinco) anos, contado do conhecimento pelo Ministério Público do efetivo descumprimento.

esses institutos de solução negociada, inspirados na consensualidade: (a) há uma maior margem de liberdade de negociação no acordo de não persecução civil, pois, sobre ele não incide a finalidade ontológica do compromisso de ajustamento de conduta e o consequente limite à indisponibilidade da obrigação principal; (b) como a Lei da Improbidade Administrativa admite a imposição isolada, alternativa ou cumulativa de suas sanções, no acordo de não persecução civil há efetiva transação guiada pela opção pragmática de resultado, considerando vetores como eficiência, economicidade, proporcionalidade, celeridade; (c) o objeto do compromisso de ajustamento amplo é mais amplo, abrangendo todos os interesses supraindividuais, enquanto o do acordo de não persecução civil é restrito à repressão da improbidade administrativa. O confronto entre o § 2º do art. 1º da Resolução n. 179, do Conselho Nacional do Ministério Público, e o art. 17 da Lei n. 8.429/92 na redação dada pelas Leis n. 13.964/19 e n. 14.230/21, conduz à conclusão que a denominação compromisso de ajustamento de conduta por aquela empregada não prevalece em face da legislação superveniente, erradicando a inadequada apropriação do instituto para o ajuste por ela autorizado.

O acordo de não persecução civil não é uma alternativa simplista ou arbitrária, necessitando sua tomada de efetivo e concreto alcance do interesse público. E só consulta o interesse público se motivado pelo escopo da utilidade. Ponto de partida é a confissão, a admissão de culpa *lato sensu* e responsabilidade pela prática de ato de improbidade, sujeitando-se às sanções estipuladas. É seu requisito basilar. Para além, o instituto é proveitoso em face da necessidade de coleta de provas do ilícito e suas consequências, visando à efetiva responsabilização de quem tenha praticado atos ímprobos, e em contrapartida oferecendo prêmio a quem tenha colaborado consistente na exclusão de algumas das sanções legais. É assaz relevante gizar que nos casos em que haja coautoria ou participação ou benefício ilícito é inexorável a colaboração processual.

A mera assunção de culpa omitindo esquemas complexos e sofisticados de corrupção (em sentido vulgar) com amplas redes integradas por variegados agentes dos setores público e privado em diversas atuações, não deve animar a celebração do ajuste, sob pena de traição à eficiência que se busca na repressão à improbidade. Daí a existência de duas espécies (ou modalidades) de acordo: (a) de mera reprimenda e (b) de colaboração (este, pressupondo a reprimenda).

O pressuposto da composição é a sua vantajosidade objetivamente constatada. O acordo deve se apresentar como o meio mais proveitoso ao interesse público que o ajuizamento da ação civil de responsabilidade por ato de improbidade administrativa ou seu prosseguimento, sopesando, entre outros fatores, a possibilidade de duração razoável do processo, a efetividade das sanções aplicáveis e a maior abrangência de responsabilização de agentes públicos, de terceiros envolvidos no ilícito ou que dele tenham auferido vantagem indevida de qualquer natureza. A responsabilidade pela composição é severa, pois, a sua possibilidade desloca o juízo de proporcionalidade de reação ao ilícito do juiz para o legitimado ativo da ação civil.

Não custa admoestar que o princípio da proporcionalidade se arquiteta tanto na vertente negativa pela proibição do excesso, quanto na positiva pela proibição da insuficiência ou da falta. Não se trata de mitigação da indisponibilidade do direito, mas, de conformação de sua aplicação prática com as peculiaridades do caso concreto para uma solução justa e negociada. O órgão acusador ou controlador não poderá se mover por capricho nem por desídia e tampouco ingenuidade senão por um prognóstico na hipótese em cena balizada pela perspectiva punitiva oferecida pela legislação e pela potencialidade de resultados à luz do tratamento jurisdicional aplicado (ou aplicável) e, sobretudo, da realidade e da eficácia de uma política adequada de responsabilização por atos de improbidade administrativa. O seu móvel é o interesse público primário (tutela da probidade) e não o interesse público secundário (aquisição de receitas, cumprimento quantitativo de metas).

Qualquer composição não poderá se distanciar de sua utilidade para o interesse público, devendo considerar relevantes aspectos como natureza, gravidade e efeitos da infração, antecedentes e grau de responsabilidade e de reprovação da conduta e do agente, conquanto as respectivas sanções sejam cumulativas ou não. A composição é útil para viabilizar a punição célere do culpado e, se o caso, obrigatoriamente desvendar as ligações perigosas nas tenebrosas transações entre agentes dos setores público e privado – que, geralmente, ficava à mercê de alguém com elevado espírito cívico ou de um *pentito*, ainda que fossem partícipes, beneficiários, coautores, ou parentes, amigos, subordinados etc. Ela aprimora a luta contra a corrupção e o patrimonialismo, o malbaratamento do erário, os desmandos, e é um expediente sancionador e punitivo.

A natureza jurídica do acordo de não persecução civil é de convenção. Incide sobre o ato de improbidade e sua responsabilização, de tal sorte que o ajuste deve conter obrigatoriamente além da descrição do fato, com todos seus elementos e circunstâncias, e sua subsunção à espécie de ato de improbidade legalmente estabelecida, as sanções entabuladas, o modo, o tempo, o lugar e os efeitos do cumprimento das obrigações assumidas, as causas de inexecução e suas consequências, e, inclusive, quando for determinante, colaboração processual. Por isso, o acordo pode ser híbrido, contendo convenções processuais.

À composição é defeso alterar a tipificação legal do ato ímprobo ou descartar completa e total as sanções legais, sob pena de objeto ilícito e imoral. Suas cláusulas devem claras e precisas, estatuindo deveres exequíveis. A flexibilização da perspectiva de reprimenda ao ato ímprobo deve sopesar, de um lado, o que ganha o interesse público com o acordo, e de outro, o que é razoável para a parte adversa como punição.

O acordo de não persecução não é direito subjetivo do investigado ou réu. Constitui prerrogativa do *Parquet*, competente para investigação e ajuizamento da respectiva demanda, a ser exercida, de maneira responsável com base em elementos de convicção coligidos em apuração prévia, balizada pelos princípios de eficiência, proporcionalidade, impessoalidade, imparcialidade. Reflete o exercício de discricionariedade para a escolha de alternativa que, no caso concreto, for a melhor para o interesse público específico. Reunidos os dados necessários, o Ministério Público detém a opção entre promover arquivamento da investigação, ajuizar ação civil pública ou celebrar acordo de não persecução cível. O art. 17-B é eloquente a respeito: se refere à possibilidade de celebração conforme as circunstâncias do caso concreto, sem se que possa compactuar com recusa imotivada ou arbitrária.

À vista da natureza facultativa do ajuste, é adequado, a bem da impessoalidade, da transparência, da isonomia e da segurança jurídica, que o Ministério Público e inclusive o respectivo Conselho Nacional estabeleçam regras de conteúdo e de fluxo do processo de autocomposição. Um dos pontos que merece reflexão é a recusa de composição pelo *Parquet*. Analogia com o acordo de não persecução penal é controversa, porque potenciais reduções ao princípio da independência funcional dependem de expressa previsão legal, dado que compete ao membro da instituição responsável pelo caso avaliar a conveniência do ajuste, não obstante se possa conceber a ideia de recurso administrativo ao órgão revisor do inquérito civil, a exemplo da Súmula 696 do Supremo Tribunal Federal, o que garante a independência do órgão e o controle.

A competência para a celebração do acordo de não persecução civil, de acordo com o texto legal, é originalmente exclusiva do Ministério Público, o qual detém também a legitimidade ativa para o ajuizamento da ação civil, conforme as inovações trazidas pela Lei n. 14.230/21. Contudo, nas Ações Diretas de Inconstitucionalidade (ADIs) 7.042 e 7.043, o Supremo Tribunal Federal (STF), por maioria, julgou parcialmente procedentes os pedidos formulados, declarando a inconstitucionalidade parcial, sem redução de texto, do *caput* e dos §§ 6º-A e 10-C do art. 17, bem como do *caput* e dos §§ 5º e 7º do art. 17-B, da Lei 8.429/1992, conforme redação da Lei 14.230/2021. Dessa forma, o STF restabeleceu a possibilidade de legitimidade ativa concorrente e disjuntiva entre o Ministério Público e as pessoas jurídicas interessadas para a propositura de ações por ato de improbidade administrativa, bem como para a celebração de acordos de não persecução civil (DJE 05.09.2022). De qualquer modo, o § 5º do art. 17-B declara a importante participação do defensor do investigado ou réu da ação para as negociações visando à celebração do acordo, retomando a linha do § 3º do art. 17-A acrescido pelo Pacote Anticrime que havia sido então vetado. Daquele dispositivo resulta, ainda, que a negociação é ato que envolve privativamente o Ministério Público, de um lado, e, de outro, o investigado ou demandado e o seu defensor, não se admitindo intervenção alheia, nem do juiz ou tribunal.

5. OBJETO

Aquilo que a lei denomina resultados não é finalidade (ela é a responsabilização ou punição), senão objeto (ou conteúdo) e que, no mínimo, são (a) o integral ressarcimento do dano e (b) a reversão à pessoa jurídica lesada da vantagem indevida obtida, ainda que oriunda de agentes privados, constantes dos incisos I e II do art. 17-B. Não são cumulativos porque podem se referir a distintas espécies de improbidade administrativa em que haja prejuízo ao erário somado ou não a enriquecimento ilícito de agente público. Constituem o mínimo para que um acordo possa ser aprovado e homologado, aos quais podem se adicionar as demais sanções previstas no art. 12 da Lei da Improbidade Administrativa e outras obrigações que tornem útil e eficaz a tutela do interesse em cena.

O ressarcimento do dano e o perdimento de bens e valores acrescidos ilicitamente ao patrimônio não poderão ser objeto de composição sobre seu montante, apenas sobre a forma, prazo e modo de cumprimento da obrigação, admitido, no caso daquele, parcelamento, e deste, conversão em perdas e danos em se tratando de bens fungíveis ou consumíveis. Com relação às outras sanções da Lei n. 8.429/92, o acordo poderá aplicar uma ou mais das que estejam previstas nesse diploma legal para a espécie de improbidade administrativa correspondente, podendo, destarte, haver exclusão de uma ou mais ou redução de prazos e valores das que são variáveis (multa civil, proibição de contratação com o poder público ou de recebimento de fomento público, suspensão de direitos políticos).

A lei é inadequada ao fixar como conteúdo mínimo do acordo de não persecução civil o integral ressarcimento do dano e a reversão à pessoa jurídica lesada da vantagem indevida obtida. Melhor era a vetada cabeça do art. 17-A incluído pelo Pacote Anticrime que estabelecia no mínimo além do integral ressarcimento do dano e a reversão ao ente lesado da vantagem indevida haurida o pagamento de multa sobre o valor do dano ou da vantagem auferida, atendendo a situação econômica do agente. Antes da edição da Lei n. 14.230/21, foi ponderado que um dos pontos sensíveis é a impossibilidade do acordo se resumir ao ressarcimento do dano. Ressarcimento do dano não é sanção, senão consequência do ilícito e nele não pode se esgotar o acordo e cujo objeto se radica nas sanções legais. Havendo danos ao erário, o acordo deve obrigatoriamente estabelecer o seu ressarcimento agregado a uma ou mais sanções do art. 12 da Lei da Improbidade Administrativa, como é a tônica da jurisprudência[25], observando que a métrica desse diploma legal oferece algumas sanções que são variáveis no tempo ou de acordo com o valor. Logo, é inadmissível que a composição celebrada tenha como exclusivo objeto a reparação do dano, sob pena de, na prática, descartar-se simplesmente a ocorrência

[25] O Superior Tribunal de Justiça considera "que, caracterizado o prejuízo ao erário, o ressarcimento não pode ser considerado propriamente uma sanção, mas apenas consequência imediata e necessária de reparação do ato ímprobo, razão pela qual não pode figurar isoladamente como penalidade" (STJ, REsp 1.376.481-RN, 2ª Turma, Rel. Min. Mauro Campbell Marques, 15-10-2015, v.u., DJe 22-10-2015).

de ato de improbidade administrativa. Porém, sendo caracterizado, e havendo dano ao patrimônio público, o acordo além de prever a reparação do dano deve estabelecer uma ou mais sanções da Lei n. 8.429/92. Idêntica conclusão se esparge à perda (ou perdimento) de bens. Adquiridos de maneira ilícita, a perda de bens não pode ser excluída do acordo e não elimina o estabelecimento de uma ou das demais sanções legalmente previstas, sob pena de premiar-se o enriquecimento sem justa causa. Fiel a essa convicção, reafirma-se que o acordo de não persecução civil é insuficiente se tiver como resultado mínimo e exclusivo o ressarcimento do dano ou a perda de bens, sob pena de banalização indevida da repressão à improbidade e disseminação da acre sensação de impunidade.

De qualquer maneira, a composição deve se orientar por um juízo de proporcionalidade e razoabilidade, sopesando o tratamento do assunto na jurisprudência ao qual se aplica a margem de negociação da repressão à improbidade, e iluminado pelos próprios parâmetros de aplicação das sanções previstas nos art. 12 e 17-C, IV, da Lei da Improbidade Administrativa (inclusive aproveitando-se o § 2º do art. 1º da Resolução n. 179), e na conformidade de suas balizas somadas aos do § 2º do art. 22 da Lei de Introdução às Normas do Direito Brasileiro. A perspectiva de composição deve levar em conta precedentes da aplicação da Lei n. 8.429/92 e de suas sanções. Como já discorrido, o acordo tem como pressupostos nucleares a assunção de culpa e a efetiva colaboração (premiada) do interessado para identificação de cúmplices e beneficiários, se houver, localização de ativos etc. sendo de rigor para sua tomada o alcance de utilidade ou vantajosidade para o interesse público, apropriando parâmetros do acordo de leniência previsto no art. 16 da Lei n. 12. 846/13 (legislação similar de responsabilização por atos lesivos ao patrimônio público), como as finalidades de identificação dos demais envolvidos na infração e de obtenção célere de informações e documentos para comprovação do ilícito sob apuração, e os requisitos de seus §§ 1º e 3º a 9º.

6. FORMALIDADES

O § 1º do art. 17-B exige cumulativamente (a) a oitiva do ente federativo lesado, em momento anterior ou posterior à propositura da ação (inciso I), (b) a aprovação, no prazo de até 60 (sessenta) dias, pelo órgão do Ministério Público competente para apreciar as promoções de arquivamento de inquéritos civis, se anterior ao ajuizamento da ação (inciso II), e (c) a homologação judicial, independentemente de o acordo ocorrer antes ou depois do ajuizamento da ação de improbidade administrativa.

A lei instituiu duplo controle sobre a composição no caso de sua celebração extrajudicial, estabelecendo que além da aprovação do órgão revisor do arquivamento do inquérito civil deva haver homologação judicial. Ela é oportuna e conveniente por convergir à uniformidade de tratamento mediante controle interno centralizado. A investigação de atos de improbidade demanda investigação formal se o Ministério Público não possui firmes elementos para formar sua convicção e exercer responsavelmente o direito de ação ou a proposta de composição. Optando por celebrar o acordo, deve promover o arquivamento do inquérito e aprovação do ajuste. Se o órgão revisor da promoção de arquivamento do inquérito civil recusar o acordo, cumpre ao Ministério Público aforar a ação civil ou encetar novas diligências instrutórias (se prematura a proposta). Também assiste a esse organismo colegiado determinar nova proposta se estimada insuficiente. A previsão de prazo é razoável, mas, o seu decurso *in albis* não significa aprovação porque a lei não atribuiu efeito positivo ao silêncio. A recusa deve ser motivada porque a instituição não aprovou o acordo, podendo tanto rejeitá-lo por razões de legalidade ou de mérito (negando o arquivamento do inquérito) quanto determinar sua reelaboração. Diferentemente, no caso de celebração judicial, a aprovação desse órgão interno do Ministério Público foi dispensada. O tratamento da matéria foi totalmente diverso do que oferecia o art. 17-A vetado do Pacote Anticrime[26]. A homologação judicial em qualquer hipótese foi acertada porque o acordo adquire a eficácia de título executivo judicial e elimina incertezas, notadamente sobre a sanções restritivas de direitos.

Por sua vez, o requisito do inciso I, consistente na oitiva do ente federativo lesado, é totalmente inadequado. É certo que não se questiona a conveniência dessa oitiva que pode ser útil, mas, se a titularidade ativa para celebração do acordo e ajuizamento da ação pertence

---

[26] Ali se previa que "o acordo celebrado pelo órgão do Ministério Público com atribuição, no plano judicial ou extrajudicial, deve ser objeto de aprovação, no prazo de até 60 (sessenta) dias, pelo órgão competente para apreciar as promoções de arquivamento do inquérito civil" (§ 4º) e após seria encaminhado ao juízo competente para fins de homologação (§ 5º).

exclusivamente ao *Parquet*, não se verifica razão lógica para tornar compulsória a oitiva do ente federativo lesado, pois, à sua concordância não fica subordinada a medida, ainda que possivelmente inspirada por precaução a respeito da vantajosidade para o interesse público, com elementos que a Administração Pública possa contribuir. Portanto, não há como se inferir obrigatória essa oitiva, porque viola a independência do Poder Judiciário e do Ministério Público, considerando que o juiz ou o órgão revisor do Ministério Público podem acolher ou recusar o acordo. Daí porque ser dispensável e facultativa, considerando que o *Parquet* deve reunir elementos seguros também para exercer responsavelmente o direito de composição.

Outro requisito formal consta do § 3º do art. 17-B. A regra enuncia que para fins de apuração do valor do dano a ser ressarcido, deverá ser realizada a oitiva do Tribunal de Contas competente, que se manifestará, com indicação dos parâmetros utilizados, no prazo de 90 (noventa) dias. Eis aí outra medida absolutamente desnecessária e inconstitucional. Desnecessária porque se o Ministério Público possuir elementos seguros da quantificação ou extensão do dano, é completamente despicienda, custosa e morosa a provocação do Tribunal de Contas. Daí porque é de ser tida essa regra como mera faculdade, pois, o Ministério Público para propor ou aceitar acordo de não persecução civil deve atuar responsavelmente, instruindo investigação (como o inquérito civil) para formar sua convicção, coletando os dados necessários. Se não os tiver, poderá recorrer a vários canais, entre eles, em tese, o Tribunal de Contas. O problema é que essa função adornada na lei à Corte de Contas não é compatível com o seu *status* constitucional.

7. PARÂMETROS E PROIBIÇÕES

O § 2º do art. 17-B da Lei da Improbidade Administrativa disponibiliza parâmetros para celebração do acordo de não persecução civil; ele deverá sopesar a personalidade do agente, a natureza, as circunstâncias, a gravidade e a repercussão social do ato de improbidade, bem como as vantagens, para o interesse público, da rápida solução do caso, retomando a linha do § 1º do art. 17-A adicionado pelo Pacote Anticrime, e que havia sido vetado.

Há estreita ligação desse preceito com o § 2º do art. 22 do Decreto-lei n. 4.657/42 (Lei de Introdução às Normas do Direito Brasileiro) ao apregoar que "na aplicação de sanções, serão consideradas a natureza e a gravidade da infração cometida, os danos que dela provierem para a administração pública, as circunstâncias agravantes ou atenuantes e os antecedentes do agente". É certo que não há completa e integral simetria, razão pela qual, considerando que o acordo é forma de responsabilização e punição, devem ser agregadas também as balizas desse § 2º do art. 22 além do próprio *caput* do art. 12 da Lei da Improbidade Administrativa ao enunciar que, independentemente do ressarcimento integral do dano patrimonial efetivo, e das sanções penais comuns e de responsabilidade, civis e administrativas previstas na legislação específica, são cabíveis as sanções cumulativas ou não de seus incisos I a III, de acordo com a gravidade do fato, bem como os demais constantes de seus parágrafos.

Esses referenciais para a celebração do acordo, dispostos no § 1º do art. 17-A, são especiais. Deles, a vantajosidade do acordo à luz do interesse público para solução célere da questão é própria e diferencial para a convenção, constituindo os demais critérios que devem, em qualquer caso, servir ao direito sancionador, como determina a norma geral do § 4º do art. 1º da Lei n. 8.429/92. Por isso, é que se entende conveniente, e mais próximo da razoabilidade e da proporcionalidade, ajuntá-los aos parâmetros gerais disponibilizados no § 2º do art. 22 da Lei de Introdução às Normas do Direito Brasileiro, incluído pela Lei n. 13.655/18, que concentra balizas gerais na aplicação de sanções no direito sancionador, e os especiais referidos no inciso IV do art. 17-C da própria Lei da Improbidade. Assim se completa com maior densidade a orientação objetiva e impessoal tanto para a imposição de reprimendas por decisão condenatória quanto para a celebração de composição visando à repressão da improbidade administrativa, ao determinar sejam considerados além de princípios como razoabilidade e proporcionalidade a natureza e a gravidade e o impacto da infração cometida, os danos que dela provierem para a administração pública, a extensão do dano causado, o proveito patrimonial obtido pelo agente, as circunstâncias agravantes ou atenuantes, os antecedentes do agente.

Há proibições em contrapartida. Elas são explícitas ou implícitas. Uma delas demanda a prospecção da influência da composição às hipóteses que caracterizem inelegibilidade à vista da Lei Ficha Limpa (Lei

Complementar n. 64/90 na redação da Lei Complementar n. 135/10). A Constituição de 1988 elenca entre as sanções reagentes dos atos de improbidade administrativa a suspensão de direitos políticos (art. 37, § 4º) e após preceituar a proibição da cassação de direitos políticos, admite sua perda ou suspensão, dentre outras situações, por improbidade administrativa, nos termos do art. 37, § 4º (art. 15, V). Também a Constituição atribui à lei complementar a discriminação de outros casos de inelegibilidade e os prazos de sua cessação, a fim de proteger a probidade administrativa, a moralidade para exercício de mandato considerada vida pregressa do candidato, e a normalidade e legitimidade das eleições contra a influência do poder econômico ou o abuso do exercício de função, cargo ou emprego na administração direta ou indireta (art. 14, § 9º).

Inelegibilidade não é sanção ou penalidade, senão pode ser consequência delas. É a falta de capacidade eleitoral passiva (*ius honorum*) por impedimento temporário, decorrente de algum ato ou fato que o ordenamento jurídico regula, estatuindo, então, que a pessoa não preenche as condições objetivas de elegibilidade, assunto encartado na seara dos direitos políticos negativos. Como decidido, "a inelegibilidade ostenta natureza jurídica de requisito negativo de adequação do indivíduo ao regime jurídico do processo eleitoral"[27].

O art. 12 da Lei n. 8.429/92 disciplina a sanção de suspensão temporária de direitos políticos em função da espécie de ato de improbidade administrativa. No plano normativo-eleitoral, a condenação à suspensão dos direitos políticos, em decisão transitada em julgado ou proferida por órgão judicial colegiado, por ato doloso de improbidade administrativa que importe lesão ao patrimônio público e enriquecimento ilícito, gera inelegibilidade desde a condenação ou o trânsito em julgado até o transcurso do prazo de 08 (oito) anos após o cumprimento da pena, conforme a alínea *l* do inciso I do art. 1º da Lei Complementar n. 64/90. Não é qualquer condenação por ato de improbidade administrativa que implicará a inelegibilidade, somente aquela que reunir os requisitos normativos cumulativamente, como decidiu o Tribunal Superior Eleitoral[28].

---

[27] STF, RE 929.670/DF, Tribunal Pleno, Rel. Min. Luiz Fux, 01-03-2018, DJe 12-04-2019.

[28] TSE, AgRg-REspe 2838-RJ, Rel. Min. Tarcisio Vieira de Carvalho Neto, 19-12-2018, DJe 14-02-2019.

A questão que se coloca é a possibilidade de o acordo de não persecução civil envolver ou suprimir a suspensão dos direitos políticos e seus reflexos na incidência da Lei Ficha Limpa.

Consoante discorrem Christiano Jorge Santos e Silvio Antonio Marques, "a única situação em que se discute a possibilidade ou não de se utilizar o ANPC é aquela relativa à matéria eleitoral, porque, nos termos do art. 14, § 9º, da Constituição Federal, somente lei complementar pode instituir novas hipóteses de inelegibilidade. Segundo Igor Pereira Pinheiro, "a Lei Anticrime simplesmente permitiu que os atos de improbidade administrativa possam ser objeto de negociação, sem que isso resultasse em qualquer alteração ou revogação do dispositivo da Lei Complementar n. 64/90, que fixa a inelegibilidade decorrente da condenação judicial por atos de improbidade de extrema gravidade". Ou seja, aqueles "em que haja concomitante lesão ao erário e enriquecimento ilícito". A Lei 13.964/2019 é um diploma ordinário e, por isso, não tem força suficiente para revogar a Lei Complementar 64/1990. Todavia, nada impede a fixação consensual da sanção de suspensão dos direitos políticos do compromissário, desde que o ajuste seja submetido à homologação judicial. O art. 15, inciso V, da Constituição Federal, não exige, para fins de imposição da citada penalidade, a condenação em processo de ação civil de improbidade administrativa, ao contrário do que ocorre nos processos criminais (inciso III do mesmo artigo). Em tal situação, caberá ao magistrado competente, por força de sentença homologatória, determinar a expedição de ofício à Justiça Eleitoral para que o ANPC seja cumprido"[29].

Não se vislumbra óbice à convenção incluindo a suspensão transitória dos direitos políticos, limitando no tempo especificamente o acesso, por qualquer forma de investidura ou espécie de vínculo, a cargos, funções ou empregos públicos. Quando a Constituição mencionou a improbidade administrativa como causa de suspensão dos direitos políticos no inciso V do art. 15, ela se referiu ao § 4º de seu art. 37 que contém a nota essencial de sua aplicabilidade condicionada ("na forma e gradação previstas em lei"). Se a Lei n. 8.429/92, em linha de princípio, permite a

[29] "Pacote Anticrime" (lei 13.964/2019) e acordo de não persecução cível na fase pré-processual: entre o dogmatismo e o pragmatismo, in *Revista de Processo*, vol. 303, 2020, pp. 291-314, maio/2020, Revista dos Tribunais, São Paulo.

celebração do acordo de não persecução civil e não exclui de seu âmago a suspensão dos direitos políticos, segue-se a plena admissibilidade da composição para essa finalidade. Não é a fundamentalidade de uma parcela do direito à cidadania que elimina a funcionalidade da convenção nesse particular.

Porém, não parece que a suspensão dos direitos políticos no acordo de não persecução civil tenha proficiência para gerar inelegibilidade por carecer condenação judicial. A Lei Complementar n. 64/90 exige condenação judicial irrecorrível ou proferida em segundo grau de jurisdição como requisito formal da inelegibilidade. Ainda que não seja completamente comparável ao acordo de não persecução civil, registra-se que a transação penal não foi considerada hábil causa de inelegibilidade pelo Tribunal Superior Eleitoral[30]. Realmente, como instrumento de *no lo contendere* em que não há assunção de culpa, a transação penal não atende o inciso III do art. 15 da Constituição de 1988. De igual maneira, a suspensão condicional do processo[31], diferentemente do que ocorre com a substituição da pena privativa de liberdade por restritiva de direitos porque, nesse caso, houve condenação criminal[32].

É certo que há um espaço para admissão da inelegibilidade se estimada a natureza diferenciada do acordo de não persecução (civil ou penal), mais aproximada do *plea bargaining*, em que há assunção de culpa. Nesse sentido, Silmar Fernandes e Fernanda Rocha Martins expõem a obrigatoriedade de o acordo de não persecução penal conter cláusula de inelegibilidade como condição autônoma proporcional e compatível à natureza do crime e suficiente e necessária à sua prevenção e reprovação[33].

Normas foram editadas estabelecendo a inadmissibilidade de acordo de não persecução civil se a conduta ímproba se subsumir à

---

30 TSE, REspe 126-92.2012.6.10.0080-MA, Rel. Min. Dias Toffoli, 02-10-2012.

31 TSE, RO 546-RO, Rel. Min. Sálvio de Figueiredo, 10-09-2002.

32 TSE, AgR-AI nº 704-47.2016.6.1 3.0142/MG, Rel. Min. Admar Gonzaga, 21-02-2019.

33 Silmar Fernandes e Fernanda Rocha Martins. "A inelegibilidade na aplicação do acordo de não persecução penal aos crimes eleitorais", *in Revista Consultor Jurídico*, 25 de setembro de 2020, https://www.conjur.com.br/2020-set-25/fernandes-martins-inelegibilidade-aplicabilidade-acordo-nao-persecucao-penal-aos-crimes-eleitorais#_ftn3, acesso em 08-01-2021.

inelegibilidade prevista no art. 1º, I, *l*, da Lei Complementar n. 64/90[34]. E com razão: não é lícito em caso subsumível à Lei Ficha Limpa afastar a aplicação da suspensão temporária dos direitos políticos mediante a celebração de generoso acordo, excludente da perspectiva de incidência da inelegibilidade prevista nessa lei por não inserir no ajuste a suspensão de direitos políticos. Destarte, ou se admite a composição como bastante para gerar a inelegibilidade contendo a suspensão de direitos políticos ou se descarta a composição seja por não ser hábil geratriz da inelegibilidade seja por excluir de seu bojo a suspensão de direitos políticos e frustrar a incidência de um sensível preceito normativo que, pela inelegibilidade, alija da arena eleitoral, quem não preenche as condições objetivas para tanto. Da efetiva aplicabilidade da Lei da Improbidade Administrativa depende a exequibilidade da Lei Ficha Limpa. Sendo o caso subsumível à Lei Complementar n. 64/90 por conter a nota de enriquecimento ilícito e prejuízo ao erário, a convenção deverá prever obrigatoriamente a suspensão dos direitos políticos em seu objeto e, sendo inviável esse título para justificar a inelegibilidade, outra solução não resta senão o ajuizamento da ação, estimado o acordo como incompatível com o interesse público a composição por esvaziar a incidência da Lei Ficha Limpa.

Outra vedação é que se contém no § 7º do art. 17-B. Havendo descumprimento do acordo de não persecução civil, a pessoa (investigada ou processada) dele beneficiária é impedida de celebrar novo acordo pelo prazo de 05 (cinco) anos, contado do conhecimento pelo Ministério Público do efetivo descumprimento. A razão desse preceito é evitar a desmoralização do instituto, pois, o sujeito se alforria do processo para aplicação das sanções legais em razão da composição e frustra sua execução. É necessário que o Ministério Público formalize o conhecimento do efetivo descumprimento, denunciando em juízo para sua rescisão caso homologado pela autoridade judicial ou instaurando investigação para tomada das providências cabíveis se celebrado no curso de inquérito civil.

---

[34] Tanto o art. 3º da Resolução n. 1.193/20, do Ministério Público do Estado de São Paulo, quanto o art. 4º do Provimento n. 58/18, do Ministério Público do Estado do Rio Grande do Sul, estatuem que nos casos em que a conduta ímproba imputada se subsumir às hipóteses de inelegibilidade, nos termos alínea *l* do inciso I do art.1º da Lei Complementar n. 64/1990, não será admitido o acordo que afaste os efeitos nela previstos.

8. CLÁUSULAS

A lei é carente de maiores indicações e diretrizes para construção do acordo de não persecução civil. Deveria conter algumas cláusulas obrigatórias para além do § 1º do art. 17-B. São sugestivas como outros exemplos de cláusulas obrigatórias da composição: (a) a quantificação e extensão do dano e dos valores acrescidos ilicitamente, quando houver, (b) a negociação das sanções legais variáveis nos limites legais, (c) a incidência de correção monetária e juros moratórios (desde o evento), (d) a estipulação de cláusula específica de aplicação de multa diária ou outra espécie de cominação que se mostre adequada e suficiente para o caso de descumprimento das obrigações assumidas, (e) a previsão de que a eventual resolução, perda de efeito ou rescisão do acordo, por responsabilidade do compromissário, não implicará a invalidação da prova por ele fornecida ou dela derivada, (f) a especificação, se for o caso, de tantos bens quanto bastem para a garantia do cumprimento das obrigações assumidas, os quais permanecerão indisponíveis, (g) a advertência de que a eficácia do acordo extrajudicial estará condicionada a sua homologação pelo Conselho Superior do Ministério Público, se celebrado no inquérito civil, (h) o vencimento antecipado das obrigações em sua totalidade, se descumprido (ainda que parcialmente) o acordo, competindo a execução do título, inclusive da cláusula cominatória, (i) a reversão dos produtos pecuniários da composição ao patrimônio da pessoa jurídica lesada (multa civil, perda de bens, ressarcimento do dano).

Enfim, um conjunto de cláusulas tanto substanciais (primárias) quanto acidentais ou acessórias (secundárias). O pacto deverá conter obrigações cujo resultado prático seja equivalente as sanções da Lei n. 8.429/92. E cada hipótese concreta evidenciará, pela negociação, a suficiência ou não da cumulatividade de uma ou mais penalidades.

Também figura nesse tópico a possibilidade de cláusulas heterogêneas ou atípicas. A Lei n. 8.429/92 prevê abertura para tanto. Segundo o § 6º do art. 17-B, o acordo de não persecução civil poderá contemplar a adoção de mecanismos e procedimentos internos de integridade, de auditoria e de incentivo à denúncia de irregularidades e a aplicação efetiva de códigos de ética e de conduta no âmbito da pessoa jurídica, se for o caso, bem como de outras medidas em favor do interesse público e de boas práticas administrativas. Nesse sentido, há decisão do Superior Tribunal de Justiça ressaltando que "além dos pressupostos que devem ser preenchidos para a celebração do acordo – estando dentre eles as obrigações atinentes à reparação ao erário e aplicação de uma ou mais sanções previstas na Lei de Improbidade Administrativa –, é possível que sejam pactuadas outras obrigações"[35].

9. MOMENTO

Conforme o § 4º do art. 17-B da Lei n. 8.429/92, o acordo de não persecução civil poderá ser celebrado a qualquer momento (a) na investigação do ilícito, (b) no curso da ação civil ou (c) na execução da sentença condenatória.

Essa nova conformação sepultou o debate sobre a limitação temporal que havia sob a égide do § 1º do art. 17 da Lei da Improbidade Administrativa na redação dada pela Lei n. 13.964/19, pois, como se tratava de acordo para não ajuizamento de ação, entendia-se haver impedimento à celebração posterior no curso da demanda, à exceção da situação descrita no § 10-A, também acrescido pela Lei n. 13.964/19, que contemplava adicional oportunidade para composição, se houvesse a possibilidade de solução consensual, hipótese na qual as partes poderiam requerer ao juiz a interrupção do prazo para a contestação, por prazo não superior a 90 (noventa) dias. Essa disposição não foi abalada pelo art. 17-B, servindo exclusivamente à suspensão do processo nessa fase.

A atual disciplina, de certa maneira, retomou o prumo do vetado § 2º do art. 17-A da Lei n. 8.429/92, que admitia a possibilidade de celebração do acordo no curso de ação civil de responsabilidade por improbidade administrativa[36]. E dissipou a divergência pretoriana, tanto que pois, de um lado, se deliberou que "a previsão legal limita a formalização do acordo de não persecução cível ao prazo para contestação – § 10-A do art. 17 da Lei 8.429/92 – de modo que não é legalmente possível o acolhimento

[35] STJ, REsp 1.921.272/SP, 2ª Turma, Rel. Min. Francisco Falcão, 03-08-2021, DJe 17-11-2021.

[36] A motivação do veto enunciava que "a propositura legislativa, ao determinar que o acordo também poderá ser celebrado no curso de ação de improbidade, contraria o interesse público por ir de encontro à garantia da efetividade da transação e do alcance de melhores resultados, comprometendo a própria eficiência da norma jurídica que assegura a sua realização, uma vez que o agente infrator estaria sendo incentivado a continuar no trâmite da ação judicial, visto que disporia, por lei, de um instrumento futuro com possibilidade de transação".

do requerimento ora apresentado por réu da ação de improbidade"[37], e de outro, registravam-se decisões em sentido contrário[38].

Realmente, a lógica indica que ou o Ministério Público exerce o direito de ação ou celebra acordo de não persecução civil. Porém, a lei se desprega dessa premissa ao ter em mente as facilidades proporcionadas pela composição, embora se reserve ao *Parquet* – e somente a ele, de maneira exclusiva – o exercício desse juízo de conveniência e oportunidade. É impositivo sopesar, de um lado, a funcionalidade do acordo, e de outro, a cautela que se impõe para evitar a sua banalização e o arrefecimento generalizado e desmesurado da repressão à improbidade; o acordo não pode significar uma revisão indireta da condenação judicial à míngua de qualquer proveito ao interesse público.

REFERÊNCIAS

ALMEIDA, Fernando Dias Menezes de. *Contrato administrativo*, São Paulo: Quartier Latin, 2012.

CUNHA FILHO, Alexandre Jorge Carneiro da. *Governança pública: um ensaio sobre pressupostos e instrumentos de uma ação estatal juridicamente eficiente*, São Paulo: Quartier Latin, 2019.

DI PIETRO, Maria Sylvia Zanella. *Tratado de direito administrativo: teoria geral e princípios do direito administrativo*, São Paulo: Revista dos Tribunais, vol. I, 2014 (coordenação Maria Sylvia Zanella Di Pietro).

FALZONE, Guido. *Il dovere di buonna amministrazione*. Milano: Giuffrè, 1953.

FERNANDES, Silmar e MARTINS, Fernanda Rocha. "A inelegibilidade na aplicação do acordo de não persecução penal aos crimes eleitorais", *in Revista Consultor Jurídico*, 25 de setembro de 2020, https://www.conjur.com.br/2020-set-25/fernandes-martins-inelegibilidade-aplicabilidade-acordo-nao-persecucao-penal-aos-crimes-eleitorais#_ftn3, acesso em 08-01-2021.

FIGUEIREDO, Marcelo. *O Controle da Moralidade na Constituição*, Malheiros: São Paulo, 2003.

---

37 STJ, PET no AREsp 1611266-SP, Rel. Min. Mauro Campbell Marques, 21-10-2020, DJe 23-10-2020.

38 STJ, Acordo no AREsp 1.314.581/SP, 1ª Turma, Rel. Min. Benedito Gonçalves, DJe 01-03-2021; STJ, Acordo no AREsp 1.610.631/PR, 1ª Turma, Rel. Min. Gurgel de Faria, DJe 17-08-2021.

FREITAS, Juarez. "Do Princípio da Probidade Administrativa e sua máxima efetivação" *in Revista de Direito Administrativo 204*, Rio de Janeiro, abr./jun. 1996, Fundação Getúlio Vargas, pp. 65-84.

GARCIA, Emerson e ALVES, Rogério Pacheco. *Improbidade Administrativa*, 3. ed., Rio de Janeiro: Lumen Juris, 2006.

GIACOMUZZI, José Guilherme. *A moralidade administrativa e a boa-fé da Administração Pública: o conteúdo dogmático da moralidade administrativa*, São Paulo: Malheiros, 2002.

HOLANDA, Sérgio Buarque de. *Raízes do Brasil*. São Paulo: Companhia das Letras. 26. ed. 2009.

MAGALHÃES JUNIOR, Alexandre Alberto de Azevedo. *Convenção processual na tutela coletiva*, Salvador: Juspodivm, 2020.

MARQUES, Silvio Antonio. *Improbidade Administrativa: ação civil e cooperação jurídica internacional*, São Paulo: Saraiva, 2010.

MARRARA, Thiago. *Lei Anticorrupção comentada*, 3. ed., Belo Horizonte: Fórum, 2021, (coordenação Maria Sylvia Zanella Di Pietro e Thiago Marrara).

MARTINS JUNIOR, Wallace Paiva. *Probidade administrativa*, São Paulo: Saraiva, 2001.

_______. *Probidade Administrativa*, 4. ed., São Paulo: Saraiva, 2009.

_______. "Administração Pública, Resolução Extrajudicial de Conflitos e Compromisso de Ajustamento de Conduta". *Revista de Direito Administrativo e Infraestrutura*, São Paulo, vol. 8. Revista dos Tribunais, jan./mar. 2019, pp. 87-126.

_______. "A consensualidade na tutela de interesses difusos e coletivos: do compromisso de ajustamento de conduta ao acordo de não persecução cível", *in Ação civil pública após 35 anos*. São Paulo: Revista dos Tribunais, 2020, pp. 167-181 (coordenação Édis Milaré).

MOREIRA NETO, Diogo de Figueiredo. *Mutações do Direito Administrativo*, Rio de Janeiro: Renovar, 2000.

OSÓRIO, Fábio Medina. *Improbidade Administrativa*, Porto Alegre: Síntese, 1997.

SABÁN GODOY, Alfonso. *El marco jurídico de la corrupción*, Madrid: Civitas S.A., 1991.

SANTOS, Christiano Jorge e MARQUES, Silvio Antonio. "Pacote Anticrime" (lei 13.964/2019) e acordo de não persecução cível na fase pré-processual: entre o dogmatismo e o pragmatismo", *in Revista de Processo*, São Paulo, vol. 303. Revista dos Tribunais, mai./2020, pp. 291-314.

SOBRANE, Sérgio Turra. *Improbidade Administrativa: aspectos materiais, dimensão difusa e coisa julgada*, São Paulo: Atlas, 2010.

CAPÍTULO 2

OS ACORDOS DE NÃO PERSECUÇÃO PENAL E CÍVEL: PERMISSÕES E VEDAÇÕES

Américo Bedê Freire Junior[1]

Letícia Lemgruber[2]

> *"O que existe de verdadeiramente complexo do ponto de vista do tratamento dogmático e de perigoso do ponto de vista da subsistência do Estado de Direito é que na maioria das situações descritas, que, na prática judiciária, possuem efeitos desastrosos de descredibilização do processo penal, é imputada pelos seus autores à <sagrada> defesa dos direitos e liberdades individuais. O que faz logo cair o labéu da anti-democraticidade sobre qualquer tentativa de limitação daquelas actuações em nome da proteção de direitos elementares da comunidade. Como sou indiferente a um tal labéu, mantenho o essencial da posição que a respeito sempre tomei: o pior serviço, na perspectiva da sociedade democrática e liberal, que pode prestar-se à defesa dos direitos individuais é invocá-los sem razão bastante como entidades absolutas que recusam à partida todo o equilíbrio com direitos inalienáveis da comunidade".*
>
> Jorge de Figueiredo Dias (2011, p.27)

Sumário • 1. Introdução: o consenso no direito sancionador brasileiro – 2. Constitucionalidade da solução consensual no direito punitivo. (In)disponibilidade dos direitos fundamentais pelo infrator. (In)disponibilidade dos direitos difusos

[1] Professor do Programa de Pós-graduação *stricto sensu* – doutorado e mestrado – da Faculdade de Direito de Vitória (FDV/ES). Doutor em Direitos Fundamentais (FDV/ES). Mestre em Direitos Fundamentais (FDV/ES). Professor de Processo Penal da FDV/ES. Juiz Federal Titular da 2ª Vara Criminal em Vitória/ES. Professor coordenador do Grupo de Pesquisa "Hermenêutica jurídica e jurisdição constitucional" da FDV/ES. *E-mail:* bede@jfes.jus.br.

[2] Doutoranda em Direitos Fundamentais (FDV/ES). Mestre em Direito Processual (UFES/ES). Promotora de Justiça no Ministério Público do Estado do Espírito Santo. *E-mail:* leticialemgruber@hotmail.com.

pelo Estado. Juridicidade da atuação negocial do Estado no direito punitivo – 3. Margem permitida para negociação e natureza jurídica das cláusulas. Momento da celebração do acordo. Resultado do descumprimento – 4. Direito subjetivo do infrator. Discricionariedade do Estado. Controle da discricionariedade e papel do juiz – 5. Acordo de não persecução penal (ANPP) – 6. Acordo de não persecução cível – 7. Conclusão – Referências bibliográficas.

1. INTRODUÇÃO: O CONSENSO NO DIREITO SANCIONADOR BRASILEIRO

A soberania estatal diz respeito, entre outras coisas, ao seu (I) poder de definir a ordem jurídica interna e proibir comportamentos, com previsão de sanções para as hipóteses de descumprimento, além de mecanismos de reparação ou recomposição; e ao (II) poder do Estado de implementar a efetividade desta ordem jurídica interna, o que ocorre através do (II.a) poder de polícia (evitar o descumprimento de normas de conduta) e do (II.b) poder de aplicação de consequências jurídicas a quem descumpre o ordenamento jurídico (EISELE, 2018, p.639-643).

No Brasil, a Constituição Federal determinou a criminalização de diversas condutas e o dever de o Estado prestar uma tutela efetiva e célere, de forma a garantir a segurança da sociedade (artigo 5.º, *caput* e incisos XLI, XLII, XLIII, LXXVIII, art. 6.º, *caput* e art. 37, *caput*). Determinou, ainda, a punição de atos de improbidade administrativa, por meio da suspensão dos direitos políticos, da perda da função pública, da indisponibilidade dos bens e do ressarcimento ao erário, sem prejuízo da ação penal cabível (art. 37, § 4.º). Como vigora o princípio *ne bis in idem*, a única conclusão possível é a de que a ação de improbidade administrativa não tem natureza penal e por isso é equivocada a pretensão de utilizar os princípios e institutos do direito e do processo penal na seara da improbidade (FREIRE JÚNIOR, 2012, p.328).

Ou seja, no exercício de seu poder soberano, o constituinte originário autorizou a coexistência de um direito sancionador penal e de outro não penal, cada qual com sua tipologia e sanções correlatas (I).

Diante dos comandos constitucionais, dentro da sua liberdade de configuração legislativa, o legislador infraconstitucional diferenciou as sanções penais e administrativas sancionadoras. Fixou a pena privativa de liberdade exclusiva para sanções penais (art. 1.º da Lei de Introdução ao Código Penal) e adotou tipos diversos, alguns com certa abertura hermenêutica (apesar da alteração legislativa, é impossível congelar todos os sentidos possíveis de interpretação de texto), para definir atos de improbidade administrativa (artigos 9.º ao 11 da Lei 8.429/92), dada a vertente de promoção da garantia dos interesses coletivos na gestão da coisa pública.

Os bens jurídicos alcançados pelas sanções de cada instância de responsabilização não necessariamente são os mesmos (apenas o direito sancionador penal alcança a liberdade) e o próprio ordenamento jurídico estabelece as hipóteses nas quais ocorrerá uma interpenetração entre as instâncias, como, por exemplo, as hipóteses nas quais a absolvição criminal projeta efeitos na seara cível (art. 20, 21, 22, 23, 26, 28, §1º, CP; art. 65 e 386, VI, CPP; art. 66 e 386, I, CPP; arts. 86 e 87, Lei 12.529/2011; art. 16, Lei 12.846/2013)[3] ou as hipóteses de suspensão de uma esfera em razão do que se estabeleceu na outra esfera (art. 313, V, "a", CPC e art. 935, CC).

Não existe uma diferença ontológica entre ilícitos penais e não penais. A definição de uma conduta como ilícito penal ou ilícito administrativo sancionador, acompanhada da respectiva sanção, insere-se na liberdade de configuração normativa do legislador (é fruto de decisão legislativa soberana e discricionária, ou seja, o conceito de ilícito é normativo)[4].

---

[3] O art. 21, §4, da Lei 8.429/92, com a redação da Lei 14.230/21, prevê que "a absolvição criminal em ação que discuta os mesmos fatos, confirmada por decisão colegiada, impede o trâmite da ação da qual trata esta Lei, havendo comunicação com todos os fundamentos de absolvição previstos no art. 386 do Decreto-Lei 3.689/19041 (Código de Processo Penal)". Tal disposição está suspensa por liminar deferida na ADI/STF 7.236. O julgamento da ADI foi suspenso, com o pedido de vista do Ministro Gilmar Mendes. Já consta voto do Ministro Alexandre de Moraes no sentido de que a absolvição criminal, em ação que discuta os mesmos fatos, confirmada por decisão colegiada, só impede o trâmite da ação de improbidade nas hipóteses dos arts. 65, 386, I, e 386, IV, CPP.

[4] Reconhecer a legitimação democrática do legislador é diferente de aceitar uma prerrogativa suprema de suprimir qualquer garantia, ao seu bel prazer. As escolhas legislativas estão sujeitas ao controle constitucionalidade difuso e concentrado, inclusive no que se refere ao respeito à proporcionalidade e à violação de tratamento isonômico dos acusados em geral. Na lição de Osório: "É possível, sem dúvida, falar-se de um Direito Constitucional limitador do *ius puniendi* do Estado. Nesse sentido, o direito constitucional limita, a um só tempo, qualquer exercício de pretensão punitiva, inclusive as sanções privadas, alcançando, portanto, a pretensão punitiva dos particulares, embora sempre variando seu tratamento e alcance. Por essa ampla perspectiva, não é razoável, todavia, por mais paradoxal que pareça, tratar de um unitário *ius puniendi* estatal, dado que os princípios constitucionais, quan-

Sob um ponto de vista amplo, portanto, tanto as sanções penais quanto as não penais se inserem em um poder punitivo estatal de definição e aplicação do ordenamento jurídico. O direito punitivo penal e o direito punitivo não penal são mecanismos básicos de que o Estado dispõe para regular condutas para atingir uma vida social ordenada, a partir do respeito espontâneo ou da aplicação estatal do ordenamento jurídico. Neste artigo utilizaremos a expressão direito punitivo para fazer referência ao direito penal e à improbidade administrativa.

O que justifica a interferência do Estado (aplicação da sanção, II.b) é a prática do ilícito acompanhada da incidência normativa diante do ilícito. Em outras palavras, a discussão sobre a resposta estatal diante da prática do ilícito pressupõe sua previsão anterior em lei, acompanhada da sanção respectiva, e a prática do fato pelo infrator, devidamente investigada na sua extensão e autoria.

Ultrapassado esse patamar, não é tarefa simples clarear qual é a margem de operacionalização do sistema jurídico permitida para a interferência estatal na aplicação de consequências jurídicas diante de comportamentos desviantes, inclusive se esta aplicação é sempre coercitiva ou se admite consenso.

Tradicionalmente, a solução dos conflitos decorrentes do direito sancionador (penal e administrativo sancionador) operacionalizou-se através da aplicação da sanção pelo Poder Judiciário, após um julgamento *full trial:* instrução seguida da decisão que reconheça (ou não) a prática do ilícito e a incidência normativa respectiva, culminando na aplicação da sanção, o que denominamos, neste artigo, de solução adjudicada.

A resposta estatal através deste formato, entretanto, não se mostrou capaz de absorver toda demanda e dar uma solução adequada, efetiva e célere para os interessados. Da mesma forma, não se alcançou a efetividade esperada na apuração de ilícitos complexos, especialmente aqueles relacionados à corrupção.

---

do incidem em relações penais ou de Direito Administrativo, revelam-se distintos, ainda que nominalmente idênticos. De fato, há que se reconhecer que esses supostos princípios gerais do direito público estatal punitivo – que na verdade seriam melhor denominados "princípios constitucionais"-, quando concretizados, resultam diferenciados, distintos, com contornos próprios e específicos, ainda que subsista uma origem comum, que é, singelamente, a Constituição" (2009, p. 108-109 e 121).

A necessidade de incrementar as opções que contribuam para diminuir o tempo entre o fato praticado e a resposta estatal correlata (celeridade da persecução estatal), bem como para desvendar e punir ilícitos de difícil investigação estimulou a busca de mecanismos possíveis de aperfeiçoamento do sistema de justiça.

Proposições internacionais como a Recomendação n. (87) 18/1987, do Conselho da Europa, e as Regras de Tóquio (Resolução n.º 45/110, de 14.12.1990, da Assembleia Geral das Nações Unidas) contribuíram para a adoção de saídas alternativas à persecução penal integral perante o Poder Judiciário, além de técnicas para abreviação dos procedimentos criminais que resultem na declaração de culpa e imposição de pena, por diversos países, com diferentes formatações. Tais métodos que visam tratar de forma mais célere os casos penais, a partir de uma consensualidade de pura reprimenda (seja através de uma alternativa à persecução penal, seja por meio da simplificação do procedimento).

Além dos métodos de consensualidade de pura reprimenda, outras proposições internacionais (Convenção de Palermo e Convenção de Mérida) ensejaram a criação de métodos de consensualidade que visam facilitar a produção de provas e a investigação de ilícitos complexos, praticados com instrumentos sofisticados, em regra por uma criminalidade organizada que não é descoberta de forma eficaz com os métodos de investigação tradicional. O objetivo principal, neste caso, é desvendar e obter provas de ilícitos complexos. Serão referidos como consensualidade de colaboração.

Ambas as modalidades de consensualidade (pura reprimenda e colaboração) são negócios jurídicos e abarcam algumas discussões em comum, como a constitucionalidade da aplicação de consequências jurídicas ao autor do ilícito de forma consensual; a admissibilidade de disposição de direitos fundamentais pelo infrator; a negociabilidade dos direitos transindividuais difusos afetos ao direito punitivo pelo Estado; as possibilidades sancionatórias passíveis de utilização através do acordo; a natureza jurídica das cláusulas pactuadas e o papel do juiz; a (in)existência de direito subjetivo do infrator ao acordo; a necessidade de controle da discricionariedade no oferecimento do acordo e na formulação das cláusulas, dentre inúmeras outras indagações.

O objetivo deste texto é fazer uma análise das permissões e vedações dos acordos de não persecução penal e cível, a partir do enfrentamento das questões acima.

2. CONSTITUCIONALIDADE DA SOLUÇÃO CONSENSUAL NO DIREITO PUNITIVO. (IN)DISPONIBILIDADE DOS DIREITOS FUNDAMENTAIS PELO INFRATOR. (IN)DISPONIBILIDADE DOS DIREITOS DIFUSOS PELO ESTADO. JURIDICIDADE DA ATUAÇÃO NEGOCIAL DO ESTADO NO DIREITO PUNITIVO

Na análise da conformidade constitucional para solução consensual no direito punitivo, importa constatar que para punição dos comportamentos desviantes, a Constituição Federal exigiu prévia cominação legal para imposição de penas e estabeleceu, como regra, a presunção de inocência (art. 5.º, incisos XXXIX e LVII). Ou seja, os comportamentos desviantes a serem punidos devem ser previstos previamente em lei, acompanhados da respectiva sanção. E o infrator tem direito fundamental ao devido processo legal para apuração de sua conduta, demonstração de sua culpa e imposição de sanção que o prive de sua liberdade ou de seus bens (art. 5.º, inciso LIV). Apesar de não ter especificado o conteúdo do devido processo legal, a Constituição Federal indicou um conteúdo mínimo para que o processo seja considerado devido, ao assegurar diversas garantias, como o contraditório e a ampla defesa para os litigantes, com os meios e recursos inerentes (art. 5.º, LV), o juiz natural (art. 5.º, LIII), a proibição da utilização de provas ilícitas (art. 5.º, LVI), a publicidade dos atos processuais (art. 5.º, LX), a fundamentação das decisões (art. 93, IX), o princípio acusatório (art. 129, I), a inafastabilidade da tutela jurisdicional (art. 5.º, XXXV) e o reconhecimento da culpa com o trânsito em julgado da sentença penal condenatória (art. 5.º, LVII).

Permitiu a Constituição Federal, ainda, a transação como meio de solução de conflitos envolvendo infrações penais de menor potencial ofensivo (art. 98, I).

Para além disso, garantiu a autonomia da vontade, em decorrência do direito fundamental à liberdade (art. 5.º, *caput*) e da dignidade da pessoa humana (art. 1.º, III).

Ao estabelecer, no inciso LIV do art. 5.º, que "ninguém será privado da liberdade ou de seus bens sem o devido processo legal", a Constituição

Federal não especificou qual o conteúdo do "devido processo legal". Apesar de ter utilizado uma cláusula aberta, a própria Constituição indicou o conteúdo mínimo para que o processo seja considerado "devido", como registrado acima (conduzido por juiz competente, imparcial, com respeito ao contraditório e à ampla defesa, utilização de provas lícitas, atos processuais públicos, decisões fundamentadas e presunção de inocência até o trânsito em julgado da sentença penal condenatória).

Nenhuma norma constitucional vinculou o conceito de devido processo legal ao processo conflitual, *full trial*, ou mesmo à instrução probatória obrigatória em juízo (SUXBERGER, 2019, p.172; CUNHA, 2019, p.253). O processo judicial, aliás, foi previsto como garantia, no sentido da inafastabilidade da jurisdição, e não de sua imprescindibilidade.

Da mesma forma, nenhum comando constitucional vinculou o devido processo legal à exigência de o infrator exercer todas as suas garantias ou o proibiu de abrir mão de suas posições de vantagem.

Uma leitura sistêmica da Constituição Federal evidencia que existem diversos métodos de atuação do Estado e variadas formas de tutela dos direitos nela previstos.

A tutela dos direitos é entendida aqui como a pluralidade dos deveres impostos ao Estado: formar e manter um conjunto de normas reguladoras de condutas, executar as leis e "gerir os meios necessários e suficientes para obter a cessação da conduta contrária a uma norma, por parte de um membro da sociedade (sujeito público ou privado), e dar lugar, diretamente ou mediante sub-rogação, a uma conduta *lato sensu*" (FAZZALARI, 2006, p.29) que restitua a ordem jurídica (função jurisdicional).

Foram consagrados, na Constituição Federal, dois sistemas de acesso à justiça: o sistema de acesso à justiça por adjudicação, viabilizado em regra pelo Poder Judiciário e previsto no art. 5.º, XXXV, CF, e o sistema de resolução consensual de conflitos, decorrente do Preâmbulo e do art. 4º., VII, CF (CANÇADO; ALMEIDA; MOREIRA, 2016, p.11-16). No âmbito do direito punitivo, ambas as soluções presumem a definição prévia das condutas e sanções (I) e a configuração da prática do ilícito acompanhada da incidência normativa respectiva, já que é essa subsunção que justifica a interferência do Estado (II.b).

A tutela jurisdicional é apenas uma das formas de tutela de direitos, cuja característica específica é ser dotada de inevitabilidade, ou seja, não depende da aceitação das partes. Através dela o Estado pode, legitimamente, usar a violência para impor a decisão proferida, se necessário for. O fato gerador da aplicação da sanção, neste caso, é a incidência normativa reconhecida na sentença judicial (II.b.i).

Já a resolução consensual de conflitos é a opção prioritária do ordenamento jurídico brasileiro. O fundamento para tanto decorre da previsão, no Preâmbulo da Constituição de 1988, do comprometimento com a solução pacífica das controvérsias. O Preâmbulo é parte integrante do sistema constitucional e possui caráter orientador e principiológico, devendo sobressair no plano da interpretação de outros princípios e preceitos constitucionais. Cabe a ele apresentar o texto político exortador dos princípios e valores contidos na Constituição, como reconhecido pelo Supremo Tribunal Federal na ADI n. 2076-5/AC (BARREIROS, 2017, p.34). A compreensão da solução consensual como opção prioritária do ordenamento jurídico brasileiro decorre ainda da orientação da República Federativa do Brasil, em suas relações internacionais, de observar e priorizar a solução pacífica dos conflitos, conforme art. 4.º, inciso VII, CF. Na resolução consensual, o fato gerador da aplicação da sanção, na última etapa, é o consentimento do infrator em autolimitar posições jurídicas de direitos fundamentais suas (II.b.ii).

O processo negocial é o método de trabalho, o procedimento dialógico no qual participam os interessados. Ao contrário do processo judicial, que trabalha com a lógica do "ganha-perde", o processo negocial trabalha com a lógica do "ganha-ganha", sua essência são as cedências recíprocas, sua base é a autonomia da vontade, a eficiência, a boa-fé objetiva e a lealdade (MENDONÇA, 2018, p.62-64).

E a autonomia de vontade advém da liberdade das partes de negociarem para decidir o conteúdo das cláusulas. Diante da tradicional alegação de que o direito punitivo lida com direitos indisponíveis do infrator e direitos difusos da sociedade, o desafio do processo negocial nesta matéria é saber se e até que ponto as partes possuem essa liberdade e podem regular suas condutas.

Por parte do infrator, a referência a termos como "direitos indisponíveis", "direitos indisponíveis transacionáveis" e "direitos inalienáveis" não é suficiente para solucionar o dilema da possibilidade do titular de dispor de seus direitos fundamentais, até porque os termos são utilizados de tantas maneiras que parecem misteriosos, confusos e incoerentes (MCCONNELL, 2000, p. IX). Como pondera Venturi, é preciso ter cuidado para que confusões terminológicas não inviabilizem soluções consensuais socialmente legítimas e constitucionalmente válidas, afinal, "as categorias jurídicas só têm razão de ser se funcionalmente puderem gerar proteção eficiente aos direitos" (2018, p.413).

Ao estudar a renúncia a direitos fundamentais, Novais adota a concepção dos direitos fundamentais enquanto posições jurídicas de vantagem do indivíduo em face do Estado e enquanto uma posição de liberdade e autonomia perante terceiros que o Estado está vinculado a proteger (trunfos contra a maioria). Tais trunfos decorreriam do reconhecimento da dignidade da pessoa humana (direito natural à igual consideração e respeito e à conformação autônoma de sua existência, contra pretensões externas de impor restrições nas liberdades individuais). Para o autor, a análise do tema sob a ótica dos direitos fundamentais como normas de competência negativas (os entes públicos não têm competência para restringir direitos fundamentais sem lei prévia) deve ser feita com base na natureza dúplice da renúncia de direitos fundamentais. Ao se vincular juridicamente a não exercer o direito fundamental, o particular exerce os direitos fundamentais do livre desenvolvimento da personalidade e dignidade da pessoa humana. Este poder de disposição do particular sobre seus direitos fundamentais decorre da própria Constituição e não precisa de fundamento legal habilitante, por isso a renúncia, enquanto exercício de direito fundamental, não demanda reserva de lei. Já em um segundo momento, a faceta da renúncia amplia os poderes do ente público para intervir em uma área protegida pelo direito fundamental, a partir da autorização do particular. Esta atuação restritiva de um direito fundamental pela Administração, habilitada pelo consentimento do titular, demanda reserva de lei. Mas mesmo aqui não se pode pretender uma exigência geral da reserva de lei, dado que ela está ligada a uma função garantística e pode ser dispensada quando não cumprir sua vocação originária de proteção individual. Ela será, portanto, necessária apenas quando exercer sua função de proteção, o que ocorre quando a decisão do particular afetar o livre desenvolvimento de sua personalidade ou sua existência digna, como renúncias induzidas por necessidade ou manifesto desequilíbrio de poder de negociação (2006, p. 234-242, 245-267).

Condicionar a exigência de lei para renúncias que possam afetar o livre desenvolvimento da personalidade ou da existência digna não resolve o problema, na medida em que mantém conceitos abertos, que dão margens a interpretações distintas e geram insegurança jurídica sobre a real possibilidade de disposição dos direitos fundamentais pelo infrator.

Este estudo adota premissa de que direitos fundamentais, conceitualmente, não são disponíveis nem indisponíveis, já que não abarcam, em sua estrutura, ontologicamente, a proibição de disposição. No Brasil, no plano normativo, as posições jurídicas de direitos fundamentais são disponíveis. Isso porque, além da Constituição Federal não proibir a disposição de direitos fundamentais, ela garantiu no *caput* do artigo 5.º o direito à liberdade, reforçou em seu inciso II que ninguém será obrigado a fazer ou deixar de fazer algo senão em virtude de lei e no inciso VI a liberdade de consciência. O direito geral de liberdade, portanto, pesa a favor, *prima facie,* das disposições das posições jurídicas de direitos fundamentais. A partir desta premissa, dispor de um direito fundamental significa "enfraquecer, por força do consentimento do titular, uma ou mais posições subjetivas de direito fundamental perante terceiros, quer seja o Estado quer sejam particulares, permitindo-lhes agir de forma que não poderiam [...] se não houvesse o consentimento" (MARTEL, 2010, p.82, 204). Ou seja, definidas as condutas e sanções no ordenamento jurídico (I) e configurada a prática do ilícito subsumido à norma (II.b), o consentimento do infrator em enfraquecer uma posição subjetiva de direito fundamental sua autoriza o Estado a aplicar a sanção no processo consensual (II.b.ii), o que receberá temperamentos de acordo com o ramo do direito sancionador em questão, conforme se abordará a seguir.

É preciso reduzir o paternalismo estatal em matéria processual. O infrator detentor de capacidade jurídica tem condições de avaliar a vantagem, ou não, do acordo. Negócios jurídicos processuais[5], instituto

[5] Escrevendo sob a lógica do CPC, mas com uma clara aplicação a uma teoria geral do processo Fredie Didier afirma que: A liberdade é um dos principais e mais antigos direitos fundamentais (art. 5º, *caput*, CF/1988). O direito fundamental à liberdade possui conteúdo complexo. Há a liberdade de pensamento, de crença, de locomoção, de associação etc. No conteúdo eficacial do direito fundamental à liberdade está o direito ao autorregramento: o direito que todo sujeito tem de regular juridicamente os seus interesses, de poder

previsto no CPC e que deve ser aplicado também no processo penal, se fundamentam na liberdade de negociação. A liberdade pode ser utilizada em desfavor do próprio réu? Nega-se a possibilidade de o réu celebrar um acordo e impõe-se mais um processo, muitas vezes com efeito deletério maior para o autor do ilícito, além de atrapalhar o MP a focar em outras ações mais relevantes para o interesse público.

Curiosa a invocação da legalidade em prejuízo do investigado que quer fazer o acordo. Aliás, o princípio da insignificância está previsto em qual norma do ordenamento? A legalidade existe para evitar o abuso do Estado, por isso não se pode proibir negociação no direito sancionador com fundamento genérico no princípio da legalidade. Afinal, estar-se-ia prejudicando o sujeito que também receberá os benefícios, em verdadeira inversão do próprio princípio. Impossível, portanto, admitir exceção à

---

definir o que reputa melhor ou mais adequado para a sua existência; o direito de regular a sua própria existência, de construir o próprio caminho e de fazer escolhas. Autonomia privada ou autorregramento da vontade é um dos pilares da liberdade e dimensão inafastável da dignidade da pessoa humana. O autorregramento da vontade se define como um complexo de poderes que podem ser exercidos pelos sujeitos de direito, em níveis de amplitude variada, de acordo com o ordenamento jurídico. Do exercício desse poder, concretizado nos atos negociais, resultam, após a incidência da norma jurídica, situações jurídicas (gênero do qual as relações jurídicas são espécie). Pode-se localizar o poder de autorregramento da vontade em quatro zonas de liberdade: a) liberdade de negociação (zona das negociações preliminares, antes da consumação do negócio); b) liberdade de criação (possibilidade de criar novos modelos negociais atípicos que mais bem sirvam aos interesses dos indivíduos); c) liberdade de estipulação (faculdade de estabelecer o conteúdo do negócio jurídico); d) liberdade de vinculação (faculdade de celebrar ou não o negócio).O Direito Processual Civil, embora ramo do Direito Público, ou talvez exatamente por isso, também é regido por essa dimensão de liberdade. O princípio da liberdade também atua no processo, produzindo um subprincípio: o princípio do respeito ao autorregramento da vontade no processo. É certo que esse princípio não tem, no Direito Processual Civil, a mesma roupagem dogmática com que se apresenta, por exemplo, no Direito Civil. Por envolver o exercício de uma função pública (a jurisdição), a negociação processual é mais regulada e o seu objeto, mais restrito. Isso, porém, não diminui a sua importância, muito menos impede que se lhe atribua o merecido destaque de ser um dos princípios estruturantes do direito processual civil brasileiro, uma de suas normas fundamentais. Não há razão para minimizar o papel da liberdade no processo, sobretudo quando se pensa a liberdade como fundamento de um Estado Democrático de Direito e se encara o processo jurisdicional como método de exercício de um poder. Há, na verdade, uma tendência de ampliação dos limites da autonomia privada na regulamentação do processo civil (2015, p. 19-21). Compreendendo o autorregramento da vontade no mesmo sentido: NOGUEIRA, 2018. p. 156. Cunha também defende que o direito à liberdade do art. 5.º da CF contém o direito ao autorregramento (2017, p. 61-62).

legalidade em prejuízo do réu, mas a seu favor seria um grave paradoxo restringir opções e direitos do investigado, protegendo-o de si mesmo.

No caso, exatamente porque o consentimento do titular representa uma justificativa procedimental da autolimitação operacionalizada no exercício de suas posições jurídicas de direito material, não se trata de um contrato de adesão. O infrator não é notificado para reconhecer o ilícito praticado e aceitar a imposição das sanções estabelecidas pelo MP. Ele é notificado para participar, com sua defesa técnica, da construção das cláusulas, em um procedimento dialógico.

Por parte do Estado, os "direitos difusos" e o "interesse público" afetos ao direito punitivo, tais como a probidade administrativa, a moralidade pública, o direito de liberdade, o direito social à persecução e punição criminal, não configuram impeditivos para negociação. O fundamento para a negociabilidade *prima facie* dos direitos transindividuais difusos afetos ao direito punitivo é a adequação da tutela. Caso a solução consensual se apresente como o mecanismo de tutela mais adequado do direito difuso que permeia a causa, naquela hipótese específica, esta adequação autoriza a utilização da técnica consensual para a hipótese. Como ensina Talamini, "a indisponibilidade do interesse público não implica que o Poder Público não possa ou não deva, em certas condições, submeter-se a pretensões alheias ou mesmo abdicar de determinadas pretensões" (2018, p. 287, 297). Em se tratando de direitos difusos afetos à improbidade administrativa, o que justifica que o Estado abdique de postular judicialmente a aplicação de todas as sanções previstas para aquela conduta e opte por pactuar uma solução consensual com o infrator será a adequação desta medida para tutela daquele direito, diante das circunstâncias fáticas e jurídicas incidentes.

Na lição de Zaneti Jr. e Didier Jr., não há proibição de autocomposição envolvendo direitos coletivos difusos. Pelo contrário, a solução consensual é valorizada e incentivada. Uma vez reconhecida a tutela constitucional dos direitos coletivos, é necessário garantir a tutela adequada. E a solução consensual visa exatamente a maior efetivação dos direitos difusos. Por isso a indisponibilidade dos direitos em questão não é afetada. Na realidade, seria afetada caso se impedisse a efetivação de tais direitos por uma via que se mostrou, naquela hipótese concreta, a mais adequada a concretizá-los. O fato de os direitos em questão serem difusos e tutelados em juízo por colegitimados faz com que a autocomposição tenha limites mais rigorosos. O que fundamenta a solução consensual é a adequação deste tipo de tutela de forma a propiciar o equivalente à efetivação da tutela específica. Existem graus de satisfação do interesse público a serem atendidos e implementados. Para efetivação dos direitos, portanto, será necessária sua concretização mediante interpretação e aplicação do direito ao caso concreto. Neste sentido, o órgão legitimado "vincula-se aos precedentes nos casos análogos e aos detalhes próprios do caso concreto e aos padrões da dogmática jurídica, para concretizar o direito coletivo" (2018, 37-66).

Mesmo no âmbito do direito punitivo (penal e administrativo sancionador), não há dúvida que ao tomar para si o monopólio da punição, a oficialidade da persecução penal/sancionadora gera para o Estado um poder de punir. Isso não é compatível com a possibilidade de o órgão de persecução escolher, ao seu talante, se irá ou não atuar. Por isso a oficialidade da persecução é muitas vezes atrelada à obrigatoriedade do ajuizamento de ações penais ou de improbidade administrativa. Entretanto, uma não é consectário lógico da outra. A oficialidade da persecução penal não gera a obrigatoriedade da ação penal, que é, na verdade, uma das opções de conformação da atuação estatal (SUXBERGER, 2016, p.12-13). Prepondera no Brasil um modelo de investigação oficiosa para reconstrução dos fatos ocorridos e, uma vez evidenciado o ilícito e sua autoria, o dever de resposta estatal. Entretanto, o conteúdo publicístico do processo penal/administrativo sancionador não exige o oferecimento de denúncia ou ajuizamento de ação de improbidade em todos os casos, mas sim que haja uma persecução do Estado frente aos ilícitos cometidos, inclusive para se evitar resoluções arbitrárias e garantir um tratamento igualitário de todos perante a lei.

Ademais, solução através do processo jurisdicional para todos os casos criminais e de improbidade administrativa se mostrou ineficaz, na medida em que não garantiu a prestação jurisdicional efetiva e em tempo razoável para uma grande porcentagem dos casos. Ou seja, da inegociabilidade das punições não resultou, no plano pragmático, efetividade das punições através da solução adjudicada pelo Poder Judiciário. Isso demostra que esta solução, por si só, não necessariamente melhor protege os interesses difusos que permearam as causas e nem sempre é a solução adequada para tutela dos direitos envolvidos, mesmo que rotulados de indisponíveis.

A solução consensual pode representar, portanto, uma proteção mais eficiente daquele direito difuso do que a solução judicial. E o agir do Estado na solução consensual não está circunscrito a um enunciado normativo prévio (ainda que receba limitações, conforme o ramo de atuação, como se verá). Isso porque a lei "deixou de ter hoje o monopólio habilitante da atividade administrativa" (OTERO, 2003, p.733), o campo da legalidade (direito por regas) passou a dividir espaço com o campo da juridicidade (direito por princípios, dentre eles a legalidade) (MORAES, 1999, p.21). Está superada a ideia de que o administrador só tem liberdade de escolha quando e exatamente na medida que a lei a concede. O espaço decisório do administrador encontra o fundamento de sua juridicidade na Constituição, que "deixa de ser mero programa político genérico à espera de concretização pelo legislador e passa a ser vista como norma diretamente habilitadora da competência administrativa e como critério imediato de fundamentação e legitimação da decisão administrativa" (BINENBOJM, 2014, p.132). Por obvio, não existe um espaço de livre de decisão, externo ao direito. A legitimação daquele agir administrativo será aferida conforme a fundamentação da juridicidade utilizada. E a sindicabilidade irá se operar no campo da juridicidade, e não só da legalidade.

Na temática dos acordos no direito punitivo, a margem permitida para negociação dependerá do ramo do direito sancionador.

3. MARGEM PERMITIDA PARA NEGOCIAÇÃO E NATUREZA JURÍDICA DAS CLÁUSULAS. MOMENTO DA CELEBRAÇÃO DO ACORDO. RESULTADO DO DESCUMPRIMENTO

A clareza quanto ao ramo sancionador (se penal ou administrativo sancionador) e à espécie de acordo entabulado (de pura reprimenda ou de colaboração) é que autorizam a compreensão sobre a margem permitida para negociação e a natureza jurídica das cláusulas pactuadas.

Quando a Constituição Federal diz em seu artigo 5º. que só haverá privação de liberdade e de bens com o devido processo legal (LIV) e culpa a partir da sentença penal condenatória (LVII), o que isso significa é que toda imposição de pena (criminal, portanto) decorre necessariamente de uma manifestação jurisdicional que analise as provas e declare a culpa do infrator. Em outras palavras, o que a Constituição Federal diferenciou e exigiu é que a aplicação de pena – afeta ao direito penal, portanto – advenha de ato jurisdicional. Isso exclui a possibilidade de consenso extrajudicial sobre pena desacompanhado de análise do Poder Judiciário.

Embora a CF tenha exigido jurisdição para imposição de pena, ela não erigiu a imposição de pena como a única opção de responsabilização possível diante da prática de um crime. O Código Penal e o Código de Processo Penal também não impuseram a obrigatoriedade do exercício da persecução penal judicial *full trial* para todos os casos penais. O que existe de previsão legal é que a ação penal pública será promovida por denúncia do Ministério Público, a qual será rejeitada quando for inepta, faltar pressuposto processual, condição da ação ou justa causa. Por fim, uma vez intentada, não poderá dela o Ministério Público desistir. Dizer que a ação penal pública será promovida pelo Ministério Público não é o mesmo que dizer que a ação penal pública é obrigatória para todos os casos penais.

O princípio da obrigatoriedade da ação penal está morto. Essa utopia bem intencionada que, além de esquecer a cifra oculta de crimes, provoca a impunidade de vários delitos por uma impossibilidade física quantitativa de atuação dos membros do Ministério Público, foi, durante muito tempo, uma ilusão que justificou ações penais infrutíferas do ponto de vista de política criminal.

A expansão do direito penal provocou uma impossibilidade processual de acusação de todos os crimes descobertos. A seletividade acabou fazendo parte do sistema.

O legislador penal reconheceu, então, a necessidade de consenso, e instituiu diferentes possibilidades de negócios processuais, de acordo com o objetivo de política criminal visado. Os institutos da transação penal, suspensão condicional do processo (artigos 76 e 89 da Lei 9.099/95) e o acordo de não persecução penal (artigo 28-A do CPP), cuja finalidade é fornecer uma resposta célere a determinados casos penais, evidenciaram a inexistência de obrigatoriedade no oferecimento de denúncia. Com objetivo de auxiliar investigações de ilícitos complexos, a colaboração premiada e a possibilidade de acordos de imunidade na Lei 12.850/13, além do acordo de leniência da Lei 12.846/13, sepultaram por completo o princípio da obrigatoriedade.

Na verdade, já passou da hora de olharmos a exclusividade da ação penal pública apenas com uma dimensão de exclusão de outros órgãos públicos, e passarmos a compreendê-la como uma dimensão capaz de interferir fundamentadamente na capacidade de processar ou de realizar um acordo.

No âmbito criminal, a solução consensual de pura reprimenda, com objetivo de alcançar a celeridade, envolve a pactuação de condições, possuindo as cláusulas natureza jurídica obrigacional. Se não forem cumpridas ensejarão oferecimento de denúncia perante o Poder Judiciário.

Ainda na seara penal, mesmo na consensualidade de colaboração, na qual o Estado oferece prêmios para estimular a obtenção de meios de prova de ilícitos de difícil investigação, a negociação não envolve aplicação de penas. O acordo pode sugerir as penas, mas quem o homologa e, ao final da instrução, profere a sentença que impõe a pena é o Poder Judiciário.

Na área da improbidade administrativa, o que a Constituição Federal exigiu para aplicação coercitiva das consequências jurídicas do ilícito ao infrator é que isso ocorra através do devido processo legal (art. 5.º, LIV, da CF: devido processo legal, no caso, é aquele definido pelo legislador na Lei 8.429/1992). Mas a CF não exigiu que a sanção aplicada necessariamente seja resultado de processo judicial ou mesmo de confronto probatório judicial.

Significa que nos acordos de pura reprimenda celebrados no campo da improbidade administrativa a mesma sanção que seria aplicada através do processo judicial pode ser aplicada através da solução consensual, caso haja consentimento do infrator e aquela via se revele a mais adequada como forma de resposta estatal. O fundamento é o direito geral de liberdade do infrator e a adequação da tutela ao caso concreto. E o art.17-B da Lei 8.429/1992, o art. 3º, §2º e §3º e art. 190 do CPC (cláusula geral de convencionalidade processual, que possibilita genericamente convenções processuais atípicas). Ainda, o art. 36, §4º, da Lei 13.140/2015, art. 26 da Lei de Introdução às Normas de Direito Brasileiro incluído pela Lei 13.655/2018 e a legislação que integra o microssistema anticorrupção.

A solução consensual no direito administrativo sancionador, portanto, não irá abranger condições (obrigações) alternativas e, em caso de descumprimento, ensejar ajuizamento do processo judicial respectivo.

A solução consensual irá pactuar as sanções (as mesmas previstas na lei para aplicação coercitiva através do processo judicial) e será homologada judicialmente, gerando título executivo judicial (art.17-B, §1º, III, Lei 8.429/1992 e art.515, II e III, CPC). Em caso de descumprimento, o acordo será executado (sem necessidade de formação de culpa através de processo judicial a ser instaurado, já que a formação de culpa necessária para o sancionamento decorre da prévia apuração dos fatos e do consentimento do infrator, acompanhado de defesa técnica).

Quanto ao momento da celebração, o sentido político subjacente aos acordos de pura reprimenda (penais e não penais) é abreviar os casos, conferir celeridade à resposta estatal. Por isso em regra devem ser pactuados na fase pré-processual, antes da judicialização, instrução e prolação de sentença, mas obviamente após a conclusão da investigação dos fatos, oportunidade na qual a conduta, o fato ilícito e a extensão do dano estarão provados. Acordos não são saídas alternativas para justificar uma atuação estatal quando não há prova do ilícito ou quando a hipótese é de insignificância. A conduta insignificante não é crime porque não existe a tipicidade material. Não há que se falar em acordo de não persecução ou em negociação nessa hipótese, pois o fato é atípico. É preciso atenção para que não haja um equívoco de provocar restrições a investigados que não cometeram ilícitos.

Não vemos impedimento à pactuação do acordo de não persecução penal (ANPP) na audiência de custódia, desde que já se tenha elementos seguros de justa causa para a ação penal. Não há proibição legal para a realização do acordo nessa audiência e seria um paradoxo interpretação que prejudicasse o investigado, afinal a qualquer momento antes da ação penal pode ser oferecido o ANPP. A regra da audiência de custódia continuará sendo a liberdade do réu, caso não estejam presentes uma das hipóteses da prisão preventiva. Por isso a negativa do investigado em celebrar o acordo não pode ser interpretada em seu prejuízo, não se pode condicionar sua liberdade à celebração do acordo. É um direito seu, sem possibilidade de o Estado extrair qualquer consequência em seu desfavor diante de sua recusa. A celebração do acordo, por sua vez, deve provocar a imediata soltura do investigado, pois é incompatível com a decretação/manutenção da prisão preventiva.

Eventual oferecimento da proposta de não persecução e recusa por parte dos infratores em regra gera preclusão, afinal o processo é uma marcha que deve primar por um resultado célere e a finalidade dos institutos é a celeridade na solução daqueles casos.

No que tange aos processos pendentes, tratando-se de norma mista não deveria haver a menor dúvida quanto à sua aplicação imediata[6]. Do mesmo modo, quando ocorrer desclassificação do tipo, em qualquer fase do processo, para um crime que seja cabível o acordo deve ser oferecido. Tipificações provisórias equivocadas não podem prejudicar direitos fundamentais do réu.

Pela previsão expressa do art.17-B, §4º, da Lei 8.429/92, os acordos no âmbito da improbidade administrativa podem ser celebrados antes do ajuizamento do feito, no curso da ação de improbidade administrativa ou mesmo na execução da sentença condenatória. Como será visto, a juridicidade do acordo na improbidade administrativa encontra fundamento constitucional e também em outras normas, o que fundamenta o acordo é a adequação da tutela. Mesmo após o trânsito em julgado, a pactuação pode se apresentar como tutela mais adequada, como, por exemplo, diante da não localização de bens para satisfação do débito e da concordância da quitação por parte do infrator.

Já os acordos relacionados à consensualidade de colaboração, tanto no âmbito penal quanto no âmbito da improbidade administrativa, visam alcançar meios de obtenção de prova para investigação e punição de ilícitos complexos. O sentido político subjacente a estes acordos é de sofisticação de instrumentos para enfrentamento de temas de complexidade transversal. Por isso em regra interessa ao Estado a pactuação em

---

6 Em 18/09/2024, o Plenário do STF, no julgamento do HC 185.913, definiu o limite da retroatividade do ANPP, fixando tese no sentido de que o acordo é cabível nos processos em andamento, quando da entrada da vigência da Lei 13.964/2019, mesmo se ausente confissão do réu até aquele momento, desde que o pedido tenha sido feito antes do trânsito em julgado; nos processos penais em andamento na data da proclamação do resultado deste julgamento, nos quais em tese seja cabível a negociação de ANPP, se este ainda não for oferecido ou não houve motivação para o seu não oferecimento, o MP, agindo de ofício, a pedido da defesa ou mediante provocação do magistrado da causa, deverá, na primeira oportunidade que falar nos autos após a publicação da ata deste julgamento, manifestar-se motivadamente acerca do cabimento ou não do acordo; nas investigações ou ações penais iniciadas a partir da proclamação do resultado deste julgamento, a proposição de ANPP pelo MP ou a motivação para o seu não oferecimento, devem ser apresentadas antes do recebimento da denúncia, ressalvada a possibilidade de propositura pelo órgão ministerial no curso da ação penal se for o caso.

qualquer fase, seja na investigação, seja durante a tramitação processual ou mesmo após a prolação da sentença com condenação do infrator.

4. DIREITO SUBJETIVO DO INFRATOR. DISCRICIONARIEDADE DO ESTADO. CONTROLE DA DISCRICIONARIEDADE E PAPEL DO JUIZ

Os acordos, seja de pura reprimenda ou colaboração, seja penal ou de improbidade administrativa, possuem natureza de negócios jurídicos, pois pressupõem voluntariedade dos envolvidos, até por envolverem cedências recíprocas, e suas declarações de vontade especificarão a forma de incidência dos efeitos jurídicos do ordenamento jurídico para aquele caso concreto. Em regra, são processuais, porque possuem aptidão para refletirem em processos judiciais, ainda que futuros e, em alguns casos, eventuais.

As soluções consensuais demandam uma mudança de cultura dos atores envolvidos, já que estão todos treinados para o debate e esperam existir um vitorioso e um derrotado, dado o histórico de utilização quase exclusiva da solução adjudicada judicial no Brasil. A mudança de paradigma alcança tanto a ideia de que no final não haverá um ganhador e um perdedor quanto o desejável respeito, *a priori*, ao acordo firmado por outros legitimados, inclusive quem não tenha participado direto da pactuação originária. No caso do acordo, as partes se vincularam voluntariamente, dentro da principiologia da boa-fé e cooperação, ainda que sejam adversárias no conflito (CABRAL, 2020, p.138). O princípio da cooperação não representa uma colaboração irrestrita entre as partes e nem almeja uma realidade não litigiosa no processo, ele impõe, sim, um dever de conduta objetivo às partes e ao juiz, controla o agir estratégico das partes e exige posturas objetivas de cooperação para com o processo (ZANETI JR, 2018, p.92-94). A lealdade processual implica exigir das partes do acordo seu cumprimento, sendo incompatível o ajuizamento de ação de improbidade administrativa ou o oferecimento de denúncia pelo Ministério Público (até porque o cumprimento do acordo gera extinção de punibilidade) e a interposição de Habeas Corpus pelo infrator, por exemplo.

Como consequência da voluntariedade, é impossível obrigar o infrator a pactuar um acordo ou o Estado a oferecê-lo (Ministério Público nos acordos penais e Ministério Público ou ente lesado nos acordos na improbidade administrativa).

A avença presume a análise da tutela mais adequada para solução daquele caso, conforme suas especificidades. É muito difícil pensar em soluções absolutamente idênticas, tanto no que se refere à hipótese fática quanto no que se refere à individualização da sanção para a característica pessoal daquele infrator. Afinal, a determinação constitucional de proporcionalidade e individualidade da pena devem nortear também os benefícios pactuados.

Não existe, portanto, direito subjetivo do infrator a exigir do Ministério Público (ou do ente lesado, no caso da improbidade administrativa) uma proposta de acordo com cláusulas determinadas previamente, tomando-se por parâmetro outra situação fática ou outro acordo pactuado com terceiro[7]. As situações fáticas se diferem e a análise da adequação da tutela envolve inclusive a individualização da sanção.

Podem existir, entretanto, situações bastante semelhantes, por exemplo quando da prática de ilícitos em coautoria ou participação, o que exigirá, à princípio, tratamento isonômico no oferecimento ou não da proposta do acordo e das cláusulas.

No caso de oferecimento prévio de acordo em uma situação fática e pessoal do infrator extremamente semelhante para terceira pessoa, aumenta o ônus argumentativo do Estado (MP ou ente lesado) para agir de forma diversa, seja discordando do oferecimento do acordo, seja apresentando cláusulas diferenciadas. É preciso demonstrar, de forma fundamentada, as razões que justificam o tratamento desigual.

Uma constatação necessária, neste aspecto, é que até hoje não se alcançou, por parte dos operadores do direito, uma uniformidade plena na aplicação de consequências jurídicas a quem descumpre o ordenamento, independente do meio empregado para solução do conflito (judicial ou consensual). Incontáveis são as situações nas quais um Promotor de Justiça promove o arquivamento de uma investigação por considerar o fato atípico, porque insignificante, enquanto outro membro oferece denúncia. E no próprio Poder Judiciário há intensa discussão sobre quais os contornos das mais variadas condutas ensejam ou não o reconhecimento

7 Posicionamento revisto pelo autor Américo Bedê Freire Jr. em relação às edições anteriores.

da insignificância. No âmbito dos Juizados Especiais Criminais, acordos são pactuados e homologados com obrigações totalmente discrepantes para crimes de menor potencial ofensivo análogos, por vezes na mesma Comarca, em diferentes juízos. A dosimetria na aplicação de sanções é outro exemplo de como as interpretações do ordenamento jurídico, por seus operadores, são díspares, e como situações aparentemente equivalentes recebem respostas discrepantes do Poder Judiciário.

Não se pode pretender transportar, portanto, para o ambiente da solução consensual, uma uniformidade absoluta que não existe no direito, ou mesmo condicionar sua juridicidade à imutabilidade dos acordos. Exatamente porque entre o fato e o direito há sempre interpretação, as normatizações já positivadas sempre incluíram uma cláusula aberta que permitiu a análise do caso concreto para os ajustes necessários à individualização e à garantia da proporcionalidade das medidas pactuadas[8]. Sempre haverá, assim, uma margem de plasticidade para análise da situação fática e para negociação das cláusulas dos acordos. O desafio que se propõe é o desenvolvimento de mecanismos que possibilitem situações similares de receberem tratamentos correlatos, tal qual a previsão de parâmetros previamente estabelecidos que diminuam os espaços de discricionariedade dos envolvidos.

Em que pese o infrator não ter direito subjetivo a exigir proposta idêntica a outra já oferecida, tem ele direito subjetivo a que seja apreciada a hipótese de solução consensual. Isso porque existe uma diretriz constitucional de solução pacífica que vincula a atuação do Estado (Ministério Público e ente lesado), além das próprias previsões legais dos acordos de não persecução. Um Estado Democrático de Direito não convive com poderes sem limites e sem controles. Existe uma proscrição de arbitrariedades. É preciso utilizar um ônus argumentativo para se desvincular da diretriz constitucional, ou seja, fundamentadamente explicitar as razões pelas quais o caso concreto deve receber tratamento diverso. E tal decisão será objeto de controle (art. 28 do CPP no acordo

8 O art. 76, §2º., III, da Lei 9.099/95, previu que a transação penal será pactuada se "necessária e suficiente a adoção da medida"; o art. 89 da Lei 9.099/95 exigiu que os "motivos e as circunstâncias autorizem a concessão do benefício" (ao vincular o preenchimento dos requisitos do art. 77 do CP); e o art. 28-A do CPP exigiu, para pactuação do acordo de não persecução penal, que ele seja "necessário e suficiente para reprovação e prevenção do crime".

de não persecução penal e Conselho Superior/Câmara Revisora do MP e homologação judicial no acordo de não persecução cível). É direito do infrator que o Ministério Público (ou o ente lesado) atue de forma fundamentada, controlada e de modo universalizável.

É recomendável, ainda, que as tratativas mantidas entre o Ministério Público ou o ente lesado e o infrator sejam registradas (filmadas), por um dever de transparência[9]. Esse registro irá demonstrar o conhecimento do infrator sobre os elementos de informação existentes e sobre a imputação deduzida em seu desfavor; o acompanhamento imprescindível de defesa técnica nas negociações; o eventual fornecimento de outros elementos trazidos pelo próprio infrator para ciência do Ministério Público; a participação dialógica do infrator e do membro do Ministério Público na pactuação das cláusulas, a partir das especificidades do caso concreto e também da situação pessoal do infrator; e, ainda, o consentimento do infrator na autolimitação de posições jurídicas de direitos fundamentais isento de coações e fruto de uma decisão informada.

Outra consequência da voluntariedade inerente aos acordos é o reconhecimento de que o infrator não pode sofrer prejuízos pela não aceitação do acordo eventualmente oferecido.

Como dito, as soluções consensuais no âmbito do direito punitivo atuam sob uma perspectiva de cooperação e da proteção da confiança e da segurança jurídica. O Estado é uno e, uma vez negociada a solução consensual entre o Ministério Público (ou o ente lesado, no ANPC[10]) e o infrator e submetida à homologação judicial, *ab initio* o que foi acordado precisa ser respeitado. As autolimitações de posições de direitos fundamentais do infrator pactuadas foram consentidas e a adequação da tutela daquele direito difuso foi demonstrada através da fundamentação do acordo e das cláusulas.

Neste contexto, o questionamento que se propõe é se o acordo e as sanções pactuadas vinculam o juiz ou é possível que ele pactue diretamente com o infrator o acordo e, ainda, que aplique obrigação/sanção distinta daquela acordada pelas partes.

---

9 Neste sentido, o art.18, §2, da Resolução n. 181/2017, do CNMP.

10 O STF, no julgamento das ADIns 7.042 e 7.043, reconheceu que as pessoas jurídicas interessadas também têm legitimidade para propor ação por ato de improbidade administrativa, em 31.08.2022.

Para responder esta questão se faz necessário diferenciar o ramo do direito sancionador e a hipótese em análise, se estamos diante de recusa no oferecimento do acordo ou de discordância do magistrado com os termos em que pactuado.

Independente do ramo do direito sancionador, caso o MP (ou ente lesado, na improbidade administrativa) não ofereça o acordo, não há nenhum óbice para que o magistrado o intime para que proponha ou justifique a não proposição, caso ausentes impedimentos legais. Com mais razão deve assim proceder na hipótese de ser informado pela defesa do infrator de eventual recusa injustificada no oferecimento do acordo. Incentivar a solução consensual não fere a imparcialidade do magistrado.

Mas o limite da atuação do juiz é o estímulo ao acordo. O magistrado não participa do acordo de não persecução, ele não é parte do acordo, não analisa a conveniência em sua celebração. Também não negocia cláusulas, não toma partido a favor do interesse de qualquer das partes ou pactua diretamente com o infrator qualquer acordo. Enquanto as partes do acordo se vinculam voluntariamente, negociam, firmam as cláusulas e seus efeitos, o vínculo jurídico, para o juiz, se opera "pelo atuar legítimo das partes no espaço de autonomia que o ordenamento processual lhes assegura". A função do juiz é de incentivo e controle. Deve fomentar a solução consensual, inclusive com exercício de seus deveres de esclarecimento e consulta, e exercer o controle sobre os termos do acordo, quando submetido à homologação, a fim de verificar "se as partes extrapolaram o espaço que o ordenamento jurídico lhes atribui para atuar", afinal, o juiz, em um Estado de Direito, é um órgão aplicador de normas jurídicas válidas (CABRAL, 2020, p.142-143). Este controle possui temperamentos distintos, conforme o ramo do direito sancionador.

Intimado o órgão legitimado para oferecimento do acordo e mantida a recusa, cabe ao magistrado aplicar o art. 28 do CPP (no caso do acordo de não persecução penal. Já no caso do acordo de não persecução cível, por paralelismo nada obsta que o magistrado remeta o feito para o órgão superior do MP (Conselho Superior do MP ou Câmara de Revisão[11]).

[11] Já se entendeu que a decisão de recusa ao acordo de não persecução cível não é impugnável, incidindo em erro o magistrado que remeter o feito da forma sugerida: TJ-RS - COR:

Mantida a recusa, no âmbito criminal Dutra defende que, na hipótese do ANPP, o controle de legalidade não se esgota no Ministério Público. A decisão tomada pelo órgão de revisão do MP desafia controle jurisdicional via *habeas corpus* (2020, p. 401). O entendimento que melhor que se coaduna com a previsão expressa dos parágrafos 7º. e 8º do art. 28-A do CPP e art. 129 da CF, entretanto, nos parece ser reconhecer a última palavra para oferecimento do ANPP com o Ministério Público. Neste caso, não concordando o magistrado com a recusa, mantida pelo órgão superior do MP, e sendo oferecida a denúncia, lhe resta a rejeição, com fundamento na não adequação da via eleita para aplicação das consequências jurídicas ao ilícito[12]. Isso porque a sanção mínima prevista na lei será desproporcional, por uma atuação posterior equivocada do Estado, afinal, ainda que imposta a pena mínima ao término da instrução, ela traria maiores prejuízos ao acusado que a solução consensual. A rejeição da denúncia, no caso, desafiará Recurso em Sentido Estrito, conforme art. 581, I, CPP.

Ainda no âmbito criminal, caso submetido à homologação um ANPP com cláusulas consideradas, pelo magistrado, inadequadas, insuficientes ou abusivas, deve ele devolver o processo para reformulação do acordo (§5º do art. 28-A, CPP). Outra hipótese seria o magistrado expor as razões de sua discordância na audiência designada para homologação do acordo, com prévia intimação do Ministério Público, ocasião na qual as partes teriam a oportunidade de, concordando com as ponderações, reformularem as cláusulas. Não concordando as partes do acordo com a reformulação, deve o juiz recusar a homologação, decisão impugnável também por Recurso em Sentido Estrito, conforme art. 581, XXV, CPP. Recusada a homologação e oferecida a denúncia, incide a mesma solução da situação anterior, ou seja, pode o juiz rejeitar a denúncia.

70084406685 RS, Relator: Carlos Roberto Lofego Canibal, Data de Julgamento: 16/12/2020, Primeira Câmara Cível, Data de Publicação: 20/01/2021.

12 Mantendo a decisão de rejeição da denúncia por ausência de justa causa, diante da negativa de propositura do ANPP: TJ-SP – RSE: 15048647020218260228 SP 1504864-70.2021.8.26.0228, Relator: Heitor Donizete de Oliveira, Data de Julgamento: 17/02/2022, 12ª Câmara de Direito Criminal, Data de Publicação: 17/02/2022. Não admitindo a rejeição da denúncia por ausência de oferecimento do ANPP, sob o fundamento de que o oferecimento ou não da proposta não é condição de procedibilidade da ação penal: STJ, AgRg no RECURSO ESPECIAL Nº 2047673 - TO (2023/0010003-0).

Ora, de um lado o juiz não é um mero carimbador de acordos. De outro, as negociações dizem respeito exclusivamente às partes, não é possível admitir que o que foi acordado seja ignorado, isso frustra o próprio acordo.

A forma de compatibilizar isso é reconhecer que não há vinculação do magistrado às sanções acordadas no ANPP, especialmente se manifestamente desproporcionais ao ilícito praticado. Mas, neste caso, deve o juiz rejeitar sua homologação, não sendo possível surpreender as partes com obrigação diversa da pactuada. Isso ofenderia o próprio princípio do contraditório, por representar decisão surpresa (SUXBERGER, 2019, p.154) e desobediência ao dever de debate do juiz em relação às partes (CABRAL, 2005, p.449-463). Ou seja, em caso haja recusa de qualquer das partes em reajustar o que foi acordado, não há como o juiz suprir a voluntariedade e o assentimento das partes.

Estas são as formas de conciliar o fato de sistematicamente a última palavra sobre a propositura do ANPP ser do Ministério Público, enquanto a última palavra sobre sua homologação ser do Poder Judiciário.

No âmbito da improbidade administrativa, a Lei 14.230/2021 alterou a Lei 8.429/1992 e expressamente exigiu a homologação judicial do acordo de não persecução cível (redação atual do art.17-B da Lei 8.429/1992). Ou seja, a homologação judicial é condição de eficácia do acordo, elemento integrativo, os efeitos pretendidos pelas partes só se produzirão após a homologação (CABRAL, 2020, p.147). Caso pactuado na fase extraprocessual, o pedido de homologação tramitará na forma de jurisdição voluntária e gerará título executivo judicial (art.515, III e §2º, e art.725, VIII, CPC). Mesmo antes da alteração legal, a pactuação durante a tramitação da ação de improbidade já desafiava homologação judicial, gerando, também, título executivo judicial (art.515, II, CPC e art.36, §4º., Lei 13.140/2015).

Há discussão doutrinária sobre a extensão da cognição do juiz na homologação dos acordos (judiciais ou extrajudiciais). Parte dos autores defende que o magistrado deve proceder a um verdadeiro exame de mérito do pacto, "deixando de homologá-lo, homologando-o parcialmente ou recomendando às partes alterações em determinadas cláusulas", caso considere "inadequadas ou desproporcionais as condições fixadas" (ANDRADE, 2020). O parágrafo único do art. 723 do CPC prevê que "o juiz não é obrigado a observar critério de legalidade estrita, podendo adotar em cada caso a solução que considerar mais conveniente ou oportuna", o que justificaria a recusa à homologação se o magistrado entendesse que o acordo não repara adequadamente o dano ou não sanciona de forma efetiva o infrator, por exemplo. Nos parece mais consentânea com um Estado de Direito a lição de Cabral, no sentido de que o juiz se vincula aos acordos processuais válidos, em decorrência da juridicidade da regra convencional, devendo ele aplicar normas jurídicas válidas. Sua atuação imparcial não compreende capacidade negocial (poder que o ordenamento jurídico confere a indivíduos para produzirem normas jurídicas individuais) e sua função é de controle sobre a validade das convenções. A homologação, mesmo quando exigida em lei, não é requisito de existência ou validade do acordo, mas sim condição de eficácia do negócio jurídico celebrado, elemento integrativo (2020, p.139-150). A atuação do juiz, portanto, deve controlar os requisitos de validade do acordo, tais como autonomia da vontade e licitude do objeto.

Feitas estas considerações, assentada a premissa de que não existe um direito sancionador estatal único que gere um regime jurídico comum para toda manifestação sancionadora do Estado, não se pode transpor princípios e garantias penais para o direito sancionador não penal. Os contornos da aplicação consensual de consequências jurídicas ao ilícito praticado e as consequências de eventual descumprimento do acordado dependerão, portanto, do ramo sancionador que envolve o acordo (penal ou administrativo sancionador) e do seu escopo (pactuação de pura reprimenda ou técnica de investigação a partir da colaboração do infrator).

Por isso as especificidades da margem permitida para negociação serão tratadas separadamente.

5. ACORDO DE NÃO PERSECUÇÃO PENAL (ANPP)

Pelo artigo 28-A do CPP, o ANPP é cabível para infrações penais com pena mínima em abstrato inferior a quatro anos, cometidas sem violência ou grave ameaça, devendo o ajuste ser necessário e suficiente para reprovação e prevenção do crime[13].

[13] No julgamento do RHC 222.599-SC, a Segunda Turma do STF, por maioria, decidiu que o ANPP também não abarca os crimes raciais, assim também compreendidos aqueles pre-

O objetivo do ANPP não é substituir as formas de consenso já regulamentadas pela legislação, mas sim atingir outras hipóteses que anteriormente levavam a um processo penal com duvidosas vantagens para Estado e réu. Se for cabível a transação penal, não é possível falar em ANPP.

A vedação do ANPP para os crimes que foram praticados com violência ou grave ameaça é uma restrição compatível com uma interpretação sistemática que não admite a substituição da pena privativa de liberdade, logo não haveria sentido em admitir o acordo, já que a gravidade das condutas as torna incompatíveis com o ANPP. Seu *habitat* natural são os casos em que a procedência da denúncia e a prolação de uma sentença condenatória não gerariam o recolhimento do infrator à prisão (art. 44,I, CP).

No que se refere à exigência de confissão, apesar de não ser uma prova absoluta e da impossibilidade de se alcançar a verdade através do processo penal, a assunção de culpa, voluntariamente, por parte do investigado, foi exigida pelo art. 28-A, CPP, como condição para oferecimento de uma resposta estatal mais benéfica ao acusado. Não há inconstitucionalidade na exigência, afinal ela possibilita o acesso a um benefício e nada impede que o infrator opte por outra estratégia processual, inclusive tentar provar sua inocência judicialmente e, ao término da instrução, confessar ou não recorrer. Optando pelo ANPP, é preciso confessar. A confissão qualificada não autoriza o acordo, já que, nessas hipóteses, o investigado, ao confessar, alega uma excludente. Se ele não afirma a prática do crime, o processo será indispensável para aplicação das consequências jurídicas.

Descumprido o acordo, não se desconhece que o infrator pode se retratar da confissão (art. 200, CPP), mas caso não o faça, em seu interrogatório, a confissão no ANPP pode ser utilizada para condenação, obviamente com reconhecimento da atenuante legal, em especial se idêntica à confissão feita na fase de inquérito policial. Por isso não se

vistos no art. 140, § 3º, do Código Penal. A decisão limitou, jurisprudencialmente, o espaço de consenso, ao inserir uma proibição não prevista pelo legislador infraconstitucional, que considerou a gravidade abstrata dos crimes aptos ao ANPP na fixação da pena mínima em abstrato inferior a quatro anos. A inovação no exercício da função jurisdicional, acrescentando uma proibição genérica não prevista em lei parece extrapolar os limites da interpretação judiciária e incorrer em inovação excessiva.

pode concordar com a afirmação de Rogério Sanches, no sentido de que "apesar de pressupor sua confissão, não há reconhecimento expresso de culpa pelo investigado. Há, se tanto, uma admissão implícita de culpa, de índole puramente moral, sem repercussão jurídica. A culpa, para ser efetivamente reconhecida, demanda o devido processo legal" (2020, p. 129). O descumprimento do acordo não valida a confissão do ANPP como prova absoluta, mas também não impede seja considerada em conjunto com outras provas na formação do convencimento do juiz, caso não retratada no interrogatório judicial.

O art. 28-A do CPP autorizou a propositura do ANPP "mediante as seguintes condições, ajustadas cumulativa e alternativamente": I – reparar o dano ou restituir a coisa à vítima, salvo impossibilidade de fazê-lo; II – renunciar voluntariamente a bens e direitos indicados pelo Ministério Público como instrumentos, produto ou proveito do crime; III – prestar serviço à comunidade ou a entidades públicas por período correspondente à pena mínima cominada ao delito, diminuída de um a dois terços, em local a ser indicado pelo juízo da execução; IV – pagar prestação pecuniária, a ser estipulada nos termos do art. 45 do Código Penal, a entidade pública ou de interesse social, a ser indicada pelo juízo da execução, que tenha, preferencialmente, como função proteger bens jurídicos iguais ou semelhantes aos aparentemente lesados pelo delito; ou V – cumprir, por prazo determinado, outra condição estipulada pelo Ministério Público, desde que proporcional e compatível com a infração penal imputada.

A utilização da expressão "cumulativa e alternativamente" no *caput* enseja um aparente paradoxo, afinal acumulação significa reunião (no caso, das condições listadas nos incisos) e alternativamente significa opção, sucessão de coisas que se excluem entre si (no caso, entre as condições listadas nos incisos). Além da utilização desta expressão no *caput*, entre o inciso IV e o inciso V o legislador utilizou a expressão "ou", que é uma conjunção coordenativa alternativa. Ou seja, uma conjunção utilizada para ligar elementos independentes (que podem ser isolados um do outro sem que haja perda da unidade de sentido de cada um), em um sentido de exclusão. No caso, o "ou" ligou a condição do inciso IV com a condição do inciso V, expressando a ideia de alternância ou escolha.

A obrigatoriedade de reparação do dano é importante como forma de otimização do tempo processual, garantindo, na medida do possível (a mesma discussão existente na transação penal relativa à impossibilidade de reparação deve ser aqui retomada), o interesse da vítima, que terá a sua reparação civil garantida.

A interpretação da expressão "cumulativa e alternativamente" associada com a conjunção "ou" entre o inciso IV e o inciso V que se apresenta como a mais afinada com a premissa da necessária reparação do dano parece ser a que indica as condições dos incisos I e II como cumulativas e as condições dos incisos III, IV e V como alternativas. Isso porque os incisos I e II abrangem mecanismos de reparação e recomposição do dano, sempre exigíveis e necessárias. Por isso a cumulatividade de ambas e o acréscimo obrigatório de pelo menos uma das outras (já que a reparação do dano, por si só, não é sanção e a ausência de pactuação de qualquer sanção no acordo equivaleria a um prêmio para a ilicitude praticada, sendo necessário impor algum ônus ao infrator como equivalente funcional da pena, em cumprimento à função de prevenção específica que o acordo deve ter). Neste sentido, às condições dos incisos I e II seria acrescida a condição do inciso III e/ou do inciso IV e/ou do inciso V, conforme as circunstâncias do caso concreto. Se a lógica do legislador fosse a aplicação cumulativa das condições dos incisos I, II e III, acrescidas da condição do inciso IV ou do inciso V, bastaria ter utilizado a conjunção "ou" entre esses dois últimos incisos, como fez. Teria sido inútil a expressão "cumulativa e alternativamente" do *caput*. Portanto, em que pese não ter sido utilizada a conjunção "ou" entre os incisos III e IV, a expressão "cumulativa e alternativamente" do *caput* e a exigência de reparação do dano à vítima autorizam o raciocínio.

Em relação às exigências de prestação de serviço à comunidade e prestação pecuniária, apesar de nesse momento não ostentarem a condição de pena, devem ser interpretadas em homogeneidade com a substituição por pena alternativa. Consequência significativa é que as duas somente poderiam ser exigidas pelo MP cumulativamente quando a pena mínima for superior a um ano e seis meses. O raciocínio jurídico aqui é que, com a redução mínima de 1/3 (um terço) prevista na própria lei (art. 28-A, III, CPP), o cumprimento seria de um ano, hipótese em que a lei prevê apenas uma pena alternativa, não sendo indicado exigir nesse caso ambas as medidas.

A cláusula genérica de outras condições a serem exigidas pelo MP precisa ser bem trabalhada pelos membros, na medida em que abre uma janela para arbítrios, porém viabiliza uma personalização do acordo, adequando ao caso concreto. É preciso muito equilíbrio nessas exigências não padronizadas para a celebração de acordo, a fim de se evitar que o abuso o inviabilize. Por exemplo, qualquer prazo de prisão a ser cumprido pelo réu não pode ser exigido no acordo. Efetivamente, uma das grandes vantagens do consenso é evitar o processo, mas também a possibilidade de prisão do investigado.

A previsão legal da realização de uma audiência para homologação do acordo (art. 28-A, §4º., CPP) foi uma novidade importante, uma vez que todas as outras formas de acordo no processo penal brasileiro há a realização de audiência para homologação. Também se apresenta como razoável o não oferecimento da suspensão condicional do processo para quem descumprir o ANPP, porque há um risco de novo descumprimento. A situação é análoga ao entendimento de que o réu que descumpre a suspensão condicional do processo não tem direito à substituição por pena alternativa. Por outro lado, um grave equívoco da lei foi determinar que o acordo seja executado na vara de execução penal. Nenhum sentido nessa previsão. Do mesmo modo que suspensão condicional do processo e a transação não devem ir para a vara de execuções, não há nenhuma explicação racional para tal previsão.

Pondera-se, ainda, que não se deve extrair nenhuma consequência em prejuízo do investigado para além das previstas na lei. Não se deve considerar o cumprimento do acordo como uma hipótese de réu tecnicamente primário ou como maus antecedentes. Também não há que se falar em ato apto a gerar reincidência, já que o ANPP não envolve sentença penal condenatória. Na verdade, o acordo garante ao investigado a solvência de todas as suas questões com aquele fato.

Por fim, precisa a alteração do Código Penal para a inclusão do inciso IV no artigo 116, que determina a suspensão da prescrição enquanto não cumprido ou rescindindo o acordo de não persecução. Importante notar da redação legal que não basta o simples descumprimento do acordo, a prescrição só volta a correr na data da rescisão formal do acordo.

6. ACORDO DE NÃO PERSECUÇÃO CÍVEL

Como visto, os acordos na improbidade administrativa podem ter distintas naturezas jurídicas (consensualidade de pura reprimenda ou consensualidade de colaboração, celebrada inclusive em conjunto com a Lei 12.846/2013). Se fundamentam na adequação da tutela e no direito geral de liberdade do infrator para enfraquecer posições jurídicas de direitos fundamentais.

Já defendemos, nas edições anteriores, que o ideal seria a elaboração de lei estabelecendo parâmetros previamente fixados em âmbito nacional (sobre sua natureza jurídica, seu limite temporal, seus impedimentos, seu rito, seu conteúdo possível, seus efeitos jurídicos e seus meios de impugnação).

Para os aspectos não disciplinados na alteração legislativa, permanece a sugestão dos temas serem disciplinados pelo Conselho Nacional do Ministério Público, órgão incumbido de formular uma política nacional para instituição e zelar por sua unidade[14]. Ou, ainda, a expedição de atos normativos pelos Ministérios Públicos dos diversos Estados e da União, estabelecendo balizas aptas a guiarem seus membros. A normatização prévia funciona como um redutor de complexidades para os envolvidos, na medida em que contribui para redução da insegurança, para diminuição dos espaços de discricionariedade e para o respeito ao princípio da igualdade, no sentido de que situações similares receberão tratamentos correlatos. Até que isso ocorra, exatamente porque os acordos alcançam um espaço de atuação amplo, com finalidades diversas, não há sentido em restringir, dogmaticamente, a norma que deve regê-los.

Através do termo de ajustamento de conduta (TAC), previsto no § 6.º do art. 5.º da Lei 7.347/1985, "os órgãos públicos legitimados poderão tomar dos interessados compromisso de ajustamento de sua conduta às exigências legais, mediante cominações, que terá eficácia de título executivo extrajudicial". Nas edições anteriores, defendemos que a redação legal conferia eficácia imediata ao termo e não exigiria a imposição das sanções cominadas em seu grau máximo ou mesmo de todas as sanções cominadas. Por isso, a expressão "ajustamento às exigências legais" autorizaria a utilização do termo de ajustamento de conduta como

[14] Encontra-se em tramitação, no CNMP, a Proposição n° 1.00873/2021-72, proposta de resolução para regulamentação do ANPC, sendo a Relatora atual a Conselheira Cíntia Menezes Brunetta. A primeira sugestão, elaborada ainda antes das alterações na LIA, passou por uma revisão por um grupo de trabalho formado por diversos Ministérios Públicos, para ajusta-la às mudanças da Lei, e a proposição foi incluída na sessão do Plenário de 13/08/2024, suspenso o julgamento por pedido de vista.

instrumento do negócio jurídico firmado entre o Ministério Público e o infrator. No caso, as exigências "legais" corresponderiam à tutela adequada, sob a perspectiva da juridicidade, elegida pelo Ministério Público a partir das especificidades do caso concreto. Melhor analisando o tema, nos parece ter razão a doutrina (MAZZILLI, 2006, p.93; GARCIA, 2017, p.66-71), ao pressupor uma relação de submissão no TAC, sem a possibilidade de concessões mútuas, mas apenas pactuação quanto à forma e tempo de cumprimento.

Já defendemos, desde a primeira edição, que, diante da formatação sugerida para o acordo (pactuação de sanções seguidas de imposição coercitiva, na hipótese de descumprimento, sem necessidade de formação de culpa através de processo judicial a ser instaurado), sua submissão à homologação judicial representaria uma salvaguarda dos direitos materiais envolvidos e aproximaria a hipótese da regra de controle judicial dos acordos penais adotada pela Corte Europeia de Direitos Humanos (controle que abrange a verificação da observância das normas procedimentais e substanciais aplicáveis, da voluntariedade do acusado, da pactuação consciente dos fatos e dos efeitos jurídicos e a partir de evidências suficientes para revelar sua culpa)[15]. Além disso, propiciaria uma operacionalização mais célere da vinculação do acordo aos demais legitimados (pessoas jurídicas de direito público lesadas), que poderiam ser intimados para tomar ciência e, querendo, apresentar alguma objeção no que se refere à suficiência das condições pactuadas para reparação do ente lesado (isso se já não tiverem participado das tratativas). Ademais, a homologação e a formação de título executivo judicial facilitariam a execução das sanções de inelegibilidade, proibição de contração com poder público e perda do cargo ou função de confiança, evitando discussões sobre a vinculação de terceiros ao acordo firmado exclusivamente entre Ministério Público e infrator. Por fim, guardaria pertinência com o disposto no art. 36, § 4.º, da Lei 13.140/2015.

Pois bem, a Lei 14.230/2021 incluiu o art.17-B na Lei 8.429/1992 e exigiu a aprovação do acordo pelo órgão de revisão do Ministério Público, seguido de sua homologação judicial, disciplinou o momento para

[15] COUNCIL OF EUROPE. European Court of Human Rights (CEDH), Caso Natsvlishvili e Togonidze v. Georgia, Application n. 9043/05, julgado em 8 set. 2014, §92.

pactuação da avença, a necessidade de oitiva do ente lesado e os "resultados mínimos" a serem negociados, dentre outros aspectos.

Independente do instrumento utilizado, uma ponderação necessária é a de que a recomposição do dano (ressarcimento do dano causado à vítima e perda dos proveitos do ilícito) não é sanção, afinal visa ao retorno da situação fática ou jurídica ao *status quo ante*, não importa no enfraquecimento de uma posição jurídica de direito fundamental do infrator nem enseja a aplicação de um mal por causa da conduta ilícita. Por isso a regra é a de que não há espaço para uma efetiva transação, resumindo-se o consenso aos aspectos periféricos do cumprimento de sua obrigação de reparar o dano (prazos e forma de cumprimento, por exemplo). Sobre o tema, existe consenso no sentido de que a reparação integral do dano inclui a correção monetária. Já em relação à possibilidade de flexibilização dos juros de mora, existem posições antagônicas, sendo vedada por algumas regulamentações de Ministérios Públicos Estaduais e permitidas por outras. Pelo art.398 do CC, a incidência de juros de mora e correção monetária incide a partir da prática do ilícito que causa dano a outro. A matéria (responsabilidade civil, recomposição do patrimônio público lesado) é de competência legislativa da União e demanda a aplicação das normas do direito civil. Por isso, nos acordos de pura reprimenda, à princípio não nos parece haver espaço para negociação do montante dos juros de mora.

Especificamente na consensualidade de colaboração, com razão Pereira (2016, p.151-152) ao sustentar ser plausível pactuar medidas premiais de forma que o infrator permaneça com parte dos bens ou dos valores auferidos com a prática do delito, como compensação e isenção ao Estado do seu dever de lhe assegurar meios de subsistência. Este dever foi imposto no art. 5.º, I, da Lei 12.850/2013 e art. 7.º da Lei 9.807/1999, além do compromisso do Estado brasileiro de "reduzir"/"mitigar" a pena dos colaboradores (art. 26.2 da Convenção de Palermo e art. 37.2, "c", da Convenção de Mérida), abrangendo este compromisso a possibilidade de abrandamento das consequências do crime, no que se refere aos seus efeitos patrimoniais.

No âmbito direito administrativo sancionador (Leis 8.429/1992 e 12.846/2013), sob a perspectiva de um acordo de colaboração, sua finalidade será alavancar a investigação (meios de prova, seja daqueles fatos, seja de novos fatos) e recuperar os valores desviados (art. 16, I e II e §§

3.º e 4.º da Lei 12.846/2013). O acordo não se presta, portanto, exclusivamente para recuperação de ativos ou muito menos para mera implantação de programas de integridade. Ele tem duplo escopo definido expressamente na Lei 12.846/2013. De forma reflexa, oportuniza à empresa resolver seu problema com o Estado e minorar os danos, com objetivo de prosseguir na sua atividade. Por mais que a recuperação interesse ao Estado, a lei impõe que o acordo também sirva para obtenção de meio de prova dos fatos ilícitos, sob pena de ser utilizado até mesmo para "lavar" o dinheiro da corrupção.

Assentada a exigência da reparação do dano, uma segunda ponderação importante na pactuação dos acordos na improbidade administrativa é a necessidade de imposição de uma sanção para o infrator (enfraquecimento de uma posição jurídica de direito fundamental). O acordo não se presta a funcionar como um prêmio para ilicitude e muito menos um protocolo de boas intenções futuras por parte do infrator. Se o constituinte originário, por sua soberania, determinou que os atos de improbidade administrativa geram suspensão dos direitos políticos, perda da função pública, indisponibilidade dos bens e ressarcimento ao erário, admitindo que o legislador ordinário regulamentasse apenas a "forma e a gradação" das sanções, a única leitura possível da atual redação do art.17-B, incisos I e II, da Lei 8.429/1992, é aquela efetuada em conjunto com o art.12 da mesma Lei, ou seja, negociação do ressarcimento do dano acrescido de um das sanções do art.12[16].

Feitas as ponderações, *a priori* podem ser pactuadas quaisquer sanções previstas na Lei 8.429/1992. A gradação deverá obedecer a um critério de proporcionalidade, conforme o ilícito praticado, suas especificidades e a finalidade perseguida. Em regra, deve ser exigida a confissão, o que inclusive interromperá a prescrição (artigo 202, VI, do Código Civil). Mas não nos parece a melhor estratégia exigir a confissão como

16 O art.17-B, inciso I, da Lei 8.429/92, demanda uma interpretação lógico-sistemática para compatibilização com o art.37, §4, da Constituição Federal, no sentido de que o ressarcimento do dano não é sanção, sendo imprescindível a pactuação de pelo menos uma sanção no ANPC, para cumprir a finalidade retributiva e preventiva e recomposição do patrimônio público. Entendimento diverso resultaria em consequências esdrúxulas, como, por exemplo, ter que pactuar uma sanção para o ANPC diante da prática do art.11 da LIA – já que não existe dano a ser recomposto – e não pactuar qualquer sanção para os artigos 9º e 10 da LIA. Outra situação é a pactuação de acordo com natureza de colaboração premiada, que possibilita a isenção inclusive da pena.

condição para qualquer acordo (por exemplo, na situação bastante corriqueira na qual o membro com atribuição para improbidade administrativa é diverso daquele com atribuição no criminal e não se mostrou possível uma atuação conjunta).

No que se refere à perda da função pública e à suspensão dos direitos políticos, o art. 20 da LIA prevê que tais sanções "só se efetivam com o trânsito em julgado da sentença condenatória". Esta previsão se insere em um contexto de solução adjudicada pelo Poder Judiciário (II.b.i), no qual as sanções são impostas sem consentimento do infrator, inclusive coercitivamente. Mas esta previsão legal não proíbe o infrator de autolimitar tais posições de direito subjetivo fundamental a partir de seu consentimento, inclusive sua capacidade eleitoral passiva e a perda de eventual função pública. O próprio artigo 15 da CF tratou de forma diversa a suspensão dos direitos políticos como sanção por ilícito penal e por ilícito de improbidade administrativa. Na primeira exigiu condenação transitada em julgado, na segunda não.

Sobre o tema, de acordo com o art. 1.º, I, "l", da LC 64/1990, a condenação por ato de improbidade administrativa que gerou lesão ao erário e enriquecimento ilícito, transitada em julgado ou confirmada pelo órgão colegiado, gera inelegibilidade. Por isso, caso o acordo diga respeito a fato que envolva lesão ao erário e enriquecimento ilícito, à princípio o Ministério Público deve avaliar a adequação de pactuação neste sentido (não há impedimento para firmar o acordo nestas hipóteses; o que existe é uma indicação, *prima facie,* no sentido de ser necessário pactuar tal condição, o que sempre deverá ser cotejado com a hipótese concreta e receber a fundamentação devida).

Além das sanções do art. 12 da Lei 8.429/92, é possível pactuar cláusulas extralegais, advindas da interpretação dos envolvidos, desde que respeitem a integridade do ordenamento jurídico (obediência à legislação, a eventuais regulamentações existentes e aos precedentes: judiciais e da própria instituição, quando existirem). Demandam também razoabilidade e proporcionalidade ao ilícito praticado e à condição pessoal do infrator. Não existindo tais parâmetros, é preciso encontrar os espaços de disposição no próprio ordenamento jurídico e utilizar a analogia para aquele acordo. Além disso, não deve existir proibição na legislação, não ter objeto ilícito, não sendo possível burlar exigência de reserva de jurisdição. É recomendável ainda que não beneficiem a própria instituição celebrante. Por fim, não é possível criar obrigações para terceiros (como visto, para se alcançar a heterovinculação recomenda-se a homologação judicial do acordo, com pedido expresso de intimação do ente que não subscreveu o acordo)[17].

Um tema que tem gerado debates é a possibilidade de pactuação de ANPC com apenas um dos autores do ato ímprobo, para ressarcimento parcial do dano causado ao patrimônio público, em hipóteses nas quais os atos de improbidade foram praticados em concurso de agentes, com unidade de desígnios. A Lei 8.429/92 disciplina a responsabilização por atos de improbidade administrativa, prevendo as sanções a serem aplicadas, mas o regramento da reparação dos danos está no Código Civil. Pelo art. 264 do Código Civil, "há solidariedade, "quando na mesma obrigação concorre mais de um credor, ou mais de um devedor, cada um com direito, ou obrigado, à dívida toda", sendo que a solidariedade não se presume (art. 265). E o art. 942 estabelece a responsabilidade solidária pela reparação do dano ("os bens do responsável pela ofensa ou violação do direito de outrem ficam sujeitos à reparação do dano causado; e, se a ofensa tiver mais de um autor, todos responderão solidariamente pela reparação"). Como regra, portanto, no ANPC, se só um dos responsáveis solidários quiser pactuar o acordo, ele terá que pactuar a reparação integral do dano. Por outro lado, a solidariedade não implica necessariamente a demanda em face de todos os responsáveis. O parágrafo único do art. 275 do Código Civil admite a propositura da demanda apenas em face de um devedor, sem que isso implique em renúncia. E o art. 277 prevê a possibilidade de obtenção de reparação parcial em relação a um dos responsáveis. Por isso, à princípio, nos parece que a solidariedade e a indisponibilidade não impedem os acordos subjetivamente parciais, sendo possível pactuar o ANPC com apenas um dos responsáveis solidários, com o ressarcimento parcial do dano (proporcional à intensidade

[17] O art.190 do CPC alberga uma cláusula geral de atipicidade, permitindo a pactuação sobre mudança no procedimento ou mesmo no processo. Inúmeras cláusulas podem, portanto, serem negociadas, como a forma de notificação (por email, por exemplo, dispensando o Oficial de Justiça), o custeio de perícia, a renúncia a recursos por parte do réu; o pacto de não processar (por exemplo, não impugnar o acordo, não ajuizar ações rescisórias), dentre outras. Sobre o tema, existe discussão doutrinária sobre o limite possível das renúncias, havendo um certo consenso no sentido de que o réu pode renunciar ao direito de recorrer com fundamento em erro *in judicando*, mas não em relação ao erro *in procedendo*, que impacta no contraditório e na ampla defesa.

da conduta, ao grau de participação e à responsabilidade do que foi apurado), subsistindo a reparação integral em relação aos demais, desde que haja previsão clara no acordo de que não há renúncia em relação ao restante do dano, nem quitação em relação ao responsável que pactuou o acordo.

Ainda sobre o tema, importante registrar que o art. 17-C, § 2º, da LIA, não excluiu a solidariedade no terreno da improbidade administrativa, na medida em que tal norma disciplina critérios de aplicação de pena, ou seja, da dimensão punitiva da Lei, e não de sua dimensão ressarcitória (objeto do art. 942 do CC). A exigência legal, no caso, é no sentido de que a solidariedade não se presume, é necessária a individualização das condutas e a demonstração concreta, individualizada, das condutas e do nexo causal, para evidenciar a solidariedade.

Por fim, nos acordos de colaboração premiada na improbidade administrativa, nada obsta a pactuação de um acordo de leniência com pessoas jurídicas em conjunto com acordos de colaboração premiada com as pessoas físicas envolvidas, para agregar a finalidade precípua do art. 16 da Lei 12.846/2013 (meio de prova e recuperação de valores) com a responsabilização pela Lei 8.429/1992. O prêmio aqui (ou seja, a diminuição da sanção prevista na Lei 12.846/2013 e na Lei 8.429/1992) será proporcional ao meio de prova revelado e obtido, bem como aos valores recuperados. A especificação do limite das cláusulas dependerá da situação concreta. O próprio acordo já pode prever a consequência para o caso de não se ter sucesso na recuperação total dos valores ou na obtenção de todos os meios de prova anunciados.

7. CONCLUSÃO

Jorge Figueiredo Dias (2011, p.16) afirma com precisão que:

> O modelo de processo penal basicamente acusatório integrado por um princípio subsidiário e supletivo de investigação oficial deve pois permanecer intocado. O que sucede, eu meu parecer, é que este modelo tem agora, se quiser adequar-se à transformação ideológica, cultural e social dos tempos ditos pós-modernos e às exigências acrescidas de eficácia processual, de ser integrado num paradigma assaz diferente do que até há pouco presidiu a toda a concepção europeia continental. Num paradigma que, não deixando de assinalar ao processo penal uma característica

> adversarial, deve dar passos decisivos na incrementação, em toda a medida possível, de estruturas de consenso em detrimento de estruturas de conflito entre os sujeitos processuais; como forma de oferecer futuro a um processo penal dotada <eficiência funcionalmente orientada> indispensável à ultrapassagem da actual sobrecarga da justiça penal, sem menoscabo dos princípios constitucionais adequados ao Estado de Direito.

Sob uma perspectiva ampla, ilícitos penais e ilícitos administrativos sancionadores são mecanismos que o Estado dispõe para regular condutas e atingir uma vida social ordenada. Estão incluídos na soberania estatal de definir a ordem jurídica interna (prévia tipificação, acompanhada da sanção respectiva) e de executá-la. Não havendo respeito espontâneo, a aplicação das consequências jurídicas pode ocorrer através da atuação consensual com o infrator. Os limites desta atuação, as garantias individuais a serem observadas e a solução possível diante do descumprimento do acordo decorrem do ramo sancionador que envolve o pacto (penal ou administrativo sancionador) e do seu escopo (acordo de pura reprimenda ou de colaboração premiada).

Os ventos do consenso chegaram tardiamente ao Brasil, mas finalmente se inicia uma mentalidade mais racional na busca de equilibrar o interesse público da punição de culpados com o interesse privado destes de evitar a ação penal e a ação de improbidade administrativa.

É preciso destacar que a solução consensual no direito penal e na improbidade administrativa não significa impunidade nem viola o princípio da vedação de proteção insuficiente, na medida em que densifica a resposta estatal a autores de ilícitos de forma efetiva e célere, a partir da identificação da tutela adequada, seja com a pactuação de obrigações equivalentes às penas (direito penal), seja com a pactuação direta das próprias sanções (improbidade administrativa).

É necessário que se controle o consenso para que não existam privilégios ou desvios, mas o medo do abuso não pode impedir o uso. O MP deve ter sabedoria no momento de materializar as exigências para a celebração do acordo, especialmente na reparação do dano e das eventuais medidas inominadas.

É fato que a lei ainda tem vários pontos omissos, como, por exemplo, a possibilidade de detração dos serviços prestados ou da prestação pecuniária paga, em caso de cumprimento parcial do acordo de não persecução penal. Ou mesmo a necessidade de criação de um banco nacional para impedir a duplicidade na oferta de acordos de não persecução ao mesmo investigado. No âmbito da improbidade ainda existe vácuo legislativo em relação a alguns aspectos do acordo de não persecução cível e a execução de algumas cláusulas ainda apresenta dificuldades pragmáticas.

Mas os entraves existentes hão de ser trabalhados e superados, não possuindo obviamente a magnitude de inviabilizarem o cumprimento do comando constitucional de priorização de solução de conflitos a partir de consensos.

Oxalá a prática não inviabilize os institutos pelo excesso ou pela negativa de aplicação. Espera-se uma ampliação do consenso no processo penal e na improbidade administrativa, mas com respeito a direitos fundamentais, equilíbrio e transparência.

REFERÊNCIAS BIBLIOGRÁFICAS

ANDRADE, Landolfo. **Acordo de não persecução cível: primeiras reflexões.** Gen Jurídico. Publicado em 05/03/2020. Disponível em: http://genjuridico.com.br/2020/03/05/acordo-de-nao-persecucao-civel/#_edn8. Acesso em 21 jan. 2020.

BARREIROS, Lorena Miranda Santos. **Convenções processuais e Poder Público**. Salvador: Juspodivm, 2017.

BINENBOJM, Gustavo. **Uma teoria do Direito Administrativo**: direitos fundamentais, democracia e constitucionalização. 3. ed. Rio de Janeiro: Renovar, 2014.

CABRAL, Antônio do Passo. Il principio del contraddittorio come diritto d´influenza e dovere di dibattito. **Rivista di Diritto Processuale**, ano 60, n. 2, p.449-463, abr.-jul. 2005.

______. **Convenções processuais**. 2. ed. Salvador: Juspodivm, 2018.

______. O papel do juiz diante das convenções processuais. In: CABRAL, Antônio do Passo; DIDIER JR, Fredie (coord. Geral); NOGUEIRA, Pedro Henrique. **Coleção Grandes Temas do Novo CPC**: Negócios Processuais. Tomo 2. Salvador: Ed. Juspodivm, 2020.

CABRAL, Rodrigo Leite Ferreira. **O acordo de não-persecução penal criado pela nova Resolução do CNMP.** Disponível em: http://www.conjur.com.

br/2017-set-18/rodrigo-cabral-acordo-nao-persecucao-penal-criado-cnmp. Acesso em: 20 out. 2017.

CANÇADO, Paulo Roberto Moreira; ALMEIDA, Gregório Assagra de; MOREIRA, Jairo Cruz Moreira; FREITAS, Pedro Henrique Esteves. Função orientadora das Corregedorias do Ministério Público e a realização e acordo de resultados. In: **Revista Jurídica da Corregedoria Nacional do Ministério Público**, v. 01, p. 11-16, 2016. Disponível em: <https://www.cnmp.mp.br/portal/publicacoes>. Acesso em: 06 mai. 2020.

CUNHA, Leonardo Carneiro da. Negócios jurídicos processuais no processo civil brasileiro. In: CABRAL, Antônio do Passo; NOGUEIRA, Pedro Henrique (Coord.). **Negócios processuais**. Salvador: Juspodivm, 2017.

CUNHA, Rogério Sanches. **Pacote Anticrime. Lei 13.964/2019 – Comentários às alterações no CP, CPP e LEP**. Salvador: Juspodivm, 2020.

CUNHA, Vitor Souza. **Acordos de admissão de culpa no processo penal**. Salvador: Editora Juspodivm, 2019.

DIAS, Jorge de Figueiredo. **Acordos sobre a sentença em processo penal**: o "fim" do Estado de Direito ou um novo "princípio"?. Coimbra: Almedina, 2011.

DIDIER JR, Fredie. Princípio do respeito ao autorregramento da vontade no processo civil. In: CABRAL, Antonio do Passo; DIDIER JR, Fredie (coord. Geral); NOGUEIRA, Pedro Henrique. **Coleção Grandes Temas do Novo CPC**: Negócios Processuais. Salvador: Ed. Juspodivm, 2015.

______; BOMFIM, Daniela Santos. A colaboração premiada como negócio jurídico processual atípico nas demandas de improbidade administrativa, **A&C – Revista de Direito Administrativo & Constitucional**, n. 67, p. 105-120, jan./mar. 2017.

DUTRA, Marcos Paulo. **Comentários ao Pacote Anticrime**. São Paulo: Método, 2020, Kindle.

EISELE, Andreas. **Direito Penal**: teoria do delito. Salvador: Juspodivm, 2018.

FAZZALARI, Elio. **Instituições de Direito Processual**. Tradução de Elaine Nassif. Campinas: Bookseller, 2006.

FREIRE JUNIOR, Américo Bedê. A natureza jurídica da ação por ato de improbidade administrativa. In: FARIAS, Cristiano Chaves de; OLIVEIRA, Alexandre Albagli (Org.). **Estudos sobre improbidade administrativa**: em homenagem ao Professor J. J. Calmon de Passos. 2. ed. Salvador: Juspodivm, 2012.

GARCIA, Emerson. A consensualidade no direito sancionador brasileiro: a potencial incidência na Lei 8.429/92, **Revista do Ministério Público do Estado do Rio de Janeiro**, n. 66, out./dez. 2017.

LOPES JR., Aury; JOSITA, Higyna. Questões polêmicas do acordo de não persecução penal. Publicado em 06/03/2020. Disponível em https://www.conjur.com.br/2020-mar-06/limite-penal-questoes-polemicas-acordo-nao--persecucao-penal. Acesso em 21 jan. 2020.

MARTEL, Letícia de Campos Velho. **Direitos Fundamentais Indisponíveis**: os limites e os padrões do consentimento para a autolimitação do direito fundamental à vida. 2010. 461 f. Tese (Doutorado em Direito Público) - Centro de pós-graduação em Direito, Universidade do Estado do Rio de Janeiro, Rio de Janeiro, 2010. Disponível em: <https://works.bepress.com/leticia_martel/>. Acesso em: 10 out. 2019.

MAZZILLI, Hugo Nigro. Compromisso de ajustamento de conduta: evolução e fragilidades e atuação do Ministério Público, **Revista de Direito Ambiental**, v. 41, p. 93, jan./mar 2006.

McCONNELL, Terrance. **Inalienable rights**: the limits of consent in medicine and the law. Oxford: Oxford University Press, 2000.

MENDONÇA, Andrey Borges de. Os benefícios possíveis na colaboração premiada: entre a legalidade e a autonomia da vontade. In: MOURA, Maria Thereza de Assis; BOTTINI, Pierpaolo Cruz (Coord.). **Colaboração Premiada**. São Paulo: Revista dos Tribunais, 2018.

MORAES, Germana de Oliveira. **Controle jurisdicional da Administração Pública**. São Paulo: Dialética, 1999.

NOGUEIRA, Pedro Henrique. **Negócios jurídicos processuais**. Salvador: Juspodivm, 2018.

NOVAIS, Jorge Reis. **Direitos Fundamentais**: trunfos contra a maioria. Coimbra: Coimbra Editora, 2006.

OSÓRIO, Fábio Medina. **Direito Administrativo Sancionador**. 3. ed. São Paulo: Revista dos Tribunais, 2009.

OTERO, Paulo. **Legalidade e Administração Pública**: o sentido da vinculação administrativa à juridicidade. Coimbra: Almedina, 2003.

PEREIRA, Frederico Valdez. **Delação premiada**: legitimidade e procedimento. Curitiba: Juruá, 2016.

SILVA, Rodrigo Monteiro. Celebração de acordos em ações de improbidade administrativa como forma de evitar a proteção deficiente do interesse público, **Revista do Conselho Nacional do Ministério Público**, v. 1, p. 262-289, 2019.

SOUZA, Renee do Ó. **Os efeitos transversais da colaboração premiada e do acordo de leniência**. Belo Horizonte: Editora D'Plácido, 2019.

SUXBERGER, Antônio Henrique Graciano. Colaboração premiada e a adoção da oportunidade no exercício da ação penal pública. In: MENDES, Soraia da Rosa (Org.). **A delação/colaboração premiada em perspectiva**: coleção política criminal e garantias fundamentais. Brasília: IDP, v. 2, 2016.

______. **Acordo de não persecução penal**: o exercício da ação penal e a questão prisional como problema público. Brasília: Fundação Escola, 2019.

______. Projeto de lei anticrime e a adoção do procedimento abreviado no Brasil. In: ______; SOUZA, Renee do Ó; SANCHES, Rogério. **Projeto de Lei Anticrime**. Salvador: Editora Juspodivm, 2019.

TALAMINI, Eduardo. A (in)disponibilidade do interesse público. In: ZANETI JR., Hermes; CABRAL, Trícia Navarro Xavier (coord.). **Justiça Multiportas**: mediação, conciliação, arbitragem e outros meios adequados de solução de conflitos. 2. ed. Salvador: Juspodivm, 2018.

VENTURI, Elton. Transação de Direitos indisponíveis? In: ZANETI JR., Hermes; CABRAL, Trícia Navarro Xavier (coord.). **Justiça Multiportas**: mediação, conciliação, arbitragem e outros meios adequados de solução de conflitos. 2. ed. Salvador: Juspodivm, 2018.

ZANETI JR., Hermes; DIDIER JR., Fredie. Justiça Multiportas e tutela adequada em litígios complexos: a autocomposição e os direitos coletivos. In: ZANETI JR., Hermes; CABRAL, Trícia Navarro Xavier (coord.). **Justiça Multiportas**: mediação, conciliação, arbitragem e outros meios adequados de solução de conflitos. 2. ed. Salvador: Juspodivm, 2018.

______. **O Ministério Público e o Novo Processo Civil**. Salvador: Juspodivm, 2018.

CAPÍTULO 3

ASPECTOS PRÁTICOS DO ACORDO DE NÃO PERSECUÇÃO CÍVEL SOB A ÓTICA DA NOVA LEI DE IMPROBIDADE ADMINISTRATIVA (LEI Nº 14.230/2021)

Daniele Machado Toledo[1]

1. INTRODUÇÃO

1.1. Evolução normativa do acordo de não persecução cível

Marcando presença na evolução do Direito e trazendo enorme ganho no campo do Direito Público, a resolução de conflitos pela via consensual foi reafirmada pela Lei nº 13.964/2019, popularmente conhecida como "Pacote Anticrime", em vigor desde o dia 23 de janeiro de 2020, que, dentre outras mudanças, institucionalizou a possibilidade de realização do Acordo de Não Persecução Cível (ANPC) em matéria de improbidade administrativa.

---

[1] Juíza de Direito do Estado de São Paulo, ex-Promotora de Justiça do Ministério Público do Estado de São Paulo, Mestranda em Direito Penal pela Universidade de São Paulo (USP).

É certo que a "justiça negociada" não é um fenômeno recente no contexto jurídico nacional; ao revés, a cada dia na prática forense, constatamos resultados satisfatórios que reforçam as razões para a adoção das referidas práticas consensuais. Pode-se bradar, seguramente, que o emprego da resolução de conflitos pela via consensual é uma das ferramentas mais poderosas para dessobrecarregar o Poder Judiciário brasileiro e proporcionar efetiva pacificação social.

A pioneira alteração legislativa (§1º do artigo 17 da Lei de Improbidade Administrativa (LIA), advinda do "Pacote Anticrime", cuidou de retirar a antiga vedação à realização de transação, acordo ou conciliação nas ações que versem sobre atos de improbidade administrativa e previu, expressamente, tal possibilidade, mediante a celebração de acordo de não persecução cível. A doutrina majoritária, até então, sustentava a impossibilidade de solução consensual nas ações de improbidade administrativa, já que vigorava a vedação expressa, sustentando-se, portanto, que o interesse tutelado era indisponível. Assim, o legitimado não poderia dispor do direito material, estando vinculado ao ajuizamento da ação de improbidade. Frise-se, não havia espaço para não persecução cível.

Nada obstante, já se defendia a possibilidade de transação quanto à forma, modo e aos prazos no tocante à reparação do dano causado ao patrimônio público e à perda dos valores obtidos ilicitamente, eis que tratar-se-ia de acordo quanto à forma, ao procedimento do exercício do direito material, e não o direito material em si[2]. E não é só. Com a previsão do termo de ajustamento de conduta pela Lei de Ação Civil Pública – TAC, parcela da doutrina passou a defender a possibilidade de sua celebração no âmbito de improbidade administrativa, contrapondo-se à doutrina divergente que entendia pela impossibilidade, já que uma vez cumpridas as cláusulas do ajuste, o legitimado perderia o interesse de agir quanto à propositura da ação de improbidade, sob pena de violação da boa-fé.

Contribuindo para o debate sobre o assunto, em dezembro de 2015, fora editada a Medida Provisória 703, que revogou expressamente o art. 17, §1º da LIA. Contudo, o referido ato legislativo caducou em maio de 2016, passando a vigorar novamente a redação originária que proibia

2 GARCIA Emerson; ALVES, Rogério Pacheco. Improbidade Administrativa. 8ª ed. Ed. Saraiva. 2015. p.866.

expressamente a solução consensual em sede de improbidade administrativa. Com o advento da Lei de Mediação em 2015, vozes se levantaram no sentido de que a controvérsia teria chegado ao fim, visto que o art. 17, §1º teria sido revogado tacitamente pelo art. 36, §4º da mencionada lei, o qual previa a possibilidade de ocorrer audiência de conciliação na seara da improbidade administrativa. Invocavam, ainda, o art. 174 do CPC, que admitia que a Administração Pública participasse de audiências de conciliação.

Nesse cenário, o CNMP (Conselho Nacional do Ministério Público), no bojo do art. 1º, § 2º, da Resolução 179/2017, passou a prever a possibilidade do compromisso de ajustamento de conduta, nas hipóteses configuradoras de improbidade administrativa, no entanto, a primeira aparição do instituto, na lei, ocorreu com a promulgação do Pacote Anticrime, que previu expressamente a possibilidade do ANPC e colocou fim à discussão.

Em princípio, notou-se a intenção do legislador em reforçar o viés negocial do Direito Sancionador, designando a ideia de autocomposição na esfera administrativa, tornando despicienda a propositura ou a continuidade de eventual ação proposta objetivando a imposição de sanções ao agente ímprobo.

Contudo, na proposta legislativa enviada para a sanção do Presidente da República, constava ainda a inclusão do artigo 17-A, que regulamentava a competência e o procedimento a ser adotado para sua celebração. Essa inclusão, no entanto, recebeu veto presidencial integral, razão pela qual o Acordo de Não Persecução Cível ingressou no ordenamento jurídico sem as devidas especificidades, o que, naturalmente, ocasionou dúvidas sobre seu processamento, amplitude e consequências.

Pela simples leitura das razões do veto presidencial[3], verifica-se que o fundamento repousou na proteção da segurança jurídica,

---

[3] Veto presidencial: *"A propositura legislativa, ao determinar que caberá ao Ministério Público a celebração de acordo de não persecução cível nas ações de improbidade administrativa, contraria o interesse público e gera insegurança jurídica ao ser incongruente com o art. 17 da própria Lei de Improbidade Administrativa, que se mantém inalterado, o qual dispõe que a ação judicial pela prática de ato de improbidade administrativa pode ser proposta pelo Ministério Público e/ou pessoa jurídica interessada leia-se, aqui, pessoa jurídica de direito público vítima do ato de improbidade. Assim, excluir o ente público lesado da possibilidade de celebração do acordo de não persecução cível representa retrocesso da matéria, haja vista se tratar de real in-*

vislumbrando-se óbice na questão da legitimidade, sob o pretexto de que, tendo a proposta legislativa determinado que caberia exclusivamente ao Ministério Público a celebração do acordo de não persecução cível, gerou-se uma incompatibilidade lógica com o artigo 17, *caput*, da LIA, suprimindo-se, assim, o direito das pessoas jurídicas interessadas, as quais, até então, detinham legitimidade ativa para ingressar com a ação de improbidade administrativa.

Não se olvide, portanto, o avanço legislativo da alteração da redação do § 1º do artigo 17 da LIA que pôs fim a importante discussão nesse campo. De outro canto, o fato de a Lei 13.964/2019 não ter trazido parâmetros norteadores a serem observados nesse tipo de ajuste, a fim de padronizar essa negociação em todo o território nacional, serviu de combustível para a manutenção das discussões acaloradas no cenário jurídico.

Muitas vozes se levantaram no sentido de que, ante a ausência de regulamentação, ao próprio Conselho Nacional do Ministério Público incumbiria a regulamentação da matéria, em nível nacional, editando normas gerais a serem complementadas pelos Ministérios Públicos dos Estados e da União. Entenderam alguns, também, que a própria Administração Pública poderia definir os parâmetros procedimentais e materiais a serem observados por seus entes na celebração dos acordos de não persecução cível.

A já citada Resolução nº 179/2017 do CNMP, vinha sendo utilizada como norte para a celebração dos Acordos de Não Persecução Cível, mas sem qualquer caráter vinculativo. No âmbito estadual, visando estabelecer parâmetros sobre o assunto, o Ministério Público do Estado de São Paulo editou a Resolução nº 1.193/2020, complementada pela Nota Técnica CAOPP/MPSP nº 02/2020, ao passo que o Ministério Público do Paraná editou o Ato Conjunto nº 001/2019-PGJ/CGMP e previa no Título V a regulamentação do Acordo de Não Persecução Cível, dispondo sobre objeto, formalização, obrigações e demais condições que deveriam constar e a forma como dar publicidade ao Acordo.

Decorrido esse cenário de incertezas e, após quase dois anos, foi promulgada a Lei nº 14.230/2021, que entrou em vigor em 25 de outubro

---

teressado na finalização da demanda, além de não se apresentar harmônico com o sistema jurídico vigente." Disponível em: http://www.planalto.gov.br/ccivil_03/_ato2019-2022/2019/Msg/VEP/VEP-726.htm. Acesso em: 26.03.22.

de 2021, a qual nos referiremos como "Nova Lei de Improbidade Administrativa", já que ao legislador só faltou a coragem para alterar o nome da Lei, já que quase todos os dispositivos sofreram alterações. Essa lei foi responsável pela inclusão do art. 17-B da LIA, tendo o legislador, nessa oportunidade, disciplinado, ainda de forma tímida, como deve ser realizado o Acordo de Não Persecução Cível.

Diante dos parâmetros procedimentais e materiais trazidos pela novel legislação, a presente reflexão sobre o instituto não ousa ser exauriente, contudo, se faz necessário o levantamento de questões polêmicas que vêm surgindo desde a edição da lei, a qual, mais uma vez, optou em tratar matéria tão importante de forma tão rasa.

2. NATUREZA JURÍDICA DO ANPC

O acordo de não persecução cível traduz-se em instrumento de consensualidade e cooperação, instituído normativamente, que permite a conciliação antes ou depois da propositura da ação de improbidade administrativa, constituindo uma convenção processual[4] de exclusão do exercício da pretensão judicial (tutela judicial) decorrente de um direito material[5]. Tem natureza jurídica de negócio jurídico bilateral, pois depende de clara e livre manifestação de vontade das partes.

Defendemos que o legislador buscou estabelecer um paralelo com o instituto do "acordo de não persecução penal", outra importante inovação trazida pela Lei 13.964/2019 no âmbito do Código de Processo Penal[6], visando padronizar as terminologias empregadas pelo Direito Sancionador para designar as soluções negociadas de seus respectivos

---

4 PEREIRA, Rafael. Manual do Acordo de Não Persecução Cível. Belo Horizonte: CEI, 2020, p. 41. No mesmo sentido: PINHEIRO, Igor Pereira. Lei anticrime e acordo de não persecução cível – aspectos teóricos e práticos. Fortaleza: Jhimuzno, 2020.

5 SILVA, Paula Costa e. Pactum de non petendo: Exclusão convencional do direito de ação e exclusão convencional da pretensão material. In: CABRAL, Antonio do Passo; NOGUEIRA, Pedro Henrique (Coord.). Negócios Processuais. Salvador: Juspodivm, 1ª ed., 2015, p. 306.

6 Art. 28-A. Não sendo caso de arquivamento e tendo o investigado confessado formal e circunstancialmente a prática de infração penal sem violência ou grave ameaça e com pena mínima inferior a 4 (quatro) anos, o Ministério Público poderá propor acordo de não persecução penal, desde que necessário e suficiente para reprovação e prevenção do crime, mediante as seguintes condições ajustadas cumulativa e alternativamente: (...) Disponível em: https://www.planalto.gov.br/ccivil_03/Decreto-Lei/Del3689.htm Acesso em: 27.03.2022.

conflitos, por meio das quais se viabiliza a aplicação imediata de sanções aos agentes infratores.

Encontramos no acordo de não persecução cível e penal, o ponto em comum, concernente à desnecessidade de colaboração do infrator com as investigações, ao contrário do que ocorre nos institutos de direito premial[7], nos quais o coautor ou partícipe do ilícito, visando a obtenção de algum prêmio tem de cooperar com os órgãos de investigação.

3. LEGITIMIDADE E (DES)OBRIGATORIEDADE DO ACORDO DE NÃO PERSECUÇÃO CÍVEL

A Lei nº 14.230/21 estabeleceu legitimidade exclusiva para o Ministério Público celebrar o acordo de não persecução cível (art. 17-B) e propor a ação civil pública de improbidade administrativa (art. 17 *caput*).

Dispõe o art. 17-B, da Lei 14.230/21: "*O Ministério Público poderá, conforme as circunstâncias do caso concreto, celebrar acordo de não persecução civil, desde que dele advenham, ao menos, os seguintes resultados: I - o integral ressarcimento do dano; II - a reversão à pessoa jurídica lesada da vantagem indevida obtida, ainda que oriunda de agentes privados*".

Em razão da sua natureza jurídica consensual bilateral, entendemos que o Ministério Público não estará obrigado a propor o acordo, assim como o agente ímprobo não estará obrigado a firmá-lo. Logo, caberá ao Ministério Público, a partir de um juízo de conveniência e oportunidade, de acordo com as circunstâncias do caso concreto, analisar se convém o ajuizamento da ação de improbidade administrativa ou formalização do acordo de não persecução cível, perquirindo qual a situação mais adequada. Todavia, não se trata de uma faculdade ilimitada, não podendo ficar a bel prazer do representante do Ministério Público a decisão pela celebração do ANPC, já que se encontra vinculado à observância de seus deveres funcionais, incumbindo-lhe a defesa da ordem jurídica, do regime democrático e dos interesses sociais e individuais indisponíveis, nos termos do art. 127 da Constituição Federal.

---

7 A colaboração premiada é gênero do qual a delação premiada, o acordo de leniência (Lei antitruste) e o benefício previsto na Lei 9.807/99 - que instituiu o Programa Federal de Assistência a Vítimas e a Testemunhas Ameaçadas são espécies.

Assim, é claro que, se as condições se mostrarem favoráveis à celebração do acordo, deve-se privilegiar essa forma de solução do conflito, sendo dever tanto do Ministério Público como da Administração Pública buscar a solução negociada de forma exaustiva. Outro não foi o entendimento do legislador, que dispôs no § 2º do art. 17-B que serão consideradas para celebração do ANPC as vantagens, para o interesse público, da rápida solução do caso. Portanto, não se trata de uma faculdade do Ministério Público, mas sim, um poder-dever em optar por esse meio consensual de resolução de conflito.

4. CONDIÇÕES DO ACORDO DE NÃO PERSECUÇÃO CÍVEL

4.1. Condições obrigatórias

O acordo de não persecução cível somente poderá ser celebrado, desde que observadas as condições, que reputamos obrigatórias, sob pena de impedimento à sua celebração:

i) o integral ressarcimento do dano;

ii) a reversão à pessoa jurídica lesada da vantagem indevida obtida, ainda que oriunda de agentes privados;

iii) pelo menos uma das sanções previstas no art. 12, inc. I, II e III da Lei 14.230/21;

iv) oitiva do ente federativo lesado, em momento anterior ou posterior à propositura da ação;

v) aprovação, no prazo de até 60 (sessenta) dias, pelo órgão do Ministério Público competente para apreciar as promoções de arquivamento de inquéritos civis, se anterior ao ajuizamento da ação; e

vi) homologação judicial, independentemente de o acordo ocorrer antes ou depois do ajuizamento da ação de improbidade administrativa.

Em que pese tenha o legislador silenciado quanto às imposição das medidas genuinamente punitivas (previstas nos art. 12, incisos I, II e III da discutida lei), entendemos que se faz imprescindível como condição *sine qua non* do acordo, o estabelecimento de pelo menos uma das sanções punitivas (perda dos bens ou valores acrescidos ilicitamente ao patrimônio; perda da função pública; suspensão dos direitos políticos; pagamento de multa civil; proibição de contratar com o poder público ou de receber benefícios ou incentivos fiscais ou creditícios, direta ou indiretamente, ainda que por intermédio de pessoa jurídica da qual seja sócio majoritário).

Isso porque devemos partir da premissa de que a lei não contém palavras inúteis, tendo o legislador utilizado o termo "ao menos" no art. 17-B, o que leva a crer, em conjunto com a interpretação sistemática que se impõe, que o ANPC depende de outros resultados além dos previstos expressamente. Registre-se, aqui, crítica nesse tocante, já que deixou o legislador de prever expressamente tal condição, posição inclusive consolidada pelo Superior Tribunal de Justiça (*a reparação do dano não é suficiente para garantia da defesa da probidade administrativa, não bastando de mera consequência)*. Por segundo, porquanto a Resolução 1.193/2020-CPJ, que disciplina o ANPC no âmbito do MPSP e que foi recentemente alterada pela Resolução nº 1.380/2021-CPJ, de 8 de novembro de 2021 para se adequar ao novo modelo jurídico da Lei 14.230/21, manteve a obrigatoriedade do estabelecimento de ao menos uma das sanções punitivas na configuração anterior da lei. A lei é punitiva, logo esvaziar-se-ia se não fosse estabelecida ao menos uma sanção punitiva no ANPC.

Além disso, não podemos perder de vista que o art. 11 da novel legislação prevê conduta(s) não causadora(s) de danos ao erário, não havendo de falar em reparação de danos, logo, caberá, nesse caso, apenas a aplicação das sanções punitivas. Com isso, entendemos que com maior razão, até por uma questão de isonomia, deve(m) ser aplicada(s) a(s) pena(s) punitiva(s) nas condutas mais gravosas dos arts. 9 e 10, além da reparação integral do dano, como condição obrigatória para celebração do ANPC.

Ressalte-se que o não estabelecimento de pelo menos uma das medidas genuinamente punitivas, configuraria flagrante retrocesso no combate à corrupção e consequente proteção insuficiente da probidade administrativa, sendo missão constitucional do Ministério Público zelar por esses direitos fundamentais.

Defendemos, ainda, respeitados os entendimentos contrários, a desnecessidade da confissão do agente ímprobo para celebração do acordo. Ainda que a confissão pareça exsurgir da análise do microssistema de tutela coletiva, não parece ter sido essa a intenção do legislador, já que, ao autorizar a solução negociada, silenciou a respeito da confissão. Assim, independentemente da confissão, entendemos ser possível a imposição imediata de todas as sanções previstas no artigo 12 da LIA, quer seja na fase extrajudicial, quer seja na fase judicial.

Noutro giro, registre-se que o acordo de não persecução cível, poderá incluir outras medidas que se revelem necessárias e adequadas à proteção da probidade administrativa. Ou seja, cumulativamente, com uma ou mais das sanções previstas no artigo 12 da LIA, poderão também ser avençadas outras obrigações de fazer ou não fazer que se revelem pertinentes ao caso e não defesas em lei.

De outra banda, a reparação do dano, nas hipóteses em que caracterizado prejuízo ao erário, deve ser integral, admitindo-se tão somente transação quanto à forma e ao prazo de pagamento. Por essa razão, no que concerne à reparação de danos, defendemos que uma das condições impeditivas à celebração do ANPC é ausência de oitiva do ente federativo lesado, em momento anterior ou posterior à propositura da ação (art. 17-B, §1º, inciso I), porquanto se trata do maior interessado, sendo a ele revertida a indenização. Logo, ainda que o Ministério Público disponha de órgãos auxiliares, a exemplo do Centro de Apoio à Execução (CAEX), responsável por subsidiar a atuação do promotor de justiça nas questões não jurídicas, podendo elaborar planilha contábil de levantamento dos danos ao erário; entendemos ser imprescindível a manifestação do ente federativo lesado, sob pena de restar inviabilizada a perfectibilização do acordo. Frise-se, por oportuno, que o legislador conferiu legitimidade primária à pessoa jurídica lesada para proceder a liquidação – se necessária -, e ao cumprimento de sentença referente ao ressarcimento do patrimônio público ou à perda ou à reversão dos bens (art. 18, §1º), o que reforça o argumento de que sua oitiva é causa obrigatória para implementação do acordo.

Partindo dessa premissa, imaginemos na prática, a situação de o Ministério Público ter mensurado como valor do dano uma quantia consideravelmente inferior à quantia aferida pela pessoa jurídica lesada. Evidente o interesse da lesada em não concordar com a celebração do ANPC, já que ela amargará, diretamente, o prejuízo. Compete-lhe, inclusive, interesse recursal para se insurgir contra eventual ANPC homologado judicialmente sem sua oitiva ou em descompasso com sua manifestação. Contudo, obtempere-se que não cabe à pessoa jurídica lesada qualquer ingerência nas sanções punitivas previstas no ANPC, sendo absolutamente irrelevante sua concordância nesse tocante, considerando que ela sequer tem legitimidade quanto às sanções.

Surge, ainda, como condição obrigatória do ANPC, apenas nos casos de celebração anterior ao ajuizamento da ação de improbidade, a necessidade de aprovação, pelo órgão do Ministério Público competente para apreciar as promoções de arquivamento de inquéritos civis, no prazo de até 60 (sessenta) dias (art. 17-B, §1º, inciso II). Nos termos da Lei Orgânica do Ministério Público (Lei Complementar nº 734/93), compete ao Conselho Superior do Ministério Público realizar o reexame necessário da promoção de arquivamento do inquérito civil (art. 110, §§1º e 2º), órgão esse eleito para homologação do ANPC realizado extrajudicialmente. A esse respeito, não havendo a aprovação do ANPC pelo CSMP, entendemos que deve ser designado outro promotor de justiça para propositura ou continuidade da ação de improbidade, aplicando-se, analogicamente, o que ocorre na promoção de arquivamento do Inquérito Civil (art. 110, § 3º da LC 734/93), sob pena de violação da independência funcional do promotor de justiça.

Por fim, a homologação judicial, independentemente de o acordo ocorrer antes ou depois do ajuizamento da ação de improbidade administrativa (art. 17-B, §1º, III) surge como condição obrigatória à implementação do ANPC. No caso do acordo celebrado antes do ajuizamento da ação de improbidade, deverá o membro do Ministério Público sujeitar referido negócio jurídico ao Poder Judiciário, através de procedimento voluntário. Nesse ponto, defendemos que o juiz deve recusar a homologação judicial se não forem observadas todas as condições obrigatórias. Portanto, imaginando que não haja oitiva da pessoa jurídica lesada, deverá o magistrado intimá-la para se manifestar nos autos. Não se pode aqui, querer atribuir ao Poder Judiciário a função de mero carimbador, em juízo simplista de delibação, por isso, defendemos que cabe ao magistrado realizar tanto o controle dos aspectos formais, quanto materiais do acordo celebrado e, inclusive, se imiscuir nas sanções aplicadas, não obstante haja doutrina contrária[8]. O juiz, nessas oportunidades, deverá proceder a um verdadeiro exame de mérito do acordo, deixando de homologá-lo, homologando-o parcialmente, ou recomendando às partes alterações em determinadas cláusulas.

8 PEREIRA, Rafael. Manual do Acordo de Não Persecução Cível. Belo Horizonte: CEI, 2020, p. 118.

Frise-se, justamente por isso, que os acordos judiciais celebrados pelo Ministério Público não são passíveis de revisão no âmbito interno (não necessitam ser homologados pelo respectivo Conselho Superior), pois o controle já é realizado pela autoridade judicial.

Importa frisar, nesse tocante, que já havia vozes que defendiam a imprescindibilidade da homologação judicial, sob os seguintes argumentos[9]: i) conferir segurança jurídica; ii) manter a coerência sistêmica da aplicação das sanções previstas na legislação. Portanto, entendemos que o legislador andou bem em trazer essa condição, colocando, assim, uma "pá de cal" nessa discussão.

A alteração legislativa que vincula a validade do ANPC à homologação judicial, entretanto, não afeta a validade dos acordos extrajudiciais firmados sob a égide da sistemática antiga, na qual somente se exigia homologação do Conselho Superior do Ministério Público. Tendo sido celebrados antes da referida mudança, são considerados atos jurídicos perfeitos, nos termos do que preceitua o art. 6º, § 1º, da Lei de Introdução às Normas do Direito e art. 14 do CPC. Assim, por já terem cumprido todos os requisitos legais vigentes à época, o regramento de validade dos acordos extrajudiciais não é afetado pelas modificações legislativas supervenientes, prestigiando-se, com isso, o princípio do *tempus regit actum,* na medida em que a exigência de homologação judicial dos acordos consiste em norma de caráter puramente processual, não aludindo a nenhum aspecto do *jus puniendi.*

Em qualquer caso, a celebração do acordo levará em conta a personalidade do agente, a natureza, as circunstâncias, a gravidade e a repercussão social do ato de improbidade, bem como as vantagens, para o interesse público, na rápida solução do caso, nos termos do art. 17-B, § 2º da Lei 14.230/21.

4.2. Condições facultativas

A nova lei previu, ainda, no § 3º do art. 17-B, para fins de apuração do valor do dano a ser ressarcido, que deverá ser realizada a oitiva do Tribunal de Contas competente, que se manifestará, com indicação dos

[9] GARCIA, Emerson; ALVES, Rogério Pacheco. Improbidade Administrativa. 9ª ed. São Paulo: Saraiva, 2017, p. 908 e 909.

parâmetros utilizados, no prazo de 90 (noventa) dias. Não obstante a novel legislação tenha utilizado a expressão "deverá", entendemos que não se trata de condição obrigatória, apesar de ser de suma importância que o Ministério Público busque a oitiva do órgão de controle externo do Poder Legislativo.

Quanto ao prazo assinalado ao Tribunal de Contas competente, entendemos tratar-se de prazo impróprio, havendo a possibilidade de ser solicitado diretamente ao Ministério Público sua prorrogação. Considerando que o Tribunal de Contas é um órgão colegiado, suas deliberações são tomadas pelo Plenário – instância máxima que reúne todos os ministros – ou por uma das duas Câmaras, colegiados nos quais os ministros se dividem. Logo, o prazo de 90 dias pode se afigurar exíguo. O procedimento para manifestação, nesses casos, deve ser regulamentado por cada Tribunal de Contas.

A condição se justifica como não impeditiva da celebração do acordo, caso não observada, mas não menos importante, impondo-se, para tal conclusão, a interpretação topográfica da novel legislação, já que, se fosse intenção do legislador tornar a referida condição obrigatória, tê-la-ia abordado no rol do § 1º do art. 17-B, incluindo-a nas condições cumulativas, e não em parágrafo posterior e independente.

4.3. Momento de celebração do ANPC

Havia discussão na doutrina acerca do momento de celebração do acordo de não persecução cível. Surgiram, ao menos, três soluções jurídicas: a primeira era no sentido de que o momento processual adequado e final para realização do acordo era o oferecimento da contestação[10]; uma segunda solução seria possibilitar que o ANPC fosse celebrado na esfera recursal, ainda que o feito estivesse em curso perante a segunda instância, ou seja, este seria o limite temporal[11]; uma terceira, seguia a li-

[10] PEREIRA, Leydomar Nunes. Solução Consensual na Improbidade Administrativa. Belo Horizonte: Dialética, 2020, p. 69. PEREIRA, Rafael. Manual do Acordo de Não Persecução Cível. Belo Horizonte: CEI, 2020, p. 75.

[11] AgInt no RtPaut no AgInt no RE nos EDcla no AgInt no AREsp 1.341.323/RS, Rel. Min. Maria Thereza de Assis Moura, Dj 07.05.2020.

nha da inexistência de limite temporal para a realização do acordo, desde que fosse celebrado antes da ocorrência do trânsito em julgado[12].

Dissipando-se das posições outrora defendidas, a nova lei 14.230/21 estabeleceu no art. 17-B, §4º que o acordo de não persecução civil poderá ser celebrado no curso da investigação de apuração do ilícito, no curso da ação de improbidade ou no momento da execução da sentença condenatória. Nota-se aqui, uma priorização pela adoção do método de autocomposição negociada, já que sua celebração pode-se dar a qualquer tempo, inclusive, após o trânsito em julgado da sentença condenatória.

Mister obtemperar que o momento da celebração do acordo pode e deve ser levado em consideração durante as negociações, constituindo-se em importante critério para a definição das sanções e sua dosimetria. É o caso, por exemplo, de um agente ímprobo que somente procura o Ministério Público visando entabular um ajuste apenas após o trânsito em julgado de uma sentença condenatória. Assim, a falta de cooperação para uma solução negociada manifestada pelo agente ímprobo na fase extrajudicial pode e deve ser levada em consideração no momento da fixação e dosimetria das sanções que serão aplicadas no ANPC, e em qual medida. Recomenda-se, nesses casos, até por observância aos princípios da boa fé e cooperação processual, que as sanções sejam pactuadas em patamar mais elevado do que aquelas que seriam normalmente pactuadas com o agente num ANPC celebrado extrajudicialmente ou em fase anterior.

4.4. Consequências jurídicas do descumprimento do ANPC

Com o advento da Lei nº 14.230/21 e, ante a exigência de homologação judicial, quer o acordo de não persecução cível tenha sido realizado antes do ajuizamento da ação (acordo pré-processual), quer tenha sido

12 OSÓRIO, Fábio Medina. Acordos em ações de improbidade. Disponível em: https:// www2.senado.leg.br/ bdsf/bitstream/handle/id/515662/noticia.html?sequence=1. Acesso em: 18 out. 2020. ANDRADE, Landolfo. Acordo de não persecução cível: primeiras reflexões. GEN Jurídico, 05 de março de 2020. Disponível em: http:// gen-juridico.com.br/2020/03/05acordo-de-nao-persecucao-civel/>. Acesso em: 17 out. 2020. ANDRADE, Adriano; MASSON, Cleber; ANDRADE, Landolfo. Interesses difusos e coletivos. 10ª ed. rev. atual. e ampl. Rio de Janeiro: Forense; São Paulo: Método, 2020, p. 995. No mesmo sentido, já decidiu o Superior Tribunal de Justiça no AREsp 1.467.807/Go, Rel. Min. Herman Benjamin, Dj 02.06.2020.

celebrado no curso do processo, ou no momento da execução da sentença condenatória (acordo incidental), o ANPC assume a natureza jurídica de título executivo judicial, nos termos do art. 515, II e III do CPC.

Assim, caso os termos do acordo sejam descumpridos pelo convenente, abrir-se-á, conforme os termos avençados, a imediata possibilidade da formulação do pedido de cumprimento de sentença. Entendemos não ser o caso de abrir-se a possibilidade do ajuizamento de demanda cognitiva, primeiro porque não há autorização legal, como ocorre nos títulos executivos extrajudiciais (art. 785, CPC); segundo, pois tal possibilidade, além de esvaziar a função social do título executivo judicial, causaria maior dispêndio ao Estado, e, ante a ampla observância da instrução de um processo cognitivo, afrontaria os princípios da economia e celeridade processual, além de facilitar a ocorrência da prescrição - o que, ao nosso ver, aproveitaria apenas o agente ímprobo.

Além disso, a nova lei previu que, no caso de descumprimento do acordo, o investigado ou o demandado ficará impedido de celebrar novo acordo pelo prazo de 5 (cinco) anos, contado do conhecimento pelo Ministério Público do efetivo descumprimento (art. 17-B, §7). Já existia entendimento da ocorrência de óbice para celebração de novo acordo em caso de descumprimento, nos termos dos arts. 86, §12, da LDC e 16, §8º, da LAC, aplicáveis em virtude do microssistema.

5. REFLEXÕES SOBRE A IR(RETROATIVIDADE) DAS DISPOSIÇÕES DA LEI 14.230/21 E IMPLICAÇÕES AO ANPC

A Lei nº 14.230/2021, de 25 de outubro de 2021, trouxe inúmeras alterações na Lei de Improbidade Administrativa, dentre elas, a previsão de que a configuração da responsabilidade civil por ato de improbidade administrativa SEMPRE exige a plena comprovação da responsabilidade subjetiva DOLOSA. Nesses termos, os dispositivos da LIA passaram a exibir a seguinte redação:

> *"Art. 1º O sistema de responsabilização por atos de improbidade administrativa tutelará a probidade na organização do Estado e no exercício de suas funções, como forma de assegurar a integridade do patrimônio público e social, nos termos desta Lei. (Redação dada pela Lei nº 14.230, de 2021).*
>
> *§ 1º Consideram-se atos de improbidade administrativa as* ***condutas dolosas*** *tipificadas nos arts. 9º, 10 e 11 desta Lei, ressalvados tipos previstos em leis especiais. (Incluído pela Lei nº 14.230, de 2021)*

> *§ 2º Considera-se dolo a vontade livre e consciente de alcançar o resultado ilícito tipificado nos arts. 9º, 10 e 11 desta Lei, não bastando a voluntariedade do agente. (Incluído pela Lei nº 14.230, de 2021)*
>
> *§ 3º O mero exercício da função ou desempenho de competências públicas, sem comprovação de ato doloso com fim ilícito, afasta a responsabilidade por ato de improbidade administrativa. (Incluído pela Lei nº 14.230, de 2021)*
>
> *(...)*
>
> *Art. 17-C. § 1º A ilegalidade sem a presença de dolo que a qualifique não configura ato de improbidade."*

A novel legislação também passou a estabelecer o prazo de prescrição em 8 anos contados a partir da ocorrência do fato, ou, no caso de infrações permanentes, do dia em que cessar a permanência (art. 23). Cuidou de elencar, também, marcos interruptivos da prescrição (artigo 23, §4º), bem como previu, a prescrição intercorrente. Pela nova redação, uma vez verificada uma das causas interruptivas, "o prazo recomeça a correr do dia da interrupção", mas "pela metade do prazo previsto no caput deste artigo" (artigo 23, § 5º).

Até então, o Supremo Tribunal Federal, nos termos de suas fundamentações e decisões Plenárias, havia fixado que somente eram imprescritíveis as ações de ressarcimento ao erário fundadas na prática de ato de improbidade administrativa doloso tipificado na Lei de Improbidade Administrativa Lei 8.429/1992 (TEMA 897). Com relação a todos os demais atos ilícitos, inclusive àqueles atentatórios à probidade da administração não dolosos e aos anteriores à edição da Lei 8.429/1992, aplicava-se o TEMA 666, sendo prescritível a ação de reparação de danos à Fazenda Pública.

Entretanto, de qualquer ângulo que se analise a Nova Lei, as atuais disposições normativas são muito mais benéficas aos agentes públicos e aos que estejam sujeitos à lei de improbidade. Em razão disso e considerada a importância da matéria que já é muito debatida, em 04.03.2022, o Supremo Tribunal Federal reconheceu repercussão geral no Recurso Extraordinário com Agravo n. 843.989/PR, processo-paradigma do TEMA nº 1199, que enfrentará a definição de eventual (IR) RETROATIVIDADE das disposições da Lei 14.230/2021, em especial, em relação: (i) a necessidade da presença do elemento subjetivo dolo para a configuração do ato de improbidade administrativa, inclusive no artigo 10 da LIA; e (ii) a aplicação dos novos prazos de prescrição geral e intercorrente.

Sobre o assunto, o Superior Tribunal de Justiça, pouco tempo antes, havia estabelecido que *"Na ação civil pública por ato de improbidade administrativa é possível o prosseguimento da demanda para pleitear o ressarcimento do dano ao erário, ainda que sejam declaradas prescritas as demais sanções previstas no art. 12 da Lei 8.429/92"*, tese decorrente do TEMA nº 1089, fruto dos vv. acórdãos proferidos nos Recursos Especiais n. 1.899.407/DF, n. 1.899.455/AC e n. 1.901.271/MT.

O recente tema constitucional a ser enfrentado pelo Supremo Tribunal Federal, concernente na declaração de ir(reatroatividade) da nova Lei de Improbidade Administrativa, revela-se de indiscutível relevância superlativa para o cenário jurídico, social e político, vez que causará reflexos em inúmeras situações já consolidadas. Em linhas gerais, a questão fulcral para o desate da matéria consiste em definir se são aplicáveis ao direito sancionador administrativo os mesmos princípios constitucionais utilizados pelo direito penal sancionador.

Pelos escólios de Emerson Garcia, o direito sancionador brasileiro pode ser dividido em penal e extrapenal. A diferença consiste no seguinte: enquanto as sanções no direito penal atingem o bem jurídico liberdade, necessariamente aplicadas por um órgão jurisdicional, no direito extrapenal, por outro lado, as sanções, regra geral, alcançam uma pluralidade de bens jurídicos (mas não a liberdade), podendo ser aplicadas por órgãos não jurisdicionais. O direito sancionador administrativo faz parte do direito extrapenal, sendo suas sanções aplicadas por uma autoridade administrativa, podendo ser restritas às relações jurídicas de natureza estatutária (ex: advertência, suspensão, demissão), tal como utilizado pelo Poder Disciplinar, ou restringir outros aspectos da esfera jurídica individual (ex: aplicação de multa ao agente ímprobo; proibição de contratar com o poder público)[13], como vale-se o Poder de Polícia. Não obstante, merece destaque o fato de o sistema brasileiro ter adotado a independência das instâncias civil, administrativa e penal, logo o responsável por determinada conduta pode ser responsabilizado simultaneamente por mais de um ramo do direito sancionador.

A doutrina brasileira que enfrenta o assunto se divide quanto à retroatividade da lei mais benéfica no direito administrativo sancionador.

---

[13] GARCIA, Emerson. Disponível em http://www.mprj.mp.br/documents/20184/1246489/Emerson_Garcia. pdf. Acesso em 27.03.2022.

Os que defendem a irretroatividade da lei mais benéfica no direito administrativo sancionador, escoram-se no fundamento de que a norma constitucional que estabelece a retroatividade da lei penal mais benéfica funda-se em peculiaridades únicas desse ramo do direito, o qual está vinculado em aspectos humanitários associados à liberdade do criminoso (princípio do *favor libertatis*) e na incongruência de continuar punindo determinadas condutas que não são mais vistas com desvalor ético-jurídico pela sociedade, pontos que, segundo essa corrente, não encontram aplicação no Direito Administrativo Sancionador. Logo, sendo regra de exceção, merece interpretação restritiva, devendo-se, portanto, prestigiar a regra geral da irretroatividade da lei e a preservação dos atos jurídicos perfeitos. Reforçam o argumento, defendendo que, no âmbito da jurisdição civil, impera o princípio *tempus regit actum*. Dentre seus defensores, podemos citar Rafael Munhoz de Mello[14], além dos precedentes do Supremo Tribunal Federal[15], do Superior Tribunal de Justiça[16], bem como do Tribunal de Justiça do Estado de São Paulo[17] e Tribunal de Justiça do Estado do Paraná[18]. Nesse mesmo sentido, vêm se inclinando os Ministérios Públicos Estaduais[19].

Por outro lado, os que defendem a retroatividade invocam, em geral, a norma do art. 5º, XL, da Constituição Federal, que dispõe: "a lei penal não retroagirá, salvo para beneficiar o réu". Dentre alguns estudiosos

[14] MELLO. Rafael Munhoz de. *Princípios constitucionais de direito administrativo sancionador: as sanções administrativas à luz da Constituição federal de 1988*. São Paulo, Malheiros, 2007, p. 154-155.

[15] ARE 1019161 AgR, Rel. RICARDO LEWANDOWSKI, Segunda Turma do STF, DJe de 12/5/2017.

[16] AgRg nos EDcl no REsp 1.281.027, Rel. Min. Mauro Campbell Marques, Segunda Turma do STJ, j. em 18.12.2012.

[17] AC 1002591-25.2021.8.26.0278, Relª. Desª. Maria Laura Tavares, 5ª Câmara de Direito Público do TJSP, j. em 29.20.2021; e AC 1007640-43.2021.8.26.0344, Rel. Des. Vicente de Abreu Amadei, 1ª Câmara de Direito Público do TJSP, j. em 24.08.2021.

[18] AI 0021163-83.2021.8.16.0000, 5ª Câmara Cível do TJPR, Rel. Des. Nilson Mizuta, j. em 30.08.2021; AI 026858-18.2021.8.16.0000, 5ª Câmara Cível do TJPR, Re. Juíza Cristiane Santos Leite, j. em: 30.08.2021; e AI 0001609-31.2021.8.16.9000, 4ª Turma Recursal dos Juizados Especiais, Rel. Juiz Guilherme Cubas Cesar, j. em 31.08.2021.

[19] CAOP – Proteção Patrimônio Público e à Ordem Tributária do MPPR – Primeiras leituras da nova Lei de improbidade Administrativa. Disponível em: file:///C:/Users/jusda/Downloads/Primeiras%20Leituras%20da%20nova%20Lei%20de%20Improbidade%20-%20Caderno%20completo.pdf. Acesso em: 27.03.2022.

que adotam essa posição, citamos Pericles Ferreira de Almeida[20], Heraldo Garcia Vitta[21], Edilson Pereira Nobre Júnior[22], Rebecca Féo[23] e Fábio Medina Osório[24], tendo este último, ao que parece, modificado seu posicionamento anterior[25]. Nessa linha, destacam-se os precedentes do Superior Tribunal de Justiça[26], do Pleno do Supremo Tribunal Federal[27] que admitiu a aplicação de um preceito de Direito penal na seara administrativa, assentando que o princípio da presunção de inocência tem vez, igualmente, no processo administrativo disciplinar, bem como precedentes do Tribunal Regional Federal da 3ª Região[28] e do Tribunal de Justiça do Estado do Paraná[29].

---

20 ALMEIDA, Pericles Ferreira de. O princípio da retroatividade da norma mais benéfica no direito administrativo sancionador. In: OLIVEIRA, José Roberto Pimenta (org.). Direito administrativo sancionador: estudos em homenagem ao professor emérito da PUC/SP Celso Antônio Bandeira de Mello. São Paulo: Malheiros, 2019. p. 152/154.

21 VITTA, Heraldo Garcia. *A Sanção no Direito Administrativo*, Malheiros: 2003, p. 113.

22 JÚNIOR. Edilson Pereira Nobre. Sanções Administrativas e Princípios de Direito Penal. *In: Revista Trimestral de Jurisprudência dos Estados*. Ano 24 – Mar/Abr-2000 – Vol. 175, São Paulo: Jurid Vellenich Ltda, p. 69.

23 FÉO, Rebecca. Direito administrativo sancionador e os princípios constitucionais penais: análise de processos da ANP. Rio de Janeiro: Lumen Juris, 2021, p. 86/92.

24 "O desafio mais difícil consiste em interpretar o silêncio legal na cadeia de normas sucessivas. Uma norma sancionadora mais favorável nada dispõe sobre o tema, deixando ambígua sua posição. E os valores por ela tutelados são relativamente estáveis, daqueles que demandam políticas públicas punitivas coerentes e centradas em escolhas racionais, dotadas de vocação à estabilidade, o que revelaria, *a priori*, vocação à retroatividade. Em tais casos, não há dúvidas de que as normas retroagem, como se fosse o próprio Direito Penal, na busca de salvaguardar critérios de justiça e segurança, em homenagem ao tratamento simétrico com a outra principal. (OSÓRIO, Fábio Medina. Direito administrativo sancionador. São Paulo: Thomson Reuters Brasil, 2020 [E-book]).

25 "o direito administrativo sancionador não se equipara ao direito criminal, dado seu maior dinamismo". É que, em regra, a lei que extingue a figura do ilícito administrativo ou toma a sanção administrativa mais branda não retroage para beneficiar quem praticou a infração administrativa sob a égide da lei anterior. (OSÓRIO. Fábio Medina. *Direito Administrativo Sancionador*, 5ª ed., São Paulo: RT, 2015. p. 201).

26 REsp 1.153.083, Rel. Min. SÉRGIO KUKINA, Primeira Turma do STJ, Dje de 19/11/2014.

27 MS 23.262/DF, Rel. Min. DIAS TOFFOLI, Pleno do STF, DJe de 30/10/2014.

28 AC 5006382-50.2018.4.03.6182, Rel. Des. Luis Carlos Hiroki Muta, Terceira Turma do TRF3, j. em 09.11.2020.

29 Apelação Cível (AC 0006597-49.2018.8.16.0190, Rel. Des. Carlos Mansur Arida, Quinta Câmara Cível do TJPR, j. em 20.07.2020). Ainda: AC 0009398-26.2009.8.16.0004, Rel. Des. Carlos Mansur Arida, Quinta Câmara Cível do TJPR, j. em 26.02.2020; AI 0019472-66.2018.8.16.0185, Rel. Des. Abraham Lincoln Merheb Calixto, Quarta Câmara Cível do TJPR, j. em 17.03.2020; AI 0009774-72.2019.8.16.0000, Rel. Des. Nilson Mizuta, Quinta Câ-

Não obstante o tema abordado seja fruto de repercussão geral e esteja aguardando definição pela mais alta Corte do país, não podemos deixar de exarar nosso posicionamento sobre a matéria, ante sua inegável relevância na órbita jurídico-político-social. E aqui, respeitados os entendimentos contrários, parece-nos que afastar a possibilidade de retroação da Lei 14.230/21, que se mostra indiscutivelmente mais benéfica ao infrator, violaria as garantias individuais próprias do Estado Democrático de Direito, o que não deve ser admitido. Ademais, não se deve perder de vista que a mola propulsora do princípio da retroatividade consiste no superveniente desinteresse do legislador pela punição mais intensa ou no desinteresse pela própria conduta, de modo que, com a nova valoração das necessidades sociais, não mais se revelaria racionalidade-lógica em admitir a intervenção na esfera privada em maior intensidade do que aquela exigida pelo texto normativo vigente. Não nos parece crível que tal premissa não se aplique ao direito administrativo sancionador.

Não se pretende aqui discutir se andou bem o legislador no abrandamento da Lei de Improbidade Administrativa ao exigir a comprovação do dolo (elemento subjetivo) para caracterização do ato ímprobo; somente abordando essa questão haveria espaço para perquirir-se acerca de eventual retrocesso no combate à corrupção e consequente proteção insuficiente das garantias fundamentais, em especial a proteção ao direito fundamental social à probidade administrativa, vertente da regra da proporcionalidade.

Buscamos, entretanto, enfrentar a possibilidade de retroatividade da Lei nº 14.230/21 tal como publicada, sem discutir seu potencial alcance para o retrocesso legislativo ou sua adequada conformação de ato ímprobo com ato desonesto. Nessas linhas, parecem-nos rasos os argumentos segundo os quais a norma constitucional que estabelece a retroatividade da lei penal mais benéfica tem por fundamento razões humanitárias associadas à liberdade do criminoso, já que, se assim o fosse, não se admitiria a retroatividade da lei mais benéfica aos crimes não apenados com pena privativa de liberdade, a exemplo do art. 28 da Lei de Drogas[30], bem como,

mara Cível do TJPR, j. em 02.07.2019, e AC 0000589-60.2016.8.16.0179, Rel. Des. Nilson Mizuta, Quinta Câmara Cível do TJPR, j. em 06.02.2018.

30 *"Art. 28. Quem adquirir, guardar, tiver em depósito, transportar ou trouxer consigo, para consumo pessoal, drogas sem autorização ou em desacordo com determinação legal ou regulamentar será submetido às seguintes penas: I - advertência sobre os efeitos das drogas; II - prestação*

não haveria de falar em retroatividade da lei mais benéfica às contravenções penais, já que não são executadas as penas de prisão simples[31] no Brasil, por ausência de estabelecimentos especiais. Também se revelam frágeis os argumentos no sentido de que deve vigorar o princípio do *tempus regit actum* – que determina que os fatos sejam regulados pela legislação em vigor à época em que foram praticados, pelo fato de não ter a Lei nº 14.230/2021 trazido qualquer norma textual que admita sua aplicação pretérita. Nesse último caso, não parece ter sido esse o espírito do legislador, já que havia emenda ao Projeto de Lei nº 2.505/2021, que deu origem à Lei nº 14.230/2021, de autoria do Senador Dário Berger (Emenda nº 40), a qual pretendia deixar expresso que as alterações legislativas seriam aplicadas integralmente aos processos em andamento. Contudo, apesar de receber parecer favorável do Senador Weverton, essa iniciativa foi rejeitada pela Comissão de Constituição, Justiça e Cidadania, sob o argumento de que "já é consolidada a orientação de longa data do Superior Tribunal de Justiça, na linha de que, 'considerando os princípios do Direito Sancionador, a *novatio legis in mellius* deve retroagir para favorecer o apenado' (REsp nº 1.153.083/MT, Rel. Min. Sérgio Kukina, julgado em 19/11/2014)".

Logo, se analisada a *mens legislatoris,* parece-nos que a intenção do legislador é pela possibilidade de retroação da nova lei. Ante o exposto, entendemos que merece interpretação extensiva a norma constitucional que prevê a retroatividade da lei mais benéfica, para incidir também no direito administrativo sancionador, visto que soa inegável seu viés punitivista proveniente do poder estatal.

Contudo, urge que tal retroação não seja aplicada de forma desenfreada. Entendemos que a retroação da Lei deve-se limitar às normas sancionadoras e não à reparação dos danos, já que é a primeira que se assemelha às normas incriminadoras do campo penal. Por segundo, esperamos que

---

de serviços à comunidade; III - medida educativa de comparecimento a programa ou curso educativo. § 1º Às mesmas medidas submete-se quem, para seu consumo pessoal, semeia, cultiva ou colhe plantas destinadas à preparação de pequena quantidade de substância ou produto capaz de causar dependência física ou psíquica(...)". Disponível em: https://www.planalto.gov.br/ccivil_03/_Ato2004-2006/2006/Lei/L11343.htm. Acesso em: 27.03.2022.

31 A **prisão simples** é prevista na lei de contravenções penais como pena para condutas descritas como contravenções, que são infrações penais de menor lesividade. O cumprimento ocorre sem rigor penitenciário em estabelecimento especial ou seção especial de prisão comum, em regime aberto ou semiaberto. Somente são admitidos os regimes aberto e semiaberto, para a prisão simples.

haja parcimônia quanto à retroação no que toca à prescrição, considerando que, se a norma que trata da prescrição for aplicada retroativamente, certamente atingirá a grande maioria dos casos de improbidade administrativa, quer pela prescrição geral, quer pela prescrição intercorrente.

Logo, parece-nos razoável que o prazo de prescrição previsto pela nova lei, inegavelmente de caráter misto (norma de cunho material e processual), deva ser aplicado a partir da edição da Lei nº 12.430/21, ou seja, a partir de 26 de fevereiro de 2021, assegurando-se, com isso, o princípio da segurança jurídica e a proteção suficiente à probidade administrativa.

Outro ponto relevante, ainda que se reconheça a retroatividade da Nova Lei, concerne no fato de não poder se perder de vista a possibilidade que o novo diploma traz quanto a conversão da ação de improbidade em ação civil pública, nos termos do art. 10-B, § 16. Assim, por exemplo, se durante a instrução processual for constatada ausência de dolo na conduta do agente público, mas ocorrência de culpa, desde que haja prejuízo ao erário, deve o juiz converter a ação de improbidade em ação civil pública, visando possibilitar à pessoa jurídica lesada que persiga a reparação ao erário. É dizer, ainda que o ato não seja ímprobo, o agente que gerou prejuízo ao erário não deve se eximir de responsabilidade civil.

Outro ponto salutar, diz respeito à possibilidade de a pessoa jurídica lesada, embora não mais detenha legitimidade para ação de improbidade, figurar como assistente simples do Ministério Público, nos termos do art. 119 do CPC, já que detém interesse jurídico para o cumprimento de sentença, consoante o que dispõe o art. 18, §1º da nova lei de improbidade.

Feitas breves considerações, nos importa saber qual o impacto da declaração da ir(retroatividade) da Lei nº 14.230/21 sobre os acordos de não persecução cível.

Nessa seara, em que pese não se desconheça que deva ser respeitado o ato jurídico perfeito, nos termos do art. 5º, XXXVI, da Constituição Federal e do art. 6º, § 1º, da Lei de Introdução às Normas do Direito Brasileiro, conferindo-se segurança jurídica aos negócios jurídicos, sejam eles instrumentalizados mediante termo de ajustamento de conduta ou acordo de não persecução cível, defendemos que devem ter aplicação retroativa as normas mais benéficas previstas na Lei 12.430/2021, contudo, tão somente quanto às disposições sancionatórias (suspensão dos direitos políticos, proibição de contratar com o poder público), nos casos em que não for reconhecido o elemento subjetivo (dolo) do agente. Logo, o ressarcimento integral do dano deve manter-se incólume. Para tanto, como já defendemos linhas acima, a revisão do acordo deve-se dar por simples petição nos autos judiciais em que for formalizado ou por meio de Ação Revisional, nos casos extrajudiciais.

Por fim, os negócios jurídicos já celebrados que se referem aos atos de improbidade não mais tipificados não precisam ser cumpridos, implicando o arquivamento do respectivo procedimento extrajudicial ou a extinção da correlata ação, salvo no tocante ao ressarcimento integral do dano, como já destacado.

6. CONCLUSÃO

Buscamos apresentar, sem qualquer intento de esgotar o tema, as primeiras impressões sobre os aspectos práticos do acordo de não persecução cível sob à luz da Lei nº 14.230/21, que nominamos como "Nova Lei de Improbidade Administrativa", usando, para tanto, as lentes da magistratura estadual.

No texto, buscamos cotejar alguns dos pontos nodais que podem gerar as inerentes dificuldades de utilização do novel instrumento, sem, contudo, perder de vista o fato de que diversas outras questões de enfrentamento surgirão.

É cediço que a negociação da forma como prevista, apresenta reflexos positivos na concretização do interesse público e na defesa da probidade administrativa, pois não exime o agente ímprobo da obrigação de ressarcimento integral do dano causado pela conduta ilícita, ao mesmo tempo em que viabiliza a aplicação imediata das sanções previstas em lei, na medida necessária e suficiente para sua prevenção e repressão, esperando-se que surja uma resposta mais célere do que se alcançaria se se aguardasse o longo, moroso e custoso transcurso da ação civil de improbidade necessária à sua aplicação.

Em suma, almeja-se que a matéria aqui debatida e ainda não pacificada, seja analisada pelos estudiosos do direito através de harmônica interpretação e aplicação das normas que integram o microssistema de tutela do patrimônio público e sempre à luz dos princípios da razoabilidade, da proporcionalidade e do estímulo estatal à solução por autocomposição, buscando-se, com isso, a efetiva defesa da probidade administrativa e combate à corrupção.

Parafraseando o eminente Professor Fernando Gajardoni, a quem rendo minhas singelas homenagens, a nova lei de improbidade se assemelha a um caminhão de melancias. Durante o trajeto, muitas caem, muitas se perdem, mas somente com o tempo, as melancias se assentam e a grande maioria chega ao seu destino. É o que se espera da novel legislação, que, com o passar do tempo, o contínuo estudo no campo acadêmico aliado à jurisprudência de qualidade, deem conta de aparar suas arestas que, diga-se de passagem, são inúmeras, fazendo, assim, com que a função social da lei de improbidade seja atingida.

REFERÊNCIAS

ALMEIDA, Pericles Ferreira de. O princípio da retroatividade da norma mais benéfica no direito administrativo sancionador. In: OLIVEIRA, José Roberto Pimenta (org.). Direito administrativo sancionador: estudos em homenagem ao professor emérito da PUC/SP Celso Antônio Bandeira de Mello. São Paulo: Malheiros, 2019.

ANDRADE, Adriano; MASSON, Cleber; ANDRADE, Landolfo. Interesses difusos e coletivos. 10ª ed. rev. atual. e ampl. Rio de Janeiro: Forense; São Paulo: Método, 2020.

ANDRADE, Landolfo. Acordo de não persecução cível: primeiras reflexões. GEN Jurídico, 05 de março de 2020. Disponível em: http:// gen-juridico.com.br/2020/03/05acordo-de-nao-persecucao-civel/>. Acesso em: 17 out. 2020.

CARVALHOSA, Modesto. Considerações sobre a Lei anticorrupção das pessoas jurídicas [Livro Eletrônico]. São Paulo, RT, 2015).

DI PIETRO, Maria Sylvia Zanella. Direito Administrativo. 7ª ed. São Paulo: Atlas, 2014.

FAZZIO JÚNIOR, Waldo. Improbidade Administrativa. 2ª ed. São Paulo: Atlas, 2014.

FÉO, Rebecca. Direito administrativo sancionador e os princípios constitucionais penais: análise de processos da ANP. Rio de Janeiro: Lumen Juris, 2021.

GARCIA Emerson; ALVES, Rogério Pacheco. Improbidade Administrativa. 8ª ed. Ed. Saraiva. 2015.

GARCIA, Emerson; ALVES, Rogério Pacheco. Improbidade Administrativa. 9ª ed. São Paulo: Saraiva, 2017.

JÚNIOR. Edilson Pereira Nobre. Sanções Administrativas e Princípios de Direito Penal. *In: Revista Trimestral de Jurisprudência dos Estados*. Ano 24 - Mar/Abr-2000 - Vol. 175, São Paulo: Jurid Vellenich Ltda.

JUSTEN FILHO, Marçal. Curso de Direito Administrativo. 10ª ed. São Paulo: Revista dos Tribunais, 2014.

MARTINS, Tiago do Carmo. Anotações à Lei de Improbidade Administrativa. Itajaí: Verbo Jurídico, 2017.

MARTINS JÚNIOR, Wallace Paiva. Probidade Administrativa. 4ª ed. São Paulo: Saraiva, 2009.

MEIRELLES, Hely Lopes. Direito Administrativo Brasileiro. São Paulo: Malheiros, 1999.

MELLO, Celso Antônio Bandeira de. Curso de Direito Administrativo. São Paulo: Malheiros, 2004.

MELLO. Rafael Munhoz de. *Princípios constitucionais de direito administrativo sancionador: as sanções administrativas à luz da Constituição federal de 1988*. São Paulo, Malheiros, 2007.

OSÓRIO, Fábio Medina. Acordos em ações de improbidade. Disponível em: https://www2.senado.leg.br/ bdsf/bitstream/handle/id/515662/noticia.html?sequence=1. Acesso em: 18 out. 2020.

OSÓRIO, Fábio Medina. Teoria da Improbidade Administrativa. 3ª ed. São Paulo: Revista dos Tribunais, 2013.

PINHEIRO, Igor Pereira. Lei anticrime e acordo de não persecução cível – aspectos teóricos e práticos. Fortaleza: Jhimuzno, 2020.

PEREIRA, Leydomar Nunes. Solução Consensual na Improbidade Administrativa. Belo Horizonte: Dialética, 2020.

PEREIRA, Rafael. Manual do Acordo de Não Persecução Cível. Belo Horizonte: CEI, 2020.

SILVA, Paula Costa e. *Pactum de non petendo*: Exclusão convencional do direito de ação e exclusão convencional da pretensão material. In: CABRAL, Antonio do Passo; NOGUEIRA, Pedro Henrique (Coord.). Negócios Processuais. Salvador: JusPodivm, 1ª ed., 2015.

VITTA, Heraldo Garcia. *A Sanção no Direito Administrativo*, Malheiros: 2003.

EDITORA
JusPODIVM
www.editorajuspodivm.com.br

JUS4797

COLOR
system